Alex Beard
Wie Kinder gerne lernen

ALEX BEARD

WIE KINDER GERNE LERNEN

Internationale Konzepte für eine Schule der Zukunft

Aus dem Englischen von Franka Reinhart und Claudia Van Den Block

PIPER

Mehr über unsere Autoren und Bücher:
www.piper.de

Die Originalausgabe erschien 2018 in Großbritannien unter dem Titel »Natural Born Learners« bei Weidenfeld & Nicolson, Orion Books.

ISBN 978-3-492-05743-1

Satz: Kösel Media GmbH, Krugzell
Gesetzt aus der Sabon LT Std
Litho: Lorenz & Zeller, Inning am Ammersee
Druck und Bindung: GGP Media GmbH
Printed in Germany

*Das Leben muss eine unaufhörliche Erziehung sein;
alles will gelernt sein, vom Sprechen bis zum Sterben.*

Gustave Flaubert

Inhalt

EINFÜHRUNG

Ein Märchen von zwei Akademien

Die Zukunft ist hier,
sie ist nur ungleich verteilt.
William Gibson

Ins Licht

Der Hippeius Kolonos liegt etwa eine Meile nördlich des antiken Athen. Der dicht mit Wein, Olivenbäumen und Lorbeer bewachsene Hügel, am Gipfel ein Poseidon-Tempel und ein heiliger Hain der Erinnyen oder Furien, war angeblich die letzte Ruhestätte des Ödipus und Geburtsort des großen Dramatikers Sophokles. Wären wir im Jahr 385 vor Christus an einem lauen mediterranen Abend dort hinaufgestiegen, umschmeichelt vom rosa Licht der Ägäis und dem aus der Gluthitze des Bodens aufsteigenden Oregano-Duft, hätten wir vielleicht den Blick nach Westen schweifen lassen und eine der größten Erfindungen der menschlichen Geschichte erblickt – die Schule.

Diese Schule lag in einem Hain mit Namen Akademeia, benannt nach dem griechischen Heros Akademos, der einst Athen vor der Zerstörung gerettet hatte. Die Gegend war damals bekannt als Startpunkt eines stimmungsvollen Rituals, nämlich eines nächtlichen Fackellaufs in die Stadt. Die Teilnehmer liefen über eine Gräberstraße mit den Ruhestätten verstorbener Athener, um als Erste mit ihrer Flamme den Prometheus-Altar zu erreichen. Auch Athene selbst, der Göttin der Weisheit, war der Ort heilig.[1] Damals hatte gerade ein weit gereister Adliger mittleren Alters, ein gewisser Platon, einen großen Teil dieses Geländes erworben, um dort seinen neuen »akademischen« Klub einzurichten, der sich der Suche nach der Erkenntnis verschrieben hatte.

Platons Akademie wurde schnell zum intellektuellen Treibhaus, vergleichbar heute etwa dem MIT oder der University of Cambridge. Zu den vielen illustren Alumni gehört auch Aristoteles, der später sein eigenes Lykeion gründen und zum Lehrer Alexanders des Großen werden sollte. Ihr Gedankengut sollte ganze Zivilisationen prägen. Das Lernen bestand in Gesprächen über bestimmte Texte und Fallstudien, wobei ein Lehrer – häufig Platon selbst – Fragen aufwarf, die die Mitglieder im Gespräch ausleuchten sollten; genau wie heute in der Harvard Business School. Themen waren Mathematik und Philosophie, sie reichten von der naturwissenschaftlichen Analyse der Bewegungen der Himmelskörper bis hin zu Überlegungen zu den besten Regierungsformen. Platon schrieb viele dieser Fallstudien in seiner *Politeia* nieder, in der sein einstiger Mentor Sokrates als Lehrer auftritt, dazu weitere Mitglieder aus seinem Umfeld als seine Schüler. Eine der berühmtesten Passagen ist das sogenannte Höhlengleichnis.[2]

Stellen wir uns eine ganz spezielle Höhle vor. Darin sind auf einer Seite eine Gruppe von Menschen an den Boden gekettet; ihre Schenkel und Nacken sind so fixiert, dass sie nur auf eine leere Wand starren können. In dieser Position sitzen sie seit frühester Kindheit, sie haben also ihr Leben lang nichts anderes zu Gesicht bekommen als diese Höhlenwand vor ihnen. In ihrem Rücken brennt ein Feuer, und davor steht eine niedrige Mauer, über die verborgene Helfer verschiedene Gegenstände emporhalten und dazu

Geräusche von sich geben. Die Gefangenen sehen also lediglich bewegliche Schatten, die auf die Wand vor ihnen geworfen werden, und weisen die Geräusche den gespenstischen Formen zu. Sie interpretieren eine Bedeutung in das Schattenspiel und fangen an, es für die Wirklichkeit zu halten. Mehr kennen sie nicht. Die flackernden Formen und unheimlichen Geräusche sind ihre ganze Welt.

Was, fragt nun Sokrates, würde passieren, wenn einer dieser Gefangenen befreit würde?

Beim Umdrehen würde das helle Feuer ihn zunächst blenden, er könnte noch nicht einmal die Umrisse von Gegenständen erkennen und die neuen Eindrücke, die seine Sinne überfallen, in keiner Weise einordnen. Erschrocken würde er sich wieder zu seiner Wand umwenden. Stellen wir uns nun vor, dass jemand ihn aus der Höhle herausschleppt, am Feuer vorbei in das sonnendurchflutete Land draußen über der Höhle. Der Gefangene wäre wütend, halb blind, er würde sich wehren und fest an seiner alten Vorstellung vom Leben festhalten. Nach der Wand und den Schatten empfände er die farbenfrohe Welt rund um ihn wie eine schockierende Halluzination. Doch ganz allmählich würden seine Augen sich an das Licht gewöhnen, der Schmerz ließe nach, und er würde sich in eine neue, unendlich schönere Wirklichkeit einfinden. Er wäre glücklich über die Veränderung und würde eiligst zu seinen Höhlengefährten zurückkehren, um auch sie zu befreien.

Platons Höhlengleichnis lässt sich als Parabel auf das Lernen lesen. 2500 Jahre später ist uns die Bildsprache von Licht und Dunkelheit als Metapher für Wissen und Unwissenheit noch immer geläufig. Wir verstehen uns als empfindsame, bewusste und rationale Lebewesen, als Menschen, die »das Licht gesehen« haben. Wir sind der Meinung, dass immer mehr Menschen die Höhle hinter sich gelassen haben und in die Oberwelt eingetreten sind. Für

Platon hingegen war klar, dass die meisten von uns diese Reise noch vor sich haben. Sein Ziel – und das seiner Schule – lautete, mehr Menschen in das sonnendurchflutete Land der Aufklärung hinaufzuführen. Es war Aufgabe des Philosophen, die Grenzen der menschlichen Erkenntnis zu erweitern, die Welt immer vollständiger zu begreifen und herauszufinden, wie Individuen und Gesellschaften darin am besten leben sollten.

Heute stehen wir vor einer noch größeren Herausforderung. Wir glauben, dass *jeder* eine gute Bildung erfahren sollte, nicht nur reiche Adlige. Unsere Jugend muss in einer Welt zurechtkommen, die sich in scheinbar exponentiellem Tempo verändert und einer ungewissen Zukunft entgegensteuert. Doch ein Blick auf unsere Schulsysteme zeigt uns nicht Platons scharfsichtiges Ziel, die Menschheit zu verbessern, sondern kränkelnde Bürokratien, die sich abmühen, in der allgemeinen Finsternis ein paar hell flackernde Lichtpunkte am Leben zu erhalten. Wie die Sterne in einer diesigen Nacht über dem modernen Athen.

Nie die Flinte ins Korn

Ich hatte meinen Abschluss, also unterrichtete ich. Eines hellen Septembermorgens vor zehn Jahren radelte ich durch die Old Kent Road – bekannt als die billigste Karte im London-Monopoly – auf dem Weg in mein neues Leben als Englischlehrer. Die Schule lag in einem der ärmsten und facettenreichsten Viertel, Elephant and Castle, benannt nach einer Poststation aus dem 18. Jahrhundert. Ich kannte es nur vom Hörensagen. Es gab in der Gegend vor allem zwei Wohnsiedlungen, Aylesbury und Heygate, die wegen ihrer labyrinthischen Fußwege und schmuddeligen Treppenhäuser nach Einbruch der Dunkelheit No-go-Zonen waren.[3] Die Walworth School sah nicht viel besser aus. Bei einem Treffen mit neuen Lehrern im Bezirk erklärte ein älterer Kollege von einer nahe gelegenen Schule: »Wir sagen unseren Kindern immer, dass sie hier enden werden, wenn sie sich nicht zusammenreißen.« Meine erste Lehrerkonferenz sollte mit der nüchternen Meldung beginnen, dass ein vierzehnjähriger Schüler ums Leben gekommen war – bei einer Messerstecherei nach einem Fußballspiel.

Dieser erste Tag war für Walworth freilich ein echter Neubeginn.[4] Die Schule war soeben zur »Academy« geworden; dieses Regierungsprogramm sollte Problemschulen in Großstädten zu mehr Geld und mehr Autonomie verhelfen, wobei sie natürlich weit vom Athener Original einer Akademie entfernt blieben. Durch das Schultor trat ich an diesem Morgen mit dem explosiven Mix aus blank liegenden Nerven, schierer Inkompetenz und platonischen Idealen, die allen Junglehrern gemein sind. Ich hatte Angst, ich war schlecht vorbereitet, aber ich wusste – ich *wusste!* –, dass ich nach drei Wochen Robin Williams aus dem *Klub der toten Dichter* sein würde. Schließlich sagte mir alles, was ich in meiner eigenen Schule und an der Universität gelernt hatte, dass Unterrichten ganz einfach war. Man warf die richtigen Probleme auf, zeichnete interessante Gedankenexperimente vor, und dann lehnte man sich zurück, ließ die Schüler selbst denken und diskutierte.

Meine ersten Stunden waren ein totaler Reinfall. Ich war zunächst in den unteren Klassen gelandet, und die jüngeren Kinder fand ich begeistert, aber undurchschaubar. Einmal kam während der Stunde der elfjährige Kai strumpfsockig zu mir und erklärte, seine Schuhe seien (wir waren im 3. Stock) aus dem Fenster *gefallen,* ob er sie holen gehen dürfe. Eine besonders wilde Pause endete mit einem Krieg zwischen Shaun auf der einen Seite des Klassenzimmers und Marcel auf der anderen Seite; sie verwendeten Stühle als Geschosse und Tische zur Deckung.

Jede Stunde begann mit einem deprimierenden Chor von verlorenen Büchern, vergessenen Hausaufgaben und Versuchen, sich in die glorreiche Freiheit der Toilette flüchten zu dürfen. Es sprach sich herum, wie sehr ich zu kämpfen hatte, regelmäßig wurden kompetente Kollegen zur Unterstützung herbeigerufen. Die Haine von Akademeia wirkten wie ein fernes Traumland.

In den höheren Klassen klappte es nicht viel besser. Zwar wusste man, dass es dort zeitweilig Versuche mit Lesen und Schreiben gab, aber die Hauptbeschäftigungen der älteren Schüler bewegten sich meistens zwischen gelangweiltem Aus-dem-Fenster-Starren, Hochleistungsmissverstehen und dem ständigen Übertrumpfen mit immer neuen »Deine Mutter«-Flüchen. Eine 10. Klasse war geradezu eine UN-Vollversammlung, da saßen dreißig Jugendliche britischer, irischer, chinesischer, jamaikanischer, liberianischer, kongolesischer, afghanischer, somalischer, sudanesischer, nigerianischer, türkischer, portugiesischer und vietnamesischer Herkunft mit ebenso vielen Meinungsverschiedenheiten. Viele von ihnen sprachen zu Hause kein Englisch. Mir war freilich immer weniger zum Lachen zumute. Die Schüler mussten auf das GCSE in Englisch vorbereitet werden, die anspruchsvolle Abschlussprüfung für die Sekundarstufe, die über ihre Zukunft entscheiden würde. Der Klassendurchschnitt lag meist bei D, E oder F, also weit unter Ausreichend. Wenige Monate später müssten ihre Noten bei A, B oder C liegen, wenn sie überhaupt eine Chance haben wollten.

Innerhalb des Unterrichts würden wir in den nächsten eineinhalb Jahren gemeinsam zwei Shakespeare-Stücke durchnehmen, über die eine schriftliche Arbeit abgefasst werden sollte. Trotz aller Unkenrufe freute ich mich darauf, meine Denkmuskeln mal wieder ein bisschen anzustrengen. (In meinem Bewerbungsgespräch für die Lehrerstelle hatte ich meine Liebe zur Literatur erwähnt und meine Pläne, einige Lücken durch die Lektüre von Klassikern zu füllen – Milton, Marvell, Woolf und Eliot. Die Leiterin des Vorstellungsgesprächs hatte mich geduldig angesehen und erwidert: »Das klingt toll, aber ich würde vielleicht mit den *Geheimnissen von Green Lake* anfangen und dem *Jungen im gestreiften Pyjama.*«) Die Schule hatte als Textgrundlage *Romeo und Julia* sowie *Macbeth* ausgesucht, und ich verbrachte mehrere Wochenenden damit, mir eine klare Meinung dazu zu bilden. Die Kids würden tolle Arbeit leisten, so schwer sie sich auch tun würden. Genau dafür war ich schließlich Lehrer geworden.

Doch leider funktionierte es nicht. Mit der Lektüre von *Romeo und Julia* kamen wir lähmend langsam vorwärts. Eine Woche verbrachten wir mit dem Versuch, den Prolog zu verstehen, und lasen am Ende nur ein paar Szenen aus dem Stück. Die Schüler schafften es, Meinungen dazu zu äußern, wenn ich Lückentexte mit einer Auswahl von drei Adjektiven vorbereitete, aber abgesehen davon fiel ihnen nichts ein. Nachdem wir Baz Luhrmanns Verfilmung angesehen hatten, um wenigstens die inhaltlichen Lücken zu füllen, kamen in jedem Essay über das 16. Jahrhundert personalisierte Revolver, Muscle-Cars und explodierende Tankstellen vor. Trotz meiner großen Hoffnungen, die Klasse würde in der Erkenntnissuche und der Liebe zur Literatur Erfüllung finden, lieferten sie in ihrer ersten schriftlichen Arbeit hartnäckig ungenügende Noten ab.

Ich dachte zurück an meine eigene Schulzeit. Ich hatte das Glück gehabt, eine gute Grundschule in einer Kleinstadt in den Midlands zu besuchen, wo die Lehrerinnen eigentlich eher Ersatzmütter oder -omas waren und meinen Wissensdrang geweckt hatten. Danach war ich meine gesamte Schulzeit über an einer Privatschule gewesen. Sie rühmte sich der größten zusammenhängenden Rasenfläche Großbritanniens und eines Flügelaltars – man benutzte das ehrwürdige Fachwort *reredos* –, der bekanntermaßen auf sechs Millionen Pfund geschätzt wurde (ein Lieblingsspiel des Religionslehrers bestand darin, die Jungen herauszufordern, sich durch die Laserstrahlen des Sicherheitssystems bis zum Altar zu schlängeln wie kleine Einbrecher-Lehrlinge). Wir nannten unsere Lehrer *Dons* (Dozenten) und den Direktor *Warden*. Im Englischunterricht büffelten wir Jane Austen und T. S. Eliot, und dann schrieben wir alle Essays, die mit A oder A* benotet wurden. Das alles geschah mit einer gewissen Selbstverständlichkeit – genauso selbstverständlich wie das unvermeidliche Scheitern der Klasse, in der ich unterrichtete.

Doch eine Erkenntnis trieb mich an. Als ich diese Kids aus dem südlichen London immer besser kennenlernte, indem ich Tag für Tag mit ihnen arbeitete und redete, stellte ich schnell fest, dass zwischen ihnen und meinen alten Schulkameraden kein grundsätzlicher Unterschied bestand. Sie hatten dieselben Träume, dieselbe Kameradschaft, dieselben Fehden und dieselben Teenager-Ängste. Ihre Eltern wollten genau wie meine, dass sie Erfolg hatten und glücklich wurden. Sie hatten keine vornehmen Schulmäntel und keinen Umgang mit Rassehunden, aber das waren nur Äußerlichkeiten. Was ihr Potenzial anging, ihren Ehrgeiz und vor allem ihren Witz, waren sie meinen privilegierten Mitschülern im Internat mehr als ebenbürtig. Doch wo die Gesellschaft uns auf die Sprünge half, ließ sie diese Kinder eben links liegen.

Ich fühlte mich weit, weit weg von Platon. Sogar weit weg von Robin Williams. Die Klasse scheiterte, und ich war völlig ratlos.

Die Patentlösung

Zu diesem Buch haben mich genau die Kinder an dieser Schule im südlichen London inspiriert. Als Lehrer stellte ich verblüfft fest, dass Schule heute im Grunde noch genau dasselbe ist wie zu Platons Zeiten. Ein Kind aus dem antiken Athen, das per Zeitreise zu uns stieße, würde vielleicht staunen über unsere Smartphones, wäre überwältigt von unseren dicht bevölkerten Städten und verängstigt von den Autos auf unseren Straßen. Ein Klassenzimmer mit Lehrer und Schülern wiederzuerkennen wäre dagegen ein Kinderspiel. Bei all unserem Fortschritt in anderen menschlichen Betätigungsfeldern – Medizin oder Neurologie, Psychologie oder Technologie: Brauchen wir nicht längst eine Revolution in der Art und Weise, wie wir lernen?

Die 2400 Jahre, die uns trennen, haben epochale Umbrüche gebracht: ein fast unbegreifliches Bevölkerungswachstum; riesige landwirtschaftliche, industrielle und technologische Revolutionen; unglaubliche Veränderungen in unserer Wissensschöpfung und -verbreitung; neue Formen der sozialen und politischen Organisation; Einsichten in die Geheimnisse unseres Denkens. Unendliche Herausforderungen durch Globalisierung, Automatisierung und Klimawandel sind die Folge. Wollen wir sie meistern, müssen wir unseren Einfallsreichtum weiter steigern, unsere Fähigkeiten voll entwickeln und unsere Kooperation *als Spezies* radikal verbessern, um unser menschliches Potenzial zu entfalten. Das Lernen muss zu einem Thema werden, für das sich unsere Generation voll und ganz einsetzt.

Wie sollen wir Bildung heute angehen? Auf den folgenden Seiten wollen wir gemeinsam herausfinden, was es bedeutet, in unserer sich schnell verändernden Welt zurechtzukommen, und was wir tun können, damit wirklich all unsere Kinder dabei mithalten. Zu Platons Zeiten ging es vor allem darum, erwachsenen Männern zu ermöglichen, die Grenzen des menschlichen Wissens und Verstehens zu erweitern. Heute steht das zwar immer noch auf der Agenda, doch eine wichtigere Frage lautet, wie wir den Zugang zu den Weiten der menschlichen Entwicklung allen Kindern, und allen Menschen ermöglichen können. Unser Ziel ist nicht mehr die glorreiche Entfaltung einer Handvoll Philosophen-Bürger in einem antiken Stadtstaat, sondern die Entfaltung einer Menschheit von Philosophen, die unsere globalisierte Hightech-Welt erfolgreich steuern kann.

Nach meinen ersten wechselhaften Lehrerfahrungen vor zehn Jahren stellte ich mich meiner Verblüffung über den niedrigen Lernstand meiner Schüler und machte mich auf zu einer lebenslangen Suche nach neuen Ideen und aufregenden Neuerungen, die uns dazu bringen könnten, Schule neu zu erfinden und die veralteten Hierarchien unseres globalen Erziehungssystems neu auszurichten. Auf dieser Reise stellte ich mir immer wieder die Frage, die im Mittelpunkt allen Lernens steht: Warum? Warum ähneln die Schulen von heute den Schulen im antiken Athen? Warum stellen wir schulischen Erfolg über alles? Warum sind die Kinder in ihren Lernerfahrungen so häufig unglücklich? Warum verfolgen wir weiter ein industrielles Modell, das die Wirtschaft längst ausrangiert hat? Und vor allem hatte ich ständig ein einziges Ziel vor Augen: darzustellen, wie das Lernen im 21. Jahrhundert aussehen *sollte.*

Die Suche, auf die wir uns gleich gemeinsam begeben werden, hat mich in die ganze Welt geführt, von den intelligenten Maschinen im Silicon Valley bis in die koreanischen Examensfabriken; vom besten Lehrer Finnlands bis zum klügsten Schüler in Großbritannien; vom MIT-Professor, der einen Roboter entwickelt, bis zum Hongkonger Schulkind im Kampf gegen eine Supermacht; von Lehrern, die wie Leistungssportler ausgebildet werden, bis zu Schülern, die ohne Lehrer lernen. Ich war in Schulen auf allen Kontinenten, habe mit führenden Neurowissenschaftlern und Experimentalpsychologen gesprochen, die legendärsten Pädagogen getroffen. Ich habe die Beschränkungen meines Denkens und die Grenzen der neuesten Technologien ausgetestet. Sogar in Hollywood war ich. Und das Gute ist: Überall bin ich auf Hinweise gestoßen, dass wir an der Schwelle zu einer Lernrevolution stehen.

Dieses Buch stellt die drei entscheidenden Faktoren heraus, die diese Transformation vorantreiben werden. Der Text ist in drei Teile untergliedert.

Der erste Teil fordert ein *neues Denken*. Die Wissenschaft weiß heute viel darüber, wie unser Gehirn funktioniert, und zeigt, dass jeder Einzelne von uns über sehr viel mehr Lernkapazität verfügt, als wir meinen. Wir sind geboren, um zu lernen, und tatsächlich lernt jeder von uns gern – aber allzu häufig bremst uns die falsche Annahme aus, dass unsere Intelligenz ein unveränderlicher Wert ist. Das ist sie nicht. Unsere Vorstellung vom Verstand ist gebunden in den Metaphern der Computerwissenschaft, doch er ist nicht einfach eine Maschine, die von den Schulen programmiert wird. Das Gehirn lebt, es ist unbändig, stellt sich einer ständigen Hinterfragung. Die wissenschaftliche Revolution, die im 19. Jahrhundert der Medizin gegolten hat, steht womöglich heute der Bildung bevor. Wenn wir neu über die menschliche Entwicklung nachdenken, konzentrieren wir uns darauf, uns selbst zu optimieren und nicht unsere Technologie.

Der zweite Teil regt uns an, *es besser zu machen*. Unsere Schulen werden einigermaßen ihrem Anspruch gerecht, solide ausgebildete Arbeiter und Angestellte zu produzieren, die ordentlich gedrillt sind in den Kulturtechniken Lesen, Schreiben und Rechnen. Doch in Zeiten, in denen durch Automatisierung und Globalisierung traditionelle Jobs wegfallen, müssen traditionelle Schulmodelle eben auch neuen Schulformen weichen, die Kreativität und Zielstrebigkeit fördern. Ein Handwerker will ästhetische Arbeiten abliefern, er kann geschickt mit den geeigneten Werkzeugen umgehen und ist in seinem Element, wenn er seine Techniken beherrscht. Es besser zu machen bedeutet, bei der menschlichen Kreativität anzusetzen. Wir müssen dafür sorgen, dass unsere Kinder Mittel entwickeln, um sich selbst auszudrücken und ihren Platz in der Welt zu finden. Dieses angewandte Lernen ist unser hehres Ziel.

Der Schlussteil erklärt, warum wir uns engagieren müssen. Die Bildung unserer Kinder ist unsere große Aufgabe und bleibt die wichtigste Verpflichtung der Menschheit. Doch in den letzten Jahren hat sie mehr und mehr ihre ureigene menschliche Prägung verloren. Die Schulen lehnen sich immer stärker an Paradigmen der Produktion oder des Markts an, suchen Effizienz und Wettbewerb. Das hat uns große Fortschritte bei der Lese- und Schreibfähigkeit beschert und Prüfungsleistungen verbessert, aber gleichzeitig lässt es die Schüler in einem brutalen Wettkampf um die Spitzenplätze antreten, engt die Parameter des Lernens ein und lässt als einzigen Maßstab den ökonomischen Output gelten. In Zukunft müssen wir die ethischen und humanistischen Dimensionen des Lernens wieder stärker in den Mittelpunkt rücken. Engagement bedeutet, unser Bildungssystem um ein gemeinsames Wertesystem herum aufzubauen, nicht um neue Technologien, und es eher wie ein Ökosystem zu betrachten als als Wirtschaftsunternehmen. Das Gedeihen der Menschheit und unseres Planeten hängt davon ab, wie wir unsere soziale und emotionale Intelligenz entwickeln. Wir müssen lernen, zu kooperieren und gemeinsam die Zukunft zu bauen, die wir uns wünschen.

Unser Ausgangspunkt bildet eine stabile Grundlage.

Nie war es besser, Schüler zu sein, als heute. 1,2 Milliarden Kinder gehen zur Schule. Vor ihnen stehen von Lima bis Lucknow über 50 Millionen Lehrer, die fast alle begeistert, qualifiziert und engagiert sind.[5] Doch wenn wir nicht ganz schnell die Art und Weise, wie Kinder lernen, an die sich wandelnden Bedürfnisse der Welt von heute anpassen, droht uns der Verlust einer ganzen Generation. 600 Millionen dieser Kinder bewältigen derzeit nicht die Grundlagen, geschweige denn die Fertigkeiten, die sie für ihren Erfolg brauchen.[6] Unterdessen bindet uns die Erfahrung an die Vergangenheit. In Sachen Schule fühlt sich jeder als Experte. Die meisten von uns haben mindestens zwölf Jahre – mehr als die legendären 10 000 Stunden – in Klassenräumen verbracht. Aber wir haben das Falsche gelernt. Das Fach Lernen ist nicht wirklich eine Kunst und noch keine Wissenschaft – paradoxerweise wirkt es manchmal so, als gäbe es darin bis heute kein profundes, einheitliches Expertenwissen.

Dabei ist es hier und jetzt an der Zeit, dieses Wissen zu vereinen. Wenn wir neu denken, es besser machen und engagiert bleiben, können wir in der Schulbildung eine neue Aufklärung herbeiführen, die dafür sorgen wird, dass immer mehr Kinder ihr Potenzial voll entfalten können. Wie die Physiker ihre Weltformel haben, müssen wir in der Pädagogik nach der Entfaltung der gesamten Menschheit streben. Für den *Homo sapiens* ist Weisheit – Lernen – das Alleinstellungsmerkmal, das uns von unseren evolutionären Vorfahren unterscheidet. Die Kultivierung dieses Merkmals sollte das höchste Ziel der Menschheit sein. Wir müssen diesen technologischen Umbruch nutzen – angesichts einer joblosen Zukunft, versiegenden Ressourcen und führerlosen Autos –, um einen Schritt zurückzutreten und uns eine Welt auszudenken, die die menschliche Entwicklung in den Mittelpunkt stellt. Alles hängt davon ab, wie gut wir das schaffen.

Wieder scheitern – besser scheitern

Ein Jahr später stand meine Klasse vor dem Übertritt in die 11. Klasse. Bis zu den ersten Abschlussprüfungen waren es noch etwas mehr als sechs Monate. Schon bald würden sie in weiterführende Schulen und Universitäten von der Schule abgehen. Ihre Noten wären der einzige Leistungsnachweis, den sie ihren künftigen Schulen oder Arbeitgebern vorweisen könnten. Der andere Weg, also Arbeitslosenquoten von über 50 Prozent für Schulabgänger ohne qualifizierenden Abschluss, war keine Option. Da waren sich alle einig.

Eines Tages standen wir vor einer besonders schwierigen Passage von *Macbeth*. Fabrice, ein Fünfzehnjähriger, der im Kongo geboren und über eine mehrjährige Station in Rotterdam nach London gekommen war, kämpfte mit einem Gedanken. Er war Anführer einer Gruppe von Unruhestiftern gewesen, die allmählich doch Spaß am Lernen entwickelten. Wir sprachen gerade über Regieanweisungen und diskutierten die möglichen Entscheidungen eines Regisseurs, wie die Szene darzustellen wäre, in der Macbeth den Dolch vor sich sieht: »Ist das ein *Dolch*, was ich vor mir erblicke (...)?« Für die Frage, die ich gestellt hatte, musste man mehrere abstrakte Gedankengänge miteinander verknüpfen: Wie würde es sich auf das Verständnis des Publikums von Macbeths Charakter auswirken, ob der Regisseur sich entschied, den Dolch tatsächlich zu zeigen oder eben nicht?

Das Problem war absolut auf der Höhe von Platons Höhlengleichnis. Amir, ein zierlicher Teenager aus Afghanistan, der als Unruhestifter in meine Klasse versetzt worden war, schnipste mit dem Finger und wollte dringend eine Antwort loswerden. Wegen seiner frischen und kulturell andersartigen Perspektiven – er glaubte fest an die bösen Zauberkräfte von Katzen – war er begeistert, dass es in Macbeth um Zauberei und Hexenkunst ging, und hatte auf dieser Grundlage so überzeugende wie originelle Gedanken zu Shakespeare entwickelt. Fabrice überlegte weiter.

»Ja!« rief er plötzlich. »Ich hab's!«

Während Amir mit hochgerecktem Finger auf seinem Stuhl auf und ab hüpfte, sprach Fabrice ganz ruhig weiter. Es war einer der wenigen Momente, in denen ich förmlich *sah,* wie in meinem Klassenzimmer gelernt wurde. Fast hörte ich die Zahnräder in seinem Gehirn schnurren. Er vollbrachte gerade eine neue, komplexe Denkleistung.

»Wenn wir den Dolch sehen, denken wir vielleicht, dass die Hexen Zauberei angewandt haben.«

»Und wenn wir den Dolch nicht sehen?«, fragte ich weiter.

»Wenn wir den Dolch nicht sehen, denken wir …« Er legte die Stirn in Falten. Amir hüpfte weiter. Plötzlich erhellte sich Fabrice' Gesicht von der Erkenntnis: »Wir würden denken, dass er *krass* durchgedreht ist!«

Er wandte sich zu Amir und hielt den Finger an die Lippen, wie ein Fußballer, der gerade ein Tor gegen den Erzrivalen geschossen hatte.

Es war ein Wendepunkt. Fabrice' Abschlussexamen wurden mit A und B bewertet – und Amir schrieb A und A*. In den Abschlussprüfungen schaffte fast die ganze Klasse zumindest das C, das sie brauchten, um weiter auf die Schule gehen zu können.

Ich war in Hochstimmung. Doch zugleich war ich auch unbefriedigt. Die Kids hatten es geschafft, aber nur im Kleinen. Sie hatten die erforderlichen Noten für weiterführende Schulen, aber viel mehr hatten wir ihnen nicht bieten können. Mit dem richtigen Einsatz – und einem besseren Lehrer – hätten sie exzellent abschneiden können. Sie waren mit großen Rückständen in meine Klasse gekommen, viele von ihnen konnten nach acht Schuljahren weder ordentlich lesen noch schreiben, und wir freuten uns zwar über ihre Cs, aber die Welt würden sie damit nicht verändern. Zudem war ich nicht sicher, ob wir wirklich Fortschritte gemacht hatten. Meine Bemühungen hatten viel Schweiß – und Tränen – gekostet, aber wissenschaftlich fundiert waren sie nicht. Dass ich anfangs so inkompetent und fantasielos gewesen war, hatte uns wertvolle Lernzeit gekostet. Bei all dem, was wir heute über das Denken wissen, über das Gehirn, den Körper, über das menschliche Verhalten und das Leistungsvermögen, können wir doch sicher bessere Ansätze entwickeln! Und angesichts der Herausforderungen, vor denen unsere Gesellschaft steht, müssen wir das auch!

Der kleine Erfolg, den ich mit meiner 10. Klasse erlebte, gab mir die Zuversicht, dass die Macht der Bildung im 21. Jahrhundert das Leben des Einzelnen und ganze Gesellschaften voranbringen kann. Nur müssen wir es richtig anpacken. Wir müssen neu über das Potenzial unserer Jugend nachdenken, müssen sie besser für die Arbeitsmittel von heute ausstatten, und sicherstellen, dass wir sie alle mitnehmen. Jedes Kind lernt im Grunde gern, aber unsere Systeme setzen nicht auf dieses Potenzial, sondern hemmen es eher. An diesem Tag machte ich mich auf die Reise. Vom Silicon Valley aus sollte sie mich durch neue Länder führen, in neue Rollen und in neue Klassenzimmer, um herauszufinden, wie wir vielleicht anfangen können.

Wenn diese Kinder es schaffen konnten – von einem rückständigen Anfangspunkt aus und mit einem neuen Lehrer –, dann können das alle Kinder. In dieser komplexen, rastlosen und sich schnell wandelnden Welt besteht die Kunst darin, die Voraussetzungen zu schaffen, dass alle so weit kommen.

Teil 1
Neu denken

Teil 1

Neu denken

1 Künstliche Intelligenz

Hüte dich vor Computerfreaks, auch wenn sie Geschenke bringen!

Wen die Götter vernichten wollen,
den nennen sie vielversprechend.
Cyril Connolly

Aufmarsch der Roboterlehrer

Brett Schilke saß in einem Hinterzimmer im Hauptsitz der Singularity University im kalifornischen Mountain View und sprach über die Zukunft. Seit seiner Schulzeit fühlte er sich berufen, das Lernen zu revolutionieren. »Ich war eins dieser Kinder«, sagte er, »die immer fragen: ›Erklärt mir, warum ich das lernen soll.‹ Ich hatte einen Lehrer, der mich einfach ankotzte. Er antwortete mir jedes Mal dasselbe – vielleicht kommt das ja mal bei *Wer wird Millionär?* Und ich dachte jedes Mal, hast du wirklich nichts Besseres zu bieten? Kann ich bitte *gehen*?«

Schilke hatte im Bildungsbereich gearbeitet, seit er das College abgeschlossen hatte, natürlich mit Bestnoten. Er war ein unverhohlener Enthusiast: Abenteurer, Erzieher und Anstifter, der – *Willkommen in Kalifornien!* – gern Geschichten erzählte, Wortspiele liebte und seine Kumpels abklatschte. Nachdem er zunächst Initiativen zur Kultur-, Kunst- und Bildungsförderung in Sibirien und Siebenbürgen geleitet hatte – »Ja, in Sibirien ist es kalt, und nein, in Siebenbürgen gibt es keine Vampire«[1] –, war er vor ein paar Jahren in den Mittleren Westen zurückgekehrt und hatte dort die Organisation IDEAco geleitet, eine gemeinnützige Bildungsinitiative mit Projekten wie City X, ein Lernprogramm für Kinder zur Problemlösung und zum 3D-Drucken. Dann kam er an die Singularity University, deren Gründer Ray Kurzweil, Guru der Zukunftsforschung und Autor von *Menschheit 2.0: Die Singularität naht,* in dieser Einrichtung »Leader fortbilden, sie inspirieren und ihnen ermöglichen will, exponentielle Technologien zu nutzen, um die großen Herausforderungen der Menschheit anzugehen«.[2]

»Singularität« ist Kurzweils Bezeichnung für einen hypothetischen Punkt in der Zukunft, an dem die künstliche Intelligenz unser menschliches Denken Billionen Mal überflügeln wird; das führt zu einer neuen Zivilisation, die in der Lage ist, »ihre physischen und geistigen Fähigkeiten über alle gegebenen Grenzen hinweg zu erweitern«, indem wir mit unserer Technik verschmelzen.[3] Ein cooler Ansatz, vielleicht ein bisschen gruselig. Kurzweil, der heute den KI-Bereich bei Google leitet, entwarf damit eine Utopie, in der unser erweitertes Bewusstsein unvorstellbare kognitive Leistungen vollbringt – andere dagegen fürchten, dass der Mensch sich einem hyperintelligenten Roboter auf Gedeih und Verderb ausliefern wird. Die Singularity University – unter Anhängern SU – ließe sich als Kurzweils Versuch verstehen, das Ergebnis in seinem Sinn zu beeinflussen.

Brett Schilke war kürzlich zum Leiter der Abteilung *Youth and Educator Engagement* der SU befördert worden. Seine Arbeit besteht darin, sich wie besessen mit der Zukunft des Lernens zu beschäftigen – die er sehr scharf von Bildung oder Schule unterscheidet.*

---

* Zumindest seit Aristoteles unterscheiden wir zwischen dem, was innerhalb der vier Wände eines Klassenzimmers geschieht, und

Hinter ihm hing ein Gemälde von einem Roboter auf einer Harley-Davidson, die von einem Berg von Eis-Donuts in einen goldenen Horizont sprang. Er sprach schnell, die Gedanken schossen aus ihm heraus wie Popcorn in der Mikrowelle.

»Es ist eine wahnsinnig aufregende Zeit, um, tja, am Leben zu sein«, sagte er. »Das klingt vielleicht blöd, aber es stimmt. Es ist einfach toll. Es ist so überraschend, was man Tag für Tag tun kann.«

Er sah mich mit seinen hellen Augen an.

»Es ist geradezu *geil.*«

Er sprach gerade davon, wie die Technologie die Welt verändert und wie die Welt – und unsere Schulen – sich mit ihr verändern müssen. Im Silicon Valley ist der Gedanke, dass wir Menschen zu mehr fähig sind, genauso ein Gemeinplatz wie der Glaube, Technologie sei eine rein positive Macht. Schilke hatte dieses Elixier geschluckt. Und er fügte hinzu, wir müssten gemeinsam *lernen* und *kreativ werden,* um unser maschinen-assistiertes Potenzial voll zu entfalten. Nur aus historischen Gründen sei es noch nicht so weit.

»Unser System wurde für die industrielle Revolution entworfen. So ist das moderne Bildungssystem entstanden. Es musste massive Arbeitskraft produziert werden, die einfache Aufgaben immer und immer wieder ausführen konnte. Und wie erreicht man das? Tja, wir schnappen sie uns, wenn sie noch ganz jung sind, und bringen ihnen bei, still zu sitzen und sich zu melden.«

Er schnaufte vor Erregung.

---

einer idealen Form des Lernens. Mark Twain zum Beispiel schrieb angeblich, man solle dafür sorgen, dass »die Schule nicht die Erziehung Ihres Jungen beeinträchtigt«. Sogar der *World Development Report 2017* der World Bank (der erstmals vollständig dem Thema Bildung gewidmet war) beginnt jetzt mit der schlichten Feststellung: »Zur Schule zu gehen ist nicht dasselbe wie Lernen«.

»Es ging eben darum, eine fast schon *militarisierte* Masse von Menschen aufzubauen.«

Er hatte damit weitgehend recht. Die Bildungssysteme sind in der Tat von einem militaristischen Modell beeinflusst. In den 1830er-Jahren hatte der damalige Erziehungsminister von Massachusetts, Horace Mann, eine im ganzen Bundesstaat gültige Schulform eingeführt, die die Grundlage der kostenlosen Schulbildung in den USA wurde. Inspiration hatte er bei einem Besuch in Preußen gefunden, dem Land der strengen Hierarchien, des Gehorsams und des militärischen Drills; Friedrich der Große hatte dort ein halbes Jahrhundert zuvor mit dem Generallandschulreglement das weltweit erste staatliche Schulsystem per Gesetz verankert. Dieses Paradigma erstarkte durch das Gedankengut der Industrialisierung, der Mechanisierung und der Massenproduktion und wurde schließlich zur Vorlage für Schulsysteme, die bald weltweit eingeführt wurden. Doch Computer und andere neue Technologien, so Schilke, stellen heute diesen Ansatz infrage.

Ich hatte meine Reise in die globale Lernrevolution im Silicon Valley begonnen, um herauszufinden, wie die Techno-Humanisten der Bay Area es schafften, unseren Blick auf die Zukunft so stark zu beeinflussen. Und ich wollte wissen, was uns künstliche Intelligenz über die Leistungskraft unseres eigenen Verstands verraten kann. Wird menschliches Lernen irgendwann ganz obsolet, wie manche meinen, oder können wir mithilfe von Computern unsere Denkfähigkeit in ungeahnte Höhen steigern? Meines Erachtens laufen wir Gefahr, unsere eigenen, natürlichen Fähigkeiten zu unterschätzen, die sich in Millionen Jahren der Evolution passgenau herausgebildet haben – und sollten das Lernen im digitalen Zeitalter überdenken. Wenn wir unser Gehirn besser begreifen und herausfinden, wie wir unsere Technologien klug einsetzen, wäre das Potenzial womöglich weit höher, als wir ahnen.

Als Erstes müssen wir verstehen, so Schilke, dass wir nicht einfach nur in die neuesten Gadgets investieren müssen, sondern unser Verständnis vom Lernen radikal verändern.

»Die SU will Lehrer für die größeren technologischen und sozialen Trends fit machen, die uns noch bevorstehen«, erklärte er. »Wir unterrichten 3D-Druck nicht als 3D-Druck, als Berufsqualifikation wie in der Ausbildung zum Buchhalter. Wir unterrichten 3D-Druck, um 3D-*Denken* zu fördern, um zu lernen, wie man Ideen konzeptualisiert.«

Dieser Fokus auf höhere Denkprozesse erfährt zunehmende Unterstützung aus der Forschung. Zwei Wirtschaftswissenschaftler an der Martin School in Oxford, einem Forschungsinstitut, das gesellschaftlichen Wandel prognostizieren und Strategien zum Umgang damit entwerfen soll, errechneten vor ein paar Jahren, dass von den 702 Berufen, die (nach ihrer Berechnung) Menschen derzeit ausüben, etwa die Hälfte schon bald von Maschinen mit Künstlicher Intelligenz übernommen werden könnten.[4] Im Lauf der Industrialisierung hatten die Roboter Muskelarbeit ersetzt, und in der Ära der Digitalisierung werden sie sich an die Kopfarbeit machen. Das bedeutet eine zweifache Herausforderung an die Schule – erstens muss sie die neuesten Technologien in den Lernprozess integrieren, und zweitens Inhalte für eine sinnvolle Schulbildung neu definieren. Wenn irgendjemand auf der Welt wusste, wie man diesen Herausforderungen begegnen konnte, dann, so dachte ich, war das ein Technikfreak wie Schilke.

Zuvor hatten wir einen Rundgang über das Gelände der SU gemacht, ein ehemaliges Forschungsinstitut der NASA mit Militärbasis, das von einer riesigen, entkleideten Baustruktur überragt wurde, dem Skelett eines alten Hangars, in dem in den 1950er-Jahren Luftschiffe gebaut wurden. Die leer stehende Halle nutzte Google manchmal für exklusive Mitarbeiterfeiern – ihr Firmengelände grenzt auf drei Seiten daran. Gleich hinter dem Zaun sahen wir den Flugplatz Moffett Field, wo der Hightech-Gigant führerlose Transportflugzeuge testet; Barack Obama war dort mit der *Airforce One* gelandet, wenn er in der Bay Area zu Besuch war. Hoch über uns kreiste ein Adler, die Proto-Drohne der Natur.

Schilke genoss es sehr, dass die SU von all diesen Innovationen umgeben war. Er zeigte auf den baufälligen McDonald's des Flugplatzes, der längst umgenutzt wurde. »Da drin läuft ein Projekt, bei dem die Mondoberfläche kartografiert werden soll«, erklärte er. »*So* cool. Sie nennen es McMoon.« Sämtliche führenden Hightech-Unternehmen waren hier versammelt: Tesla, Carnegie Mellon, Moon Express. Weiter hinten ragten die Türme des NASA-Testzentrums für Raketenmotoren, auf dem Parkplatz standen überall die neuesten Hybrid- und Elektroautos herum. Die Sonne schien, im Hintergrund erhoben sich die Berge und die massigen Lagerhallen der früheren Regierungsinstitution, die jetzt von freundlich lächelnden Hightech-Unternehmen genutzt wurden – das hier war das Zentrum alles Neuen in der Welt. Es war berauschend.

Letzter Halt auf unserer Runde sollte der sogenannte Classroom sein. Aufgeregt redete Schilke von den Spielsachen, die wir dort vorfinden würden. Als ich Fabrice und Amir unterrichtete, bestand die neueste Technik aus ramponierten Laptops, die dem Fortschritt eher im Weg standen. Jetzt konnte ich es kaum erwarten, was ich für Gadgets zu sehen bekommen sollte, Hörsäle für virtuelle Realität und Roboterlehrer, 3D-Drucker und Nano-Materialien. Ich dachte an Neo, der in *Matrix* in Sekunden Lerninhalte in sein Gehirn herunterlud. Vielleicht stand die Technologie wirklich kurz davor, das Lernen zu revolutionieren. Vielleicht barg dieser Raum die Zukunft der Schule.

Ich war auf den Geschmack gekommen. So schlecht war das Elixier gar nicht.

Sind Computer die neuen Bücher, die neuen Fernseher?

Für Menschen, die sich ausschließlich damit befassen, andere für die Zukunft fit zu machen, sind wir Lehrer erstaunlich zurückhaltend beim Zugriff auf das Neue. Unsere eigene Erfahrung impft uns mit Vorurteilen. Bei uns war die Schule schließlich auch nur, wie sie eben war, und aus uns ist doch auch etwas geworden! In der St James' Primary School gab es in den 1980er-Jahren garantiert keinen einzigen Computer. Meine Lehrerin in der 1. Klasse – Mrs Calcutt – malte unsere ersten Wörter und Zahlen mit Kreide auf (als Wurfgeschosse benutzten wir sie nur ganz selten). Unsere Arbeitsmittel waren Stifte, Papier und Bücher. Wir schrieben mit der Hand und entdeckten nach und nach die Bewohner von *Letterland,* von Annie Apple bis Zig Zag Zebra. Es war absolutes No-Tech. Und wenn das bei uns funktioniert hat, sagen wir uns jetzt, dann wird das auch bei unseren Kindern funktionieren.

Ein gewisses Misstrauen gegenüber dem Potenzial der neuesten Technologie, das Lernen zu verändern, ist durchaus angebracht. Der Glanz des Neuen hat eine gewisse Hypnosekraft. 1922 prognostizierte etwa Thomas Edison eine dramatische Wende im öffentlichen Schulwesen:

> Ich glaube, der Film ist dazu bestimmt, unser Schulsystem zu revolutionieren (…) In ein paar Jahren wird er den Einsatz von Schulbüchern weitgehend, wenn nicht völlig

> ersetzen. Ich würde sagen, aus den Schulbüchern, wie sie heute geschrieben werden, erreichen wir durchschnittlich nur etwa zwei Prozent effizientes Lernen (...) Durch das Medium Film dagegen (...) sollte es möglich sein, eine hundertprozentige Effizienz zu erreichen.[5]

Der Trend ging weiter. Überwältigt davon, wie sehr die Werbung Gewohnheiten und Verhalten der Amerikaner grundlegend beeinflussen vermochte, ließ sich Präsident Lyndon Johnson 1966 zu der Äußerung hinreißen, die Welt habe »leider nur einen Bruchteil der Lehrer, die sie bräuchte«, was sich aber durch »Erziehungsfernsehen« kompensieren ließe.[6] Keine dieser Revolutionen hat schließlich stattgefunden – außer ich saß einfach nur in den falschen Klassenzimmern.

Dabei haben neue Technologien das Lernen wiederholt tatsächlich radikal verändert. Vor 5000 Jahren konnten die Menschen mit der Erfindung der Schrift Wissen über Raum und Zeit überliefern und es außerhalb der Köpfe speichern wie nie zuvor. Auch damals gab es Skeptiker: So beklagt sich etwa Sokrates im *Phaidros* über das geschriebene Wort und argumentiert, es untergrabe unser Gedächtnis und entferne uns von echter Wahrheit.* Doch dass die Transformation stattfand, war nicht mehr zu leugnen. Lernen war nicht länger durch die Qualität des Lehrers definiert, den man sich leisten konnte; und die Entwick-

---

* In Platons *Phaidros* beschenkt der ägyptische Gott Theuth König Thamus mit der Schrift als »Heilmittel« *(pharmakon)* zur Gedächtnisstütze. Thamus stellt die Heilwirkung der Erfindung infrage und argumentiert im Gegenteil, sobald die Menschen beginnen, Dinge niederzuschreiben, nutzen sie nicht mehr ihr Gedächtnis, sondern beziehen sich immer nur auf das Geschriebene. Unter anderen verfasste der französische Philosoph Jacques Derrida brillante Kritiken zu dem paradoxen Gedanken des *pharmakons,* das Heilmittel und Gift zugleich ist.

lung des Wissens beschränkte sich nicht mehr auf den Dialog zweier Menschen. Über Raum und Zeit hinweg konnten nun Gedanken ausgetauscht und vielfältig angepasst, neue Gedankenstrukturen konnten aufgebaut werden. Diese Transformation wurde vor etwas mehr als 500 Jahren noch erweitert, als die Erfindung des Buchdrucks und die ersten volkssprachlichen Bibeln einen Wendepunkt im Zugang zu Wissen markierten. Die Verfügbarkeit von reichlich billigen Büchern spielte eine unermessliche Rolle beim enormen Anstieg der Lese- und Schreibfähigkeit in der westlichen Welt des ausgehenden 19. Jahrhunderts.

Es sah so aus, als hätten unsere Eltern recht: Bücher sind tatsächlich besser für uns als Fernsehen. Und wenn wir noch zweifeln, wie die Technologie sich auf die heutige Bildung auswirken wird, müssen wir uns demnach diese Frage stellen: Sind Computer die neuen Bücher oder die neuen Fernseher?

Warum Computer vielleicht Bücher hoch zwei sind

Ein Maßstab für die Bildung eines Menschen ist sein Intellekt, und als Arena, in der dieser sich unter Beweis stellen lässt, galt lange die zerebrale Welt des Schachspiels. Der Showdown zwischen Boris Spasski und Bobby Fischer von 1972, der vor der Kulisse des Kalten Kriegs stattfand, zog gerade deshalb die Welt in den Bann, weil er sich als Sieg der amerikanischen über die sowjetische Intelligenz konstruieren ließ (ungeachtet der Tatsache, dass Fischer ein Kind europäischer Einwanderer war). Während der junge Draufgänger und der alte Meister sich beim Jahrhundertspiel in Reykjavik am Schachbrett gegenübersaßen, grübelten Wissenschaftler in den USA über einer scheinbar harmloseren Frage: Kann ein Schachcomputer einen Menschen besiegen?

1972 gab es bereits recht deutliche Hinweise darauf,

dass die Antwort Ja lautete, zumindest auf Amateurniveau. 1967 entwickelte eine Gruppe von Studenten am MIT einen Computer namens Mac Hack IV, der gegen den Philosophieprofessor Dr. Hubert Dreyfus antreten sollte. Er war ein guter Amateurspieler und ein genialer Kopf und meinte verächtlich, kein Computer könnte auch nur ein 10-jähriges Kind im Schach schlagen.[7] Trotz dieser Überheblichkeit musste Dr. Dreyfus schließlich klein beigeben: Er verlor gegen die Maschine. Im selben Jahr wurde der Mac Hack IV zum ersten Computer, der ein offizielles Turnierspiel gewann. Mit der Zeit wuchsen sich solche Herausforderungen zu einem wahren Kriegsschauplatz zwischen Mensch und Maschine aus. Der begehrteste Skalp musste schwer erarbeitet werden – der des führenden Schachweltmeisters.

Nach jahrzehntelangem Experimentieren meinte 1997 ein Team bei IBM, sie hätten endlich eine Maschine entwickelt, die das schaffen konnte. In einer Neuauflage des Jahrhundertspiels von 1972 sollte sich Deep Blue (sein Vorfahre Deep Thought war nach dem allwissenden Supercomputer in Douglas Adams' *Per Anhalter durch die Galaxis* benannt), die erste denkende Maschine, mit dem führenden menschlichen Schachmeister Garri Kasparow messen, der im Jahr zuvor in Philadelphia eine ähnliche Maschine geschlagen hatte. Das Rückspiel fand in New York statt, wo Deep Blue, unterstützt von einem Team von Software-Entwicklern (denen später vorgeworfen wurde, sie hätten den Computer regelwidrig unterstützt),[8] den Großmeister in einem spannenden, kontroversen Spiel mit 3,5 zu 2,5 besiegte.[9]

1:0 für die Roboter.

Es war zwar eine große Sache – Maschinen konnten denken! –, aber *so* groß war sie nun auch wieder nicht – sie konnten eben nur wie Maschinen denken. Kasparow schrieb später: »Deep Blue war nur auf die Art und Weise intelligent, wie ein programmierbarer Wecker intelligent ist. Wobei es keineswegs ein Trost war, gegen einen 10 Millionen-Dollar-Wecker zu verlieren.«[10] Abgesehen davon war Schach doch ein ziemliches Nischenthema. Beim menschlichen Intellekt geht es schließlich nicht nur darum, Schachpartien zu gewinnen, und die Aufgabe der Schule besteht in mehr als darin, Schachweltmeister hervorzubringen.

Bei IBM vergaß man vielleicht, auf wessen Seite man stand – jedenfalls ließ man es darauf nicht beruhen. Offenbar hatten sie ein besonderes Vergnügen daran, der Menschheit eins auszuwischen. Nach der Kasparow-Partie suchten sie nach einer neuen Herausforderung und landeten bei der amerikanischen Quizshow *Jeopardy!* Hier musste die Maschine spezifisch menschliche Fähigkeiten vorweisen können, unter anderem die Aneignung von viel nutzlosem Pubquiz-Wissen und die Fähigkeit, die Mehrdeutigkeiten und Wortspiele zu interpretieren, die das Spiel ganz entschieden prägen. Die Entwickler machten sich also an den Bau einer Maschine, die eher wie ein Mensch denken konnte, und nannten sie Watson (offenbar sahen sie in unseren künftigen Herrschern doch eher onkelhafte Handlanger).

In einer alle Zuschauerrekorde brechenden Fernsehausstrahlung besiegte Watson 2011 die größten *Jeopardy!*-Champions aller Zeiten, Brad Rutter und Ken Jennings. Und das noch nicht einmal knapp: Bei Spielende hatte Jennings 24 000 Dollar gewonnen, Rutter 21 600 Dollar und Watson 77 147 Dollar – damit strich IBM die Million Dollar Preisgeld ein (und spendete sie für gemeinnützige Zwecke). Jennings kommentierte später: »So wie im 20. Jahrhundert Fabrikjobs durch neue Fertigungsroboter ersetzt wurden, waren Brad und ich die ersten Arbeiter aus der Wissensindustrie, die wegen der neuen Generation von ›denkenden Maschinen‹ ihren Job verloren« – der

Beruf des ›Quizshow-Kandidaten‹ wäre damit wohl der erste, den Watson überflüssig gemacht hatte, aber sicher nicht der letzte.[11]

Bücher hatten zwar einen Paradigmenwechsel bei der Form der Kodifizierung, Speicherung und Weitergabe von Wissen ermöglicht, doch *denken* konnten sie nicht. In den letzten 50 Jahren hat sich jedoch erwiesen, dass Computer Wissen nutzen, anwenden und sogar generieren können. Deep Blue bewies mit seinem Sieg gegen Kasparow bemerkenswerten taktischen Scharfsinn, spielte Millionen Positionen durch und führte scheinbar kreative Züge aus, um den Großmeister auf die falsche Fährte zu locken. Watson kam mit Mehrdeutigkeit und Wortspielen zurecht und verfügte über mehr als 200 Millionen Seiten abstruses Wissen. Damit war er im strengen Sinn immer noch nur künstlich intelligent (er konnte zum Beispiel keinen auch noch so einfachen Witz machen), aber die Bandbreite des Computerhirns nahm sichtlich zu. In gewisser Hinsicht war er tatsächlich eine *denkende Maschine*.

Mit seiner Begeisterung für das Potenzial der künstlichen Intelligenz, unser Lernen aufzuwerten, stand Brett Schilke nicht allein da. Einst hatten Schrift und Buch die kognitive Entwicklung des Menschen revolutioniert, und jetzt, so schien es mir, standen Computer kurz vor derselben Revolution. Im Silicon Valley liegt auch eine der ersten Schulen, die umfassend in unsere neuen Herrscher, die Computerlehrer investiert – im Drohnenflug gerade einmal zwanzig Meilen von der SU entfernt. Wie ich hörte, übernahmen dort Computer das Unterrichten, und ich fragte mich, wie sich das auf die Denkleistung unserer Kinder auswirkt. Ich beschloss, mir das einmal anzusehen.

Die Lehr- und Lernmaschinen

Es war ein heller Oktobermorgen, und während die Angestellten im Silicon Valley sich ihren Starbucks-Kaffee aus dem Drive-in holten, versammelten sich die 400 Schüler der Rocketship Fuerza Community Prep auf dem Schulhof. Sie hatten gerade die »Startrampe« absolviert, ein tägliches Ritual, mit dem die Direktorin, Ms Guerrero, die jungen Rocketeers übers Mikrofon für den Unterricht startklar machte – Fahneneid, Tanz und Gesang sowie Preisüberreichung für Leistungen wie »Charakterstärke« und *»ganas«*.* Das Highlight war das gemeinsam gesungene *You Gotta Be* von Des'ree und ein Tanz mit der gesamten Schule – einschließlich Eltern – zu *Shake It Off* von Taylor Swift.

»Für die Kinder ist das wie der Morgenkaffee«, sagte eine Lehrerin. So sah es auch aus. Als die Rocketeers gruppenweise abzogen – Die Broncos! Die Spartaner! –, waren sie enthusiastisch.

Die merkwürdige Terminologie aus der Welt der Raumfahrt war ganz bewusst gewählt. Die Rocketship Prep startete 2007 als Vorreiter einer Reihe von Schulen an der Westküste, die ganz bewusst auf dem Technologie-Tsunami surfen wollten. Einer der beiden Gründer war der Software-Unternehmer John Danner. Er erkannte die Möglichkeit, das wachsende Potenzial des Maschinenler-

* *Ganas* ist spanisch und bedeutet in etwa »Courage«. Populär wurde es an US-Schulen durch den Film *Stand and Deliver,* die wahre Geschichte des legendären Mathelehrers Jaime Escalante; der kam aus Bolivien in den Osten von LA und unterrichtete Analysis bei Kindern mit benachteiligter Herkunft. Tatsächlich – das war natürlich filmreif! – führte er seine Schützlinge gegen alle Wahrscheinlichkeit ans College. »Die Schüler werden so gut wie die Erwartungen, die man an sie stellt«, sagt er an einer zentralen Stelle; »alles, was wir brauchen, ist *ganas.*«

nens dafür zu nutzen, den Schulbesuch für jedes Kind zu personalisieren. Außerdem entspricht die kostengünstige Replizierbarkeit digitaler Tools ganz seinem Geschäftsmodell. Schnell würden sie eine hyper-effiziente Schulform testen und anpassen, die in zwanzig Jahren 2,5 Millionen Kinder in landesweit 2500 Schulen erreichen sollte. Wenn KI *Jeopardy!* gewinnen konnte, dann konnte sie auch ein paar Grundschulkindern Mathe beibringen.

Danners Mitbegründer der Schule war Preston Smith, altgedienter Coach und Starlehrer, der in San José äußerst erfolgreiche Schulen für Kinder aus Randgruppen geleitet hatte. Bei unserem Treffen in seinem Innenstadtbüro setzte er mir auseinander, wie denkende Maschinen sich allmählich im Schulalltag nützlich machen. »In bestimmten Lernbereichen, die wirklich anstrengend zu unterrichten sind, hat die Technologie ihren Platz. Ich denke da etwa an Mathe, und die Möglichkeiten zur Visualisierung. Nachhaltiges Üben. So haben Lehrer den Kopf freier, weil sie wirklich viel zu viel können, um mit all ihren Kindern einzeln Laute und Buchstaben zu üben. Wir rechnen da in Sachen Zeit. Es hilft meinen Lehrern, wenn sie das nicht unterrichten müssen. Damit können sie effizienter werden. Und gleichzeitig erreicht mein Rocketeer diese Leistungsstufe schneller. Damit gewinnen wir Zeit für mehr kritisches Denken, mehr höhere Denkprozesse. Und genau das ist unser Ziel.«

Rocketship spielte mit hohem Einsatz bei der Frage, wie Technologie und insbesondere die KI bestimmte Lernerfahrungen automatisieren kann.

Der Ansatz beruht auf dem sogenannten *Learning Lab,* einem Lernlabor, in dem die Kinder jeden Tag eine Zeit lang von intelligenten Maschinen betreut werden.

Als die Kinder mit dem Frühstück fertig waren, gingen Ms Guerrero und ich dorthin. Das Lernlabor ist ein höhlenartiger, 180 Quadratmeter großer Raum mit Whiteboards an jeder Wand – ein Klassenzimmer X.o. In der Mitte saßen zwei erwachsene Betreuer hinter einem kreisförmigen Tresen. Zu beiden Seiten standen in sechs langen Reihen Tische mit Blick auf die Whiteboards, und daran saßen einhundert Fünfjährige. Alle trugen die unverwechselbare lila Rocketship-Uniform, alle hatten vor sich ein Laptop stehen und auf den Ohren überdimensionierte Kopfhörer, wie Mini-Lehrlinge in einem Weltraumzeitalter-Seminar. Die Hälfte arbeitete auf *ST Math,* einer Rechenplattform im Internet, die andere Hälfte an dem Leseprogramm *Lexile.* Eifrig lösten sie ihre Aufgaben und nahmen mich komischen, 1,90 m großen Besucher gar nicht wahr.

Abgesehen von dem sachten Klappern kleiner Finger auf den Tastaturen, war es im Raum fast unheimlich still.

Ich beugte mich vor, um zuzusehen, was ein kleines Mädchen da tat. Sie hieß Martha und spielte ein Computerspiel – in den frühen Neunzigern hätte es nach Hightech ausgesehen –, bei dem sie ein rudimentäres Raumschiff durch einen Asteroidenschwarm steuerte; mit mäßigem Erfolg. Ich wies Ms Guerrero darauf hin.

»Es ist schwer für sie, sich so lange zu konzentrieren«, sagte sie. »Das Programm belohnt sie daher mit einem Spiel.«

An der Wand hingen Schilder zur Erinnerung, welches Verhalten im Lab erwartet wird. FUERZA bedeutet ausbuchstabiert etwa »Augen nach vorne, volle Aufmerksamkeit, Blick folgt dem Sprecher, Respekt im Umgang, eifrige Teilnahme, alle viere auf dem Boden«: LAZER bedeutete »In einer Reihen aufstellen, Arme an die Seite, Mund zu, Augen nach vorn, fertig zum Gehen«. Es gab auch Motivationssprüche.

Wenn sich nicht endlich jemand wie du kümmert,
wird nichts jemals besser hier. Glaube mir!
Dr. Seuss[12]

Ob du meinst, du schaffst es, oder ob du meinst,
du schaffst es nicht – du hast auf jeden Fall recht.
Henry Ford[13]

Es war ein positives, bewusstes Lernumfeld – ein Büro für Kinder.

Als Martha ihr Raumschiff gelandet hatte, präsentierte ihr der Computer eine neue Aufgabe. Es war Winter. Sie hatte zehn Schneebälle auf Lager und warf jetzt acht auf ihre Freundin. Wie viele waren noch übrig? Auf dem Bildschirm war die Rechnung viermal unterschiedlich visualisiert. Zuerst eine Zahlenreihe von 1 bis 10. Martha klickte schnell jede Zahl an: 1, 2, 3, 4, 5, 6, 7, 8, dann hörte sie auf. Für jeden Klick bekam sie einen grünen Haken. Dann ein Kasten mit zwei Reihen von jeweils fünf Schneebällen. Wieder klickte sie in der oberen Reihe jeden an, dann noch drei von der unteren Reihe, und wieder bekam sie acht grüne Haken. Sie arbeitete flüssig. Als Drittes war die Rechnung aufgeschrieben als $10-8=[]$. Sie tippte eine 2. Noch ein grüner Haken. Und zuletzt eine Textaufgabe: Wenn ich acht von zehn wegnehme, was bleibt übrig? Sie tippte die Antwort: *z-w-e-i*.

Früher hätte ein Lehrer diese Rechnungen präsentiert und bearbeitet. Die Kinder hätten alle dieselben Aufgaben gelöst, dann die Blätter getauscht und sorgfältig die Arbeit des Nachbarn verbessert. Das Geniale an diesem System hier ist, dass jedes einzelne Kind eine Folge von Übungen macht, die speziell seinen Lernbedürfnissen angepasst sind. Wenn ein Kind eine Schwäche im Multiplizieren zeigt, merkt das die Software bei der Datenanalyse und sorgt dafür, dass Multiplikationsaufgaben in verschiedenen Formen ausführlich geübt werden. Wenn das Kind keine Fehler macht, steigert die Software die Komplexität der Rechnungen. Ist ein Tipp nötig oder eine kleine Aufmunterung, liefert das ein Avatar auf dem Bildschirm. Ein Lehrer ist überflüssig. Auch ein anderes Kind, das die Leistung benotet. 70 bis 90 Minuten verbringen die Kinder hier jeden Tag im Lab – eine ganze Menge Rechenaufgaben.

Zurück in Prestons Büro, dachte ich über den Spruch nach, der auf der lila Wand im Konferenzraum prangte.

> Wenn ein Kind nicht so lernt, wie wir unterrichten,
> sollten wir es so unterrichten, wie es lernen kann.

»Für uns ist das eine Frage des Zeitmanagements«, sagte er. »Es gibt immer mehrere Kanäle. Einmal der Unterricht in der Klasse mit direkter Anleitung. Dann kommt man in eine Niveaugruppe, in der man sich möglicherweise auch seine eigene Zeit nehmen kann. Dann folgt das Lernlabor mit dem individuell angepassten Niveau, und man bekommt es noch einmal vorgesetzt. Eventuell wird man für ein spezielles Tutorat im Labor ausgewählt. Wenn also ein Kind schwache Leistung zeigt, bekommt es denselben Inhalt bis zu sechs Mal in unterschiedlichen Formaten präsentiert, sechs Mal anders an einem einzigen Tag. Bisher haben wir noch kein ausreichendes Analysesystem, aber irgendwie müssen wir herausfinden, welche Methode für jedes Kind die beste und wirksamste ist. Wenn wir das geschafft haben, ist die Optimierung wirklich verblüffend.«

Diese Optimierung gehörte zum Personalisierungstrend beim Lernen, der Preston so begeisterte. Hier funktionierte sie. Die Schüler an Rocketship-Schulen sind erfolgreich. Sehr sogar. In Mathe liegen sie im Vergleich zu ihrer sozio-ökonomischen Gruppe in der Stadt auf der 90. Perzentile, in Sprachen auf der 85. Zudem spart die Technik sehr viel Lehrerstunden ein. Bei meinem Besuch waren vier Klassen im Lernlabor, also etwa einhundert Kinder. Durch eine Labor-Sitzung werden also sechs Lehrerstunden eingespart. Die beiden erwachsenen Betreuer sind junge Hilfslehrer am Anfang ihrer Lehrerausbildung.

Trotzdem war es ein wenig beunruhigend, wie hier von Optimierung und Effizienz geredet wurde. Lässt Rocketship sich allzu bereitwillig auf das unerbittliche Paradigma der Maschine ein? Immerhin sind die Rocketeers noch Kinder und keine Bürokräfte. Viele Jahre nach dem Deep Blue-Match schrieb Garri Kasparow, ihm sei aufgefallen, dass die KI-Befürworter sich zwar über das Ergebnis gefreut hatten, über die Art und Weise, wie es zustande gekommen war, aber trotzdem enttäuscht waren. »Statt eines Computers, der dachte und Schach spielte wie ein Mensch, mit menschlicher Kreativität und Intuition, hatte er wie eine Maschine gespielt, die systematisch 200 Millionen mögliche Schachzüge pro Sekunde bewertet und mit roher Rechengewalt siegt.«[14] Heute besteht das Risiko darin, dass die Fortschritte in künstlicher Intelligenz unsere eigenen intellektuellen Fähigkeiten auf Maschinenniveau reduzieren. Der schmale Grat des maschinenbasierten Lernens könnte womöglich leicht unmenschlich werden.

Preston gab zu, dass die Rocketships anfangs die rohe Rechengewalt auf ihrer Seite hatten und sich als »großer lila Gorilla« gerierten. Wenn in Schulzimmer ein Software-Entwickler vor den Kindern stehe, sei nicht immer klar, ob sie eigentlich Schulen betrieben oder ein Technik-Imperium aufbauten. Doch heute hätten sie den Menschen viel stärker im Blick. Ihre erste Priorität sei personalisiertes Lernen oder »Einsatz und Anpassung der neuesten Hilfsmittel und Software, damit Schüler mehr lernen können«, daneben konzentrierten sie sich aber auf Talententwicklung und den Einfluss der Eltern. »Wir waren Uber, jetzt wollen wir Lyft sein«, sagte er mit Bezug auf den neuen, fahrerfreundlichen Konkurrenten des Fahrdienstleisters. Auf der Technikseite brachte die größte Lektion nur geringen Gewinn ein: eine etwas bessere Version eines Programms, verlässlichere Daten als Entscheidungsgrundlage, etwas mehr eingesparte Zeit.

Kann ein System so effizient werden, dass eines Tages alles Lernen ausschließlich in betreuten Lernlabors stattfindet? Das glaubt Preston nicht.

»Diesen ganzen Blödsinn von ›Dann gibt es keine Schulen mehr, die Kinder lernen dann von zu Hause aus‹ nehme ich niemandem ab. Und halte es außerdem für schlecht.«

Grinsend blickt er auf.

»Unsere Kinder müssen lernen, sozial zu interagieren. Jemandem eine zu knallen und sich zu entschuldigen. Und der andere muss ihm sagen: ›Das hat wehgetan! Und es verletzt mich, dass du mir eine geknallt hast!‹ Wir haben soziale Normen, die Kinder lernen müssen.«

Ich nickte. Im Labor selbst entwickeln die Kinder ihre kognitiven Fähigkeiten, aber nur in einem sehr engen Sinn. Überall in der Rocketship-Schule sah ich auch unglaubliche Lehrer, die mit den Schülern großartige Arbeit leisteten. Das stand immer noch im Mittelpunkt des Lernens. Zum Glück. Was die Kinder im Lernlabor lernen, musste ich unwillkürlich denken, ist doch genau die Art kognitiver Fertigkeiten, die sie für die meisten leicht automatisierbaren Jobs wie Nummer 702 (Telefonmarketing) qualifizieren und nicht für kreativere Beschäftigungen wie Nummer 1 (Physiotherapeut), wenn man der Oxford Martin-Studie zur Automatisierung von 702 Berufen glaubt. Fertigkeiten, die man am Computer üben kann, sind doch genau die, die sich dank eben dieser Maschinen auch leicht automatisieren lassen. Ist das ein notwendiger Schritt in der Entwicklung der Kinder oder ein krasser

Fehler, der die Rocketeers und ihre Gefährten eines Tages ins Abseits führen wird?

Vielleicht kommen die Roboterlehrer doch nicht

Der Blödsinn, von dem Preston redete, kam nicht von einer Seite allein. Vielmehr hatte er sich – so läuft das eben in der Welt der automatisierten Intelligenz – seine eigene Logik geschaffen.

Viel Schwung erhielt er durch einen preisgekrönten TED-Talk von Sugata Mitra über das Loch in der Mauer.[15] Jahre zuvor hatte Mitra in Neu-Delhi direkt neben einem Slum gearbeitet. Er fragte sich, warum – besonders im Umgang mit Computern – immer reiche Kinder als hochbegabt galten und arme Kinder nicht. Er beschloss, ein Experiment durchzuführen, und stellte einen einzelnen Computer mit Internet-Anschluss (diebstahlsicher, Monsun-sicher und wahrscheinlich auch Erwachsenen-sicher) an die Grenzmauer zum Slum. Als Mitra den Computer anschaltete, umringten ihn neugierige Kinder, die wissen wollten, was er damit vorhatte. Weil er sein Experiment nicht beeinflussen wollte, ließ er sie einfach damit allein. Als er wiederkam, stellte er fest, dass etwas Bemerkenswertes passiert war. »Etwa acht Stunden später sah ich, wie sie das Netz durchstöberten und einander zeigten, wie das geht«, berichtete er. »Ich sagte: ›Das ist unmöglich, weil … Wie kann das sein? Sie wissen gar nichts.‹«[16] Seine Schlussfolgerung war verblüffend: Mit Unterstützung der geeigneten Technologie können Kinder einander selbst unterrichten.

Auf dieser Basis entwickelte sich Mitras Idee von der Selbstorganisierten Lernumgebung (*Self-Organising Learning Environment*, SOLE). Die Formel ist ganz einfach. Man stellt den Lernenden eine große Recherchefrage – etwas, das ihren Forschertrieb anregt – und feuert sie ein bisschen an – etwa durch jemanden, der hinter ihnen steht und jedes Mal, wenn sie etwas machen, sagt: »Wow, sag mal, wie hast du das denn gemacht? Wie geht es weiter? Echt, als ich so alt war wie du, hätte ich das nie hingekriegt!«; er nennt das die »Oma-Methode«. Dann hält man sich zurück und wartet auf den Lernprozess.

Mitra erhielt damals für seinen weitsichtigen Vortrag den mit einer Million Dollar dotierten TED-Preis. Seine Dankesrede nutzte er, um eine neue Vision von Schule zu bewerben, für die man Computer brauche, Omas (echte Omas aus anderen Ländern mit viel Zeit, die per Skype zur Unterstützung hereingebeamt wurden) sowie eine Infrastruktur zum Online-Lernen. Ausnahmslos überall einsetzbar, zugänglich für jedes Kind, das über ein Endgerät und eine Internetverbindung verfügt. Die Botschaft war absolut klar: Wir können Schulen, wie wir sie kennen, verabschieden und die »Schule in der Cloud« begrüßen.

Die Rede enthielt wichtige Erkenntnisse: Digitale Technologien ermöglichen inzwischen den Zugang zu *allen* online verfügbaren Inhalten; die Methodologie lässt sich schnell ausbauen; Lehrer können weltweit herumgebeamt werden. Bald darauf kam die Khan Academy auf, eine riesige Online-Bibliothek mit Mathe-Tutorials, ursprünglich gegründet von einem Mitarbeiter bei Microsoft, Salman Khan, der seinem Cousin in einem anderen Bundesstaat Nachhilfe geben wollte; inzwischen steht sie Millionen Lernenden weltweit zur Verfügung. Beide Projekte profitierten von einem wichtigen Silicon Valley-Mythos: Technologie hat ein Ziel, und dieses Ziel ist die Lösung aller Probleme auf der Welt. *Willkommen in unserer gesunden, fetten, Technik-Utopie!* Einige Skeptiker warnen zwar davor, diese Projekte als die Heilsbringer der künftigen Schulbildung anzusehen, doch andere prognostizieren bereits eine neue Ära des Lernens. Gib einem Kind einen Laptop, und es bringt sich alles andere selbst bei.

Der Schulbezirk Los Angeles (LAUSD) beschloss, genau das zu tun. 2013 wurde bekannt gegeben, dass jeder Schüler in der Stadt ein mit der Software des Schulbuchverlags Pearson ausgestattetes iPad erhalten würde. Mit 1,3 Milliarden Dollar eine der ehrgeizigsten Investitionen in technische Schulausstattung, die es in den USA je gegeben hatte.

Es wurde ein Fiasko.

Ganze Lkw-Ladungen von iPads wurden an die Pilotschulen geliefert. Viele blieben ungenutzt in den schwarzen Transportkoffern liegen, weil die Lehrer für ihren Einsatz im Unterricht schlecht geschult waren. Findige Schüler fanden heraus, wie sich die eingebauten Sperren für Nicht-Lernsoftware hacken ließen. Schließlich sah sich der Leiter der Instructional Technology Initiative gezwungen, den Vertrag aufzulösen, weil nur fünf Prozent der Kinder dauerhaften Zugang zu der Pearson-Software der App hatten. Schlimmer noch: Es tauchte ein E-Mail-Verkehr zwischen Apple/Pearson und dem Leiter der Schulbehörde auf, in dem dieser seine Begeisterung äußerte, mit den Unternehmen zusammenzuarbeiten – und das ein ganzes Jahr bevor die öffentliche Ausschreibung auch nur angelaufen war.[17] Das iPad-Fiasko von Los Angeles rief auch einen früheren Fall ins Gedächtnis, bei dem jedes Kind in Thailand zur Lernunterstützung ein Tablet erhielt. Das Ergebnis? Mangels geeigneter Lehrerschulung sank das Leistungsniveau insgesamt ab.[18]

Obendrein ergab eine kleine Überprüfung durch Experten, dass Sugata Mitras »Loch in der Mauer« auch nicht *ganz* das war, wonach es zunächst aussah. Obwohl er Schulen für obsolet erklärt hatte, stellte sich heraus, dass die Computer, die er für sein Programm installiert hatte, üblicherweise in den Schulgebäuden der Slums standen. Mitra selbst argumentierte, die »Loch in der Mauer«-Geräte funktionierten viel besser, wenn sie in Lernprogramme integriert seien, die von guten Lehrern verwaltet wurden.

Dass der entscheidende Lernfaktor womöglich die Lehrer und nicht ihre Hilfsmittel sind, wurde bei der Jagd nach der technologischen Innovation offenbar häufig übersehen. Die schnell zunehmende Vernetzung und die wachsende Leistungsfähigkeit der Computer hatte ein ganzes Pantheon neuer Lerngötter heraufbeschworen, vom »*flipped classroom*« (umgedrehter Unterricht) über adaptive Lernumgebungen, integriertes Lernen bis zur Personalisierung. Dennoch häufen sich nicht etwa die Belege. Wie eine OECD-Studie an Zehntausenden Kindern in über vierzig Ländern ergab, schneiden Kinder umso schlechter bei bestimmten Tests ab, je mehr Zeit sie am Computer verbringen.[19] Behörden erwarteten fälschlicherweise, die Geräte würden ganz von selbst die Produktivität steigern, und vergaßen dabei die Lehrer. Die Länder, die erheblich in die Technologie investierten, wiesen in den Tests durchschnittlich »keine erkennbare Verbesserung« auf. Der Report kam zu dem Schluss: »Wer die Technologien des 21. Jahrhunderts einfach der Lernpraxis des 20. Jahrhunderts überstülpt, kann die Effektivität des Lehrens nur verwässern.«

1:1 im Spiel Roboter gegen Menschen.

Allerdings geht es ja nicht darum abzustreiten, dass Technologie Lernprozesse verbessern kann. Die Ergebnisse der OECD-Studie, der Studie aus Thailand und des Experiments vom »Loch in der Mauer« sind eindeutig. Computer *können* das Lernen verändern – aber nur, wenn sie von Experten eingesetzt werden. Dem OECD-Bericht ist zu entnehmen, dass entgegen deutlich radikalerer Annahmen Lehrer wichtiger sind denn je. Doch wie soll ihre Arbeit aussehen? Ich beschloss, an der Küste entlang nach Los Angeles weiterzureisen. Leiterin des iPad-Projekts war die hoch angesehene Bernadette Lucas. Sie war zuvor Rektorin der Melrose Elementary School in Central Los Angeles gewesen. Die verblüffenden Erfolge, mit denen ihre Lehrer iPads völlig reibungslos in den Lernprozess ihrer Schüler einbauen konnten, hatten den Schulbezirk überhaupt erst dazu veranlasst, 1,3 Milliarden Dollar in Hardware zu investieren.

Besonders ein Lehrer galt geradezu als iPad-Jedi. Sein Name war Mr Willis.

Das Prinzip der Hybridität

Nach dem Fahneneid wiederholten die Vorschulkinder der Melrose Elementary in Central Los Angeles ein paar Grundlagen zum Thema Buch – Titel, Autor, und *(Bonuspunkt!)* Widmung. Durch die offenen Türen fiel das warme Licht eines Oktobermorgens herein.

Die Kinder bildeten selbstständig Sechsergruppen. Auf jedem Tisch lagen Buntstifte, Tonpapier, Bleistifte und Lineale neben den iPads der Schüler. Sie schalteten sie an, zeigten mit einem breiten Grinsen die Selfies, die sie als Hintergrundbild eingerichtet hatten. Mr Willis trug Karohemd und Kakihosen, stellte den Beamer scharf und fragte, wer seinen Film vorführen wollte, nach dem Motto: *Wie kann man das nicht wollen?* Souverän fesselte er die Aufmerksamkeit der Kinder. Mehrere Hände schossen in die Höhe. Für den Anfang wählte er drei aus: Nathan, Jade und Eduardo.

Nathan verband sich per Bluetooth mit dem Klassen-Laptop und öffnete iMovie; er war sichtlich vertraut mit dem Gerät. Er tippte auf *Play* und legte sich dann die kleinen Hände vor die Augen. Auch Post-Millennials – Kinder der sogenannten iGen – müssen sich erst daran gewöhnen, ihre Arbeit zu präsentieren.

Die Kamera fuhr über die Titelseite von *The Red Hen,* dazu setzte ein Off-Kommentar ein.

»*Das hier*«, lispelte er, »ist der Titel.« Eine zweite Einstellung, er blinzelte zwischen den Fingern hindurch. »Und *das* ist der *Autorenname.*« Es folgten noch drei weitere Filmszenen. Am Ende saß Nathan hingerissen da. Seine Klassenkameraden waren voll dabei. Das war wirklich *wow.*

Er war erst fünf, konnte weder lesen noch schreiben und hatte bereits seinen ersten Film gedreht.

In der Pause erklärte mir Mr Willis aufgeregt, wie die Kleinen in seiner Klasse ihr Gerät benutzen. »Das ist wirklich super«, sagte er. Er stellte zum Beispiel den Kindern die Aufgabe, wie man die besten Papierflieger baute. Dann fragte er die Klasse, wie man das lernen könne. Als Erstes schlugen sie immer vor, ihre Familie oder Freunde zu fragen. Das machten sie dann, stellten aber fest, dass Familie und Freunde gar nicht so viel über Papierflieger wussten. Als Nächstes beschlossen sie, in Büchern nachzuschlagen, aber wirklich befriedigende Bücher über Flugzeuge fanden sie nicht. Und wenn doch, waren die Anweisungen sehr schwer nachzuvollziehen.

Am Ende überlegten sie, ob sich ein Kind in ihrem Alter finden ließ, das es ihnen beibrachte, und beschlossen, mithilfe ihrer iPads auf Google danach zu suchen. Sie fanden den Video-Blog eines siebenjährigen Mädchens in Florida, das mit Begeisterung Papierflieger baute. »Und das funktionierte dann auch«, sagte Mr Willis. Diese Erklärungen verstanden sie, und allzu kompliziert war es auch nicht. Wichtig war: Die Kinder waren mit einem Ziel gestartet, mit einem eigenen *Warum.* Die Nutzung der Technologie war sekundär gewesen, aber sie hatte sich letzten Endes als das geeignetste Hilfsmittel erwiesen.

Mr Willis kommentierte Nathans Video. »Nathan«, sagte er, »es war toll, wie du in dem langen Schwenk den Titel gezeigt hast, und du hast das mit ganz klarer Stimme kommentiert, prima. Nächstes Mal könntest du die Präsentation vielleicht in Vollbildanzeige vorspielen.«

Nathan nickte.

Jetzt war Eduardo dran. Er startete sein iMovie, und die Kamera schwenkte ganz langsam über den Titel – der Ken Burns-Effekt, sagte Mr Willis, nach dem großen amerikanischen Dokumentarfilmer –, aber es gab keinen Ton.

»Sollen wir das noch nachliefern, Eduardo? Also, wo ist der Knopf für die Tonaufnahme?«

Mr Willis ging hinüber und half Eduardo, den Knopf zu finden. Da saß er also mitten in der Klasse und sprach den Off-Kommentar ein. Der Zyklus von Fehlerdiagnose (kein Off-Kommentar), Rückmeldung (wir brauchen einen Off-Kommentar) und Fehlerkorrektur (Off-Kommentar erfolgreich ergänzen) dauerte nicht länger als zwei Minuten. Außerdem hatte dabei die ganze Klasse etwas gelernt, weil der Prozess auf der Leinwand zu verfolgen war. Es kommt in unserem Beruf nur selten vor, dass Lernen für das ganze Klassenzimmer sichtbar wird – greifbare Verbesserung im Verständnis eines Kindes –, aber genau das geschah hier bei meinem ersten Besuch nach zwanzig Minuten. Die Technologie war transparent und weiterführend. Das Gleiche galt aber auch für die Art des Unterrichts.

Mr Willis war ein alter Hase, einer der Lehrer, deren Arbeit – gemeinsam mit der verheißungsvoll blinkenden technologischen Hardware – ganze Schulbezirke dazu veranlasste, für ihre Schüler Tablets anzuschaffen. Doch es ging gar nicht so sehr darum, was die Maschine konnte, so beeindruckend das auch sein mochte. Es ging um den Nutzer und was er daraus machte. Im Fachjargon heißt dieses Verschmelzen von Mensch und Maschine *Hybridität*.

Die Rocketship-Lernlabore waren ein wenig unheimlich gewesen – obwohl dort hervorragend gearbeitet wurde; hier hingegen wirkten die iPads genauso natürlich wie das Tonpapier und die Buntstifte auf den Tischen. Es sah nicht aus wie in einem Büro, eher wie in einem Designer-Studio oder in einem Start-up. Die Kinder diskutierten Ideen, nutzten die jeweils geeigneten Medien und kritisierten so offen wie besonnen die Arbeit der Mitschüler. Obwohl sie erst fünf Jahre alt waren. Die Technologie war dem Lernziel untergeordnet, und ihr Einsatz war transparent.

Mr Needleman war der Direktor der Schule. Er war aus der Bezirksbehörde hierher versetzt worden, als Ms Lucas für die Leitung des iPad-Projekts abgeordnet wurde. Grundsätzlich, so befand er, konnte man »die Technologie richtig oder falsch einsetzen. Schulen sollten nicht fragen: ›Wie kann ich dieses Hilfsmittel einsetzen?‹, sondern: ›Was will ich erreichen – und gibt es dafür ein geeignetes Hilfsmittel?‹« Man konnte nicht einfach iPads in Schulen liefern und erwarten, dass dadurch besser gelernt wird, und man durfte die Technologie auch nicht überbewerten. Sehr hoch bewerten sollte man dagegen die Lehrer und das Erreichen des Lernziels.

»Derzeit herrscht zum Beispiel eine Art Hysterie wegen des umgedrehten Unterrichts«, fuhr er fort. Bei dieser neuen Trendmethode nehmen Lehrende die eigentliche Schulstunde auf Video auf und lassen ihn in Heimarbeit erarbeiten; damit wird im Unterricht Zeit frei für Diskussion und Übung. »Aber alle konzentrieren sich immer auf den falschen Teil davon: Wie macht man so ein Video? Die Leute denken: ›Ich nehme meinen Unterricht einfach auf, das können die Kinder dann zu Hause anschauen.‹ Dagegen ist in den Technik-Fortbildungen nie die Rede von dem anderen Teil, nämlich, was man jetzt mit der frei gewordenen Unterrichtszeit anfängt. Den Frontalunterricht hat man abgehakt, aber was macht man jetzt im Klassenzimmer anders? Dabei sollte genau das der Unterschied sein.«

Trotzdem verfolgte mich eine weitere Einsicht aus Mr Willis' Klasse. Die Fünfjährigen dort verstanden das *iPad* als erstes Lernportal. Es lag die ganze Zeit auf ihren Tischen, ein Produkt des weltgrößten Unternehmens, gefertigt bei Foxconn, dessen CEO Terry Gou öffentlich erklärt hat, er hoffe, seine gesamte Belegschaft in den nächsten zwei Jahrzehnten durch Roboter zu ersetzen.[20] Kugelschreiber, Bleistifte und Bücher wirkten dagegen edel und gut, aber ein bisschen machtlos. Mit Sicherheit werden sich Computer revolutionär auf das Lernen auswirken, aber diese Revolution birgt echte Gefahren.

Haben wir wirklich begriffen, was es bedeutet, wenn die Kinder im Klassenzimmer keine Stifte und Bücher mehr haben? Und wissen wir, was Kinder sinnvollerweise lernen sollen, wenn Roboter sämtliche Jobs übernehmen – sogar die Lehrerjobs?

Ich fragte mich, was wohl Mrs Calcutt, meine Grundschullehrerin, mit ihrer Kreide und den Kopien aus *Letterland* dazu sagen würde.

Die letzte Schach-Lektion

Das ganze Potenzial der Hybridität zeigte sich an der faszinierenden Entwicklung im Schachspiel Mensch gegen Maschine. Um 2010 konnte man sich Schach-Apps auf das Smartphone laden, die einen menschlichen Großmeister mit Leichtigkeit schlagen konnten, der Wettlauf schien also in einer Sackgasse angelangt. Dem Mooreschen Gesetz zufolge verdoppelt sich das Rechnertempo weiterhin alle achtzehn Monate, während der Platz für diese Rechenleistung sich halbiert. Die einzige halbwegs interessante Frage, die jetzt noch blieb, war, welches Gerät einen Großmeister als Nächstes besiegen könnte. Eine Smartwatch? Ein Navi? Ein Wecker? Kurzerhand schrieben die Organisatoren die Regeln um: Fortan durfte bei Freestyle-Turnieren jede beliebige Kombination von Mensch und Maschine antreten.

Garri Kasparow beobachtete die Entwicklung dieser lukrativen Schaukämpfe genau und berichtete einmal in der *New York Review of Books* darüber. In den Wettkampf gingen mehrere interessante Kombinationen von starken Großmeistern und diversen Computern, und die Ergebnisse folgten einem erwartbaren Muster: Die Teams aus Mensch und Maschine besiegten selbst die stärksten Maschinen. Sogar Hydra – ein »Schach-Supercomputer« und Deep Blues erfolgreichster Nachfahre – hatte keine Chance gegen einen starken menschlichen Spieler, der einen Laptop nutzen konnte. In Kasparows Worten: »Menschliche Strategie in Kombination mit der taktischen Präzision eines Computers war einfach überwältigend.« Trotzdem gab es noch eine Überraschung. Er schrieb:

> Der Sieger, so zeigte sich, war nicht ein Großmeister mit Standard-PC, sondern ein Team von zwei amerikanischen Amateurspielern, die drei Computer gleichzeitig nutzten. Sie konnten ihre Computer so geschickt programmieren und ihnen so effektiv »beibringen«, die Stellungen zu analysieren, dass sie das überlegene Schachwissen ihrer Großmeister-Gegner und die höhere Rechenleistung anderer Teilnehmer mehr als ausgleichen konnten. Schwacher Mensch + Maschine + bessere Einsatztaktik übertraf einen starken Computer allein, und – noch bemerkenswerter – auch einen starken Menschen + Maschine + schwächere Einsatztaktik.[21]

Den Schachwettkampf entschieden nicht die schlauesten Köpfe, sondern die beste Kombination kognitiver Kräfte – der überlegene Hybride. Diese Anekdote erzählen die Wirtschaftswissenschaftler und Zukunftsforscher Erik Brynjolfsson und Andrew McAfee in ihrem Buch *Race against the Machine: Wie die digitale Revolution dem*

Fortschritt Beine macht. Darin liefern sie ein paar starke Thesen, vor allem – so beschreibt es der britische Autor und Technologie-Chronist John Lanchester: *Die Roboter werden kommen und alle unsere Jobs schlucken.*[22] Gleichzeitig bleiben sie optimistisch, gehen sie doch fest davon aus, dass wir Lehrenden weiterhin Arbeit haben. Der Mensch wird nicht sofort von der Intelligenz der Maschinen überrollt.

Das liegt insbesondere an folgenden Faktoren. Zum Ersten am Moravec'schen Paradox, demzufolge Dinge, die für uns ganz einfach sind – Gehen, eine Schleife binden, ein Gesicht erkennen – maschinell am schwersten zu replizieren sind (was der Grund ist, dass es bis heute noch keinen Roboter-Butler gibt, der unsere Häuser putzt und uns morgens das Frühstück macht), während das, was uns am schwersten fällt – wie die Analyse riesiger Datenmengen oder die Berechnung der Kreiszahl Pi auf 100 000 Kommastellen – für Computer unvorstellbar einfach ist.[23] Einer Theorie zufolge ist das alles eine Frage der Evolution. Zum Beispiel das Fangen. Es ist wirklich *sehr* schwierig, einem Roboter Fangen beizubringen (obwohl es jetzt immer schnellere Fortschritte gibt). Wir dagegen brauchen, nachdem unsere Vorfahren über Millionen Jahre im Wald gelebt und unsere Sinne geschärft haben, lediglich ein bisschen Übung.

Zweitens können Maschinen heute zwar in einer bestimmten Fähigkeit – etwa Schachspielen – unglaublich gut werden, über allgemeine Intelligenz verfügen sie jedoch nicht. Deep Blue würde bei *Jeopardy!* keinen einzigen Punkt machen. Watson brächte nicht einmal die einfachste Eröffnung in einem Schachspiel zuwege. Sie sind für eine einzelne Fähigkeit programmiert und können darin ein Niveau erreichen, das für uns unmöglich ist. Wir Menschen dagegen sind für die Mehrzweckknutzung gemacht, wir führen ständig viele ganz verschiedene

Handlungen gleichzeitig aus. Und doch ist das nur ein kleiner Trost. Viele Menschen – zum Beispiel Ray Kurzweil von der SU – prognostizieren, dass Computer in den nächsten zwanzig Jahren ein allgemeines Intelligenzniveau erreichen, dank einer neuen, »starken« KI, auf die wir später im Buch noch zu sprechen kommen werden. Dann ist alles möglich.

Schon heute wirkt sich das aus auf die Art, wie wir lernen. Die Schach-Geschichte zeigt uns, dass Mensch plus Maschine plus gute Einsatztaktik stärker ist als die beste Maschine. Doch was ist eigentlich mit einer guten Einsatztaktik gemeint? Was für Maschinen sollen wir unseren Kindern an die Hand geben? Und welche Fertigkeiten müssen sie entwickeln, um im Wettbewerb die Oberhand zu behalten? Wir brauchen nicht in Panik zu verfallen – noch nicht –, aber wir sollten möglichst schnell anfangen, uns mit diesen Fragen zu beschäftigen.

Die Technikpropheten haben damit bereits begonnen. Bei ihrer Untersuchung der neuesten Technologien, von führerlosen Autos bis zu Übersetzungssoftware, arbeiten Brynjolfsson und McAfee drei Gebiete heraus, in denen wir – bisher noch – im Vorteil sind: »Ideenbildung«, die Fähigkeit, Ideen zu entwickeln, kreativ und zielorientiert zu arbeiten; »komplexe Kommunikation«, die Fähigkeit zu sehr differenziertem Schreiben, Hören oder Lesen; sowie »breit gefasste Mustererkennung«, die Fähigkeit, riesige Mengen multisensorischer Informationen gleichzeitig zu verarbeiten und angemessen darauf zu reagieren. Kreativität, komplexe Kommunikation und kritisches Denken. Das klingt doch nach einem ordentlichen Lehrplan für die Schule.

Unsere Herausforderung heute lautet, dass die große Mehrheit der Kinder diese Fertigkeiten nicht beherrscht. Der Lehrplan, durch den sich meine Zehntklässler kämpften, stattete sie mit einem gewissen Niveau komplexer

Kommunikation aus (sie konnten einfache Essays schreiben), aber das Examen bestanden sie, ohne wirklich in der Lage zu sein, neue Ideen zu entwickeln, ihr Wissen kreativ zu nutzen oder ihre Fertigkeiten in neuen Kombinationen einzusetzen. Stattdessen saßen die Schüler irgendwo auf einem Förderband zur Beherrschung der Kulturtechniken Lesen, Schreiben und Rechnen, und viele von ihnen waren bei ihrem Schulabschluss noch nicht einmal darin wirklich gut. Ihre Computer – sie hatten ja Taschenrechner, Nachschlagewerke, Autokorrektur und Videoplayer in Händen – konnten das alles sehr viel besser als sie es je lernen würden.

Mir war noch nicht klar, wie mächtig diese Maschinen eines Tages werden können, aber klar war jedenfalls, dass man sie besser nicht ignorieren sollte. Wir wollen nicht, dass Generationen von Kindern enden wie Ken Jennings oder Dr. Hubert Dreyfus. Nein, wir müssen dafür sorgen, dass sie neue Technologien als Werkzeuge nutzen, um ihre eigenen Ziele zu erreichen. Aber wie konnte man dann durch die Schule ihre menschlichen Talente am besten zur Geltung zu bringen? Mit dieser Frage war ich an jenem Oktobermorgen nach Mountain View zu Brett Schilke gefahren.

Wie ich lernte, KI zu lieben und sie nicht mehr zu fürchten

»Da sind wir«, sagte Schilke und blieb an der Tür zum Classroom der SU stehen. Er tippte den Zugangscode ein. Nichts passierte. Auch Technologie hatte offenbar einen Sinn für Humor. Nachdem wir den neuen Code für das digitale Türschloss herausgefunden hatten, traten wir ein. Beim Anblick der Computerbildschirme, der 3D-Drucker, Roboter und Drohnen, die den ganzen Raum bevölkerten, dachte ich an diese paradoxe Ecke in Spielzeugläden mit Spielen für Teenager – wer ging in diesem Alter schon noch in Spielzeugläden? –, die wir Liebhaber von Autoquartett, Lego und Fußball nie beachtet hatten.

An der Wand lehnte ein halb lebensgroßes Modell von Darth Vader mit Lichtschwert und allem Drum und Dran.

Der Classroom ist tatsächlich eine Art Labor. Dort können SU-Studenten und das Personal mit den neuesten Gadgets anderer Unternehmen spielen. Ich probierte eine VR-Brille aus. Eines Tages sitzen wir womöglich in Princeton in Einsteins Vorlesungen über die Relativitätstheorie, während 3D-Simulationen seiner Gedankenexperimente durch den virtuellen Kosmos über unseren Köpfen schweben, doch bislang war es nur eine Achterbahnfahrt durch ein Vorortwohnzimmer aus *Liebling, ich habe die Kinder geschrumpft*. Cool, wie Schilke sagen würde, aber nicht gerade eine Lernrevolution.

Nebenan standen auf einer Werkbank mehrere 3D-Drucker, die aus verschiedensten Kunststoffen oder Metallen fast jeden beliebigen Gegenstand herstellen können; verknüpft damit ein Gerät, mit dem der Nutzer diese Materialien virtuell formen kann, indem er die Hände über einer Sensorleiste durch die Luft bewegt, wie Tom Cruise in *Minority Report*.[24] Es gab auch mehrere aktualisierte *Robo sapiens*-Roboter – die aber gerade außer Betrieb waren – und ein Telepräsenzgerät, das aussah wie ein Segway mit einem iPad am Lenker.* Trotzdem war ich enttäuscht. Ich war in der Hoffnung gekommen, einen Blick in die ferne Zukunft zu werfen, wo das Wissen per Down-

* Diese Telepräsenzgeräte gelten als Embleme des manchmal ernüchternden Technik-Utopismus und sind in diesem Fall ein Spielzeugroboter von der Größe eines Schimpansenbabys, *das* Weihnachtsgeschenk 2015 schlechthin, und eine Anlage, mit der Gesichter in Besprechungsräume von Firmen gebeamt werden: eigentlich kaum mehr als ein Stock auf Rollen mit einem auf Brusthöhe montierten Bildschirm.

load direkt in unsere Gehirne strömt, oder wo Roboter Kinder unterrichten, so wie sie schon heute Senioren in Japan versorgen.[25] Aber dieses Zeug hier? Das war alles nichts mehr Neues.

Ich dachte an Thomas Edison und seine Prognose, der Film würde das Lernen revolutionieren. Offenbar fühlen sich Lernrevolutionen, während sie sich vollziehen, eher langsam an. Hat nicht auch die Schrift Tausende und das Buch Hunderte Jahre gebraucht, bis sie in unserer Kultur allgegenwärtig waren?

Wegen seiner Jahre im Silicon Valley war Schilke in dieser Hinsicht optimistischer und überzeugt, dass es diesmal schneller gehen würde.

»Bildung ist zur Zeit *das* heiße Thema«, sagte er. »In den nächsten paar Jahren wird das geradezu *explodieren.*«

Die reichsten Sprösslinge des Silicon Valley investieren aktuell jedenfalls beträchtliche Mengen an Geld und Sachverstand in dieses Thema. Teslas super-futuristischer CEO Elon Musk bildet seine eigenen und ein paar ausgewählte andere Kinder nach dem experimentellen Unschooling-Ansatz aus.[26] Nebenan in San Francisco hat der ehemalige Google-Manager Max Ventilla die AltSchool gegründet und 150 000 000 Dollar Spenden gesammelt mit dem Versprechen, er werde die neuesten Fortschritte der Personalisierungs-Software auf die Frage anwenden, wie sich die Bedürfnisse jedes einzelnen Kindes erfüllen lassen.[27] Lehrer geben ihr den obskuren Namen *»the Company«*.[28] Außerdem kursieren Gerüchte, Facebook habe eine Schule in Vorbereitung, und Google hat ja schon seine hochgelobte Kindertagesstätte, wo die Angestellten ihre Kinder zur weltweit besten Betreuung abgeben können.

Das gesamte Silicon Valley ist ein Schmelztiegel für pädagogische – und technologische – Experimente. Die Milliardäre in der Gegend werden erwachsen, bekommen Kinder und finden das aktuelle Bildungsangebot ätzend. Allerdings haben sie das nötige Kleingeld – und halten sich für wichtig genug –, um daran etwas zu ändern. Als würden sich die Problemlösungsqualitäten der Tech-Utopisten und ihr Bestreben, sich an immer größere Probleme heranzuwagen, permanent weiter potenzieren. Wenn nicht sie, wer dann?

Schilke sprach weiter.

»Wir merken allmählich, dass wir eigentlich niemanden auf irgendetwas vorbereiten. Warum steckt man Kinder in ein Klassenzimmer und lässt sie zwölf Jahre lang dort sitzschmoren, während irgendwer auf sie einredet, obwohl das in ihrem ganzen Leben nie wieder so sein wird? Das ist doch unlogisch.«

Als Erstes müsse man sich klarmachen, womit die Kinder ihre Zeit verbringen *sollen.*

»Es gibt keinen Grund, weshalb wir Rechtschreibung oder Mathe unterrichten sollten. Wann haben Sie zum letzten Mal etwas im Kopf zusammengerechnet? Ich meine, Sie holen doch einfach das Smartphone raus und tippen es ein. Wenn Sie nicht wissen, wie man etwas schreibt, ist das auch egal, Google hat eine ziemlich gute Autokorrektur.«

Ich musste zugeben, dass die Maschinen uns in diesen Bereichen allmählich übertrumpften. Aber sind diese Grundfertigkeiten nicht die Bausteine unserer höheren Fähigkeiten? Muss man nicht erst die Grundlagen legen, um diese Fertigkeiten so interessant und einzigartig zu kombinieren, wie es Maschinen vielleicht nie können werden? Nach meiner Reise an die Westküste konnte ich mir jetzt eine Schule ohne Bleistift und Papier vorstellen. Vielleicht sogar eine Schule ohne Bücher. Aber ganz bestimmt bedeutet das nicht, dass man aufhören wird, Rechtschreibung oder Multiplizieren zu lernen. Ich stellte fest, dass ich hier weiterforschen musste, weiterreisen, um herauszufinden, wie unser Verstand funktioniert, inwieweit er den Maschinen ähnelt oder sich von ihnen unterscheidet.

Statt eine Liste herunterzubeten mit allen Fähigkeiten für das 21. Jahrhunderts, die wir in die Lehrpläne einbauen müssten, lieferte Schilke eine Definition der Schule der Zukunft, die viel besser zum Silicon Valley passte.

»Ich glaube, das Ziel der Schule – oder des Lernens – ist es, die eigenen Stärken mit den Bedürfnissen und Möglichkeiten der Welt in Einklang zu bringen. Darum geht es. Dafür *sollten* wir zur Schule gehen.«

Das klang ein bisschen abgedroschen. Aber etwas Wahres war dran. Tatsächlich sollten wir aus diesem Grund zur Schule gehen, solange diese Möglichkeiten auch Fantasie umfassen, Kunst und das Streben nach Erkenntnis um seiner selbst willen. Schwer war es aber freilich, diesen Spruch mit einem anderen Gedanken zusammenzubringen: dass wir uns in einem Wettrennen gegen die Maschinen befinden. Doch für Schilke gab es gar kein Wettrennen. Für ihn war der Fortschritt der KI so unvermeidlich, dass er schon in einer ganz anderen Sphäre dachte.

Er redete mit einer ruhigen Autorität, als wären seine Eltern Prediger oder Lehrer gewesen.

»Letzten Endes«, sagte er und wies mit einer großen Geste auf die Regale voller Hardware, »werden wir durch all das doch nur noch menschlicher.«

Ein tröstlicher Abschluss, aber er klang doch etwas falsch. Facebook, sagte er noch, wusste sehr wohl: Wenn sie irgendwann die Welt regieren wollen, »brauchen sie noch Millionen Menschen, die verrückte, begabte, clevere, innovative Denker sind. Das ist für sie der Anreiz, in ihrem Hinterhof Schulen aufzubauen, die genau das liefern.« Jetzt deutete er an, in der Zukunft wären wir »nur da, um uns zu ernähren und einander zu lieben. Es geht darum, Menschen durch Menschen zu helfen. Das können wir schaffen. Wir können unser Ziel selbst bestimmen. Wir können teilen und unterrichten, coachen und betreuen.«

Das klang alles sehr nach Kalifornien.

Die Tech-Propheten aus dem Silicon Valley betrieben eine Revolution, die den Lauf der Welt veränderte. Und sie trieben eine neue Vision von Bildung voran. Kein Problem ist komplexer – und keines verlangt dringender nach einer Lösung – als die Revolution des Lernens. Der Soziologe Robert Putnam schrieb, der Amerikanische Traum habe sich nach innen gewandt, nachdem im Westen das Land ausgegangen war, und seine Planwagenkolonnen die Grenzen des Denkens ausloten.[29] Das Mittel zum erträumten Erfolg waren nicht mehr Spekulationen mit einem Stück Land, sondern Schule und College. Die Multimilliardäre aus dem Silicon Valley hatten es bereits geschafft. Sie badeten im Geld. Und jetzt hatten sie es auf die Köpfe der Zukunft abgesehen.

Auf dem Rückweg zu meinem Mietwagen, der zwischen den Teslas und Prius' auf dem Parkplatz ganz verloren aussah, ging mir vieles durch den Kopf. Ich fand es richtig, dass Schilke darauf bestand, wir müssten die Menschlichkeit weiterentwickeln. Genauso richtig schien es mir, dass wir uns nicht damit abrackern sollten, Fertigkeiten zu erlernen, die Computer sehr viel besser erledigen konnten als wir. Wir sollten lernen, *wie* man Maschinen einsetzt und sie sich zu eigen macht, was man – in Ermangelung eines besseren Wortes – *Hybridität* nannte. Andererseits war ich nicht damit einverstanden, dass nur ein paar wenige Kinder dieses Privileg genießen sollten. Das Gefühl des Außenseitertums war im Silicon Valley stark verbreitet, und ich fragte mich, ob es nicht den Blickwinkel verzerrte.

Ich ließ den Motor an. Wie viele führerlose Autos ich wohl auf der Autobahn überholen würde?

Mensch plus Maschine plus starke Einsatztaktik siegt. Zumindest das sollten unsere Schulen einstweilen im Hinterkopf behalten. In unserem Fortschrittsrausch sind wir wohl allzu sehr darauf aus, unsere Maschinen immer weiter zu verbessern. Sollten wir nicht genauso eifrig versuchen, die Denkfähigkeit des Menschen zu erweitern? Meine Schüler an der Walworth School waren nie auch nur entfernt an die Grenzen ihrer Intelligenz gestoßen. Wir müssen dieses weite Brachland noch viel besser erforschen. Immerhin ist doch jedes einzelne Stück Technik das Ergebnis menschlicher Fantasie! Überall auf der Welt erobern ein paar zähe Pioniere Neuland beim Verständnis unserer natürlichen Intelligenz. Besonders große Fortschritte gibt es im Bereich der frühkindlichen Entwicklung; das kindliche Gehirn legt allmählich seine Geheimnisse offen. Ich hatte gehört, an führenden Universitäten gebe es mehr und mehr »Baby Labs«. Das musste ich mir auf meiner Reise als Nächstes ansehen.

»Ein paar Grundfertigkeiten brauchen wir immer noch«, hatte Schilke gesagt. In der Tat. Gestern wie heute. Schule bedeutet in Zeiten exponentieller Technologie, den Umgang mit den Werkzeugen zu lernen, die uns befähigen, unsere Version eines guten Lebens zu finden und gleichzeitig unseren intellektuellen Vorteil zu wahren. In meinem Kopf nahm das Bild über Schilkes Schreibtisch eine neue Schattierung an. Der androide Biker wirkte schon fast wie ein Mensch. Er machte sich auf den Weg, sein Chromhaar wehte im Wind.

»Letzten Endes will man doch verstehen, was die KI da tut«, fügte er hinzu. »Sonst läuft man Gefahr, dass die Roboter die Herrschaft über die Welt an sich reißen.«

In Boston schickt ein KI-Experte die kleinkindliche Intelligenz gegen die wachsende Intelligenz der Maschine ins Rennen. Ich setzte mich ins Flugzeug, um ihn zu besuchen.

2 Geboren, um zu lernen, denn Kinder lernen gern

In Babyschritten

Ihr seid nicht da, zu leben wie die Tiere, ihr sollt nach Tugend und nach Wissen streben.
Dante

Am Anfang war das Wort

Als Deb Roy und Rupal Patel an einem schönen Tag im Juli 2005 zu Hause vorfuhren, leuchtete auf ihren müden Gesichtern der Glanz, den alle frischgebackenen Eltern ausstrahlen. Während sie am Eingang ihres Bostoner Vorort-Hauses stehen blieben, damit Opa ein Foto machen konnte, plapperten sie glücklich von ihrem geliebten Neugeborenen, der jetzt ordentlich gewickelt zwischen ihnen in einer hellblauen Babyschale lag und nichts wahrnahm als den vertrauten Klang ihrer Stimmen. Denn die beiden Uni-Professoren waren keine ganz normalen Eltern. Roy war Experte für KI und Robotik am MIT, Patel herausragende Linguistin und Rhetorikerin an der nahen Northeastern University. Sie hatten einen Plan. Wenn der Kleine schon weiter hätte sehen können, dann hätte er oben an der Decke zwei unauffällige schwarze Punkte entdeckt, jeder so groß wie eine Münze. Auch über dem offenen Wohn- und Esszimmer schwebten solche Punkte. Über

Küche, Badezimmer, Treppenhaus und Schlafzimmer – insgesamt waren es fünfundzwanzig. Es handelte sich um vierzehn Mikrofone und elf Froschaugen-Kameras japanischer Bauart. Das System sollte bei ihrer Ankunft aus dem Krankenhaus in Betrieb gehen und jede Regung des Neugeborenen aufzeichnen.

Diese so durchschnittlich wirkenden Vorort-Eltern planten die Erstellung der umfangreichsten Home-Video-Aufzeichnung aller Zeiten. Sie nannten sie *Total Recall*.

Roy und Patel hatten sich zehn Jahre zuvor als Forscherkollegen in den Randgebieten der Intelligenzwissenschaft kennengelernt. In den 1970er-Jahren hatte Roy in Winnipeg, Manitoba bereits mit sechs Jahren seine ersten Roboter gebaut, und seitdem nie mehr ganz aufgehört. Seine ersten Maschinen hatten kein Gehirn und waren rein kosmetisch – wie die Bösewichte in den frühen Science-Fiction-Filmen; aber er dachte schon damals über androide Gehirne nach. Wie wäre es, wenn seine Maschinen denken könnten? »Ich ging davon aus, ich könnte einfach in der Literatur nachlesen, wie Kinder das machten, und dann hätte ich eine Vorlage für den Bau meiner Sprech- und Lernroboter«, erklärte er dem Magazin *Wired*.[1] Eines Abends beim Essen prahlte er vor Patel, die damals gerade ihre Doktorarbeit über die menschliche Sprechfähigkeit schrieb, er habe einen Roboter gebaut, der *so lernte wie Kinder*. »Ich wette«, sagte er, »wenn wir ihm denselben Input geben wie einem Kind, könnte der Roboter davon lernen.«

Seine beste Lernmaschine, Toco, war nur wenig mehr als Kamera und Mikrofon auf einem Meccano-Rahmen, der es mit seinen Kugelaugen aus Tischtennisbällen, einem roten Federbausch und einem gelben Hakenschnabel in jede Kinderfernsehshow hätte schaffen können. Außerdem war er schlau. Über Stimmerkennung und algorithmische Musteranalyse hatte Roy Toco mühsam beigebracht, aus dem Gewirr der Alltagssprache Wörter und

Begriffe herauszufiltern – ein riesiger Durchbruch. Frühere Computer lernten Sprache digital, sie verstanden Wörter im Zusammenhang mit anderen Wörtern. Hier verstand eine Maschine zum ersten Mal ihren Bezug zu Gegenständen. Wenn man Toco auftrug, aus diversen Gegenständen, die vor ihm lagen, den roten Ball herauszusuchen, schaffte er das.

Patel forderte Roy auf, ihr das zu beweisen, und gemeinsam flogen sie zu ihrem Kleinkind-Labor in Toronto. Als er dort Müttern beim Spielen mit ihren Babys zusah, begriff er, dass er Toco schlecht unterrichtet hatte. »Mein Lernalgorithmus war falsch strukturiert«, erklärte er damals. »Alle Eltern wissen: Wenn man mit einem elf Monate alten Kind spricht, bleibt man lange bei einem sehr beschränkten Gegenstand. Wenn man von einem Becher redet, bleibt man beim Becher und interagiert mit dem Becher, bis das Baby genug davon hat, und dann legt man den Becher weg.«[2] Bisher hatte sein Roboter sämtliche Phoneme* durchsucht, die er während seines Lernprozesses jemals gehört hatte; jetzt änderte Roy den Algorithmus so ab, dass die jüngsten Erfahrungen besonders stark berücksichtigt wurden, und fütterte ihn mit Audio-Sequenzen, die direkt aus Patels Aufnahmen im Kleinkindlabor stammten. Plötzlich begann Toco in einem Tempo einen Grundwortschatz aufzubauen, das es in der KI-Forschung noch nie gegeben hatte. Sein Traum, »eines Roboters, der lernt, indem er zuhört und Gegenstände sieht«, schien greifbarer denn je. Allerdings brauchte er

---

* Phoneme sind die distinktiven Lauteinheiten, aus der eine Sprache besteht: die Art und Weise, wie Buchstaben oder Buchstabenkombinationen artikuliert werden, wenn man ganze Wörter ausspricht. Also /p/ und /b/ in Pass oder Bass, und /d/ oder /t/ in Deich oder Teich, und nicht die Aussprache aus dem Alphabet. Das Deutsche kennt 40 Phoneme, das Englische 44 – deren Bezug zur schriftlichen Realisierung ist freilich sehr merkwürdig und kaum intuitiv.

Bild- und Tonmaterial, und daran war schwer ranzukommen. »Der Versuch, realistische Proben von dem zu bekommen, was ein Kind tatsächlich lernt, erwies sich als echter Engpass.«[3]

Noch nie hatte jemand »in freier Wildbahn« untersucht, was in diesen entscheidenden ersten Jahren bei einem Kind passierte. Die Norm waren wöchentliche einstündige Sitzungen, in denen Patel Mütter und ihre Kinder in ihrem Labor beobachtete. Einige Pioniere der Psychologie hatten versucht, ihre eigenen Kinder zu studieren; so Michael Tomasello, ein Kognitionswissenschaftler, der diesen Ansatz aber aufgab, als seine Tochter sich nach einem Erfolgserlebnis zu ihm umdrehte und fragte: »Schreibst du das in deinem Buch, Daddy?« Das Problem ist, dass sich unter Beobachtung alles anders gestaltet. Oder aber man muss aus einer sehr kleinen Stichprobe sehr viele Schlüsse ziehen. Sprache jedoch existiert nicht im Vakuum, wenn auch viele unserer Schulen so tun. »Ich hatte beschlossen«, schrieb Jerome Bruner, der Urvater der kognitiven Psychologie, »dass man den Spracherwerb nur zu Hause studieren konnte, *in vivo,* nicht im Labor, *in vitro.*«[4] Wollte man untersuchen, wie ein Baby sprechen lernte, brauchte man jemanden, der exzentrisch genug war, um sein Haus mit versteckten Aufnahmegeräten auszustatten. Und hier kamen Patel und Roy ins Spiel.

Die frischgebackenen Eltern vereinbarten ein paar Grundregeln. Die Aufnahmen sollten nur einem äußerst vertraulichen Kreis von Forschern zugänglich gemacht werden. Wenn ihnen, egal wann, das Filmen unangenehm wurde, würden sie das Material entsorgen. In jedem Raum wurden »Oops«-Schalter eingebaut, die das jüngste Filmmaterial löschen konnten. Wenn sie Privatsphäre brauchten, ließ sich das System zeitweise ausschalten. Durch diese Maßnahmen sollten der Voyeurismus minimiert und die wissenschaftlichen Erkenntnisse maximiert werden.

»Es ist ein Unterschied, ob man aufgenommen wird, oder ob man sich selbst aufnimmt«, sagte mir Roy, als ich ihn in seinem Bostoner Labor besuchte. Eine Herausforderung, aber sie waren sich einig, dass die Sache es wert war. Ihr Experiment hatte das Potenzial, neue Einsichten in die Arbeitsweise des kindlichen Hirns zu geben.

»Wie funktioniert das mit dem Sprachelernen bei einem einzelnen Kind?«, fragte Roy. »Bestimmt kommt es nicht nur auf die Wörter an, sondern auf den Kontext.«

Toco war der Pinocchio von Roys Geppetto. Doch während er sich fragte, was echte Kinder Robotern beibringen konnten, wollte ich herausfinden, ob diese Videos vielleicht Hinweise enthielten, wie sich das Lernen bei den allerjüngsten Menschen fördern ließ. Die Wissenschaft zeigte inzwischen, wie wichtig das war.

Nein, Ihr Baby kann nicht lesen

1985, zu spät für meine eigene frühe Kindheit, veröffentlichten die Forscher Betty Hart und Todd Risley die Ergebnisse einer Studie, für die sie zweiundvierzig Familien aus Kansas City begleiteten, um die Erfahrungen von Vorschulkindern aus benachteiligten Milieus mit denen ihrer wohlhabenderen, also erfolgversprechenderen Kameraden zu vergleichen. Ab einem Alter von neun Monaten beobachteten sie sie regelmäßig über zweieinhalb Jahre hinweg; sämtliche Äußerungen von Eltern und Kindern während der einstündigen Besuche wurden aufgenommen und transkribiert. Die Ergebnisse waren so klar wie gnadenlos. Die Anzahl der Wörter, die ein Kind bis zu seinem dritten Geburtstag zu hören bekam, korrelierte stark mit dem Schulerfolg im Alter von neun Jahren. Der Unterschied war kaum zu fassen. Schätzungen zufolge hatten die reichsten Kinder *30 Millionen* mehr Wörter gehört als die ärmsten.[5]

»Das Problem der unterschiedlichen Vorkenntnisse bei Schulanfängern ist größer, nachhaltiger und bedeutender, als wir dachten«, warnten Hart und Risley. Man sollte so früh wie möglich eingreifen. »Je länger diese Bemühungen hinausgezögert werden, desto weniger lässt sich noch daran ändern.«[6] Das laute Medienecho zu dieser Studie – die *30-Millionen-Wörter-Kluft!* – führte zu einem regelrechten Wortrausch. Eltern kauften haufenweise Lernkarteien und Gehirntrainer. Regierungen finanzierten Elterntrainings und testeten immer jüngere Kinder auf ihre »Schulreife« hin. Später konnten Wissenschaftler mit neuen Techniken bereits bei Kleinkindern von gerade einmal eineinhalb Jahren einen Unterschied von sechs Monaten im Spracherwerb zwischen den reichsten und den ärmsten feststellen.[7] Die Kluft wurde immer größer, und sie begann schon bei der Geburt. Man musste sie mit Wörtern füllen.

Offenbar war es genau so, wie Roy es bei Toco vermutet hatte, obwohl mir diese Interpretation etwas simpel vorkam. Ja, wir müssen die Leistungskluft schließen, aber Kleinkinder müssen doch mehr lernen als nur Wörter! Eine Professorin für frühkindliche Entwicklung an der Temple University in Pennsylvania schrieb: »So wie die Fast-Food-Industrie uns mit leeren Kalorien füllt, hat die so genannte ›Lernindustrie‹ viele von uns überzeugt, alles, was man zum Lernerfolg und für ein zufriedenes Leben braucht, sei die Memorierung von Inhalten.«[8] Sie verfasste außerdem ein einflussreiches Buch über ihre Skepsis gegenüber dem Wortrausch: *Einstein Never Used Flashcards: How Our Children Really Learn and Why They Need to Play More and Memorize Less (Einstein hatte keine Lernkarteien: Wie unsere Kinder wirklich lernen und warum sie mehr spielen und weniger auswendig lernen müssen).* Wahrscheinlich hatte sie ein paar Antworten auf meine Fragen.

Zu ihrem Labor in Philadelphia war es von Boston aus keine weite Reise; in der Hoffnung, zu erfahren, wie das kindliche Gehirn *wirklich* lernte, fuhr ich also mit dem Amtrak zu ihr.

Wissenschaftler im Laufstall

»Ba do ga bi ba bo we ga *ba*«, trällerte Kathy Hirsh-Pasek, als wir in ihrer Küche in Ardmore, einem grünen Vorort von Philadelphia, saßen und Kartoffel-Latkes frühstückten. Ihr großes Haus war erfüllt von den Vorbereitungen auf ein Fundraising-Event am selben Abend. Dekorateure kamen und gingen. Freunde riefen an, um sich über die Lage in der Nachbarschaft und in der Nation auszutauschen. Hirsh-Pasek war die Energiequelle im Zentrum eines belebten Universums. Menschen sind ihre Leidenschaft (als ich wegen eines Interviews anfragte, lud sie mich spontan für zwei Tage zu sich ein) sowie ihr Fachgebiet. Als Autorin von elf Büchern und hundertfünfzig Fachartikeln ist sie eine Legende der frühkindlichen Entwicklung, eine angesehene Hochschullehrerin und Leiterin des *Infant Language Laboratory* der Temple University, das sich den Leitspruch gegeben hat: »Wo Kinder Erwachsene lehren!«

Ich hatte gehört, dass in diesem Labor Wissenschaftler und eifrige Master-Studierende die Allerkleinsten nach Strich und Faden unter die Lupe nahmen. Später würden wir noch hinfahren.

»Do ga do bo ba si dey mi ga mi la«, trällerte sie in immer wiederkehrenden Tonlagen.

Der seltsame Sprechgesang imitierte, was ihre Freundin und Kollegin Jenny Saffran bei ihren Untersuchungen am kindlichen Intellekt praktizierte: Sie hatte achtzehn Monate alten Kleinkindern zwei Minuten lang dieses scheinbar sinnlose Gebabbel vorgelesen, das Hirsh-Pasek gerade nachahmte. Totales Kauderwelsch war es allerdings doch nicht: In dem Klangteppich wurden bestimmte Phoneme – in diesem Fall »ga« – öfter wiederholt als andere. Das Geniale am kindlichen Gehirn ist, dass es diese Wiederholungen *wahrnimmt*. Ihr Gehirn zehrt von Wiederholung. Saffran nennt das statistisches Lernen,[9] andere, etwa die Psychologin Alison Gopnik, bezeichnen Babys als »Wissenschaftler im Laufstall«.[10] Das kindliche Gehirn ist der beste Lernapparat des Universums. Wir sind geboren, um zu lernen.

»Va si zi me bo di be li ga *de*«, schnaufte sie – irgendwann ging ihr doch die Luft aus.

»Babys begreifen diese Wahrscheinlichkeiten«, rief sie mit aufgerissenen Augen. »Wenn sie hören: ›hübsches Baby‹, dann wissen sie, dass ›hüb‹ und ›sches‹ zusammengehören, aber ›sches‹ und ›Ba‹ nicht. Wie machen sie das?« Geradezu ehrfürchtig erzählte sie vom kindlichen Gehirn, und ich begann zu begreifen, warum. Saffrans erfindungsreiche Experimente messen, wie oft Babys zuhören und wie sich ihr Herzrhythmus verändert, um nachzuweisen, was 18-monatige Kinder bereits wissen. »Sie wissen, dass das Mobile nicht auf sie herunterfällt«, sagte Hirsh-Pasek. »Sie wissen, dass dieser Teller, wenn ich ihn auf den Tisch stelle, nicht durchfällt. *Das ist unglaublich*. Sie wissen, wenn ich ihnen gegenübersitze und sie den unteren Teil meines Körpers nicht sehen, habe ich den dann trotzdem?« Zögerlich nicke ich.

»Das erwarten Babys auch! Das ist so *cool!*«

Und in der Tat ist das bemerkenswert. Bis in die 1990er-Jahre galten Kleinkinder als irrational, unlogisch und egozentrisch. 1890 hatte William James, Bruder des Schriftstellers Henry James und ähnlich sprachmächtig, in seinen *Principles of Psychology* geschrieben: »Das Kleinkind, das mit einem Mal von Augen, Ohren, Nase, Haut und inneren Organen angesprochen wird, empfindet dies alles als ein einziges großes schwirrendes und summendes Wirrwarr« – er zeichnete das Bild einer gewaltigen sensorischen Überforderung.

Doch damit lag er falsch.

»Man schaut einem Baby in die Augen«, sagte Hirsh-Pasek mit respektvoll gedämpfter Stimme. »Und schon bilden sie Muster. Eigentlich unglaublich.«

Selbst ungeborene Kinder nehmen bereits Laute wahr. Eine Stunde alte Babys können die Stimme ihrer Mutter von anderen Stimmen unterscheiden.[11] Wenn sie zur Welt kommen, wissen sie bereits, welcher Sprachfamilie sie angehören, Englisch etwa oder Japanisch, und beherrschen eine Reihe von durch die Evolution entwickelten Fähigkeiten wie Saugen und Atmen; außerdem ist ihr Gehirn so angelegt, dass es durch sensorische Stimulation und eine proto-wissenschaftliche Methodik lernt. Mit jedem einzelnen seiner Sinne reckt sich ein Neugeborenes der Welt entgegen und »versucht, seine noch beschränkten Fertigkeiten so anzupassen, dass es mehr Informationen erhält, und steuert dann gezielt darauf zu«, ergänzte sie.

Wir sind geborene Forscher, wie gemacht für die wissenschaftliche Forschung. Das müssen wir verstehen, wenn wir unser gesamtes Lernpotenzial begreifen wollen.

»Zum großen Teil hat die Evolution uns gut vorbereitet«, sagte Hirsh-Pasek. Wenn wir zur Welt kommen, sind wir in der Lage, »genau die richtigen Elemente aus der Umwelt herauszulesen«, erklärte sie. Ich dachte noch einmal an Toco. Auch er nahm die Umwelt auf. Oder zumindest das, was seine Kameraaugen sahen und seine Mikrofonohren hörten. Doch wie bei anderen Robotern reichte sein Begreifen nur so weit, wie seine Programmierung es vorsah, er konnte nur von Reizen lernen, die er gemäß seinen Instruktionen beachten sollte. Damit würde nur eine relativ beschränkte Anzahl von Erfahrungen sein Verhalten prägen. Seine Methoden hatten keine Bedeutung.

Babys dagegen nutzen wissenschaftliche Forschungsmethoden. Und dazu kommt eine weitere Superkraft: Sie sind *soziale* Lerner.

»Wir werden genauso geprägt, wie wir andere prägen«, fuhr Hirsh-Pasek fort. »Von Anfang an können wir mit anderen Menschen und mit unserer Kultur interagieren.«

Das wirklich Geniale an Menschenbabys ist nicht, dass sie von der Umwelt lernen – das können andere Tiere auch. Aber unsere Kinder haben einen einzigartigen Trumpf im Ärmel: Sie können Gedanken lesen.

Vom Ursprung der menschlichen Kognition

Der Aufstieg der Maschinen hatte einen wichtigen Bereich der Hirnforschung in den Hintergrund treten lassen, nämlich die Frage, welche Fähigkeiten wir mit unseren Verwandten, den Primaten teilen – oder auch nicht. Am Leipziger Max-Planck-Institut für evolutionäre Anthropologie untersuchte Michael Tomasello über Jahrzehnte hinweg Menschen und Schimpansen (mit denen wir 99 Prozent unseres Erbguts gemein haben) im Alter von 0 bis 24 Monaten, um unsere Lernprozesse zu analysieren. Unser Verständnis von der materiellen Welt unterscheidet sich demnach kaum. Was Psychologen schon für Menschen nachgewiesen hatten, zeigte Tomasello auch für Schimpansen: Mit vier Monaten können beide Spezies nach Gegenständen greifen und sie in die Hand nehmen; mit acht Monaten suchen wir Gegenstände, wenn sie verschwinden; von einem Jahr an kategorisieren wir, können kleine Mengen schätzen, Gegenstände in Gedanken umdrehen und begreifen, was es bedeutet, etwas zu verstecken; und mit eineinhalb Jahren erfassen wir die räumlichen, zeitlichen und kausalen Beziehungen zwischen Gegenständen.

Nur in einem signifikanten Punkt gibt es Unterschiede

zwischen den beiden Spezies: bei unserer Wahrnehmung vom Denken der anderen.

Zwei Millionen Jahre lang, schrieb Tomasello, wies die gesamte Abstammungslinie des *Homo* keine höhere Gehirnleistung auf als andere große Affen. Zu einem unbekannten Zeitpunkt vor etwa 200 000 Jahren dann – in evolutionären Maßstäben nur ein Wimpernschlag – kam es bei unserer Spezies zu einer kognitiven Revolution. Plötzlich stellten wir Steinwerkzeuge her. Wir nutzten Symbole zur Kommunikation und schufen mit Höhlenmalerei und Steinschnitt neue Ausdrucksformen. Es entwickelten sich kulturelle Rituale, von der Bestattung der Toten bis zur Domestizierung von Pflanzen und Tieren – die Wurzeln unserer heutigen Computer, der Schrift und der Religionen. Doch warum passierte das alles? Tomasello stellte einen Bezug zur Entstehung der besonderen Superkraft des Menschen her: dem Wissen, dass andere Menschen *ihm ähnlich sind* und, noch entscheidender, dass auch sie einen Geist haben wie wir selbst, das heißt vor allem, dass sie ihre *eigenen Intentionen* haben.[12]

Wir hatten einen sozialen sechsten Sinn entwickelt. Damit wurde soziale und kulturelle Übermittlung möglich.[13]

Ausgangspunkt war die Sprache, also die Möglichkeit, dass zwei Personen einem bisher abstrakten Konzept oder Symbol eine gemeinsame Bedeutung zuschreiben. Daraus entstand die Kultur. Unsere hominiden Vorfahren konnten plötzlich die Umwelt und die Artefakte, die sie umgaben, als Ergebnisse kreativer Handlungen anderer verstehen. Und genau davon sehen wir auch Anzeichen im Verhalten von Babys vom ersten Tag an. Säuglinge unter einem Jahr führen mit ihren Betreuern Proto-Gespräche. Sie plappern drauflos, halten Augenkontakt mit Mama und Papa, tauschen Dinge aus, ahmen ihren Gesichtsausdruck oder ihre Handlungen nach. Auch mit *Werkzeugen* experimentieren sie, stecken sie in den Mund, klopfen damit auf Gegenstände.

Tomasello spricht vom kulturellen »Wagenheber-Effekt«. Im Gegensatz zu anderen Tieren sind Menschen in der Lage, auf den Schultern der Generationen vor ihnen zu stehen. Unsere Jungen lernen »in einer Umgebung immer neuer Artefakte und sozialer Praktiken (...), die in jedem Zeitabschnitt das gesamte kollektive Wissen der ganzen sozialen Gruppe über ihre Kulturgeschichte hinweg ausmachen.«[14]

Wenn wir alle unser Lernpotenzial ausschöpfen sollen, müssen wir vor allem die Frage beantworten, wie wir diese Umgebung gestalten.

Unsere Gehirne sind eigens zum Lernen adaptiert. Die lange Periode unserer Unreife ist eine riskante Evolutionsstrategie, denn so sind wir von Anfang an den Risiken von Raubtieren oder Krankheit ausgesetzt, und schieben unsere Fortpflanzungsfähigkeit um viele Jahre hinaus – doch es zahlt sich gewaltig aus. Wir können aktiv Unmengen der neuesten Informationen aus unserer Umwelt und unserer sozialen Gruppe in unsere kognitive Entwicklung einbinden.[15] Das Lernen führt sogar zu Veränderungen an unseren Genen. Längst haben Forscher die Anlage-Umwelt-Kontroverse als Denkfehler entlarvt. Heute weiß man, dass die Gene eine Richtung vorgeben und unserem Wachstum Grenzen setzen (ein Schimpansenbaby kann nicht zu einem Menschenkind heranwachsen, so sehr es das auch möchte), exprimiert werden sie jedoch nur, wenn eine Interaktion mit der Umwelt stattfindet.

Damit liegt eine herausragende Bedeutung auf dem Lernen in unseren allerersten Jahren. Ein ganz wesentlicher Teil unserer Hirnentwicklung findet in unseren ersten drei Lebensjahren statt. Von der Geburt bis zum Alter von 36 Monaten nimmt unsere Hirnmasse von 0,3 auf 1,3 Kilogramm zu. In derselben Zeit entsteht das wichtigste kognitive Grundgerüst, insbesondere in Sachen Sprache. Berühmte Fälle von Kindern, die isoliert oder in der Wildnis fernab von menschlicher Sprache aufwuchsen, haben gezeigt, dass diese Kinder häufig unfähig bleiben, sprechen zu lernen, weil sie den Punkt überschritten haben, an dem das physiologisch noch möglich ist.[16] In diesen ersten Jahren wächst das Gehirn im Austausch mit der Umwelt, es formt sich heraus in der Interaktion mit der praktisch grenzenlosen sensorischen Erfahrung.

Wie Hart und Risley in ihrer Studie zur Wörter-Kluft nachwiesen, wirkt sich diese Erfahrung enorm darauf aus, zu welcher Person ein Kind heranwächst.

Wir haben uns zu einer Spezies der Lehrer und Lerner *entwickelt*. Unsere Fähigkeit zum Gedankenlesen kommt in der von Tomasello so genannten »Neunmonatsrevolution« auf: Zu diesem Zeitpunkt fangen Babys an, die Aufmerksamkeit anderer zu prüfen, indem sie ihnen Gegenstände hinhalten oder darauf zeigen. Mit einem Jahr können sie der Aufmerksamkeit anderer folgen, dasselbe ansehen, berühren oder hören. Mit 15 Monaten können sie diese Aufmerksamkeit lenken. *Hör mal das da! Schau mal da!* Gemeinsame Aufmerksamkeit ist der Ausgangspunkt bewussten menschlichen Lernens. Und genau deshalb lernen Kleinkinder nicht sprechen, wenn sie nur Videos sehen, Audios hören oder ihren Eltern beim Reden zuhören. Darauf ist unsere Evolution nicht ausgerichtet. Deshalb kommt es so sehr darauf an, dass wir mit unseren Kinder reden. Und deshalb können wir auch nicht von Robotern lernen. Noch nicht.

Was das für unsere Schulen bedeutet, klingt sehr nach gesundem Menschenverstand und ein kleines bisschen nach New Age. Jede Generation muss sicherstellen, dass die nächste Generation in den allerersten Jahren von den Werkzeugen, Symbolen und sozialen Praktiken der gegenwärtigen Kultur durchdrungen wird. Ich war in eine ehemalige Stahlindustriestadt in den britischen Midlands gefahren und hatte dort einen Ort besichtigt, der genau das versuchte. Welches Lernumfeld kultiviert am besten unsere angeborenen Fähigkeiten?

Menschenkind, naturbelassen

Am Strand war es kalt und regnerisch, aber das schreckte die Mengen nicht ab. Zwei kleine Jungen planschten mit Sandburgformen und Rohren an einem Wasserhahn beim Bambuswald. »Spritz mich nicht nass!«, kreischten sie vergnügt. Eine Erzieherin beugte sich herunter, um ein Kleinkind zu trösten, dessen Anorak, Gummistiefel und *Be Fast or Come Last*-T-Shirt seine frühe Leidenschaft für Autos attestierte. Vier kleine Mädchen waren in ein Gespräch vertieft, während sie Sand in bunte Eimer schaufelten. Auf dem Holzsteg, der das Gelände auf vier Seiten umgab, joggten zwei Jungen in geheimer Mission hin und her. Hier, im Pen Green Early Childhood Centre leben Kinder in ihrem natürlichen Lebensraum.

Ein dreijähriger Batman kniete mit dem Joker unter den Ästen eines Baums und schmiedete Pläne. Zwischen ihnen hockte Superman, dessen Gesicht mit einer Todesmaske bemalt war.

Am Rand des Bambusdickichts gruben die beiden Ingenieure fröhlich einen Kanal in den Sand und leiteten das Wasser in eine selbst gebaute Oase.

»Ein Wasserfall!«, jubelten sie.

Das Auto-Kind kam sich das anschauen. Drei naseweise Wissenschaftler erforschten die Wirkung von physikalischen Kräften.

»Kommt *sofort* zurück!«, schrie Superman/Tod. Er hatte Geburtstag, und wie seine beiden Komplizen blieb er fest in seiner Rolle. Plötzlich brüllte er auf. Batman und der Joker hauten ab, er folgte ihnen auf den Fersen.

»Kommt *sofort* zurück!«, wiederholte er, rannte auf seinen kurzen Beinen hinter ihnen her und knurrte, als sie eine Runde drehten, über die Holzterrasse joggten, runter durch die Oase, hinter den Bambus und mehrfach in die Kabine eines Schiffswracks und wieder heraus.

Eine Erzieherin hockte sich neben einen blonden Jungen und nahm ihn in den Arm. Er weinte, zeigte auf zwei Unruhestifter, die Sand warfen. Sie gingen zu ihnen, um die Situation gemeinsam zu klären. Was war passiert? Konnte der Blonde nicht einfach mitspielen?

»Kommt *sofort* zurück!«, heulte Superman/Tod, während die vier Mädchen weiterbuddelten. Was ging in den Köpfen dieser Kinder vor sich?

Vorher hatte ich mit Angela Prodger gesprochen, der Direktorin von Pen Green. Sie hatte den Posten gerade von der legendären Margy Whalley übernommen, die die Einrichtung fünfunddreißig Jahre zuvor gegründet hatte, nachdem sie in Brasilien und Papua-Neuguinea Bildungsinitiativen geleitet hatte. Pen Green in der zentralenglischen Stadt Corby, ein paar Stunden nördlich von London, genießt weltweit einen guten Ruf für seine exzellente Arbeit in der frühkindlichen Entwicklung und Familienhilfe; der Prototyp hatte schon diverse Regierungsprogramme wie *Sure Start* und *Early Excellence* inspiriert.* In den 1980er-Jahren war Corby eine der ärmsten Städte

* Sure Start-Zentren waren eine Initiative der britischen Regierung um die Jahrtausendwende, über die die Kinder armer Familien freien Zugang zu einer Einrichtung in ihrem Heimatort erhalten sollten. Dort bekamen sie und ihre Eltern die nötigen Ressourcen und Unterstützung, um Entwicklungsrückstände im Vergleich zu wohlhabenderen Gleichaltrigen auszugleichen. Um 2010 existierten 3500 solche Zentren, die benachteiligten Kindern frühzeitig auf die Sprünge helfen sollten; viele davon wurden allerdings inzwischen geschlossen oder mussten ihr Angebot zurückfahren, weil es infolge der Finanzkrise von 2008 zu Finanzierungslücken kam.

mit dem schlechtesten Bildungsstand in ganz Großbritannien; die Bevölkerung aus schottischen Arbeitsmigranten litt unter der Schließung der Stahlwerke, für die sie einst in den Süden gezogen waren: Plötzlich waren 11 000 Menschen arbeitslos. Das Pen Green Center sollte eine Rettungsleine für die nächste Generation werden. Heute unterstützt es 1400 der ärmsten Haushalte Großbritanniens.

»Wir verstehen uns als kommunales Zentrum«, sagte Prodger. Tatsächlich scharen sich morgens Väter in Warnwesten und Sicherheitsschuhen zusammen mit Müttern mit Kinderwägen, und auf den Knien robbenden Kleinkindern, bis die Doppeltüren aufgehen und sie zum Spielen abziehen. Das Zentrum bietet ganz unterschiedliche Dienstleistungen. Es gibt drei Tagesstätten für Zwei- bis Vierjährige, zwei Bereiche für neun Monate bis zwei Jahre alte Kinder, Krippen für Familien in Ausnahmesituationen und Hilfsdienste für Eltern in besonders prekärer Lage. Überall trifft man Freiwillige und Mitarbeiter – alles Frauen –, die einem glückliche Geschichten erzählen, wie sie damals mit ihrem eigenen Knirps im Zentrum waren und irgendwie nach zwanzig Jahren immer noch hier sind, obwohl das Kind längst aus dem Haus ist. In Pen Green konnten sie im angeschlossenen Forschungszentrum einen Abschluss machen, wo die Eltern fortgebildet wurden, während sie ihre Kinder aufzogen.

Ich fragte nach dem Spracherwerb der Kinder. Wir wissen, dass Wörter wichtig sind, aber viel geredet wurde hier, fand ich, nicht.

»Wenn wir nicht erst die persönliche, soziale und emotionale Entwicklung ansprechen, können sie nicht lernen«, erklärt Prodger geduldig. Man müsse verstehen, dass diese Kinder, bevor sie sprachliche Fähigkeiten erwerben konnten, erst einmal das Gefühl bekommen mussten, »aufgehoben zu sein und dazuzugehören«. Allzu häufig, fand sie, ließen unsere Lernansätze diese Schritte aus. Für mich klang das nach einem netten Plus – doch die Forschung zeichnet inzwischen ein anderes Bild.

In den 1950er-Jahren legte der britische Psychoanalytiker John Bowlby seine »Bindungstheorie« vor, die sich auf eine Reihe von Experimenten des Psychologen Harry Harlow mit Rhesusaffen stützte. Harlow hielt neugeborene Primaten in einem Käfig mit zwei Mutter-Attrappen – eine hatte ein kuscheliges Fell, die andere war nur ein Drahtgestell, aber beide waren mit einer Milchflasche ausgestattet, aus der das Jungtier trinken konnte. Die Experimente zeigten, dass die Babyprimaten sich unabhängig davon, welche »Mutter« sie stillte, lieber an die kuschelige Attrappe klammerten als an das Drahtgestell, und widerlegten damit die bisherige »behavioristische« Annahme, es gäbe eine Bindung zur eigenen Mutter, weil wir von ihr gefüttert werden.[17] Vielmehr ist Nähe – Harlow sprach von »Liebe« – unabdingbar, wenn Säugetiere sich gesund entwickeln sollen. Bowlby vermutete, dass Jungtiere, die ihre eigenen Gefühle in der frühen Kindheit noch nicht regulieren können, zu großer Erregung neigen, wenn sie hungrig, traurig oder einsam sind. Dann brauchen sie einen Betreuer, der ihnen hilft, ihre Gefühle zu »ko-regulieren«; mit der Zeit erlernt das Kind daraus die *Selbst*-Regulation, sofern es dabei auf frühere Erfahrungen zurückgreifen kann.[18]

Neuere Forschungsergebnisse scheinen diese Bindungstheorie zu bestätigen. Bei einer Studie sollten sieben- bis zwölfjährige Mädchen vor einem Publikum Aufgaben lösen. Nach dieser Stress generierenden Herausforderung durften sie entweder ihre Mutter persönlich treffen, mit ihr telefonieren, eine Textnachricht von ihr erhalten (wahrscheinlich komplett in Großbuchstaben, wenn es nach meiner Mutter geht) oder gar keinen Kontakt haben. Anschließend wurde im Speichel jeder Gruppe der Spiegel des Stresshormons Cortisol gemessen. Dabei wiesen die Mädchen, die ihre Mutter persönlich gesehen hatten, die stärkste Stressreduktion auf, weil ihr Gehirn nach dem Treffen mit ihrer Mutter die Oxytocin-Produktion hochgefahren hatte.[19] Erwiesen wurde zugleich, dass dieser Effekt auch epigenetisch exprimiert werden kann, dass er also die DNA eines Menschen dauerhaft verändern kann.[20] Experimente von Michael Meaney zeigen, dass Rattenjunge, die in ihrer ersten Lebenswoche von einer aufmerksamen Mutter geleckt und versorgt wurden, mutiger an neue Aufgaben herangehen und ihr Leben lang Stress besser regulieren können.[21]

Wenn negative Erfahrungen nicht durch die Liebe einer Elternfigur gelindert werden, können sie sich dauerhaft im Gehirn einbrennen. Für Kinder, die in armen oder traumatisierenden Umgebungen aufwachsen, hat das signifikante Folgen. Unter anderem deshalb achtet Pen Green darauf, Aufgehoben-Sein und Zugehörigkeit seiner Kinder voranzustellen. Auch das Verhalten der Kinder in der Walworth Academy erscheint damit in einem ganz neuen Licht. Während ich die Zeichen missverstand, mit denen Kinder auf den Stress in ihrer Umgebung reagieren, und mit Strafarbeiten zurückschlug, arbeiten sie in Pen Green daran, dass die Kinder starke, vertrauensvolle Beziehungen aufbauen, die ihnen später helfen, im Kindergarten und in der Schule zurechtzukommen. Ich dachte immer, Kinder *wollen* Chaos stiften. Nie war ich auf den Gedanken gekommen, dass sie einfach von ihrer Umwelt so konditioniert wurden, sich auf eine bestimmte Art und Weise zu verhalten.

»Verhalten ist immer nur ein Zeichen, mit dem Kinder einem etwas zu sagen versuchen«, sagte Prodger.

Während wir durch das Gebäude und die verschiedenen Gruppen gingen – die Räume hatten Namen wie Kuschelstube, Nest und Bärenhöhle –, erklärte Prodger weiter:

Vor allem müssen die Mitarbeiter in Pen Green einen Sinn dafür entwickeln, was in den Köpfen der Kinder vorgeht, und das als Indiz dafür interpretieren, was die Kinder signalisieren, noch bevor sie es selbst verbalisieren können. Kinder kommunizieren ständig mit uns. Wir müssen nur lernen, sie zu verstehen.

»Man muss genau hinschauen«, erklärte Angela. »Was wollen die Kinder erkunden? Was versuchen sie herauszufinden?«

Vor Kurzem hatte Prodger beobachtet, wie eine Gruppe Jungen herumrannte und »Gut gegen Böse« spielte. In einem anderen Umfeld wären sie vielleicht nach draußen geschickt und ansonsten ignoriert worden – »Jungs, ihr seid zu laut hier, wenn ihr wollt, dann geht raus, und lasst ein bisschen Dampf ab« –, aber sie sah darin etwas anderes. Kinder, die im Spiel eine Geschichte erzählen. Sie überlegte, wie sie das zur Förderung ihrer Lesefähigkeit benutzen könnte: Am nächsten Tag hatte sie Playmobil-Männchen dabei. Deren winzige Fummelarme sind ein perfektes Training für die Feinmotorik der Kinder, und das wiederum ist eine hervorragende Vorbereitung für das künftige Malen und Schreiben mit Stiften. Sie fragte, ob sie ihr eine Geschichte über die Männchen erzählen könnten, und führte sie damit an ein Geschichtenbuch heran. »Könnt ihr mir mal einen Bösen malen?« Das war der Unterschied: Hier wurden nicht alle Vierjährigen gezwungen, sich zusammenzusetzen und an derselben Aufgabe zu arbeiten – das ist das Konzept der amerikanischen wie der britischen Regierung – und dem Indiz zu folgen, das sagte: Lass sie spielen.

»Kinder sind zum Lernen vorprogrammiert«, hatte mir ein paar Monate zuvor Margy Whalley gesagt, als wir uns in ihrem Büro trafen. Kinder *reißen* nicht *aus,* so lautete einer der Lieblingssprüche hier, sie *fügen* sich *ein.* Zuerst als Teil einer Familie und einer Gemeinschaft, dann in

Verhaltensmuster, den sogenannten Schemata. Entwickelt wurde die Schematheorie von Jean Piaget, heute ist sie eine Grundlage der Kognitionswissenschaft. Die Schemata stehen in Bezug zu Verhaltenstrieben, die bei kleinen Kindern offenbar natürlich vorkommen. Beim Schema »Einwickeln« bedecken sich Kinder zum Beispiel gern selbst mit Stoff oder Farbe oder verkleiden sich; beim Schema »Linien« wird hin und her gelaufen, gesprungen oder geworfen. Weitere Schemata sind »Rotation«, »Ausrichtung«, »Schichten«, »Verbinden«, »Transport« oder »Transformation«. Wer einmal kleine Kinder beim Aufreihen von Spielzeugautos oder Kuscheltieren beobachtet hat – das war ein Beispiel für das Schema »Linien«.

Diese Triebe zu fördern ist ein Teil des Prozesses, mit dem Kleinkinder auf das spätere Lernen vorbereitet werden; es unterstützt Dinge wie Fantasie, Erzählfähigkeit, Raumgefühl und Zahlenbegriff, auf deren Grundlage später Kreativität, Sprache, Mathematik und Naturwissenschaft aufbauen. Fängt man zu früh mit Lernkarteien an, so überspringt man demnach dieses Entwicklungsstadium.

»Kinder sollen frei sein«, sagte Prodger. »Sie sollen Risiken eingehen.« Ein paar Tage pro Woche gehen sie mit den Kindern in den Wald, machen Feuer, lassen sie mit Scheren experimentieren, BMX-Räder fahren. Sie dürfen sich im ganzen Pen Green frei bewegen, wie Kandidaten in einem Videospiel. Wenn sie rauswollen, gehen sie raus. Wenn sie noch einmal in die Geborgenheit der Kuschelstube wollen, wo die Allerjüngsten herumkrabbeln, gehen sie kuscheln. Das Lernen wird von der Umwelt diktiert. Die Erwachsenen zielen nur darauf ab, in Verbindung zu treten, gemeinsame Aufmerksamkeit mit den Kindern herzustellen. Professor Dan Siegel von der UCLA nennt das »Mindsight«.[22] Schreiben und lesen kann warten. Kindergärten sollen so sozial sein wie möglich und dem selbst gewählten Spielverhalten der Kinder folgen. Bevor Kinder weiterlernen können, muss man dafür sorgen, dass sie sich zugehörig fühlen.

Drüben in der Bärenhöhle kniete sich die Erzieherin Sara hin und nahm Batman in den Arm. Sie hatte eine Gelegenheit gesehen, die spätere Schreib- und Lesefähigkeit zu fördern, und ihnen Spielfiguren hingelegt, mit denen sie Geschichten spielen konnten. Damit wollte sie auf dem Schema aufbauen, in dem sie zu Figuren in ihrer eigenen Geschichte wurden, und das Ganze dann zu einem sozialen, fantasievollen und sprachlichen Spiel kanalisieren. Konnten sie eine Geschichte über einen Superhelden entwickeln und sie gemeinsam mit den Spielfiguren vorführen? Im nächsten Schritt sollten sie diese Geschichte dann einer Erzieherin erzählen, die sie schriftlich festhielt. Ein paar Wochen zuvor hatte Superman/Tod eine Dampflokomotive besichtigt. Heute saß er mit einer Kinderpflegerin zusammen und erzählte ihr davon. Ich sah, wie er seinem Vater entgegenrannte, der ihn in Overall und Sicherheitsschuhen abholen kam. Er strahlte vor Stolz. Er konnte weder lesen noch schreiben, aber er umklammerte sein erstes Buch.

»Es braucht ein ganzes Dorf, um ein Kind zu erziehen«, hatte Margy gesagt. Der alte Spruch bekam einen neuen Glanz. Für die Jüngsten, dachte ich, sollte das Dorf wohl ganz ähnlich aussehen wie Pen Green. Dort waren sie glücklich, empfanden Zugehörigkeit, und legten im Spiel die Grundlagen für ihren späteren Erfolg. Und doch fragte ich mich, ob wir nicht noch mehr dafür tun können, das frühe Lernen zu beschleunigen. Die Lehre aus Deb Roys Experiment ist doch, dass jeder Augenblick zählt. Können wir es uns leisten, so viel dem Zufall zu überlassen?

Die Lernkurve überdenken

Im Gegensatz zu den meisten mathematischen Formeln, die ihr Leben in den Köpfen von Genies oder auf den Tafeln der Hörsäle fristen, hat die Heckman-Gleichung ihren eigenen Internetauftritt samt Newsletter, nur leider kein Instagram-Feed, falls Sie sich fragen, was es diese Woche so Neues gibt. Entwickelt wurde sie um die Jahrtausendwende von dem Ökonomen und Nobelpreisträger James Heckman; illustriert wird sie üblicherweise durch einen einfachen Graphen. Die x-Achse bildet ein Menschenleben von der Geburt bis zum Tod ab, und die y-Achse – es klingt deprimierend, aber er *ist* nun mal Ökonom – den Investitionsrückfluss. Natürlich lässt sich ein Leben auch anders bewerten, aber wir befinden uns in der Ära des Spätkapitalismus. Heckman stellt folgende Frage: Welche finanzielle Rendite erhält die Gesellschaft für jeden Dollar, den sie in ein Kind von null bis achtzehn Jahren investiert?

Die steile Kurve des Graphen wäre ideal, um mit dem Rad herunterzubrettern. Von null bis drei Jahre ist der Investitionsrückfluss *riesig*, von vier bis achtzehn *mäßig*, von neunzehn Jahren an *gering*.

Für die Erstellung der Gleichung wurde analysiert, wie sich Sozialprogramme auf die frühkindliche Entwicklung in den USA auswirken, darunter das Perry Preschool Program. Bei dieser Initiative in Ypsilanti, Michigan, wurden Anfang der 1960er-Jahre Dreijährige aus benachteiligten Schichten zwei Jahre lang in Vorschulklassen betreut, die zweieinhalb Stunden pro Tag aktives Lernen förderten, also Problemlösung oder Entscheidungsfindung. Im Spiel brachten die Erwachsenen die Kleinen sachte dazu, sich einen Ansatz von *Planen-Arbeiten-Reflektieren* anzugewöhnen: ihre eigenen Ideen zu entwickeln, sie durchzuführen und dann zu reflektieren, wie es gelaufen war.

Zusätzlich besuchten die Lehrer einmal pro Woche die Familien. Es war eine monumentale Studie, ein frühes *Seven Up* oder *Child of Our Time,*[23] die Kinder wurden mit 15, 19 und 27 Jahren noch einmal begutachtet. Die Zahlen waren eindeutig. In heutigem Geldwert gerechnet, generierte die Investition von 16 500 Dollar in zwei Jahre andauerndem, hochwertigem Vorschulunterricht einen Gewinn (gemessen in höherem Lebenseinkommen, niedrigerer Kriminalität und geringeren Gesundheitsausgaben) von 145 000 Dollar.[24]

Es sieht aus wie ein Kinderspiel. Doch Heckmans Kurve stellt alles, was wir vom Lernen zu wissen meinen, auf den Kopf. Als Lehrer war mir klar, dass es kurz vor dem Abitur so richtig ernst zugeht. Das Gespräch zwischen jungen Erwachsenen fördern, ganz nach Sokrates. Was bedeutet es wirklich, Mensch zu sein, wenn man um 6.45 Uhr in einem überfüllten Bus sitzt? Danach kam die weiterführende Schule. Diese halb unbekannten Teenager-Gesichter mit allen möglichen Lock-, Zwang- und Motivationsmaßnahmen zu ihrem Abschluss zu bugsieren, der über ihr späteres Leben entscheiden würde, ist wahre Arbeit im Schulalltag. Als Nächstes kommt die Grundschule. Da sehen wir glückliche Kinder vor uns, die in kunterbunten Klassenzimmern herumtoben, brav tun, was ihnen gesagt wird, und sich fürs Vorlesen aufgeregt auf dem Leseteppich versammeln. Schlimmstenfalls wird man gelegentlich »Mama« gerufen. Und ganz am Ende kommt der Kindergarten. Den kennen wir als viel gelobte Kinderbetreuungsaufbewahrung, geleistet von Mamas mit viel Zeit. Die Kurve, die ich kannte, verlief genau *umgekehrt* zu der von Heckman.

»Die Willkür der Geburt ist die bedeutendste Ursache für Ungleichheit in den USA«, schrieb er.[25] Das gilt genauso für Europa. Wenn wir eine Lernrevolution wollen, reicht es nicht, Schulen zu verändern. Wir müssen viel früher ansetzen und die Kurve umdrehen. Mit dieser Erkenntnis fuhr ich mit Kathy Hirsh-Pasek in ihr Labor.

Wo Kinder Erwachsene lehren!

Das Temple Infant and Child Lab lag in einem historischen Gebäude aus dem 19. Jahrhundert (oder einem gelungenen Nachbau) inmitten von grünen Feldern. Hirsh-Pasek und ich kamen morgens um 10 Uhr dort an, nachdem wir unterwegs noch einer Freundin frische Limonade vorbeigebracht hatten. Das Lab war das Ergebnis einer astronomischen Karriere, die sie von ihrer Jugend in Oxford durch die Schule von Jerome »Jerry« Bruner (»Ich war geradezu vernarrt in ihn«, erzählte sie mir, »für mich war er der beste Lehrer aller Zeiten«) bis zum Verfassen von zahlreichen Büchern und Aufsätzen geführt hatte, für die sie eine ganze Sammlung der angesehensten Preise der American Psychological Association eingestrichen hatte.

Zugleich war das Labor ein Abbild ihrer Persönlichkeit und beruhte auf präzisen Erkenntnissen, strahlendem Lächeln und dem Fehlen von Förmlichkeiten.

Als wir den Wartebereich betraten, empfing uns ein Triceratops, ein Diplodocus und ein Stegosaurus und jede Menge Spielzeug für die Allerkleinsten. Vor den Dinos stand eine Mini-Telefonzelle, eine Puppenküche, bunte Autos und jede Menge Stofftiere reihten sich auf dem kniehohen Bücherregal, in dem sich *Coco, der neugierige Affe, Dr. Seuss* und *Die Raupe Nimmersatt* tummelten. Es wirkte nicht wie ein Labor, sondern gemütlich und ein wenig marode. Eine Pappkiste mit der Aufschrift »Orientalischer Handel« versprach *Fun-Artikel für jede Gelegenheit.* Durch offen stehende Türen sah ich auch Zeichen von Forschungsarbeit, in den kleinen, mit schwarzen Vorhängen unterteilten Räumen warteten Laptops mit angeschlossenen Videokameras auf die nächsten Testpersonen.

Im ersten Stock saßen neunzehn muntere, leger gekleidete Post-Docs bei Chips und Dips und erwarteten mich mit einer PowerPoint-Präsentation. Dr. Rebecca Alper forschte zum Thema »Förderung der Kommunikationsgrundlagen«. Sie drückte auf die Play-Taste eines Videos.

Eine aufmerksame Mutter in rotem Sweatshirt lag auf einem Teppich vor ihrem kleinen Sohn. Ich erkannte den knallbunten Straßen-Teppich, an dem ich gerade unten im Spielbereich vorbeigegangen war. Zwischen den beiden stand eine Schüssel Frühstücksflocken.

Mama holte sich ein Cheerio und schnippte es sich in den Mund, während ihr Sohn zusah.

»Eins für Mama«, sagte sie und schaute ihm in die Augen. Er saß in seinem weißen Overall inmitten von Krümeln und strahlte.

Er holte ein Cheerio aus der Schüssel, schob es sich in den Mund, dann noch eins.

»Bekomme ich auch eins?«, fragte Mama.

Der Kleine steckte sich noch ein Cheerio in seinen eigenen Mund.

»Eins für dich, eins für Mama«, sagte sie, nahm ein paar Flocken und gab abwechselnd eine ihm und nahm eine selbst.

»Kannst du jetzt Mama füttern?«

Nachdenklich musterte er sie, während er schluckte, dann schob er vorsichtig die Hand in die Schüssel, holte einen der weißen Ringe heraus und fütterte Mama damit.

»Danke!«, bestärkte sie ihn und hielt weiterhin Blickkontakt, während sie beide kauten.

Das, erklärte Alper, sei ein Gesprächs-Duett. Sie hatte das Video gemeinsam mit Dr. Rufan Luo, einer anderen Post-Doktorandin im Lab gedreht. Beide arbeiteten mit der Maternity Care Coalition zusammen, die sich schon lange dafür einsetzt, armen Kindern in den USA zu einem besseren Start ins Leben zu verhelfen; Mütter lernen dort, wie ihre Töchter und Söhne gesund aufwachsen und sichere Bindungen aufbauen können. Alper und Luo bildeten jetzt die Mitarbeiter der Coalition aus, die zu Hausbesuchen in die Familien gingen und Eltern halfen, die Qualität ihrer sprachlichen Interaktion mit den Kleinkindern zu verbessern. Das Duett basiert auf der eingebauten Superkraft der Kinder. Zwar verfügen Kinder von sich aus über eine wissenschaftliche Methode, aber trotzdem brauchen sie Betreuer, die sie dabei anleiten, wie sie ihre Erkundungen auf die lohnendsten Lernquellen ausrichten können. Genau das ist die Rolle der Lehrer. Sie steigern die Wahrscheinlichkeit sinnvoller Entdeckungen, und können dabei helfen, das Wesentliche zu üben. Ja, es kommt auf die Anzahl von Wörtern an, aber auch auf die Qualität der Interaktionen. Die gemeinsame Konzentration auf die Schüssel Cheerios war ein Beispiel für geteilte Aufmerksamkeit.

Das Gesprächs-Duett ist eines von mehreren Experimenten im Labor, und alle zielen darauf ab, Entwicklungsrückstände von armen gegenüber reichen Kindern auszugleichen. Bei anderen Projekten geht es um Themen wie Sprachentwicklung, spielerisches Lernen und Raumbewusstsein, und alle setzen technische Hilfsmittel ein.

Dabei dachte ich, die ganz Kleinen können nicht von Bildschirmen lernen.

»Ich habe dieses Konzept *prompts and partners* (›Anstoß und Partner‹) entwickelt«, erklärt mir Hirsh-Pasek. »Eines kann die Maschine bisher wirklich gar nicht: ein Partner sein. Sie ist nicht sozial. Sie ist interaktiv, aber nicht adaptiv.«

Mit einem Roboter kann man nicht reden, bei ihm kann man sich nicht geborgen fühlen. Aber Erwachsene können von ihm lernen, und sie können sich von ihm rechtzeitig an etwas erinnern lassen. Die gesamte App-Industrie geriet kürzlich in Wallung wegen eines Artikels von Kathy, in dem sie ein paar ganz einfache Kriterien für die Qualität von Lern-Apps aufstellte: aktiv statt passiv, »und nicht einfach nur stumpfsinnig aktiv, wie über das Display zu wischen«; fesselnd statt ablenkend, zum Beispiel »Bleibt man konzentriert oder schweift man leicht ab?«; sinnvoll, oder »Bringt ihr den Leuten Zeug bei, das in keinen Zusammenhängen steht und das niemanden einen Deut interessiert?«; und sozial interaktiv, »Ist da noch jemand?« Wenn eine App diese Regeln erfüllt, ein Lernziel aufweist und nicht allzu einfach ist – warum sollte man sich sonst drauf einlassen? –, erhält es das ›Hirsh-Pasek-Siegel‹. So ein System könnte für sie ziemlich lukrativ sein, dachte ich.

Einige Entwickler, die ihre Kriterien nicht erfüllten, hatten vorgebracht, die Kinder hätten wirklich Spaß mit ihren Apps.

»Ja, Nachtisch mögen sie auch«, sagte sie, »aber man gibt ihnen doch auch nicht ausschließlich Kuchen und Kekse zum Abendessen.«

Hirsh-Paseks Mission ist es, unser Denken über das Lernen zu verändern, vor allem was die ärmsten Kinder angeht. In ihrem Buch zitiert sie Linda Darling-Hammond von der Stanford University. »Wir wollen unsere Kinder auf ihren Eintritt in die Welt des 21. Jahrhunderts vorbereiten, nicht auf endlose Multiple-Choice-Tests, die uns immer weiter von unserem Auftrag ablenken, sie gut zu unterrichten.« Besonders besorgt sie, dass das gerade die gefährdetsten Kinder betrifft. »Es gab diese Vision, armen Kindern die Grundlagen mitzugeben. Das war so wichtig, dass wir sogar die Pausen verkürzen mussten. Und das, obwohl wir wissen, dass körperliche Betätigung Kinder beim Lernen unterstützt, den Gehirnaufbau fördert. Wir sollten nur noch lesen und rechnen, Kunst sollten wir weglassen, und diesen ganzen überflüssigen Kram wie Gemeinschaftskunde.«

Das lastete schwer auf ihr. Politiker und Fachfremde hatten die wissenschaftlichen Erkenntnisse in ihrem Sinne verdreht. Kein Wissenschaftler war der Meinung, dass Lernkarteien funktionierten. Kein Wissenschaftler glaubte, dass Kinder noch früher anfangen sollten, lesen und schreiben zu lernen. Es war ein reines Hirngespinst der Behörden.

Neuere Untersuchungen haben die Erkenntnisse der Hart und Risley-Studie in Kansas erweitert. 2003 experimentierte die Psychologin Patricia Kuhl mit Chinesisch-Unterricht für amerikanische Kleinkinder. Es gab drei Gruppen (Video, Audio und menschlicher Lehrer) – nur die Kinder, die einen echten Lehrer hatten, lernten überhaupt etwas.[26] 2010 erschien eine Studie zu der überaus erfolgreichen Lern-DVD-Serie *Baby Einstein* (*Time* hatte sie »*Crack für Babys*« genannt)[27] – sie ergab, dass Kleinkinder, die sie sahen, »kein besseres Wortverständnis aufwiesen als Kinder, die sie nie gesehen hatten«.[28] Genauso wenig lernten Babys Wörter, wenn sie die elterlichen Gespräche belauschten oder die seriöse Talk-Sendung *In Our Time* auf BBC hörten, so sanft die honigsüße Stimme von Melvyn Bragg auch säuselte. Außer Wörter braucht ein Baby einen Menschen, um Sprache zu lernen. Von Bildschirmen lernt es nicht.

Diese geheime Quelle des frühkindlichen Lernens ignorieren Schulen noch immer. Erica Christakis von der Yale University erfasste den langsamen Niedergang des vorschulischen Lernens von einem multidimensionalen Ideenbasierten Ansatz hin zu einem zweidimensionalen Lehrplan, der nur auf Benennen und Beschriften aus ist.[29] Hirsh-Paseks Freundin Daphna Bassok hatte an der University of Virginia ein Forschungsprojekt zu der Frage durchgeführt, ob der Kindergarten heute nicht eigentlich die neue erste Klasse sei. Genau das bestätigte sich.[30] Kunsterziehung hatte um 16 Prozent nachgelassen, Tests um 29 Prozent zugenommen. Die Erwartung, dass Vorschulkinder lesen können sollten, ist allgemein verbreitet. Dabei widerspricht das der gesamten Datenlage. Eine Cambridge-Studie, bei der Gruppen von Kindern verglichen wurden, die mit fünf beziehungsweise mit sieben Jahren den regulären Lese- und Schreibunterricht begannen, ergab, dass der frühere Einstieg für die Lesefähigkeit eines elfjährigen Kindes keinerlei Unterschied machte; »aber Kinder, die mit fünf angefangen hatten, entwickelten eine weniger positive Einstellung zum Lesen und zeigten schlechteres Textverständnis als die, die später angefangen hatten.«[31] Eine Analyse internationaler Schuldaten ergab keine Korrelation zwischen dem Schuleintrittsalter (vier oder sieben Jahre) und dem Leistungsstand im Alter von fünfzehn Jahren.[32] Dänische Forscher fanden heraus, dass Kinder, die statt mit fünf erst mit sechs Jahren eingeschult werden, auch noch fünf Jahre später seltener an Hyperaktivität und Unaufmerksamkeit leiden.[33]

Eindrückliche Ergebnisse: Beginnt man mit der Decodierung, bevor ein Grundverständnis für Geschichte, Erfahrung, Wahrnehmung und Emotion entwickelt ist, wird man ein schlechterer Leser. Obendrein liest man weniger gern. Unser Umgang mit frühkindlichem Lernen benachteiligt Kinder ihr Leben lang.

Stattdessen wollte Hirsh-Pasek, dass Kinder sich am Lernen und am Großwerden erfreuen. Ihre zweite große Liebe außer Kindern war die Musik, und oft fing sie einfach zu singen an, besonders wenn sie ihre Enkelin am Telefon hatte. Als ihre eigenen Kinder klein waren, hatte sie zur Freude der Nachbarskinder (und sogar ihrer eigenen) Konzerte und Klaviervorspiele organisiert. Hirsh-Pasek wusste aus Erfahrung, was funktionierte. In ihrem Buch macht sie sechs Vorschläge für modernes Lernen: Kollaboration, Kommunikation, Inhalt, kritisches Denken, kreative Innovation und Vertrauen. Lauter Plattitüden, dachte ich, aber anders als viele Maßnahmen der Bildungspolitik echter wissenschaftlicher Forschung entsprungen. Wenn ich eine Erkenntnis mitnehmen wollte, sagte sie, dann diese: »Von frühester Kindheit an lernen wir *von Menschen.*«

Dieselbe Einsicht hatte ein paar Vorstadt-Wissenschaftler dazu gebracht, den Aufnahmeknopf zu drücken.

Die weltgrößte Videosammlung

Deb Roy war ganz schwarz gekleidet und wirkte immer noch jugendlich, als wir uns im MIT kennenlernten; ein paar graue Strähnen waren der einzige Hinweis auf seine inzwischen elf Jahre dauernde Vaterschaft. Im Rückblick wirkt das Human Speechome Project wie eine Marotte des Millennium-Hypes um künstliche Intelligenz, ein Kommentar zu *We live in Public* und zur panoptischen Macht des Internets, das auch Chatroulette hervorgebracht hatte,[34] und eine Anspielung an die unbeschwerten Achtundsechziger-Jahre, als Psychologen psychisch Kranken LSD verabreichten und sie tagelang nackt in Gemeinschaftsräumen einsperrten, um alles auszudiskutieren.[35] Die Home-Videos hatten inzwischen Staub angesammelt. »Ich habe immer noch die gesamte Sammlung«, sagte er. »Ich warte, bis er heiratet, und dann langweile ich alle damit zu Tode.« Ein paar Highlights immerhin gab es. 2,5 Millionen Follower hatten Opas Schnappschuss am ersten Morgen zu Hause gesehen, und Massen hatten die ersten Schritte seines Sohnes verfolgt. Doch das waren die einzigen Einblicke in das Filmmaterial, die je aus dem vertraulichen Kreis nach außen gelangten.

»Die Leute fragen: Macht ihr euch keine Sorgen um eure Privatsphäre? Da sage ich bloß: Ihr habt keine Ahnung, wie langweilig der Alltag ist, vor allem im Rückblick.«

Insgesamt wurden im Lauf des Experiments 90000

Stunden Video- und 140 000 Stunden Audiomaterial angesammelt. Die 200 Terabyte Daten geben in wunderbaren Farbaufnahmen 85 Prozent der ersten drei Lebensjahre seines Sohns wieder (außerdem achtzehn Monate seiner kleinen Schwester).

In gewisser Hinsicht war es auch ein großes *vergebliches* Home-Video. Mit seinem Team am MIT hatte Roy neue Ansätze zur Visualisierung und Untersuchung der gesammelten Daten entwickelt: »Raum-Zeit-Würmer« geben in abstrakt-expressionistischen Webnetzen wieder, wie die Bewohner sich mit der Zeit durchs Haus bewegten; zwei zarte 3D-Linien, die sich zu einem eng verwobenen Knäuel verknoten, zeigen »Soziale Hotspots«: visuelle Spuren zärtlicher Momente, in denen Eltern und Kind gemeinsam plaudern, lernen oder entdecken; »Wortschaften« sind schneebedeckte Bergketten in Wohnzimmer und Küche, deren höchste Gipfel sich an den Punkten erheben, wo bestimmte Wörter am häufigsten zu hören waren. Die Tools erwiesen sich als unvorstellbar lukrative Hilfsmittel, um Twitter-Talk zu analysieren. Gemeinsam mit einem Master-Studenten hatte Roy ein Jahrzehnt lang ein neues Medienunternehmen aufgebaut.

»Wenn ich mich hätte klonen können«, sagte er – vermutlich weniger bildlich gesprochen als bei anderen, die diese Phrase benutzten –, »hätten wir viel direkter darauf aufgebaut.«

Doch jetzt war Roy wieder da, und er hatte eine andere Perspektive. Seine neue Forschungsgruppe am MIT hieß Soziale Maschinen. Er baute keine Roboter mehr, die mit dem Menschen konkurrieren sollten, sondern beschäftigte sich jetzt mit der Steigerung der menschlichen Lernfähigkeit. Während unseres Gesprächs stand Toco krumm und leblos auf einem Sockel im Besprechungszimmer, ein Relikt einer fernen, halb vollendeten Spezies. Seine Wette gegen Patel hatte Roy verloren.

»Ich denke mal, wenn ich meinen KI-Hut aufsetze, war das eine ziemliche Blamage«, fuhr er fort. »Eine Lektion in Demut, ein *wow,* da steckt schon sehr viel mehr dahinter.«

Er war nicht mehr überzeugt, dass sich ein Roboter erziehen lässt wie ein echter Mensch. Noch nicht einmal, dass wir das wirklich versuchen sollten. Es ist nicht besonders interessant, Roboter zu entwickeln, die eine menschliche Kindheit durchlaufen, um genau wie ein erwachsener Mensch zu werden. Das tun ja schon die Menschen. Allerdings mit Aspekten wie Fantasie und Emotionen, Identität und Liebe – lauter Dinge, die für Toco unmöglich wären. Als er seinem Sohn beim Aufwachsen zusah, hatte es ihn umgehauen, wie »unglaublich raffiniert alles ist, was ein Mensch aus Fleisch und Blut beim Spracherwerb wirklich leistet und schafft.« Kleinkinder geben nicht einfach nur wieder; wir sind schöpferisch-kreativ, erschaffen neue Bedeutungen, fühlen mit.

»Sie und ich, wir lernen bis heute«, fuhr er fort. Und dieses Lernen ist nicht einfach nur ein Decodieren, wie er ursprünglich angenommen hatte, sondern es ist unendlich viel kontinuierlicher, komplexer und *sozialer.* Als er seinen Kindern die Autobiografie von Helen Keller vorlas, wurde er überwältigt von ihrer Erleuchtung, als sie zum ersten Mal Sprache verstand. Die infolge einer Krankheit als Kleinkind taub und blind gewordene Helen Keller war sieben Jahre alt, als ihr das Licht aufging. »Mit einem Mal durchzuckte mich eine nebelhafte Erinnerung«, schrieb sie, »und das Geheimnis der Sprache lag plötzlich offen vor mir. Ich wusste jetzt, dass ›Wasser‹ jenes wundervolle, kühle Etwas bedeutete, das über meine Hand strömte. Dieses lebendige Wort erweckte meine Seele zum Leben, spendete Licht, Hoffnung, Freude, befreite sie von ihren Fesseln! Jedes Ding hatte einen Namen, und jeder Name weckte einen neuen Gedanken. Als wir ins Haus zurückkehrten, schien mir jeder Gegenstand von verhaltenem Leben zu zittern.«[36]

Für Roy bestätigte das seine eigene Erleuchtung. Spracherwerb ist etwas Körperliches, emotional, subjektiv. Genau das Gegenteil von KI.

Heute versucht er auf dieser Erkenntnis aufzubauen. Im Leben mit seinen Kindern war ihm immer klarer geworden, »wie wichtig die soziale Dimension ist«. Derzeit arbeitet er an einem Projekt mit Kathy Hirsh-Pasek. »Das ist doch sonnenklar. Man muss schon ein sehr merkwürdiger Linguist sein, um zu glauben, dass Sprache nichts mit Kommunikation zu tun hat. Oder Kommunikation nichts mit sozialer Bindung.« Doch diese Wahrheit gerät oft aus dem Blick. »Solche Linguisten laufen auch auf diesem Campus herum«, kicherte er und ließ den Blick über das MIT schweifen – »zumindest wird das gemunkelt.«

Roy forscht jetzt »am Schnittpunkt von Sprache, Technologie und Kindern«. Die Hauptrolle fällt der KI dabei nicht zu, aber womöglich könnte sie die Transformation des Lernens unterstützen. Zwei Energiequellen lassen sich anzapfen: die analytische Leistung von Computern und die versteckte menschliche Fähigkeit »auf hyper-lokaler Ebene«. Er hat viel darüber nachgedacht, wie schwer es ist, dem idealisierten Elternbild in seinem Kopf gerecht zu werden – und dass dies für Eltern in armen Gemeinschaften sogar noch schwieriger sein muss. In den ersten Lebensjahren kommt es ganz auf den »sozio-emotionalen Kontext an, in dem der Lerner eingebettet ist«. Und den liefern nun einmal die Eltern – gestresste Eltern, die unter Zeitdruck stehen oder schlecht vorbereitet sind. Ihnen will Roy Hilfsmittel an die Hand geben.

»Der Möglichkeit, für die Kinder etwas zu verändern, stehen bestimmte Faktoren entgegen, und die kann die Technologie überbrücken«, sagt er. Ein Stück weit ist das Technik-Utopie, aber gleichzeitig ähnelt es auch den

Grundgedanken in Pen Green. Er stellt sich ein »dreiteiliges soziales Netzwerk« vor, bestehend aus den Eltern, einem »Familien-Lerncoach« und dem Kind, unterstützt von mobilen Technik-Plattformen mit Lernspielen für Kinder. Die Daten sollen sich selbst analysieren und Berichte generieren, welche Fortschritte das Kind macht; diese Berichte sollen sowohl an die Eltern als auch an den Coach gehen. Roy will nicht auf den »wesentlichen menschlichen Kontakt« verzichten, in diesem Fall den zwischen Coach und Eltern. »Ich glaube nicht, dass sich das automatisieren lässt, und ich will das auch gar nicht.« Zu wissen, dass man einem Menschen hinter sich hat, ist wertvoller als ein Anruf bei Robonanny.

Für unseren Ansatz zum Lernen ist das eine wesentliche Einsicht. Als führender KI-Experte war Roy zu dem Schluss gekommen, dass unsere spätere Entwicklung in der Erkundung unserer eigenen Fähigkeiten liegt. Wir müssen früh anfangen, und die Technik kann dabei helfen. Pen Green und das Temple Baby Lab sind ein Hinweis auf einen möglichen Anfang, aber wir können noch sehr viel mehr tun. Auf die Sprache kommt es an. Und aufs Spielen. Von Tag eins an muss soziales Lernen stattfinden, und ein Kind muss sich geliebt fühlen. Wie sich das alles beschleunigen lässt? Roy zufolge am besten, indem man da weitermacht, wo wir Menschen von Natur aus stark sind.

Bei seinen Vorträgen führt Roy gern die ersten Schritte seines Sohns quer durch den Flur vor, und ein 40 Sekunden langes Audio, wie sein Sohn im Laufe eines halben Jahres lernte, das Wort *»water«* zu artikulieren. Das Publikum hört »ga-ga«, ständig wiederholt, gesungen, geflüstert, fragend, fordernd, bis sich schrittweise Silben wie »wo« und »ta« einschleichen, wieder verschwinden, neu auftauchen, bis schließlich das triumphale *»water!«* ertönt. 2000 solcher Prozesse hat Roy aus seinen Daten herausgefiltert. Es rührt die Leute zu Tränen, das zu hören. Doch selbst das, so Roy, zeigt nur einen kleinen Ausschnitt von dem, was Lernen wirklich bedeutet. Roy selbst ist von einem anderen Moment überwältigt. Seine wichtigste Erinnerung ist, wie sein Sohn sein erstes Wort sagte.

Als er zum ersten Mal etwas äußerte, das nicht nur Gebrabbel war, saßen Roy und sein Sohn zusammen und sahen sich Bilder an.

»Er sagte ›fa‹«, erzählt Roy, »aber er meinte ganz eindeutig einen Fisch an der Wand, den wir beide anschauten.« Er erinnert sich an jede Einzelheit. »Ich wusste, es war nicht bloß ein Zufall, dass da ein Fisch war und er es sagte«, so Roy weiter, »denn gleich nachdem er ihn angeschaut und das gesagt hatte, sah er mich an. Und er hatte diesen Blick – wie wenn im Comic die gelbe Glühbirne angeht. So ein Blick von wegen: ›Ah, *jetzt* hab ich's verstanden‹. Er war noch kein Jahr alt, und war schon ein bewusstes Wesen – das heißt, er war ... selbstreflektiv.« Er rang nach Worten. »Nicht nur, dass er es erfasst hatte, er *wusste, dass er es erfasst hatte.*«

In unseren ersten Lebensjahren sind wir fürs Lernen am empfänglichsten. Dann geht einfach *alles* rein. Noch immer sticht die Evolution die Technologie locker aus. Statt Lese- und Schreibfertigkeit zu forcieren, sollten wir besser *mit* unseren Millionen Jahre alten nützlichen Adaptionen arbeiten und dem folgen, was von Natur aus da ist. »Wir lassen niemals vom Entdecken«, schrieb T.S. Eliot. Auch Roy hatte das nicht getan. Sein Forschergeist verwies zurück auf den Wissenschaftler im Laufstall. Nach einer Reise in das Gehirn von Robotern bewunderte er die angeborene Lernfähigkeit von Menschenkindern umso mehr. Ich zweifle nicht daran, dass Toco eines Tages zurückkommen wird, aber in Zukunft wird er wissen, wo er hingehört. Die wirklich weitreichenden Entdeckungen am Rand unseres Bewusstseins stehen noch aus. Gehirnimplantate wird es nicht geben. Vielmehr müssen wir mit dem neuen Verständnis drangehen, dass wir Tiere sind mit einzigartiger Lernfähigkeit. Wir brauchen eine neue Lernwissenschaft, die so viel mehr umfasst als das Einpauken von Verbtabellen und das Auswendiglernen von Fakten. »Und am Ende allen Entdeckens«, so heißt es weiter bei Eliot, »Langen wir, wo wir losliefen, an / Und kennen den Ort zum ersten Mal.«[37]

Wie können wir unsere Gehirnleistung langfristig maximieren? Was würde es bedeuten, Lernen zur Wissenschaft zu machen? Ich kannte genau den richtigen Ort für die Suche nach einer Antwort. Mein letzter Halt im ersten Teil meiner Reise sollte eine Londoner Schule sein, an der die Kinder in sieben Jahren mehr lernen als überall sonst in Großbritannien; das Ethos dieser Schule widerspricht allem, was die Technologie uns lehrt.

3 Unsere Intelligenz lebt

Mit dem Strom schwimmen

Ich bin die Gesamtsumme der Teile,
die ich direkt beherrsche.
Daniel Dennett

Den Berg erklimmen

Das erste Anzeichen dafür, dass Ifrah Khans neue Sekundarschule ein bisschen anders war, gab es an einem Frühlingstag vor acht Jahren, als zwei »sehr korrekte, sehr förmliche« Männer vor der Wohnungtür standen, in der sie mit ihren Eltern und ihren drei Geschwistern wohnte. »Alle dachten bloß, wer ist *das* denn?«, erinnert sie sich. In ihrem Wohnblock, dem Hall Park Estate nahe den Shisha-Bars und Take-aways der Londoner Edgware Road, bedeuteten schicke Anzüge normalerweise, dass eine Hochzeit oder vielleicht ein Gerichtstermin anstand. Diese Männer aber waren zu Besuch gekommen. Sie hießen Mr Haimendorf und Mr Patterson, und nachdem sie auf dem Familiensofa Platz genommen hatten, zogen sie einen Vertrag aus der Tasche. Die zehnjährige Ifrah saß auf der anderen Seite des Sofatischs zwischen ihren Eltern und riss erschrocken die Augen auf.

»Keiner hatte Lehrer, die nach Hause kamen und uns eine Erklärung unterschreiben ließen«, erzählte sie mir bei einer Tasse Tee an einem dunklen Winterabend in

Yorkshire. Acht Jahre waren seit dem Besuch vergangen, und Ifrah studierte mittlerweile Jura im ersten Semester an der Universität von Leeds. Dank YouTube-Tutorials und FaceTime mit Mum konnte sie jetzt Pasta mit Pesto, Schreibblockaden überwand sie mithilfe von Schokoriegeln, Pringles und Cola Light. Sie war geborene Londonerin, fand, sie könne »für England sprechen«, und ihre schmale Figur, ein weißer abgesteppter Mantel und das perfekte Make-up untermalten einen wachen Verstand und eiserne Entschlossenheit. Wenn sie sich nicht gerade in das Deliktsrecht einlas oder einen Essay zum englischen Rechtssystem schrieb, schaute sie *Gossip Girl* und fand das Nachtleben der Stadt *abartig gut*. Doch Ifrah war auch zielstrebig. Sie hatte bisher nur eine einzige Vorlesung verpasst und plante bereits ihre Karriere in einer Kanzlei in der Londoner City.

»Ich weiß, wo ich stehe, und ich weiß, wie ich dahin komme, wo ich hinwill.« Auf dem Küchentresen tropfte ein Sandwich-Grill. Ifrah wusste, wie mühsam Erfolg war. Bei einem Rundgang im prächtigen Liberty Building, in dem ihre juristische Fakultät untergebracht war, war sie zuvor stehen geblieben und hatte die Kulisse betrachtet.

»Ich hätte nie gedacht, dass ich eines Tages herumlaufen würde wie diese Leute hier«, gestand sie.

Genau dieser Gedanke hatte mich hierher gebracht. In Großbritannien, wo der familiäre Hintergrund und das Einkommen der Eltern bis heute die Zukunftsaussichten diktieren, hätte Ifrah es eigentlich nie bis nach Leeds schaffen dürfen. Ihr und ihren Mitschülern aus einem der ärmsten Bezirke Londons war der Weg zu irgendwelchen Gangs vorgezeichnet und nicht in eine Universität der Russell-Gruppe. Ihre beiden Brüder hatten schon wegen Bandenkriminalität im Gefängnis gesessen. Als auch ihre Eltern verhaftet wurden, war Ifrah in eine Pflegefamilie gekommen. Der Sommer, bevor sie an der Uni anfing, war der erste seit acht Jahren, den ihre ganze Familie zusammen verbracht hatte. Als britisch-pakistanisches muslimisches Mädchen hatte sie erst recht alle Wahrscheinlichkeiten gegen sich. »Der übliche Weg ist zu heiraten, Kinder zu bekommen und dieses Leben fortzuführen«, erklärte sie. Ihre Schwester war Vollzeit-Mutter. Wären damals nicht die beiden Männer zu Besuch gekommen, wäre sie das jetzt auch. Kein schlechtes Leben für jemanden, der sich dafür entschied, doch Ifrah wollte etwas anderes.

»Von Kindheit an wird einem eingetrichtert, dass das hier der richtige Weg ist«, sagte sie und wies auf die ehrwürdige Uni-Bibliothek und den benachbarten Co-op. »Genau das da wirst du machen.«

Nach dem Sofagipfel unterschrieben ihre Eltern, und sie tat es ihnen schulterzuckend nach. »Ich dachte nicht weiter darüber nach.« Im darauffolgenden Juli fand sie sich gemeinsam mit sechzig anderen verschüchterten Kids aus den Hochhäusern an der Church Street in einem zweiwöchigen Intensivkurs wieder. »Das war ein Intensiv-Drill!«, beklagte sie sich. »Das war nicht normal.« An warmen Augusttagen, an denen sie viel lieber mit ihrem Roller herumgefahren wäre und gespielt hätte, musste sie jeden Morgen Punkt acht Uhr in ihrer neuen Schule sitzen und bis etwa fünf Uhr nachmittags bleiben. Sie fühlte sich elend. »Ich war ein sehr ungezogenes Kind«, räumte sie ein. Ihre Mutter sagte ihr, sie solle dranbleiben. »Ich musste ein T-Shirt tragen mit der Aufschrift: ›*Work hard, be nice*‹. Wenn ich damit nach Hause kam, lachten mich alle aus.« Fragten ihre Freunde, warum sie mitten im Sommer in die Schule ging, antwortete sie: »Ach, das ist die KSA. Ich gehe zur KSA.«

KSA stand für King Solomon Academy. Sie war gerade in diesem Jahr von einem der Männer im Anzug gegründet worden. Er war überzeugt, dass alle Kinder mehr lernen können, und hatte sich vorgenommen, das zu beweisen. Dazu eröffnete er eine Schule für die ärmsten Kinder mit dem größten Leistungsrückstand mit zwei Klassen pro Jahrgang für Drei- bis Achtzehnjährige. Das Leitbild der Schule sehe »keine Ausreden, hohe Leistung, Vorbereitung auf das Hochschulstudium« vor, erzählte er mir – Schüler und Lehrer würden alles tun, um Erfolg zu haben. Unter den richtigen Bedingungen, glaubte er, könne man jedem Kind den Erfolg fest im Gehirn verankern. Ifrahs Eltern hatten bei einer Informationsveranstaltung in ihrer Grundschule davon gehört und sie angemeldet. Die zweiwöchige Grundausbildung war der erste Schritt einer bemerkenswerten Reise, die am Ende einen Jahrgang der ärmsten Kinder des Landes an die Spitze der Leistungspyramide führen sollte. Deshalb fuhr ich eines grauen Novemberabends nach Leeds, um sie zu treffen. Das Projekt erwies sich als schwierig, für die Kinder genauso wie für die Lehrer. Und es zeigte, wie viel unsere Kinder lernen können. Dieses Kapitel erzählt Ifrahs Geschichte. Eine Geschichte darüber, wozu unser Gehirn fähig ist und was wir tun können, damit mehr Kinder das voll ausschöpfen.

»Ich sage das allen. Mr Haimendorf, das ist der Mann«, so Ifrah, »der alles verändert hat.«

Die Grenzen der Intelligenz

Wie viel *können* wir lernen? Schon in der Walworth School war ich überzeugt gewesen, dass meine 10. Klasse mehr erreichen konnte. Die KSA war der letzte Stopp auf meinem Weg zum Überdenken unserer Lernfähigkeit, weil die Kinder dort tatsächlich mehr erreicht hatten. Und wenn wir einst dachten, es sei schon in Ordnung, wenn Kinder sich irgendwie durch die Schule wursteln, so wissen wir heute, dass das nicht genügt. Unsere expandierende Wirtschaft und der bis ans Limit belastete Planet erfordern, dass wir unser *gesamtes* Potenzial entfalten. Ich erhoffte mir einige Antworten von der KSA für die drei Viertel aller Kinder in armen Ländern, die keine Grundkenntnisse in Lesen, Mathematik und Naturwissenschaft erwerben, und für die 30 Prozent Kinder in der entwickelten Welt, die in einem dieser Bereiche unter den Anforderungen bleiben. Früher hatten wir die Ausrede, einige Kinder wären einfach nicht zum Lernen geeignet. Ausgehend von Ifrahs Noten in der Grundschule hätte man sie ganz einfach als Schülerin mit niedrigem IQ abgeschrieben. In allen Schulen war das gängige Praxis. Ich weiß noch, wie ich mit meiner Mutter Notizen verglich, als wir beide als Lehrer arbeiteten, nachdem ich eine Fortbildung zu Howard Gardners Theorie der multiplen Intelligenzen gemacht hatte. Dieser Theorie zufolge hatte jedes Kind seinen eigenen Lernstil – sprachlich, räumlich, musikalisch, kinästhetisch –, dem entsprechend es unterrichten werden sollte. Die Theorie wurde Anfang der 1980er-Jahre entwickelt, in den 1990ern widerlegt und in den 2010-ern in Lehrerfortbildungen verankert.

Begonnen hatte alles mit Francis Galton. 1868 machte der Universalgelehrte und Cousin Charles Darwins sich daran, die 2000 Jahre alte Debatte um die menschliche Intelligenz zu beenden. Sind wir das Produkt unserer Umwelt, eine *tabula rasa,* die durch Erfahrung beschrieben wird, oder sind unsere Fähigkeiten angeboren? Galton selbst ein Wunderkind, das als Fünfjähriger enttäuscht feststellte, dass keiner seiner Mitschüler die *Ilias* gelesen hatte, beobachtete, dass kluge Menschen häufig talentierte Nachkommen hatten. Das brachte ihn zu einer Hypothese, die er in einer Feldstudie testete und in seinem ersten großen Werk vorstellte: *Genie und Vererbung*. Der Titel deutet es schon an: Intelligente Eltern produzieren clevere Kinder.[1] Ungewollt wurde dieser Ansatz von Alfred Binet geschürt. Anfang des 20. Jahrhunderts entwickelte der französische Psychologe einen Test zur Evaluierung des Entwicklungsstands von Kindern, über den festgestellt werden sollte, welche *enfants de la patrie* womöglich zusätzliche Förderung in der Schule brauchten. Dafür waren verschiedene Aufgaben zu erfüllen: Das Kind sollte einem Lichtstrahl folgen, sich sieben zufällige Zahlen merken oder drei Reime auf ein bestimmtes Wort finden. Das Ergebnis ergab das geistige Alter des Kindes. Während Binet mit seinem Test lediglich aufzeigen wollte, bis zu welchem Punkt ein Kind in seinem Lernverlauf *bisher* gelangt war, griff ihn später ein amerikanischer Psychologe mit einer ganz anderen Auffassung von Intelligenz auf.

Lewis Terman (dessen Sohn Frederick später zum »Vater von Silicon Valley« werden sollte) war Eugeniker und Anhänger von Galton. Er war der Meinung, Intelligenz sei erblich, und in Binets Test sah er ein Werkzeug, um Menschen mit abweichender Intelligenz auszusortieren. Während des Ersten Weltkriegs nahm er mit seinem Stanford-Binet-Test die erste psychometrische Massenbeurteilung vor und bewertete die allgemeine Intelligenz von 1,7 Millionen Soldaten auf einer Skala von A bis E. Die Alphas kamen in die Offiziersausbildung, die Epsilons in die Infanterie. Das war die Geburtsstunde moderner IQ-Tests und der unausrottbaren Annahme, Intelligenz sei ein für alle Mal festgelegt. Tatsächlich aber trifft der IQ darüber gar keine Aussage. Zu dem Wert gelangt man, indem man das geistige Alter eines Menschen, der im Test gemessen wurde, durch das Lebensalter dividiert und das Ergebnis mit 100 multipliziert. Einfach. Aber irreführend. Der IQ ist ein *relativer* Wert, eine Momentaufnahme. Aber oft wird er als festes Etikett für das ganze Leben verstanden.[2]

Zumindest war das lange so. Bis die Neurowissenschaften uns einen genaueren Blick in die grauen Zellen unter unserer Schädeldecke erlaubten.

Ein ganz neuer Eimer Schnecken

Die Aplysia ist ein merkwürdiges Tier. Die zweigeschlechtliche Meeresschnecke von der Größe eines Meerschweinchens lebt in seichtem Tropenwasser und stößt bei Gefahr eine Giftwolke aus. Wegen ihrer beiden Fühler und der braun gesprenkelten Haut nannten die alten Griechen sie »Seehase«, doch eigentlich sieht sie viel eher aus wie das, was sie ist: eine Meeresschnecke. Außerdem ist sie der Dorftrottel im Tierreich: Sie besitzt nur 200 000 Neuronen – der Mensch zum Vergleich 100 Milliarden. Daher ist die Aplysia (und insbesondere *Aplysia californica* oder der kalifornische Seehase) ein großer Liebling der Neurowissenschaftler. Führend unter ihnen ist der österreichisch-amerikanische Nobelpreisträger Eric Kandel (der mit der Fliege), der als Harvard-Student in den 1940er-Jahren wie fast alle seine Kommilitonen nachhaltig von B. F. Skinner geprägt wurde, dem Gründungsvater des Behaviorismus. Doch während die Psychologie zunächst ausschließlich Verhaltensforschung war und das Denken (wie auch der freie Wille) als Illusion galt, interessierte sich der sensible Literaturwissenschaftler und Freud-Anhänger Kandel besonders für das Denken und machte sich daran, dessen neurale Grundlagen zu entschlüsseln.

Was, so fragte er, geschieht in unserem Gehirn, wenn wir unsere Geist gebrauchen?

Als der junge Kandel eines Nachmittags in Paris in einem überfüllten Labor zum ersten Mal einer Aplysia in die Augen sah, war es Liebe auf den ersten Blick. Die neurale Struktur der Meeresschnecke ist so einfach, dass er die Neuronen und Synapsen in ihrem Gehirn einzeln untersuchen konnte, und außerdem machte eine natürliche Verhaltensweise des Tiers – der Reflex, bei taktiler Stimulierung die Kiemen zurückzuziehen – es zu einem idealen Studienobjekt. In einer bahnbrechenden Untersuchung wies Kandel nach, dass nach etwa 40-maligem sachtem oder »nicht-schädlichem« Berühren* der vorprogrammierte Reflex nachlässt. Und noch bemerkenswerter: Das Nachlassen des Reflexes ließ sich in der Nervenstruktur im Gehirn der Aplysia nachvollziehen. Es kam nicht nur zu biochemischen Veränderungen im Gehirn der Aplysia (die Neurotransmitter-Werte an den motorischen Synapsen sanken), sondern außerdem auch zu *anatomischen* Veränderungen (der physikalische Aufbau der Axone und Dendriten an den Neuronen *war anders).* »Zum ersten Mal konnten wir sehen, dass die Anzahl der Synapsen im Gehirn nicht festgelegt ist«, schrieb Kandel in seinem Buch *Auf der Suche nach dem Gedächtnis:* »Beim Lernen verändert sie sich.«[3]

Kandels Forschungsergebnisse waren eine Revolution: Sie bewiesen erstmals hieb- und stichfest die Plastizität des Gehirns. Bisher hatte man angenommen, der neuronale Bauplan sei von Geburt an festgelegt und entfalte sich im Verlauf der Kindheit wie die kleinen »Dinosaurier-Eier« aus dem Spielzeugladen, die zu einem Triceratops oder einem T-Rex werden, wenn man sie in eine Schüssel Wasser legt.[4] So kamen wir auch zu der Annahme, Intelligenz sei festgelegt. Doch Kandel wies nach, dass sogar die Anatomie des Gehirns – nicht nur die Signale, die durch die Nervenbahnen laufen, sondern die Nervenbahnen *selbst* – durch Erfahrung verändert werden. Zwar ist Galtons Mythos bis heute in den Klassenzimmern präsent, doch die Veränderungen, die Kandel am Gehirn der Aplysia belegen konnte, bewiesen schlüssig, dass Intelligenz enorm formbar ist. Anlage *und* Umwelt greifen also ineinander. Und was für Meeresschnecken gilt, gilt auch für uns. Unsere Gene legen im Gehirn bestimmte Leit-

* Egal also, was die Zweifler sagen: Die Liebe lebt.

planken an. Abgesehen davon ist die Entwicklung von Intelligenz ein nicht endender, individueller Prozess.[5]

Für die Schule ist das so radikal wie Mr Haimendorfs Einsatz. Noten verkörpern nicht die Grenzen des Potenzials eines Kindes, sondern zeigen lediglich, wie weit es bisher gekommen ist. Außerdem wird klar, dass jedes Kind anders ist, ein eigener, einzigartiger neuronaler Schaltkreis ist ein unnachahmlicher Fingerabdruck von Stärken und Fähigkeiten. Diese Neurodiversität wird am sichtbarsten bei Personen mit diagnostizierten Lernstörungen. Wie sagte Kandel zu Andrew Solomon, dessen *Weit vom Stamm* zum Thema Differenz und Identität unübertrefflich ist: »Wenn wir Autismus verstehen können, können wir das Gehirn verstehen.«* Wir stehen erst ganz am Anfang und kratzen gerade an der Oberfläche. Jeder individuelle Lerner ist unterschiedlich. Der aktuelle Leistungsstand legt niemanden auf ein Schicksal fest. Die Herausforderung, der die KSA sich stellt, ist unser aller Herausforderung. Ifrah und ihre Klassenkameraden hatten als Elfjährige ohne eigenes Verschulden noch nicht so viele Fortschritte gemacht wie andere Kinder. Die KSA erkannte das und setzte einfach darauf, dass alle ihre Schüler, ganz gleich mit welchem Hintergrund, über ein riesiges Potenzial verfügen, das sie bisher nur noch nicht aktiviert hatten.

---

* *Weit vom Stamm* ist ein richtungsweisendes, vielfach preisgekröntes Buch über das Anderssein, das wirklich jeder lesen sollte. Solomons Autorität und seine Empathie zum Thema Anderssein übersteigen alles, was ich bieten kann. Wenn Sie sich dafür interessieren, dann legen Sie bitte dieses Buch weg und nehmen seines. (Und wenn Sie damit fertig sind, nehmen Sie wieder dieses zur Hand.) Es ist ein unglaublich wichtiges Thema, aber ich habe hier leider nicht den Platz, um es erschöpfend darzustellen. Auch *The End of Average* von Todd Rose ist eine so brillante wie informative Lektüre zum selben Thema.

Nach meinem Treffen mit Ifrah saß ich im Zug zurück nach London und überlegte, wie sich das weithin umsetzen ließ. Gibt es irgendeinen genialen Ansatz, um unser Potenzial voll auszuschöpfen?

Hoffnungslos lernsüchtig

Die Technik-Utopisten dachten, sie hätten das Geheimnis gelüftet. »Die heutige Form des Lernens ist falsch«, schrieb Peter Diamandis, einer der Gründer der Singularity University. Der Unternehmer und Weltraumfreak rief X-Prize ins Leben, eine millionenschwere Stiftung, deren Ziel es war, »eine Brücke zum Wohlstand für alle« zu bauen, indem die »größten Herausforderungen« der Welt gelöst werden, und zwar durch das Erwecken der »kreativen, unternehmerischen und erfinderischen Geists« eines jeden. 10 Millionen Dollar Preisgeld lockten den Entwicklern neuer Technologien wie Raumschiffe zur Personenbeförderung, KI, die einen TED-Talk halten kann, oder mobile Geräte, die Krankheiten besser diagnostizieren können als geprüfte Ärzte. Im Silicon Valley hatte ich Diamandis verpasst, aber ich wusste, dass er ein Auge auf Schulbildung hat. Die Technologie, so Diamandis, rationalisiere menschliche Erfahrung. Wenn wir das Lernen weniger langweilig machen und stärker an der Nutzerfreundlichkeit ausrichten, könnten wir unsere Intelligenz turbo-verstärken.

»Lernen muss weniger Paukerei sein«, so Diamandis weiter, »dafür mehr wie *Angry Birds*.«[6] Weit weg von Kathy Hirsh-Paseks Ansatz, aber ich verstand, was er meinte. Kinder waren derart süchtig nach Technik, wie es im Klassenzimmer nie zu erreichen war.

Ich dachte zurück an die Weihnachtsferien in meinem ersten Jahr als Lehrer. Alles war langsam den Bach runter gegangen. Man hatte mir ein relativ einfaches erstes Halbjahr versprochen, eine Gnadenfrist, in der die Schüler bei einem neuen Lehrer noch auf der Hut waren. Sie würden sich zurücklehnen und mich abschätzen. War ich streng? Begeistert? Unerfahren? Ging es mir um etwas? Wo lagen meine Grenzen? *Gab* es überhaupt Grenzen? Dann würden sie mich austesten. Eine Anweisung missachten. Sich beklagen, alles wäre zu schwer. Versuchen, sich aufs Klo davonzustehlen. Ich bereitete mich auf das Anfangsgefecht vor, indem ich zwei Wochen Unterrichtsplanung vorausschrieb und ein sorgfältiges Verhaltensschema entwarf.

»Kann ich aufs Klo?« Es war mein erster Tag, und die Frage kam von Dean, der plötzlich unter meiner linken Schulter stand. Meine Neuntklässler sollten gerade mit dem *Jungen im gestreiften Pyjama* anfangen.

»Nein, Dean, setz dich hin«, erwiderte ich ruhig und, so hoffte ich, mit Autorität. Wie war er eigentlich da hingekommen?

Dean rührte sich nicht von der Stelle.

»Bitte, Sir. Ich habe eine Erlaubnis.«

»Das stimmt, Sir, er darf«, meldete sich Maria. »Er hat ein *Attest.*«

Der Direktor hatte uns eingeschärft, dass während des Unterrichts niemand das Klassenzimmer verlassen durfte.

»Du wartest, bis die Stunde vorbei ist.«

Reglos sah Dean weiterhin zu mir auf. Ich fühlte mich plötzlich machtlos. Ich hatte nichts, womit ich einen Dreizehnjährigen dazu bringen konnte, sich hinzusetzen. Es war eine Pattsituation.

»Lassen Sie ihn doch«, säuselte Harry.

»*Bitte,* Sir«, flehte Dean.

»Aber ganz schnell«, kapitulierte ich. Es war ganz harmlos. Zufrieden zog Dean ab. Wir wendeten uns wieder den Büchern zu.

Das war der erste Riss gewesen, merkte ich, als ich im Wohnzimmer meiner Eltern saß und frustriert auf den

Stapel zu korrigierender Hefte auf dem Sofatisch blickte. Es war wie das, was der New Yorker Bürgermeisters Rudy Giuliani zum Thema Kriminalität gesagt hatte: Wenn man nicht das Kleine erstickte – zerbrochene Fenster –, dann keimte daraus das Große. So war es gekommen. Die Hefte zeugten von einer lustlosen Klasse. Ein paar enthielten ganz passable Abschnitte und waren ordentlich geführt, aber die meisten schienen nur aus einem schwachsinnigen Kauderwelsch einer dysfunktionalen Zivilisation zu bestehen. Während ich die hingeworfenen Bemerkungen, halb fertigen Sätze, comichaften Piktogramme und Off-Kommentare entzifferte – *todlangweilig!* –, lehnte ich mich auf dem Sofa zurück. Eines war jedenfalls klar. Viel gelernt hatten diese Kids nicht. Nicht die großäugigen Siebtklässler. Nicht die ausgebufften Neuntklässler. Und auch nicht die Loser aus der 11. Klasse.

»Sie müssen ihre Aufmerksamkeit kriegen«, hatte mir mein Tutor gesagt, nachdem er in einer besonders misslungenen Stunde am Ende des ersten Halbjahrs hospitiert hatte. Und genau da kam Diamandis ins Spiel. Im Zeitalter grenzenloser Information ist die kostbarste Ware unsere Aufmerksamkeit.[7] Der Geniestreich von Tech-Firmen wie Google und Facebook ist ihre Fähigkeit, Aufmerksamkeit zu fesseln. Schätzungen aus dem Jahr 2016 zufolge checkten wir im Schnitt 221-Mal pro Tag unsere Smartphones. Die vier Stunden pro Tag, die britische Sechzehn- bis Vierundzwanzigjährige täglich online verbringen, waren ein Schock, obwohl sie noch weit unter den fünfeinhalb Stunden Bildschirmzeit bei ihren amerikanischen Gleichaltrigen liegen. Über 155 Millionen Amerikaner spielen Videospiele, verbringen also insgesamt drei Milliarden Stunden *pro Woche* damit, einen Online-Avatar durch eine virtuelle Welt zu steuern. Wir sind den Bildschirmen in unseren Händen gnadenlos hörig.[8]

1998 gründete der aufstrebende Psychologe B. J. Fogg an der Stanford University das Persuasive Technology Lab. Er hatte sich mit einem Experiment einen Namen gemacht, in dem er gezeigt hatte, wie sich das Verhalten des Menschen durch Computer beeinflussen lässt. Die menschlichen Probanden seiner Studie sollten Aufgaben lösen und erhielten dabei von den Computern, die ihre Helfer waren, verschieden ausgeprägte Ermutigungen: aufrichtiges Lob, Schmeicheleien oder wahlloses Feedback.[9] Das Ergebnis zeigte: Obwohl die Teilnehmer wussten, dass die Ermutigung Maschinen-generiert war, schnitten die Probanden, denen geschmeichelt wurde, bei den Aufgaben im Schnitt besser ab als die Probanden, die wahlloses Feedback erhielten, und gleich gut wie die Probanden, die aufrichtig gelobt wurden. Zudem hatten sie mehr Spaß dabei und einen »positiveren Blick« auf ihre Roboter-Kollegen.

»Schmeicheleien von einem Computer«, so schloss Fogg daraus, »können denselben Gesamteffekt bewirken wie Schmeicheleien von Menschen.«

In der Welt der interaktiven Technologien verbreitete sich die Neuigkeit wie Katzenvideos auf Facebook. Das »Reziprozitätsprinzip«, das die Psychologie als Grundregel menschlicher Beziehungen kennt (Menschen geben die Behandlung zurück, die sie selbst erfahren haben), galt also offenbar auch für die Beziehung von Mensch und Maschine. Damit wurde plausibler, dass Computer eines Tages zu sozial Handelnden werden könnten, und zugleich zeigte sich, wie leicht uns Maschinen manipulieren können. »Wir lechzen nach Bauchpinselei«, schrieb Fogg. In einer Zeit, in der wir pro Tag vierzig Minuten allein auf Facebook verbringen, versprach das reale Macht. Anhand dieser psychologischen Erkenntnisse ließen sich Apps entwickeln, die menschliches Verhalten beeinflussen. Fogg nannte diese neue Disziplin »*Captology*«, und zwar nicht wegen ihrer Fähigkeit, die Aufmerksamkeit zu fesseln *(»capture«),* sondern als Akronym: Computer als persuasive Technologie *(Computers as Persuasive Technology).* Er prophezeite eine utopische Zukunft, in denen Lernsoftware die Schüler überzeugen würde, länger zu lernen. Bei anderen dagegen blinkten die Dollarzeichen.

Verhaltensbeeinflussung war an sich nichts Neues. In ihrem Ursprung lässt sie sich bis 1930 zurückverfolgen, das Jahr, in dem B. F. Skinner als Master-Student erstmals eine Ratte in seine »Kammer zum operanten Konditionieren« setzte. Die heute sogenannte Skinnerbox war ein kleiner, abgeschlossener Käfig mit einem Hebel auf einer Seite, dessen Betätigung Futter in einen Ausgabeschacht fallen lässt. Die ersten Male trifft die hungrige Ratte den Hebel per Zufall und verschafft sich so ein paar Glücksgriffe. Nach einiger Zeit jedoch trippelt sie beim Betreten der Box direkt zum Hebel. Die Belohnung verstärkt das Verhalten. Skinner kam zu der Überzeugung, das Verhalten aller »Operanten« – egal, ob Ratte, Taube oder Mensch – ließe sich so programmieren. Verhalten wird von Umweltbedingungen gesteuert und weniger durch bewusste Entscheidungen. Der freie Wille ist demnach eine Illusion.[10]

Unter dem Eindruck seiner Forschungsergebnisse veröffentlichte Skinner nach dem Gemetzel des Zweiten Weltkriegs einen Roman. Darin beschreibt er eine utopische Gemeinschaft – er nennt sie *Walden two* –, die im Rückgriff auf seine Forschungen soziale Gerechtigkeit und Wohlfahrt für alle herstellt. Dort folgen die Bürger ihren »natürlichen« Trieben, die sich aus dem sorgfältigen Aufbau der Gemeinschaft ergeben, der wiederum von »Planern« erstellt wurde – wie ein Pen Green für Erwachsene, aber ohne die Emotionen. Das individuelle Handeln wäre der strikt aufgeteilten positiven und negativen Verstärkung unterworfen – diese Methoden sind heute allen

Lehrern ein Begriff. In Psychologie, Medien, Werbung und Schule leben Skinners Ideen in vielfältiger Form weiter, doch die Umsetzung seiner Utopie wurde damals von den Medien torpediert. Nur eine totalitäre Staatsform könnte sie umsetzen. Und das gilt bis heute.

Nun tragen wir aber alle eine digitale Skinnerbox in der Hosentasche mit uns herum. Lässt die sich nicht so programmieren, dass sie unser Verhalten beeinflusst?

»In der Tat kann das ein heikles Thema sein«, liest man auf Foggs Homepage bei der Stanford University. *Echt wahr.* Er verspricht eine Zukunft der »Maschinen, die dafür gemacht sind, Menschen in ihren Überzeugungen und ihrem Verhalten zu beeinflussen«. Natürlich nur im Guten. »Wir glauben, dass persuasive Technologien, ganz wie menschliche Persuasoren, in vielen Gebieten positive Veränderungen herbeiführen können, etwa im Gesundheits- und Geschäftswesen, bei der Sicherheit und der Bildung«, so seine Website weiter. Ja, das könnten sie. Absolventen seines Lehrstuhls gründeten später Instagram, entwickelten die User-Experience (Nutzererlebnis) bei Google und berieten Technologiefirmen bei der Entwicklung süchtig machender Produkte. Persuasiv sind diese Technologien in der Tat, aber führen sie zu *positiven* Veränderungen? »Wir müssen dafür sorgen, dass Kinder so süchtig nach Lernen sind wie nach Computerspielen«, sagte Peter Diamandis; demnach sollten wir das Fesseln unserer Aufmerksamkeit durch unsere tragbaren Geräte dafür nutzen, eine Lernrevolution auszulösen. Ganz überzeugt war ich nicht.

Nach der Krisenunterrichtsstunde musste ich mit meinem Tutor einen Aktionsplan aufstellen. Ich konnte mich schon so lange in der Klasse nicht durchsetzen, dass die Kids, die eigentlich durchstarten wollten, keinen Ansatzpunkt hatten. Das sollte sich ändern. Mein Tutor schlug eine Reihe einfacher Anfangsaktivitäten vor. Kein Verteilen von Büchern. Kein Zwang, dass alle gleichzeitig anfingen. Keine Erklärungen. Auf der Bank oder an der Tafel würde eine einfache Übung warten, wenn die Kids den Raum betraten. Sie würden sich leise hinsetzen und loslegen. Richtige Lösungen würde ich lobend hervorheben, und überhaupt würde ich mehr Lob verteilen als Tadel. Die Währung des Lernens war Aufmerksamkeit, und genau die wollte ich fortan zu meinem Handelsgut machen.

Die 9. Klasse war wie verwandelt. Ehrfürchtig schweigend lauschten sie dem *Jungen im gestreiften Pyjama*, lasen seitenweise Text und beantworteten Fragebögen zum Stoff des Vortags. Zu Beginn jeder Stunde warteten kurze Aufgaben auf sie. Und zu jeder Stunde kamen achtundzwanzig Kids und legten los, sodass ich Zeit hatte, mit den Deans und Marias fertig zu werden. Am besten funktionierte Buchstabensalat. Darauf fuhren sie total ab. Dreizehnjährige konnten fünf, zehn, ja fünfzehn Minuten lang Wörter suchen, und sie bettelten sogar um ein bisschen Zusatzzeit, damit sie noch das letzte Wort finden konnten, wenn ich versuchte, mit etwas anderem weiterzumachen. Sie waren gefesselt.

Doch als ich in diesen Weihnachtsferien über ihren Heften brütete, saß mir eine andere Frage im Nacken. Ja, sie waren aufmerksam. Sie machten Übungen, statt zur Toilette zu wollen. Aber *lernten* sie auch etwas dabei? Ihren Heften zufolge nicht. Beim Durchblättern stellte ich fest, dass sie kaum etwas gelernt hatten. Buchstabensalate waren als Lernerfahrung genauso wertvoll wie das Beschießen von schwankenden Schweinetürmen mit Kanarienvögeln. Man konnte in den einfachen, repetitiven Aufgaben völlig aufgehen, aber Fortschritte machte man damit nicht. Wenn Maschinen eine radikale Macht über unsere Aufmerksamkeit haben und damit eine Revolution ausgelöst werden soll, mussten wir besser verstehen, wie Lernen wirklich funktioniert. Das hatte mich auch nach

Leeds zu Ifrah gebracht. In ihren sieben Jahren an der KSA hatten sie und ihre Mitschüler mehr gelernt als praktisch jede andere Gruppe Gleichaltriger in Großbritannien. Ihre Prüfungsergebnisse bewiesen es. Das hier war keine vage Hypothese, sondern eine bemerkenswerte, bewiesene Erfolgsgeschichte aus dem wirklichen Leben. Ich besuchte ihre Schule, um mir das genauer anzusehen.

Alles tun, was nötig ist

Die King Solomon Academy lag inkognito zwischen den hippen Passagen und schattigen Seitenstraßen um die Londoner Marylebone Road. Um punkt acht Uhr schlossen sich an einem kalten Novembermorgen die Schultore an der Penfold Street, und Mr Haimendorf rief das Personal zusammen. Draußen stürmte es, aber niemand war zu spät. Fünfzig junge Lehrer aßen Coco-Pops und tranken Instant-Kaffee, während er seine Bekanntmachungen herunterratterte. Verhalten in der 7., 8., 9. Klasse. Der *Black History Month*. Ferienaufgaben. Ein Fußballturnier der Achtklässler. Ausflug ins Naturkundemuseum. Es ging zielorientiert zu, mehr wie in einem Unternehmen als wie in einer Schule. Nach 5 Minuten und 33 Sekunden war die Sitzung vorbei. Mit den Kaffeetassen in der Hand sprangen wir auf und gingen nach draußen, um die Schülerinnen und Schüler zu begrüßen.

Heute rangiert die KSA unter den Top-Schulen in ganz Großbritannien. 2015 wurden dort landesweit die besten GCSE-Ergebnisse einer Gesamtschule erreicht; 95 Prozent erzielten fünfmal Noten von A* bis C, auch in den Hauptfächern Englisch und Mathematik. Das Programm *Progress 8* bewertet, wie viel die Schülerinnen und Schüler in ihren fünf Mittelschuljahren gelernt haben, indem vom Leistungsstand am Ende der Schulzeit der Anfangsstand subtrahiert wird; hier findet sich die KSA seit 2016, als das Bewertungssystem eingeführt wurde, landesweit unter den stärksten Schulen. Mit elf Jahren kommen die Kinder als künftige Fußsoldaten an die KSA, ihre Lese- und Schreibfähigkeit liegt oft um Jahre hinter der erwarteten Leistung zurück; aber mit achtzehn schließen sie die Schule als Offizierskandidaten ab. Neun von zehn Absolventen gehen wie Ifrah an die Universität, obwohl die Mehrheit der Kinder für die kostenlose Schulspeisung berechtigt ist.[11] Der Erfolg der Schule bestätigt unwiderruflich die Plastizität der menschlichen Intelligenz – und lässt Schuldirektoren träumen.

Als Oxford-Absolvent war Max Haimendorf klar gewesen, dass sein Weg nicht direkt in die Londoner City führte. Er unterrichtete zunächst ein Jahr lang in Tonga, dann nahm er am ersten Jahrgang des Programms *Teach First* teil, das Absolventen von Top-Hochschulen an Problemschulen vermittelt. »Mich reizte der Gedanke, dort Führung zu lernen«, erzählt er mir. Als Junglehrer an einer weiterführenden Schule im Londoner Westen brillierte er, beantragte schon bald eine Klassenleitung, wurde Jahrgangsbetreuer und verfiel auf die Devise des »Teufels im Detail« – kein Kragenknopf blieb offen, kein Stück Papier auf dem Schulhof liegen. Wo wohlmeinende Kollegen geduldig erklärten, er solle es nicht übertreiben, weil »nicht alle Kinder in dieser Schule in der Lage sind, Hausaufgaben zu machen«, kämpfte Haimendorf gegen die niedrigen Erwartungen an, die im System verankert waren, und kam zu einer Grundüberzeugung: Alle Kinder haben das Potenzial zum Erfolg, wenn sie die richtige Unterstützung, die entsprechenden Erwartungen und die passende Umwelt vermittelt bekommen.

Nach einem Jahr mit Sonderprojekten für *Teach First* machte er einen kurzen Ausflug in die Welt der Finanzen und arbeitete als »Excel-Affe«, dann kündigte er. Samstags morgens traf er sich seit einiger Zeit mit einer Gruppe gleichgesinnter Bildungsradikaler, die bei Cappuccino und Croissants eine gemeinsame Vision für eine ideale Schule entwarfen. Schnell wurde klar, wenn sie ihren Traum wahr machen wollten, musste einer von ihnen das hauptamtlich übernehmen. Einer der Kaffee-Revolutionäre eignete sich dafür besonders, und schon bald wurde Haimendorf vom ehrgeizigen Vorstand eines großen Bildungsträgers kontaktiert, der ihm flugs mehrere Millionen Pfund öffentliche Gelder – und das Leben Hunderter Kinder – anvertraute, damit er seine Schule ins Leben rufen konnte. Mit der Eröffnung der KSA wurde er zum jüngsten Schuldirektor Großbritanniens, ein jugendlicher Achtundzwanzigjähriger mit enormem Ehrgeiz. Es war, so sagt er, »ein Sprung ins Leere«.

»Man versucht jede Sekunde, jede Interaktion zu nutzen«, erklärte er mir später am Tag in seinem Büro. In seinem Bücherregal bewiesen abgegriffene Exemplare von dicken Wälzern wie *Das Blackbox Prinzip, Freakonomics: überraschende Antworten auf alltägliche Lebensfragen* und *Driven by Data*, dass er immer auf der Suche nach Verbesserungsmöglichkeiten war. Inzwischen war er Mitte 30, ein bisschen grau an den Schläfen, müde von den langen Arbeitstagen und einem neugeborenen Baby zu Hause. Doch sein Ehrgeiz für die Kinder an der KSA war ungebrochen, und Anzug und Krawatte saßen genauso perfekt, wie Ifrah sie in Erinnerung hatte. Alles, was er tat, entsprang einem einfachen Ziel: Jeder Schüler sollte es an eine gute Universität schaffen.

Den Anfang machte die Zeit. Wenn man an die Formbarkeit von Geist und Gehirn glaubt, bedeutet mehr Zeit mehr Lernen. Der Schultag dauerte von 7.35 Uhr bis 17 Uhr, um den Kindern besonders viel Lernzeit zu bieten. In den Sommerferien gab es zwei zusätzliche Arbeitswochen, und jeden Abend wurden zwei Stunden Hausaufgaben erwartet. An zweiter Stelle stand die Qualität der

Beziehungen. Während in typischen weiterführenden Schulen Lehrer jede Woche mit 400 Kindern zu tun haben (»Da kennen sie doch kaum die Namen, geschweige denn wissen sie, wie sie ihnen beim Lernen helfen können«, so Haimendorf), gab es an der KSA pro Jahrgang nur 60 Kinder. Die Lehrer waren einem bestimmten Jahrgang zugewiesen, das bedeutete eine Einsparung an Planzeit und schuf außerdem einen Multiplikatoren-Effekt. Sie kannten die Kinder wirklich. Und schließlich lag ein weiterer Schwerpunkt auf Tiefe statt Breite, »Englisch und Mathe müssen sitzen, dann kommt alles andere«.

Die Schülerinnen und Schüler hatten nicht besonders viele Wahlfächer zur Auswahl, aber die es gab, waren *der Hit*.

Die Schullaufbahn begann mit dem *»Boot camp«* der Siebtklässler. »Für so eine Lernkultur muss man erst einmal den Grundstein legen«, erklärte Haimendorf. Im ersten Sommer packten sie die Kinder in eine Blase, schirmten sie von der Straße und von Ablenkungen ab, wie Elitesportler bei einem Trainingslager vor dem Wettkampf. Ganz offen konditionierten sie sie, machten es »in diesen zwei Wochen ganz normal, dass sie mitarbeiten, dass sie sich dauerhaft ordentlich betragen, dass sie alle ihre Aufgaben erledigen, und dass sie stetig und häufig gelobt werden«. Die Schule trainierte die Lernmuskeln der Kinder, stärkte ihre Zielstrebigkeit, ihre Konzentrationsfähigkeit und ihr Durchhaltevermögen. Er arbeitete auf eine engmaschige Einheit hin, »Team und Familie«, mit eigener Identität, guten Manieren und vorbildlichem Verhalten. Nach zwei Wochen war es dann »cool und normal, die Mitschüler zu loben, cool und lustig, ein guter Schüler zu sein«.

Es gab merkwürdige Rituale, Fingerschnippen statt Klatschen, Schweigen in den Schulfluren, eine zentralisierte Hausaufgaben-Abgabe, durchsichtige Federmäppchen. Kein Detail war zu unbedeutend, um Beachtung zu finden. Für ihre strenge Disziplin geriet die Schule unter Beschuss. »Keine Entschuldigungen, nie, für nichts«, hatte Ifrah feierlich erzählt. »Man hat recht oder unrecht. Man ist gut oder schlecht. Es gibt eine Linie, und die wird nicht überschritten. Wer sie überschreitet, hat ausgespielt.« Haimendorf war der Alex Ferguson (oder Sepp Herberger) unter den Schulleitern, mit strenger Wärme die Zügel immer in der Hand. »Es ist Fürsorge genug, wenn man daran glaubt, dass jedes Kind die Erwartungen erfüllen kann«, erklärte er. »Wenn man ihnen das in jeder Situation wieder vermittelt, haben sie den richtigen Ausgangspunkt.« Alles war sorgfältig durchdacht, damit die Kinder die richtigen Gewohnheiten annahmen und ihre Lernzeit maximiert wurde. Wer von der Universität träumte, musste ehrlich sein: Es konnte hier nicht ausschließlich um Noten gehen. Sie mussten Ambitionen aufbauen, Charakter entwickeln und mehr lernen als das, was im Lehrplan stand. Manche Maßnahmen waren leicht kitschig, etwa die Benennung jeder Tutorengruppe nach einer Universität (Ifrahs beste Freundin Mey studierte inzwischen Internationale Beziehungen an der Manchester University, nachdem sie in der Manchester-Gruppe war) oder eine Veranstaltung namens »Planet KSA«. Dort googelten die Schülerinnen und Schüler Uni-Kurse und veranstalteten Rollenspiele zu der Frage, wie sie sich verhalten würden, wenn sie an der Uni auf einen ohnmächtigen Betrunkenen träfen. Dazu kamen langfristig prägende Aktivitäten. Jeder Schüler spielte vier Stunden pro Woche ein Musikinstrument, das Schulorchester war schon auf Tournee in Wien und Paris. Und jeder Schüler verbrachte jedes Jahr eine Woche an einer Spitzenuniversität.

»Ich erinnere mich sehr genau an Oxford«, erzählte Ifrah. »Ich erinnere mich, wie selig ich da war.«

Die Kinder absorbieren die Kultur der hohen Erwartungen wie durch Osmose. Und die Erwartungen waren so hoch, dass Haimendorf in dem Jahr, als Ifrah und Mey ihre GCSE-Prüfungen ablegten, von den glänzenden Ergebnissen enttäuscht war. »Ich habe den Fehler gemacht, meine Enttäuschung auch auszusprechen«, gestand er. Das Kollegium, das sich so für diesen Erfolg eingesetzt hatte, war nicht gerade begeistert. Dabei zählten doch die Menschen. Der Erfolg der Schule gründete sich auf einer visionären Leitung, auf großartigem Unterricht und auf einer fördernden, beziehungsbasierten Erziehung. Jede Handlung jeder Person im schulischen Umfeld, wie klein sie auch war, beeinflusste die Entwicklung der Kinder.

»Unser Gehirn verändert sich«, schreibt der Kognitionswissenschaftler Steven Pinker, »wenn wir einen Menschen kennenlernen, wenn wir Klatsch hören, wenn wir uns die Oscar-Verleihung ansehen oder wenn wir an unserem Golfschwung arbeiten – kurzum, jede Erfahrung hinterlässt eine Spur im Geist.«[12] Offenbar wollte Haimendorf dafür sorgen, dass jede einzelne Erfahrung, die die Kinder an der KSA machten, einschließlich der halbstündigen Mittagspause, in der die Kids in familiären Sechsergruppen aßen, sorgfältig darauf ausgerichtet war, in ihrem Geist die *richtige* Spur zu hinterlassen. Ist das das Geheimnis zur Maximierung des Lernerfolgs?

Aufmerksamkeit als Spiel

Eric Kandels Liebesgeschichte mit der Meeresschnecke dauerte ein Leben lang an. Die Suche nach dem Gedächtnis war für ihn die Frage, *warum* bestimmte Erfahrungen tiefere Spuren hinterlassen als andere. Die erste Veränderung, die er in der Neurologie der Aplysia beobachtete, war eine Transformation des impliziten Gedächtnisses, das Handlung, Gewohnheiten und Reflexe steuert, zu einer Form des Langzeitgedächtnisses. Die Meeresschnecke »erinnerte« sich irgendwann, ihre Kiemen nicht zurückzuziehen. Das Geniale am menschlichen Gehirn ist, dass wir neben diesem impliziten Gedächtnis zusätzlich noch explizite Erinnerungen schaffen und speichern können, Erinnerungen an Menschen, Orte, Ereignisse oder Ideen. Kandel kategorisierte diese als »komplexe« Erinnerungen. Sie sind auf dieselbe Synapsenstärkung zurückzuführen wie implizite Erinnerungen, biochemisch und anatomisch gesehen werden dieselben neuralen Leitungen verändert. Doch zugleich besteht ein Unterschied in einem entscheidenden Punkt: Sie durchlaufen einen Prozess, den Kandel als »Systemkonsolidierung« bezeichnet.[13]

Wenn wir an etwas denken – wirklich darüber nachdenken –, nutzen wir unser Kurzzeitgedächtnis. Wir befinden uns im bewussten Stadium. Gleichzeitig abrufbar sind nicht mehr als etwa sieben explizite Dinge. Deshalb ist es ohne Gedächtnishilfe schwierig, sich eine Reihe von mehr als sieben zufälligen Zahlen zu merken. Wenn wir denken, rufen wir Langzeiterinnerungen aus den Kulissen und stellen sie auf unserer geistigen Bühne neben die Gegenstände unserer unmittelbaren Erfahrung, sodass Bilder, Geräusche, Gerüche, Geschmack oder Tastempfindungen vor unserem denkenden Geist auftreten. Dennoch bleibt die Erfahrung des Bewusstseins eines unserer größten Rätsel; wir wissen heute, dass bewusstes Denken nicht von Reflexen abhängt wie der Kiemenrückziehreflex der Aplysia oder die Arbeit unserer Lungen, sondern von einem bewussten Willensakt. Diesen Willensakt nennen wir »Aufmerksamkeit widmen«.

»Die entscheidende Leistung des Willens besteht darin, einem schwierigen Gegenstand unsere Aufmerksamkeit zu widmen und ihn ihm Geist zu behalten«, schrieb William James.[14] Inzwischen hat die Neurowissenschaft das als beobachtbaren neurologischen Zustand identifiziert. Ausgelöst durch einen Willensakt, senden Neuronen in den Frontallappen der Großhirnrinde Signale ans Mittelhirn, woraufhin dort der Neurotransmitter Dopamin ausgeschüttet wird. Damit können wir die Gegenstände in unserem Wahrnehmungsfeld, die im Moment für unser Vorhaben nicht von Bedeutung sind, in den Hintergrund stellen – das ist die sogenannte Hemmung – und stattdessen die wichtigen Gegenstände stärker hervorheben – die Verstärkung. Axone aus diesen Großhirnrindenneuronen reichen gleichzeitig in den Hippocampus (tiefer im Gehirn, gleichsam der Dirigent des Hirnorchesters), wo dann eine explizite Erinnerung entsteht. Wenn wir also einem Gegenstand unsere Aufmerksamkeit schenken, sei es aus freiem Willen, aus einer Emotion heraus, unter Zwang oder weil wir es sinnvoll finden, steigern wir die Wahrscheinlichkeit erheblich, uns daran zu erinnern.

Vielleicht ist für die Art von Aufmerksamkeit, die zum Lernen führt, ein Willensakt zwingend erforderlich; anders als bei Angry Birds, wo der Wille gerade unterminiert wird. Auf das, was man behalten möchte, muss man sich gezielt konzentrieren. Ich vermutete, dass sich das unmöglich als Spiel gestalten ließ.

Großbritanniens brillanteste Studentin

»Am meisten denke ich über Aufmerksamkeit nach«, sagte Daisy Christodoulou. Wir saßen in einem luftigen Büro im vierten Stock von Ark, einem Bildungsträger, der in Großbritannien 35 Schulen betreibt – auch die KSA. »Sie macht Facebook zum Milliarden-Unternehmen.« Sie ist Anfang dreißig und trägt eine Streberbrille zum schicken schwarzen Blazer, was sie aussehen ließ wie ein Genie – und das war sie in gewisser Hinsicht auch. Nachdem sie bei der Quiz-Show *University Challenge* ihr Team aus Warwick souverän zum Sieg geführt hatte,* galt sie

* Ihre glänzende Leistung kann man auf YouTube bewundern.

als »Großbritanniens brillanteste Studentin«; weltweit bekam sie Anerkennung, als sie es in ihrem Buch *Seven Myths about Education* wagte, sich gegen die reine Lehre des Lernens des 21. Jahrhundert auszusprechen, und für einen wissensbasierten Lehrplan plädierte. Bei Ark ist sie zuständig für die Bildungsforschung mit einem Schwerpunkt auf der Evaluierung von Lernfortschritten.[15]

»Was wird in einer Welt, in der es Information umsonst gibt, zur Mangelware?«, fragte sie. Christodoulou war flink und jederzeit bereit zum Buzzern. Sie wuchs als West Ham-Fan und Cricket-Narr im Londoner East End auf und erarbeitete sich ein Stipendium für eine hoch angesehene Mädchen-Privatschule, wo sie ihr enzyklopädisches Wissen ausbaute. Bei unserem Gespräch zitierte sie querbeet, von Hannah Arendts Totalitarismusgedanken bis zu den Techniken der Trainings-Akademie des FC Barcelona in La Masia. Es war unglaublich belebend. Sie träumte von einer Blüte der Menschheit, einer Lernrevolution wie der des Elisabethanischen Zeitalters im 16. Jahrhundert, als auch die Söhne von Handschuhmachern (wie Shakespeare) erstmals zur Schule gingen und die britische Kultur für immer umkrempelten. Heute, so meinte sie, ist das für jedermann möglich. »Es gibt so viel Potenzial, das wir noch nutzen könnten.« Entscheidend sei die Etablierung einer Lernwissenschaft, die sich auf die Erkenntnisse und Techniken stütze, die erwiesenermaßen funktionierten. Und die Wissenschaft belege, dass wir uns immer noch Wissen aneignen müssen.[16]

Ich besuchte Christodoulou, weil die Kernaussage ihres Buchs lautete: Das Gedächtnis ist die wahre Grundlage des Lernens, egal, was Peter Diamandis sagt; ständige bewusste Anstrengung sei nötig, um zu lernen, und ein Lerneffekt funktioniere nur auf einem Fundament des Wissens. Dafür sei unser System schlecht aufgestellt. »Wenn man sich anschaut, was die Wissenschaft über die

Lerntätigkeit unseres Gehirns weiß, und wie unser Bildungssystem aufgebaut ist«, steht in ihrem Buch, »dann muss man zu dem Schluss kommen, dass das System *Bildung aktiv behindert.*« Die Technik-Utopisten lagen richtig mit ihrer Fokussierung auf die Aufmerksamkeit, aber sie täuschten sich in Sachen Lernen. »Man erinnert sich an das, worüber man *nachdenkt.* Und man lernt, woran man sich erinnert«, fuhr sie fort. Das bringt uns zur Frage: »Und worüber denken die Leute im Unterricht nach?«

Unsere kognitive Entwicklung funktioniere kumulativ. Es sei ein Irrtum zu glauben, wir könnten allgemeine Fertigkeiten wie »kritisches Denken«, »Problemlösung« oder auch »Lesen« in einem Vakuum entwickeln. Überall komme es immer auf eine solide Grundlage von fachspezifischem Wissen an. Sie erwähnte den sogenannten *fourth-grade slump,* ein gut dokumentiertes Phänomen, bei dem Kinder mit weniger begütertem Hintergrund ab dem Alter von etwa zehn Jahren hinter ihre wohlhabenderen Altersgenossen zurückfallen, denn dann geht es beim Lesen nicht mehr so sehr um das Decodieren von Wörtern, sondern um das Verstehen von Inhalten. Bis heute schrieb sie sich selbst eine hohe Lesekompetenz zu, wenn es um die Tageszeitung ging, um eine Cricket-Zeitschrift, eine historische Biografie oder um Fachartikel zu Pädagogik; bei der Doktorarbeit einer Kollegin zum Thema Stomatinartige Proteine dagegen stufte sie sich als Anfängerin ein, obwohl sie alle Wörter decodieren konnte.

»Das Gedächtnis ist der Bodensatz des Denkens«, zitierte sie den Kognitionswissenschaftler Daniel Willingham. Sein Buch *Why Don't Students Like School* gab grundlegende Antworten auf die Frage, welche Schlussfolgerungen sich aus der Hirnforschung für die Bildung ergeben.

»Meistens tun wir, was wir meistens tun«, stand da. Unsere Gehirne sind »nicht zum Denken gemacht, sondern zum Vermeiden des Denkens«. Im Alltag, etwa wenn wir mit dem Auto eine vertraute Straße entlangfahren oder eine Partie Angry Birds spielen, *denken* wir nicht, sondern handeln eher aus dem Gedächtnis heraus. Ein sehr wichtiges Element des Lernens ist daher der Prozess, die Aufmerksamkeit auf einen Gegenstand zu lenken, darüber nachzudenken und ihn damit schließlich abzuspeichern. »Es kann nichts ins Langzeitgedächtnis übergehen, was nicht zuvor im Kurzzeitgedächtnis war«, schreibt Willingham. »Wenn wir einem Gegenstand bewusst unsere Aufmerksamkeit schenken, geht er normalerweise ins Langzeitgedächtnis über.« Ohne Aufmerksamkeit kann man nichts lernen.[17] Doch der Prozess, einem Gegenstand Aufmerksamkeit zu widmen, ist komplex und nicht immer steuerbar. Willingham zufolge lässt er sich mit ein paar erprobten Methoden verstärken: Dinge, die eine emotionale Reaktion hervorrufen, bleiben sehr viel wahrscheinlicher im Gedächtnis; Wiederholung hilft in Maßen; sich etwas merken zu wollen funktioniert nicht besonders gut; positiv wirkt es sich aus, darüber zu reflektieren, oder aber zu wissen, wie sich etwas in einen Zusammenhang oder ein Schema einfügt, egal ob es sich um einen persönlichen oder einen allgemeinen Zusammenhang handelt.

»Ziel eines Lehrers«, schreibt er, »sollte es fast immer sein, die Schüler dazu zu bringen, über die Bedeutung eines Themas nachzudenken.«[18]

»Für mich ist einer der wenigen begrenzenden Faktoren beim Lernen die Zeit«, sagte Christodoulou. »Die Frage wird daher lauten: Wie können wir dieses Lernen so zeiteffizient organisieren, dass Kinder und Erwachsene ergiebig lernen können?« Die Funktionsweise des Computers ist für sie eine Methodologie, die der Mensch nachahmen kann. Komplexe Aufgaben lassen sich in einfache Schritte und getrennte Bausteine zerlegen, die man sich dann jeweils einzeln aneignen kann. »Wir sehen doch, wie viel ein Computer kann«, sagte sie. »Ich behaupte nicht, dass sie alles können, aber sie können viel.« In gewisser Hinsicht sind unsere Gehirne vielleicht *wirklich* ein wenig wie Maschinen, zumindest können sie sie nachahmen. Auch im Ansatz der KSA steckte etwas von dieser Idee. Die Lernzeit der Kinder wurde dort maximiert, sie wurden in ihrer Konzentration gefördert und mit sorgfältig unterteilten Lernabschnitten in Lesen, Schreiben, Mathematik und Allgemeinwissen gefüttert. Ifrah hatte gesagt, der Erfolg sei ihr eingetrichtert worden. Ist das überhaupt möglich?

Entscheidend ist die Auseinandersetzung

In einem freundlichen Klassenzimmer im ersten Stock der KSA kamen dreißig Schülerinnen und Schüler der 8. Klasse *Goldsmiths* (nach der Londoner Goldsmiths University) in Fahrt. Um 8.29 Uhr, nach etwa zwanzig Minuten, hatte ich geschrieben: »Diese Kids glauben an einen Traum, an die Universität, an harte Arbeit und ans Lernen. Ich auch.« Zwölfjährige können anstrengend sein, aber nachdem sie den Raum betreten hatten, setzten sich alle hin und holten ihre Bücher heraus: *Skulduggery Pleasant, Percy Jackson, Dork Diaries* und *Flirty Dancing*. Die Jahrgangstutorin behielt sie gut im Auge. »Schön, gut gemacht, Iman«, sagte sie. »Danke, Ola.« »Wenn ihr gerade nicht mit einem Erwachsenen redet, solltet ihr einfach nur in eurem Buch lesen.« Geigen und Cellos stapelten sich in der Ecke. Eben waren die Aufgabenhefte durchgesehen worden.

»Wir sind die, auf die wir gewartet haben«, verkündete ein Spruch an der Zimmerwand.

»5, 4, 3, 2, 1«, zählte Ms Harvey. *Jede Sekunde zählt!* »Hände auf den Tisch. Augen zur Tafel.« Sie wartete. »Noch zwei machen die Hände frei. Augen zur Tafel.«

Um 8.31 Uhr brach das Klassenzimmer in den Lärm von dreißig Zwölfjährigen aus, die wie wild mit den Fingern schnippten. Goldsmiths hatte eine Anwesenheitsquote von 96,9 Prozent. Die Klasse, die in diesem Halbjahr am besten abschnitt, würde ein Kinoerlebnis gewinnen, *Johnny English* im »Classroom Multiplex« einschließlich Popcorn. Das liebten sie. Ich konnte förmlich die Blase sehen, von der Haimendorf gesprochen hatte. Um 8.40 Uhr verließ Ms Harvey den Raum, wünschte der Mädchenfußballmannschaft der Achtklässler Glück (»Versuchen wir wirklich zu *gewinnen!«)* und machte Platz für Mathe. Bücher wurden aus Taschen geholt und Kappen von Stiften gezogen, als auf dem Whiteboard das *»Do now«* erschien. Jedes Kind machte sich an die Arbeit. Das *»Do now«* gab es in jeder Klasse, genauso wie Zusatzaufgaben, Bonusfragen, Abschlussfragen und Fingerschnippen. Das alles gehörte zum System der KSA. Fünf Minuten später erklang ein Ton, der eine Minute Restzeit verkündete, und um 8:45 Uhr stand die Lehrerin auf der Matte.

»Stift weg, 1, 2, 3. Danke.« Sie blätterte auf die nächste Seite ihres PowerPoints. Während ich wie wild Notizen machte, fiel mir auf, dass keines der Kinder sie bat, langsamer zu werden oder zu warten. Das war unerhört. Ich schrieb: »Das ist die Gleichung: maximale Lernzeit.« Die Lehrerin war eine Dirigentin, die geschickt die Aufmerksamkeit der Kinder steuerte. Wenn sie ihre Aufmerksamkeit ganz bei sich wollte, klatschte sie einen schnellen, siebenschlägigen Rhythmus, und die Kids reagierten selbst mit zweimaligem Klatschen. Sie unterteilte die Zeit in sorgfältig geplante Sekundenabschnitte, achtete immer darauf, dass sie konzentriert blieben. »Ihr habt eineinhalb Minuten«, sagte sie, als sie ihnen eine Aufgabe stellte. Die Motivation war gleichbleibend hoch. Die Kinder gingen mit, lernten Ungleichungen auf dem Zahlenstrahl darzustellen. Ein paar bebten vor Anstrengung, aber keiner träumte zum Fenster hinaus, keiner schrieb Briefchen. Sie arbeiteten gewissenhaft und stetig. Am Ende der Stunde verzeichnete die Lehrerin auf einer letzten Folie eine sogenannte MAPP-Note, die die Klasse kollektiv bewertete hinsichtlich Aufmerksamkeit, Leistung, Fachkunde und Vorbereitung. Bestnote, dachte ich. Aber nein, sie bekamen einen Abzug für das Trödeln beim »Hände frei« und noch einen für *leise heißt leise*.

Ich dachte, ich wüsste, was hohe Erwartungen sind. Doch das hier war etwas ganz anderes. Und für die Kids konnte das ziemlich hart sein.

»Kein Kind geht gern zur Schule«, verriet mir Tarek aus der 8. Klasse in der Pause. »Das ist ja normal. Aber wenn man nachfragt, merken sie, wow, ich bin so dankbar, dass ich auf dieser Schule war. Die Lehrer waren fies, aber schau mich jetzt an. Ich bin Arzt oder Chirurg.«

In der KSA musste man sich durchkämpfen, aber es war die Sache wert. Aber war das denn wirklich der Sinn? Sihana zufolge ja. Ihr erster Eindruck war, dass es »ein bisschen streng« zuging, »und hart«, aber sie wusste, dass es zu ihrem Nutzen war. »Ein paar von uns mögen die Lehrer nicht besonders«, flüsterte sie mir hinter vorgehaltener Hand zu. Beide hatten Probleme mit dem harten Drill. Es war wie Gemüse essen, sie wussten, dass es gesund ist, aber Spaß machte es nicht immer. Gelegentlich fühlten die Kinder sich ein bisschen wie Zahnrädchen, die in Richtung Zukunft schnurrten. Aber dann dachte ich wieder an Ifrah. Sie hatte mich in Leeds überzeugt, dass es die Sache wert war.

»Uni, Uni, Uni«, sagte sie. Die Erwachsenen sprachen von nichts anderem. Sie wusste immer noch, an welchen Universitäten ihre Lehrer studiert hatten, und sie erinnerte sich an den Tag in der 7. Klasse, als Mr Reddy sie fragte, was sie werden wolle. »Ich war *so* klein und hatte keinen einzigen Zahn.« Sie hatte gesagt: »Anwältin!« Doch es war ein Kampf gewesen, besonders, als sie von zu Hause wegging. Wie Sihana und Tarek hatten ihr die hohen Erwartungen der Schule jahrelang zu schaffen gemacht. »Ich wollte einfach nur Mauern und Gesichter einschlagen, so wütend war ich.« Aber es gab keine Entschuldigungen, »nicht einmal wenn jemand gestorben war.« Die Lehrer unterstützten sie dann, aber sie durfte sich nicht gehen lassen. Die Erinnerungen saßen fest. »Das Wort Schwäche löst in mir Millionen Alarmglocken aus.« Alles war darauf ausgerichtet, sie bei der Stange zu halten.

Die Kinder an der KSA waren tatsächlich zum Erfolg konditioniert. Aber sie standen auch ständig unter Kontrolle, sie wurden zum *Denken* gedrängt. Echtes Lernen fühlte sich weniger wie ein nutzerfreundliches Erlebnis an, sondern eher wie ein Kampf.

Das Paradox der Nutzerhilfe

»Ich glaube, man muss aufpassen, wie sehr man seinen Nutzer verblödet«, sagte mir Christof van Nimwegen per Skype aus seinem niederländischen Homeoffice. Der beredte Psychologe arbeitet an der Universität von Utrecht über die Schnittstelle von Mensch und Maschine, und er hatte ein Ohr für griffige Einzeiler. »Geld, verdammter Freudenheld«, trällerte er. Computer, Software und Internet faszinieren ihn, besonders »das Abwägen: was tue ich, und was tut die Maschine«. Der Technologie und insbesondere den Bildschirmen schrieb er gewaltige, ja, magische Kräfte zu. Doch er war überzeugt, dass menschliches Handeln weiterhin bedeutsam blieb, und hatte seine Forschung auf die Arbeitsteilung zwischen *uns* und *ihnen* ausgerichtet. Einen Namen hatte er sich mit seiner Doktorarbeit gemacht: *The Paradox of the Guided User* (Das Paradox der Nutzerhilfe).[19]

Um herauszufinden, wie sich Computerunterstützung auf die menschliche Leistung auswirkt, entwarf Nimwegen eine Reihe von Experimenten, in denen zwei Gruppen von Probanden vor Computern saßen und zunehmend schwierige Denksportaufgaben lösen sollten. Die eine Gruppe – die »Externalisierungs-Gruppe« – erhielt von der Software Hilfestellungen, während die Probanden der »Internalisierungs-Gruppe« ganz auf sich selbst gestellt waren. Nimwegen erwartete, dass die Hinweise den Nutzern helfen würden, die Spielregeln schneller zu lernen und bessere Ergebnisse zu erzielen. Doch es kam anders. Paradoxerweise zeigten die Ergebnisse, dass die Nutzer der Externalisierungsgruppe zwar die ersten Aufgaben zunächst schneller und leichter lösten; doch als die Hinweise im Verlauf des Spiels wegfielen, waren sie weniger gut gerüstet, schnitten langfristig schlechter ab und brachen das Spiel häufiger ab. Bei einem erneuten Test acht Monate später bestanden die Unterschiede fort.

Die Probanden, die keine Hilfestellung erhalten hatten, leiteten von ihrer selbstständigen Arbeit an dem Spiel einen nachhaltigen kognitiven Zugewinn ab.

Wenn man beim Lernen, so erklärte Nimwegen, immer genau spürt, dass Hilfe in Reichweite ist, wird das Gehirn »extrem faul«. Bietet sich dem Gehirn eine Abkürzung, dann nimmt es sie. Dabei wird aber keine kognitive Struktur aufgebaut, mit der die Intelligenz gestärkt wird. Eine britische Studie zur Frage, wie sich der Einsatz von Lehrassistenten auswirkt, hatte ergeben, dass unter Neutralisierung aller anderen Faktoren Kinder mit Unterstützung eines Lehrassistenten letztlich *weniger* Fortschritte machen als entsprechende Kinder ohne individuelle Hilfe. Ohne die richtige Ausbildung werden Lehrassistenten für die Kinder zur Abkürzung vorbei am notwendigen Kampf des Lernens.[20] In einer Situation, in der »wir nicht mehr denken«, so Nimwegen, drohen wir zu verblöden. Technik steigert nicht unsere Intelligenz, sie begrenzt sie. Noch ein Argument, um Schüler weiterhin mit Rechtschreibung und Einmaleins zu plagen.

»Es gibt viele Beispiele von Leuten, die in den Bach fahren, weil sie dem Navi gefolgt sind«, erklärte er. In seinem Buch *Von den Bakterien zu Bach – und zurück: Die Evolution des Geistes* formuliert der Philosoph Daniel Dennett die ähnliche Befürchtung, die Menschen würden allmählich die Intelligenz ihrer Artefakte überschätzen und, indem sie sich zu sehr auf sie verlassen, die Institutionen des menschlichen Wissens und der menschlichen Intelligenz in Gefahr bringen.[21] Dr. Lisanne Bainbridge von der UCL nennt das das »Paradox der Automatisierung«.[22] Technische Assistenz unterlaufe die menschliche Intelligenz (die Software übernimmt das Denken), verlange aber gleichzeitig noch mehr vom menschlichen Nutzer (wenn der Software ein Fehler unterläuft, wären die Ergebnisse katastrophal, *es sei denn, ein Mensch greift ein)*. Die Lerntheoretikerin Elizabeth Bjork rät dazu, uns »wünschenswerten Schwierigkeiten« zu stellen. Die Reibung an einem Hindernis führt, sofern sie nicht zu heftig ist, zu einer Bereicherung der Lernerfahrung.

»Wir wollen alles auf einmal«, ergänzte Nimwegen. »Alles soll automatisch gehen. Aber eines können wir eben nicht: Wissen in den Kopf herunterladen, so wie man einen USB-Stick mit Informationen in einen Computer steckt. Das geht mit Menschen nicht.« Er unterbrach sich. »Zum Glück.« Lernen muss schwer sein. Es braucht seine Zeit. Wenn man es nicht schwierig findet, lernt man wahrscheinlich nichts. Van Nimwegen arbeitete daran, Technologien »mit Schluckauf« zu entwickeln. Das Nutzererlebnis enthält Stolpersteine, damit das Gehirn zu kämpfen hat und daran wächst. Das ist genau der Unterschied zwischen dem vergrößerten Hippocampus der traditionellen Londoner Taxifahrer und dem eher normalgroßen von Uber-Fahrern.*[23] »Schlausein ist harte Arbeit. Man muss lesen, nachdenken, diskutieren, man muss präsent sein, den Mund aufmachen. Wir sollten viel mehr daran arbeiten, wie Technologie das Lernen bereichern kann, statt es zu vereinfachen oder zu beschleunigen.« Wenn Lernen nicht einfach sein kann, muss die Motivation groß genug sein.

Das Problem der wünschenswerten Schwierigkeit

Zurück nach Kalifornien. Dort hat B.J. Fogg ein Modell für das menschliche Verhalten entwickelt. Die Formel B = mat, Verhalten (behaviour) ist gleich Motivation plus Können (ability) plus Auslöser (trigger) geht davon aus, dass unser Handeln davon abhängt, dass diese drei Komponenten gleichzeitig auftreten. In Foggs Graph steht die x-Achse für das Können (von »schwierig« bis »einfach«); die y-Achse verzeichnet die Motivation von niedrig bis hoch; und von links oben nach rechts unten verläuft eine konkave »Handlungslinie«. Zur Handlung, so Fogg, kommt es nur, wenn Motivation, Können und ein Auslöser gleichzeitig und im richtigen Verhältnis zueinander vorhanden sind. Eine »schwierige« Aufgabe kann demnach nur gelöst werden, wenn die Motivation hoch ist und der Auslöser zeitlich punktgenau kommt. Wenn eine

---

* Einen der berühmtesten »Beweise« für die Formbarkeit des menschlichen Gehirns erbrachte eine Studie mit den Fahrern der schwarzen Londoner Taxis. Um sich für diesen Job bewerben zu können, müssen die Fahrer das nötige Wissen vorweisen, nämlich 25 000 Londoner Straßen kennen, 20 000 Wahrzeichen und 320 Standardfahrten. Der Studie zufolge führt die Aneignung dieses mentalen Atlasses zu einer messbaren Vergrößerung im hinteren Hippocampus der Fahrer, dem Gehirnareal also, das für räumliche Orientierung verantwortlich ist. Uber-Fahrer lagern dieses Wissen in ihre Smartphones aus.

Aufgabe einfach ist, funktioniert ein Auslöser auch bei niedriger Motivation. Es geht also darum, »motivierten Menschen effektive Auslöser vorzusetzen«. Fogg ist überzeugt: Kombiniert man sein Modell mit Algorithmen, aus denen wir erkennen können, wann unsere Motivation für bestimmte Dinge besonders hoch ist, kann das innerhalb von dreißig Jahren den Weltfrieden bringen.[24]

Ich war da skeptischer. Foggs Verhaltenslehre befeuerte vor allem die Aufmerksamkeits-Jäger unter den App-Designern im Silicon Valley. Sein Schüler Nir Eyal, einst Mitarbeiter bei Instagram, hatte das Buch *Hooked: Wie Sie Produkte schaffen, die süchtig machen* geschrieben. Ein anderer, Tristan Harris, hatte für Google an der Optimierung des Nutzererlebnisses gearbeitet, damit man auf der Website hängen blieb. Die »Aufmerksamkeitsökonomie«, so warnt er inzwischen, befindet sich in einem »Wettrennen zu den Tiefen des Stammhirns«: Spezialisten in Verhaltensbeeinflussung machen ihre Apps immer »nutzerfreundlicher« und steigern damit deren Suchtpotenzial; »sie drängen uns alle dazu, Zeit mit Dingen zu verbringen, die wir bereitwillig als unproduktiv bezeichnen«, ja, sogar als sinnlos – doch wir können ihnen einfach nicht widerstehen.[25]

Wie zutreffend das ist, zeigte Professor Natasha Dow-Schüll in einer Studie über Spielautomaten in Las Vegas.[26] Sorgfältig kalibrierte digitale Spielautomaten – damit verdienen die Casinos heute das meiste Geld – versetzen die Spieler in einen tranceartigen Zustand, die sogenannte »Machine zone«. Sie entsteht durch raffiniert variierte Belohnungen, Beinahe-Treffer und andere psychologische Tricks. Er ähnelt dem Flow-Zustand und macht extrem süchtig. Doch während ein Flow »belebend, erholsam und bereichernd« sein kann – ein Zustand »optimaler menschlicher Erfahrung« –, befinden sich regelmäßige Automatenspieler in einem »Flow, der einen erschöpft, in die Falle lockt und mit Autonomieverlust einhergeht«.[27] Egal, ob man Rachmaninows 2. Klavierkonzert spielt oder auf *Candy Crush* Punkte sammelt, die Erfahrung ist dieselbe. Nur das Ergebnis ist ein anderes.

Lernen bringt Bestätigung. Es *muss* schwierig sein. Wer mit einem Rückstand anfängt wie Ifrah und ihre Freunde, hat es unvermeidlich noch schwerer. »In die Schule geht man nicht zum Spaß«, sagte sie mir. »In die Schule geht man zum Lernen.« Ifrahs Zeit an der KSA hatte wenig mit den Tiefen des Stammhirns zu tun; hier ging es ganz und gar um die Großhirnrinde. Sie wurde mit Herausforderungen bombardiert. Fast jeder Moment ihrer sieben Jahre an der Schule wäre in Foggs Modell in die Kategorie »schwierig« gefallen. Zwischen 11 und 18 Jahren machte sie außerordentliche Fortschritte, mehr als fast jedes andere Kind in Großbritannien. Im Schnitt lernten sie und ihre Klassenkameraden von der 7. zur 11. Klasse mehr als Hunderttausende andere. Und das war nicht einfach nur eine Frage der Konditionierung, sondern des Kämpfens. Die KSA war ein einziger langer Schluckauf.

»Man kann Menschen nicht dazu bringen, etwas zu tun, was sie nicht wollen«, sagte mir Fogg. Das ist der zentrale Gedanke seines Modells. Doch die KSA hatte ihre Schüler so motiviert, dass sie tatsächlich *wollten,* und ihnen weitergeholfen, auch wenn es noch schwieriger wurde. Foggs Langzeitlösung bestand daher darin, mit technischer Hilfe unser Verhalten zu analysieren und den Leuten zum Zeitpunkt ihrer höchsten Motivation Aufgaben zuzuweisen. Gleichzeitig gestand er ein, dass es möglicherweise Aufgaben gab, für die man von sich aus nie motiviert ist. Algebra. Sport. Rechtschreibung. Die KSA haben bei der Ausarbeitung ihres Schulkonzepts vielleicht einige von B.F. Skinners Erkenntnissen über Belohnung und Strafe angewandt; doch dann hatten sie Beziehungen aufgebaut, die Kinder zum Träumen gebracht, sie Sport und Musik machen lassen, hatten alles Mögliche getan, um ihre Motivation zu stärken und ihre Konzentration zu schärfen. Mich hatte sehr beeindruckt, wie motiviert Ifrah war. Ihr Traum, Anwältin zu werden, trieb sie an. Sie sah schon ihr Büro vor sich, mit Glaswänden und ihrem Namen auf der Tür.

»›Selber denken lernen‹ heißt in Wirklichkeit zu lernen, wie man über das *Wie* und *Was* des eigenen Denkens eine gewisse Kontrolle ausübt«, sagte David Foster Wallace in seiner berühmten Kenyon-College-Rede *Das hier ist Wasser*. »Es heißt, selbstbewusst und aufmerksam genug zu sein, um sich zu *entscheiden*, (…) wie man aus Erfahrungen Sinn konstruiert.« Wenn man keinerlei Kontrolle ausübt, lernt man nicht, zumindest nicht im eigentlichen Sinn. Lernen kann nicht wie *Angry Birds* sein. Wir müssen sehr vorsichtig sein, wenn es darum geht, uns selbst verbessern zu wollen, indem wir unsere Technik aufrüsten. Das funktioniert nicht. Man muss *selbst* die Kontrolle haben. Wenn wir uns nur auf unsere Maschinen verlassen, untergraben wir womöglich unsere eigene menschliche Intelligenz. Das ultimative Ziel des Lernens ist es, in der Lage zu sein, abzuwägen, auszuloten, zu entscheiden. Wir müssen uns selbst fragen: Lernen wir, die Werkzeuge von heute zu benutzen, oder lernen sie uns zu benutzen?

Unsere neuronale Plastizität erlaubt eine mechanistische Sicht auf unseren Geist. Doch diese Interpretation hat ihre Grenzen. »Jeder Akt der Wahrnehmung«, schreibt der Biologe Gerald Edelman, ist »in gewissem Maße ein Akt der Schöpfung, und jede Gedächtnisleistung ist in gewissem Sinne eine Leistung der Fantasie.«[28] Unsere Intelligenz *lebt*. Das menschliche Gehirn ist ungebärdig und grenzenlos. Wir füttern es mit Erfahrung, lernen unsere Aufmerksamkeit und unsere Konzentration zu steuern. Die evolutionäre Genialität unseres Gehirns liegt genau darin, dass es sich ständig organisch anpasst an die

Umwelt und die Kultur, von der wir durchdrungen werden, oder an die zunehmend komplexen Werkzeuge, die uns zur Verfügung stehen. Langsam lernen wir sie zu lenken. Wir können Testergebnisse verbessern, Schulleistungen ausbauen. Neue Wissenschaften zum Wissenserwerb, zum Lesenlernen oder zum Rechnen entwickeln sich. Das haben mir die KSA und Rocketship gezeigt. Doch damit haben wir nur einen Teil unserer Intelligenz im Blick. Unser Gehirn kann außerdem empathisch sein, im Team arbeiten und sich Dinge ausdenken. Es wird sich nie ganz fügen.

Im nächsten Teil meiner Reise wollte ich mehr über die Fähigkeiten erfahren, die unsere Kinder brauchen, um in unserer unvorhersehbaren Zeit zurechtzukommen. Ich war sicher, dass wir über ein größeres Potenzial verfügen, als wir meinen, aber mir war immer noch nicht ganz klar, worauf wir es anwenden sollten. Die KSA setzte auf akademische Bereiche, Musik, Selbstmotivation, Team und Familie. Die Technikpropheten hatten Programmieren, Kreativität und komplexe Kommunikation im Kopf. Ist Bildung ein Selbstzweck, oder geht es dabei darum, Fähigkeiten zu beherrschen, die uns Erfolg in der Arbeit und im Leben bringen? Um mir selbst eine Meinung zu bilden, fuhr ich in die Nähe von Paris, wo ich von einer futuristischen Programmierschule gehört hatte, die die Regeln der Technikerziehung umschrieb; und nach Finnland, um mir anzusehen, wie wir lernen könnten, gemeinsam eine glücklichere, nachhaltigere Zukunft zu gestalten. Ja, unser Gehirn kann wie eine Maschine funktionieren, aber wir können noch mehr. Wenn wir nicht unser gesamtes Potenzial ausschöpfen, würden wir nicht nur Millionen Kinder im Stich lassen, sondern müssten, wie Foster Wallace es sagt, leben mit dem »ständige[n] Nagen, etwas Unendliches gehabt und verloren zu haben«.

Teil 2

Es besser machen

4 Einfach loslegen

Gute Bildung von Anfang an

Lebe, als würdest du morgen sterben.
Lerne, als würdest du ewig leben.
Mahatma Gandhi

Gib dich nicht vorschnell zufrieden

Lilas Merbouche hatte die Nase voll. Mit knapp einundzwanzig kam sie nur mühsam über die Runden als Kassiererin in einem Zoogeschäft in Asnière-sur-Seine, einem weitläufigen Banlieue im Nordwesten von Paris. Sie musste alles annehmen, was ihr ein bisschen Geld einbrachte, auch »richtig beschissene Jobs«, erzählte sie mir. Das Schlimmste war die Arbeit als Hostess im Stade de France, wo sie nur ab und zu eingeteilt wurde. »Man wusste nie genau, wann man gebraucht wurde, und wenn, dann war es wirklich ätzend, den ganzen Tag zu stehen und ununterbrochen zu lächeln«, berichtete sie. Trotzdem war sie froh, überhaupt Arbeit zu haben. In jenem Jahr erreichte die Jugendarbeitslosigkeit in Frankreich ihren absoluten Höhepunkt. Ihr graute angesichts der Aussichten für ihr weiteres Leben, aus dem sie keinen Ausweg sah: Zum Feierabend fix und fertig und außer am Zahltag immer knapp bei Kasse. Sie wünschte sich mehr, suchte nach Sinn, wollte ihr Leben in die Hand nehmen. Es musste doch noch *mehr* geben als Hundefutter und Wellensittiche.

»Ich habe von einem Job geträumt, mit dem ich über die Runden komme«, sagte sie. Doch die Schule erwies sich für sie als kompletter Reinfall. »Es war eine Katastrophe.« Ohne jeglichen Abschluss verließ sie das Lycée.

»Es gibt Menschen, die in der Schule prima klarkommen«, erzählte sie, ohne einen einzigen Lichtblick von damals im Kopf, »und dann gibt es solche wie mich.« Sie lachte bei dem Gedanken – vielleicht auch über meine schlechte französische Aussprache – und verstummte dann.

»Ich habe wirklich gelitten.«

Lilas fühlte sich in ihrer Klasse als *nul* und fehlte häufig unentschuldigt. Der Unterricht vermittelte ihr rein gar nichts und erschien ihr vollkommen antiquiert. Bis auf einen einzigen Mathelehrer im ersten Jahr am Lycée, der ein Händchen für interessante Wissensvermittlung hatte, fand sie alle Erwachsenen extrem langweilig. »Oh là là«, rief sie aus, als ich mich erkundigte, was sie verändern würde. *»Alles!* Denn die ganzen Jahre, die ich zur Schule ging, habe ich mich vollkommen wertlos gefühlt.« Ihre ältere Schwester war dagegen ein Goldkind, legte zielstrebig ihr *baccalauréat* ab, das französische Abitur, und ging danach direkt an das renommierte internationale IT-Institut SUPINFO mitten in Paris. Lilas wusste genau, der Traum, ihr dorthin zu folgen, war völlig aussichtslos. Sie hatte keinen Zugang zu weiterführender Bildung und saß fest in ihrem Hamsterrad aus trostlosen, schlecht bezahlten Jobs. Doch sie war wild entschlossen, sich damit nicht zufriedenzugeben.

»Michael Jordan wäre nicht Michael Jordan geworden, wenn er nicht Basketball gespielt hätte«, verkündete Lilas. Sie musste nur noch ihr eigenes *Métier* finden.

Eines Tages, als sie gerade im Internet nach Jobs suchte, stieß sie auf Werbung für einen Programmierkurs. Web@cadémie hieß er und war ein über zwei Jahre angelegtes Programm am führenden Informatik-Institut Frankreichs, Epitech. Sie hatte wenig Hoffnung. Ohne *bac* und das nötige Kleingeld, um Kursgebühren zu bezahlen, waren ihr jegliche Chancen auf Weiterbildung bislang verwehrt geblieben. Doch dieses Angebot sollte angeblich kostenfrei sein. Außerdem richtete es sich *speziell* an Schulabbrecher. Laut Zugangsvoraussetzungen war kein qualifizierender Abschluss *erlaubt*. Rasch füllte Lilas die Online-Bewerbung aus und wurde anschließend zu *la piscine* eingeladen, in den Pool, einen dreiwöchigen Intensiv-Programmiermarathon, der als endgültiges Auswahlverfahren diente. Sie schaffte es.

Die Lernwilligen werden die Jobs besitzen

Da wir geboren sind, um zu lernen, ist es wenig überraschend, dass wir mit dem, was wir aus unserer Schulzeit mitnehmen (oder eben nicht), die Weichen für unser weiteres Leben stellen. Auf jeden Studienabbrecher, der es geschafft hat, wie Richard Branson oder Steve Jobs, kommen Millionen von Jugendlichen, denen das nicht gelingt und die nur mit Müh und Not über die Runden kommen. Sich wie Ifrah solide Grundlagen in Englisch und Mathematik anzueignen ist notwendig, genügt aber längst nicht mehr. Bei der nächsten Station unserer Reise erkunden wir, was wir außerdem noch lernen sollten. Experten prognostizieren, dass es in Großbritannien im Jahr 2022 neun Millionen geringqualifizierte Menschen geben wird, die um nur vier Millionen Arbeitsplätze konkurrieren, während gleichzeitig drei Millionen Arbeitskräfte für anspruchsvollere Stellen fehlen werden.[1] In den USA sind in den vergangenen zwanzig Jahren sieben Millionen Arbeitsstellen für Hilfsarbeiter vom Markt verschwunden, die Zahl der freien Stellen für ungelernte Arbeitskräfte sank innerhalb von zehn Jahren um fünfzig Prozent.[2] Frey und Osborne, die beiden Experten von der Oxford Martin School aus dem ersten Kapitel, gehen davon aus, dass innerhalb der nächsten vierzig Jahre in westlichen Ökonomien etwa die Hälfte der Jobs von der Automatisierung betroffen sind, was in China und Indien für *drei Viertel* der Arbeitsplätze gilt.[3]

Es liegt nahe, angesichts dieser Zahlen genau jetzt in Panik zu verfallen. Doch wir sollten den Kopf noch nicht in den Sand stecken.

Die Propheten des 19. Jahrhunderts waren angesichts der Industrialisierung nicht minder alarmiert als wir heute durch die Digitalisierung. Der Ökonom David Ricardo warnte seinerzeit davor, dass der Einsatz von Maschinen anstelle von menschlicher Arbeitskraft nicht im Interesse der Arbeiterklasse sei und diese Bevölkerungsgruppe überflüssig machen könnte. Doch Mangel an Arbeit gab es nie. Neue Jobs entstanden, die erlernt werden mussten. Die Kinder der arbeitslos gewordenen Handweber hatten entweder die Möglichkeit, in den maschinenintensivierten Baumwollspinnereien zu arbeiten, oder konnten sich zu Mechanikern oder Telegrafisten ausbilden lassen, schrieben Historiker der Northwestern University.[4] Diese neuen Aufgaben führten im 19. Jahrhundert zu einer wahren Lern-Explosion und zur Ausbreitung des allgemeinen Schulwesens. Wir waren also imstande, den Bedarf der neuen Industrie an Humankapital anzupassen – und fanden Arbeit.

Heute sind wir mit weitaus größeren Herausforderungen konfrontiert. Zunächst einmal ist die Weltbevölkerung enorm gewachsen. Aber zugleich entstehen ganz neue Aufgaben. Die Hälfte der Positionen im bestbezahlten Quartil freier Stellen in westlichen Ökonomien sind mittlerweile »Hybrid«-Jobs, die digitale Kompetenz erfordern.[5] Von Marketingexperten und Grafikdesignern wird erwartet, dass sie Algorithmen programmieren können. Der Bedarf an Datenanalysten ist um über 300 Prozent gestiegen, und der an Experten für Datenvisualisierung (ein Beruf, der beim Karrieretag an Ihrer Schule vermutlich nicht aufgetaucht ist), sogar um atemberaubende 2500 Prozent. Als Siemens im Jahr 2016 eine Produktionsstätte in North Carolina eröffnete, gab es bei einer Jobbörse 10000 Interessenten für 800 Stellen.[6] Neue Aufgaben sind also *durchaus* vorhanden. Man muss nur schlauer sein als ein Roboter, um dafür in Frage zu kommen. Leider bestand in diesem Fall nur einer von sieben Bewerbern einen Test in Mathe, Lesen und Rechtschreibung, der für Vierzehnjährige konzipiert war. Viel Erfolg bei der weiteren Suche.

Der zweite Teil dieses Buches fordert uns auf, es *besser* zu machen. Es ist unmöglich, die Berufe der Zukunft vorherzusagen oder die Frage zu beantworten, ob Arbeit dann überhaupt noch existiert. Auf Anhieb erkennbar ist jedoch, dass wir unsere Kinder besser auf die Welt von morgen vorbereiten können. Wir finden uns heute damit ab, dass manche von ihnen im Alter von achtzehn Jahren die Schule verlassen und buchstäblich *nichts* daraus mitnehmen. Keine Qualifikation. Kein Weltwissen. Kein Rüstzeug. Keinerlei Plan. *Auf Wiedersehen und danke für die Erinnerungen!* Wir begrenzen ihre Lernchancen auf einen relativ kurzen Zeitraum zu Beginn des Lebens und schicken sie nicht selten mit dem Gefühl in die Welt hinaus, dass sie bereits verloren haben. Ich möchte gern aufzeigen, wie sich das verändern lässt, wenn wir das Ideal des *Handwerks* in den Mittelpunkt unseres Lernstrebens stellen. Das bedeutet, jedem Kind dabei zu helfen, seine Bestimmung zu erkennen, sich auf kreative Weise auszudrücken und alles zu lernen, was dafür nötig ist. Unsere Reise beginnt mit der Idee vom lebenslangen Lernen und der Geschichte von Lilas Merbouche.

Um herauszufinden, wie wir unsere Kinder besser auf

die Hightech-Aufgaben der Zukunft vorbereiten können, stieg ich in London in den Eurostar und machte mich auf den Weg zu einer revolutionären, neuen Bildungseinrichtung in Paris, die sich genau damit beschäftigte.

Macht's gut, und danke für den Fisch

»Das System ist kaputt«, stand auf einer verkohlten Tafel im Treppenhaus hinter dem Hauptfoyer. Grüppchen von Studenten in ausgetretenen Doc Martens, mit hochgezogener Kapuze und Rucksack über der Schulter gingen entweder gerade rauchen oder kamen vom Rauchen wieder herein. Der Slogan »Obey!« prangte auf einem Schwarz-Weiß-Bild des Wrestlers André the Giant an der hinteren Wand. Auf den Stufen des mit Metallgittern verkleideten Gebäudes saßen permanent Raucher, deren *clopes* (Glimmstängel) Tag und Nacht glühten, unaufhörlich. Die Schule schlief nie. Auf eine Wand war per Schablone eine Überwachungskamera gesprayt, daneben die Frage »What are you looking at?«. Ein Typ um die dreißig verschlang zwei Hamburger und spülte sie anschließend mit einer Flasche San Pellegrino hinunter. Die Schule hieß 42 und hatte Cyberpunk-Ambiente. Benannt war sie nach der »Antwort auf die Frage nach dem Leben, dem Universum und dem ganzen Rest« aus *Per Anhalter durch die Galaxis* von Douglas Adams. Diese vollkommen neuartige Universität befand sich weit draußen, am windigen Boulevard Bessières im Norden von Paris, und war ein Tempel für die neue Religion des Programmierens.[7]

Thomas (23) erwartete mich im Foyer. Er war Student im zweiten Jahr und zugleich aufstrebender IT-Unternehmer in Bluejeans und grauem Sweatshirt. Sein Spitzname unter Online-Gamern war »greem«, nach Grimbold, einer Nebenfigur aus *Herr der Ringe*.[8] Mit dem Programmieren hatte er als Teenager angefangen, als er in der Garage seiner Eltern in La Vendée Computer reparierte. Hier an der 42 lebt er seinen Traum aus. Die drei Etagen des Gebäudes tragen Namen wie »Mittelerde«, »Westeros« und »Tatooine«.[9]

»Hier sind das Herz und Gehirn des Ganzen«, erklärte er und zeigte mit ganz großer Geste auf eine schwarze Box im Inneren eines gigantischen, versiegelten Glaswürfels.

Unaufhörlich flimmerten grüne und rote LEDs. »Wenn das Ding ausfällt, dann läuft hier gar nichts mehr«, fügte er hinzu. *Das Ding* war der Server. Darauf lief das »Intra«, dessen Algorithmen die 42 am Leben erhielten. Diese Software analysiert kontinuierlich die Leistungsdaten der Studenten aus den Projekten, an denen sie den ganzen Tag – und nicht selten auch die ganze Nacht – arbeiten. Intra ist selbstorganisierend und nimmt anhand von Aktivitäten der studentischen Nutzer ständig automatische Anpassungen im Mikrobereich vor. Außerdem hatte es einen fürsorglichen Aspekt entwickelt. War beispielsweise eine positive Entwicklung zu verzeichnen, nachdem Studenten einen Meditationskurs besucht hatten, empfahl das System daraufhin allen Anwendern mehr Achtsamkeit. (Vielleicht könnte es sich ja auch mal um den Nikotinkonsum kümmern.) Intra war sozusagen das Skynet von 42. Es initiierte Projekte für die Studenten, sorgte dafür, dass sie bei der Sache blieben, und hielt sie zur Zusammenarbeit an – genau wie im realen Arbeitsleben. Ich hoffte nur, dass es nicht irgendwann ausbrechen und die Weltherrschaft übernehmen würde.

Das war gar nicht so weit hergeholt, wie es klang. Denn Intra war auch die Basis für das wichtigste Alleinstellungsmerkmal von 42. An der Schule gab es keine Lehrer.

Drei Jahre zuvor war 42 mit einer radikalen Vision an den Start gegangen. Befreit von den Zwängen des französischen Bildungswesens war kein Schulgeld fällig, und die Aufnahme war an keinerlei Qualifikationen gebunden.

Mittlerweile ist es Heimat für 3000 überwiegend männliche Studenten im Alter von achtzehn bis fünfundsechzig (keineswegs allesamt Nerds), wobei dreißig Plätze für Anwärter über fünfundfünfzig reserviert sind, die zuvor langzeitarbeitslos waren. Sie bietet ihnen ein intensives, kreatives, selbstgesteuertes Lernerlebnis, an dessen Ende die Teilnehmer zwar kein Zertifikat erhalten, jedoch über jene Fähigkeiten als Webentwickler verfügen, die heute auf dem Markt so dringend gebraucht werden. Als die Schule ihren Betrieb aufnahm, gab es in Frankreich 60 000 freie Stellen für Programmierer.[10] Im Jahr 2016 nahmen 30 000 Interessenten an den Online-Logiktests teil, dem ersten Teil des Bewerbungsverfahrens für 1000 verfügbare Plätze. Alle Absolventen von 42 befinden sich in gut bezahlten Jobs in der IT-Branche.

»Cool, oder?«, meinte Thomas und zeigte auf einen Rugbyball oben auf dem Server. Er trug die Unterschrift des französischen Stürmers Sébastien Chabal. Doch dieser Hüne war ein kleiner Fisch im Vergleich zu den anderen Anhängern von 42 – deren Liste sich liest wie das LinkedIn-Profil von Mark Zuckerberg. Von Elon Musk gab es eine Videobotschaft, Evan Spiegel von Snapchat äußerte sich immer wieder begeistert und die CEOs von Twitter, Periscope, Airbnb und Slack waren allesamt voll des Lobes über die Schule. Sie war extrem hip und angesagt. Als wir am Server vorbeigingen und einen riesigen hellen Raum mit etlichen Banksys und mehreren Reihen von glänzend weißen Schreibtischen betraten, war ich sofort von diesem futuristischen Ambiente fasziniert. Hunderte von nagelneuen iMacs summten unisono vor sich hin, an den Arbeitsplätzen saßen Studenten mit Kopfhörern, einzeln oder zu zweit, den Blick starr auf den Monitor gerichtet. Sie waren hoch konzentriert. Da es keine Lehrveranstaltungen gab, bei denen man sich verspäten konnte, wählte jeder seine Arbeitszeiten kurzerhand selbst: von

8 bis 18 Uhr oder von Mittag bis Mitternacht, ganz nach Belieben. Es sah tatsächlich so aus, als ob sie *zum Programmieren geboren* waren – genau wie die Website der Schule verkündete.

Wie sich herausstellte, galt das auch für Lilas Merbouche. Ohne dass die Studenten es ahnten, hatte sie ihre Bildungschance einer Verkäuferin ohne Schulabschluss aus den Pariser Banlieues zu verdanken.

»Drei Wochen lang war ich jeden Tag von acht Uhr morgens bis Mitternacht dort«, berichtete Lilas lachend, als wir via Skype wieder Kontakt aufnahmen. Sie war mittlerweile 27, hatte lange, dunkelblonde Haare, wirkte zufrieden und strahlte mich mit einem souveränen Lächeln an. Fünf Jahre nach ihrer Bewerbung *leitete* sie inzwischen die Web@cadémie. Lilas hatte ihre Bestimmung gefunden. »Ich war völlig begeistert«, erzählte sie mir. Nach dem nervtötenden Leben hinter der Kasse nahm sie hochambitioniert an *la piscine* teil. Hier fingen alle bei null an. Jeden Tag stellte sie sich den neuen Herausforderungen, arbeitete unermüdlich und bestand problemlos das Auswahlverfahren. Programmieren war sozusagen ihr Basketball. Vor allem die kreativen Aspekte fesselten sie. Während Schule für ihren Geschmack zu abstrakt war, genoss sie hier das konkret Greifbare. »Man programmiert etwas und bekommt *ein greifbares Ergebnis*«, betonte sie. Zwei Jahre lang arbeitete Lilas sechzehn Stunden pro Tag, nicht selten auch das ganze Wochenende hindurch – immer mit einem Lächeln im Gesicht. Sie schloss als Klassenbeste ab und schaffte mit einem Job bei Free, dem zweitgrößten Internetprovider und drittgrößten Mobilfunkanbieter in Frankreich, ihren Durchbruch.

Gegründet worden war Free von Xavier Niel – mittlerweile Milliardär – und so schlank organisiert wie ein Start-up. Im Vergleich zu Orange France mit seinen 15 000 Mitarbeitern wirkte das Unternehmen geradezu zwergenhaft, beide leisteten jedoch praktisch das Gleiche. Es hatte zudem eine flache – also hierarchiearme – Struktur, sodass Lilas schon bald an Besprechungen zur Produktentwicklung mit dem ganz großen Chef teilnahm. Niel war beeindruckt von ihren Beiträgen. Lilas hatte ganz eigene Ansichten und scheute sich auch nicht, diese zu äußern. Als er sich nach ihrem Werdegang erkundigte, erzählte sie ihm vom Zoogeschäft und der Akademie. »Danach hat er mich angerufen«, berichtete mir Nicolas Sadirac, Mitbegründer von 42, später. Bevor er die Web@cadémie ins Leben rief, kannte er Niel schon seit fünfundzwanzig Jahren als Netzaktivisten, genau wie er selbst einer war. »Ich verstehe das nicht«, sagte Niel zu ihm am Telefon. »Ich halte überall Ausschau nach Talenten und finde keine. Allen meinen Freunden geht es genauso. Wir finden einfach niemanden. Und dann kommt da dieses *Mädchen«*, – er sprach das englische Wort »girl« mit betont französischem Akzent aus – *»sympathisch* und *enorm talentiert,* aber sie verkauft Haustiere, statt gleich im IT-Sektor anzufangen. Was ist denn nur los in diesem Land?«

Sadirac forderte Niel auf, ihn zum Essen einzuladen, damit er ihm von seiner Arbeit erzählen konnte. »Ich habe dann in einem sehr edlen Restaurant gegessen«, witzelte er.

»Er wollte von mir Zahlen hören«, so Sadirac. Wie teuer es werden würde, eine kostenfreie Akademie für Programmierer aufzubauen, die für alle jungen Leute in Frankreich zugänglich wäre, ganz unabhängig von ihrer Herkunft, mit der einzigen Voraussetzung, dass sie bereit wären zu lernen. »100 Millionen Euro, habe ich ihm geantwortet.« Das war nur eine grobe Schätzung beim Dessert, die jedoch auf langjähriger Erfahrung mit IT-Schulen im ganzen Land beruhte. Als der Espresso serviert wurde, hatte sich Niel entschieden. »Okay, wir machen es«, verkündete er. Die Kosten schreckten ihn nicht, er hatte nur eine Bedingung, das Erlebnis mit Lilas im Hinterkopf: »Wenn jedes Jahr zwei solche Mädchen auf den Arbeitsmarkt kommen, dann lohnt es sich schon.« Niel investierte schließlich siebzig Millionen Euro, was ausreichte, um 42 die ersten zehn Jahre zu finanzieren. Der Plan sah vor, dass die Akademie danach von den Absolventen finanziert wurde. Viele von ihnen tragen bereits dazu bei.

»Das französische System ist schlecht«, schrieb er in einem Leitartikel zur Eröffnung der Schule. »Universitäten sind zwar kostenlos und für alle zugänglich, jedoch nicht immer auf die Anforderungen der Wirtschaft ausgerichtet.« Private Bildungseinrichtungen seien zwar »effektiver, jedoch auch sehr teuer, wodurch eine Vielzahl von Begabten – sogar Genies – die es in Frankreich durchaus gibt – auf der Strecke blieben«.[11] Während Kritiker die Universitäten als »Arbeitslosenfabrik« verspotteten,[12] die junge Menschen unzureichend auf die Wirtschaft vorbereiteten, trat 42 an, dieses Problem zu lösen – zumindest für Webentwickler. Vor Kurzem wurde ein Ableger in Kalifornien eröffnet, und weitere sind weltweit geplant.

Als wir wieder in den Fahrstuhl stiegen *(»l'ascenseur* in cool«, merkte Thomas grinsend an), wurden wir von Discobeleuchtung und Daft Punk in die erste Etage begleitet, wo er sich an seinem Computer einloggte (wobei er das Passwort abschirmte). »Keep Calm und RTFM«, war auf dem Bildschirmhintergrund zu lesen. *Read the Fucking Manual – Lies verdammt noch mal das Handbuch.* Im Internetzeitalter sind alle Antworten verfügbar. Man muss sich nur die Mühe machen, sie zu finden. Er öffnete ein großes Spreadsheet mit zwei konzentrischen Kreisen vor einem schwarzen Hintergrund. Der Mittelpunkt verästelte sich zu Konnektoren, Knotenpunkten, Sub-Konnektoren und Sub-Knoten. Es erinnerte mich an *Star Trek* und hatte die Logik eines Computerspiels. Jeder Knoten war eines von rund hundert Projekten, die man nur dann freischalten konnte, wenn man zuvor eine Aufgabe gelöst hatte. Man begann in der Mitte und arbeitete sich nach außen vor. Thomas hatte Level 5 zu 16 Prozent geschafft. Er startete eine faszinierende Animation von Fraktalen, die er als eines der selbstorganisierten Projekte programmiert hatte. Insgesamt gab es 21 Levels.

Ich stellte mir vor, was es bedeuten würde, wenn es so etwas wie 42 für alle Berufe gäbe. Auch wenn die Aufzuggestaltung und die zugehörigen Mythen nicht in jeden Bereich passen dürften (Psychiater oder Krankenpfleger sind möglicherweise nicht *ganz* so begeistert von Weltraum-Elben), aber das Prinzip erschien mir durchaus übertragbar. Man könnte aufstrebende Fachleute unterschiedlichen Alters zusammenbringen, ihnen praxisbezogene Aufgaben mit wachsendem Schwierigkeitsgrad stellen, sie dazu anhalten, sich wechselseitig zu bewerten, *et voilà,* schon war alles am Laufen. Ohne traditionelle Hierarchien, die den Ablauf verlangsamen, oder Dozenten mit veralteten Lehrinhalten könnte es erheblich leichter sein, mit den sich verändernden Anforderungen der Arbeitswelt Schritt zu halten. War es nicht ein wichtiger Teil einer Ausbildung, ohne Risiko in eine Rolle zu schlüpfen? Jurastudenten tragen für gewöhnlich Anzüge, und Soziologen lassen sich Rastas wachsen. Auf das alles musste man nicht verzichten, bekam aber durch die Projekte ganz realitätsnahe Fähigkeiten vermittelt. Das würde zwar das Rüstzeug von Schüler nicht komplett verändern, es aber im Laufe der Zeit durchaus verbessern.

Wir begaben uns nach »Walhalla«, der einzigen technikfreien Zone im gesamten Gebäude. Die Orientierung fiel mir nicht gerade leicht, alles war so *neu*. Ein Teil von mir blieb immer noch skeptisch. Wir konnten doch nicht alle Programmierer werden. Das wollte auch nicht jeder.

Mussten einige von uns nicht auch Basketballer werden? Lilas hatte ihr *Métier* gefunden, etwas, das ihr wirklich Freude machte und sie erfüllte. Die meisten Jugendlichen kamen gar nicht erst so weit.

Als Thomas die Tür zu einem Raum öffnete, der in sanften Grautönen gehalten und gedämpft beleuchtet war, versuchte ich mir vorzustellen, wie man ihnen die Chancen darauf verbessern könnte. Mit diesem Gedanken war ich nicht der Erste.

Die Stadt, wo Kinder bedingt das Sagen haben

An einem schönen Sonntag vor nicht allzu langer Zeit traf ich mich mit Jacob (14), Sofia (11) und Tor (4) aus der erweiterten Familie meiner Frau, um mit ihnen einen Ausflug ins Westfield Shopping Centre in Londons White City zu machen. Das Ambiente erinnerte mich mit seinem luftigen, nichtssagenden Urbanismus an den Flughafen von Dubai – nur ohne Vergoldung. Die weitläufigen Gänge beherbergten wie überall die immer gleichen Filialen (Apple Store, Top Shop, Starbucks) und einen Luxusbereich (Louis Vuitton, Burberry), der *The Village* hieß. Hier blieben keine Wünsche offen, alles war unter einem Dach. Doch die drei Geschwister, die mit ihren Eltern extra angereist waren, gingen achtlos an Läden wie Lego oder Uniqlo vorbei. Ihr Ziel war KidZania, eine *Stadt im Kleinformat,* wo Kinder anhand von *sechzig Rollenspiel-Optionen* realitätsnah *arbeiten, Geld verdienen und sparen* können!

An einem Miniatur-British-Airways-Schalter kontrollierte Marie unsere Bordkarten und instruierte die jungen Fluggäste.

»Ein bisschen gruselig ist das schon«, kommentierte Jacob die orange-grauen Bänder, die sie an ihren Handgelenken befestigte. Diese manipulationssicheren elektronischen Armbänder verhinderten, dass Kinder unbegleitet die Räumlichkeiten verließen oder – was noch viel wahrscheinlicher war – dass Eltern (die ebenfalls damit ausgestattet wurden) sich unbemerkt davonstahlen, um das Angebot von Nike unter die Lupe nahmen.

Sofia und Tor zählten aufgeregt die 50 KidZos, die sie am Eingang in die Hand bekamen. Dieses an Monopoly erinnernde KidZania-Spielgeld erhält jeder Teilnehmer, um es für diverse Aktivitäten zu investieren. Wer mehr KidZos wollte, musste sich diese durch Tätigkeiten in der simulierten Arbeitswelt verdienen, die KidZanias Hauptattraktion darstellen. Sobald jemand über 75 KidZos besaß, konnte er ein Konto bei der Zentralbank von KidZania eröffnen und bekam dazu eine voll funktionsfähige Bankkarte.

Das Areal hinter uns wurde vom Flugzeugrumpf eines Jumbojets dominiert. *To fly. To serve.* lautete der Slogan; drinnen befand sich die Luftfahrt-Akademie.

»Kai«, sagte ein uniformierter Grenzbeamter, der zu den Zupervisors gehörte und zur Begrüßung zwei Finger auf sein Herz legte. Na dann, dachte ich.

Das Konzept von KidZania entstand 1999 im mexikanischen Santa Fe als La Ciudad de los Niños (»Stadt der Kinder«). Die Idee dazu hatten zwei Unternehmer, die sich bereits seit der ersten Klasse kannten, Luis Javier Laresgoiti und Xavier López Ancona. Zum Gründungsmythos gehört eine historische Unabhängigkeitserklärung – der Kinder von den Erwachsenen –, die sechs unveräußerliche »Rightz of Childhood« beinhaltet, gehütet von den »RightZkeepers« Urbano, Beebop, Chika, Vita und Bache. Sie lauten: to be, to know, to create, to share, to care und to play (sein, wissen, erschaffen, teilhaben lassen, sich kümmern und spielen).[13] Obwohl es sich um ein Wirtschaftsunternehmen handelt, das zudem äußerst erfolgreich ist (bereits im ersten Jahr kamen

800 000 Besucher, und mittlerweile gibt es weltweit vierundzwanzig Miniaturwelten in Einkaufszentren von Seoul bis Mumbai und Chicago bis Kuwait), lockte mich vor allem das Versprechen, Kindern zu dienen (»Wir ermutigen sie zur Unabhängigkeit«, sagte López dem *New Yorker*), in den Freizeitpark.[14] KidZania London wird von einem *Director of Education* geleitet. Diesen Posten bekleidet der Träger des britischen Verdienstordens *Order of the British Empire,* Ger Graus. Er hatte ein Beratungsgremium ins Leben gerufen, dem die führenden Bildungsexperten des Landes angehören. Seine Grundannahme lautet: »Kinder können nur nach dem streben, was sie kennen.«

KidZania erhebt für sich den Anspruch, realitätsnahes Lernen zu vermitteln und darauf, Kindern die Augen für Möglichkeiten zu öffnen, die ihnen weder in der Schule noch im Alltag zur Verfügung stehen. Aber funktioniert das tatsächlich?

Wir schlenderten los durch einen erstaunlich echten, nachgebildeten Kolonialboulevard im Kleinformat, in dem drei junge Polizisten umhereilten. Eine Reihe von gusseisernen Straßenlaternen säumte den Weg zum Supermarkt, wo Fünfjährige mit großem Ernst Lebensmittel in winzige Einkaufswagen legten. Durch das Fenster der Notaufnahme des Krankenhauses zu unserer Linken sah man vier Medizinstudenten, die gerade einer Patientenpuppe die Leber entfernten. Rechts von uns offerierte eine Arbeitsvermittlung freie Stellen: zehn Minuten Arbeit als Kosmetiker für einen Verdienst von 6 KidZos, als Bankangestellter für 10 oder als Techniker für 5. Das abgeschlossene, 7000 Quadratmeter große Gelände bestand aus zwei Etagen und bot Jobs für aufstrebende Künstler, Smoothie-Bereiter, Recycling-Fachleute, Supermodels, Zahnärzte, Mechaniker und Journalisten, die allesamt ein festes Gehalt bekamen – beziehungsweise bezahlen mussten.

In der Universität, einem zweistöckigen Gebäude am zentralen Platz der Stadt, neben einem künstlichen Baum, dessen Laub die aufgemalten Wolken streifte, konnte man einen Hochschulabschluss erwerben. Dadurch verdiente man in bestimmten Berufen zwei KidZos mehr.

Eine Feuerwehr kam vorbei, gelenkt von einer Zupervisorin. »Zaz«, rief sie, ein KidZania-Ausruf. Sechs Neulinge mit marineblauen Kitteln und gelben Helmen waren unterwegs, um den alle dreißig Minuten neu aufflammenden Brand im Hotel Flamingo zu löschen, während zwei müde aussehende Radioreporter aus dem Funkhaus in die permanente, an die Côte d'Azur erinnernde klimatisierte Dämmerung hinaustraten. Es war eine *richtige* Stadt – eine Art Mondkolonie – für Kinder. Mit großem Eifer gingen sie ihren simulierten Erwachsenenaufgaben nach.

»Kinder sind gut organisiert«, sagte Ger Gaus in einem Gespräch einige Wochen zuvor. Mit seinem braunen Sakko, der kleinen runden Brille und dem zurückgekämmten Haar sah er aus wie ein Bilderbuch-Zauberer – genauso, wie man sich den Vorsteher einer Kinderstadt vorstellen würde. »Chaos entsteht erst dann, wenn Erwachsene sich einmischen.« Nach einem kurzen Rundgang durch das Gelände setzten wir uns in den einzigen kinderfreien Bereich von KidZania, ein Café in der ersten Etage unweit der Redaktion von Al-Jazeera, wo sich die Erwachsenen vor Monitoren entspannten, während die Kinder arbeiteten. Im Hinblick auf das Lernen war Graus eine Kombination aus Jean-Jacques Rousseau und Willy Wonka. Er wurde nicht müde zu betonen, dass unser System den Kindern nicht gerecht werde und sie mit Druck zur Konformität zwinge. Kinder seien als Freigeister geboren, müssten jedoch überall zur Schule gehen. »Vertraut den Kindern«, lautete sein Mantra, »denn sie vertrauen uns.«

Graus ist davon überzeugt, dass KidZania den Kindern

die Gelegenheit gebe, Sachen auszuprobieren und ihren Horizont zu erweitern. Er wuchs im Süden Hollands auf und wollte Kohlekumpel werden wie sein Großvater – »in diesem Beruf hat fast meine gesamte Familie gearbeitet« – genau, wie andere davon ausgingen, später arbeitslos zu sein, weil sie das aus ihrer Familie so kannten. Andererseits träumte er von einer Karriere wie Johan Cruyff, dem holländischen Spitzenfußballer. »Beides ist nichts geworden«, ergänzte er. Stattdessen konnte sein Deutschlehrer die Eltern überzeugen, dass er sich für ein Universitätsstudium bewerben und Lehrer werden sollte. Nachdem er viele Jahre in Norfolk und Humberside unterrichtet hatte, ging er schließlich zur Schulaufsichtsbehörde Ofsted und leitete zwei sogenannte *Education Action Zones* im Norden Englands mit dreißig Schulen, in der Nähe des Flughafens von Manchester – mit bemerkenswertem Erfolg.[15] Im Jahr 2014 wurde ihm der britische Verdienstorden verliehen. So sehen heute Karrierewege aus.

»Ich hatte großes Glück«, berichtete er. Kurz nach seinem Abschluss wurden in Holland die Kohleminen geschlossen. In einem anderen Leben wäre er wohl auf der Abraumhalde gelandet, und es bestürzte ihn, dass wir so etwas häufig dem Zufall überließen. KidZanias Ziel ist es, den Horizont von Kindern zu erweitern, damit sie nicht nur Berufe wie Fußballer, Bergarbeiter, Lehrer oder Computerfachmann kennen. In einer anderen Welt vermitteln Schulen diese Grundlagen, aus denen Kinder ihre eigene Meinung bilden können.

Wie *sollen* Kinder denn herausfinden, was sie einmal werden wollen, wenn sie jenseits des Lehrplans so wenig darüber erfahren? Mit meiner zehnten Klasse initiierte ich beim Thema Sherlock Holmes einmal ein Kriminalprojekt. Dabei wurden zwar keine zusätzlichen Lerninhalte vermittelt, aber die Jugendlichen waren engagiert bei der

Sache, als sie die viel zu kleinen Schutzanzüge anprobierten und Beweisstücke untersuchten. Ich begann mich zu fragen, ob Einrichtungen wie KidZania, abgesehen von allem Tamtam, vielleicht tatsächlich eine wichtige Rolle einnahmen.

In der Luftfahrtakademie verzichtete Jacob darauf, sich den Nachwuchspiloten anzuschließen, da er einen Kopf größer und acht Jahre älter war. Tor meldete sich mit seinem elektronischen Armband dagegen freudig an und bezahlte 10 KidZos dafür. Eine geradezu utopisch anmutende Besonderheit von KidZania besteht darin, dass die spannendsten Aktivitäten (Flugschule, Eisherstellung) am teuersten waren und die am wenigsten attraktiven (Recycling, Regale einräumen) besonders gut bezahlt wurden. Parallel dazu verdienten Flugbegleiter 8 KidZos für die Betreuung der elterlichen Passagiere. Eine geschlechtsspezifische Rollenverteilung war vorhersehbar.

»Freut ihr euch schon darauf, heute als Piloten zu arbeiten?«, rief Fluglehrerin Nadia in die Runde. Die von aufgekratzten Studenten und etwas gequält wirkenden Schauspielern verkörperten Zupervisors spulten ihren vom Bildungsteam vorbereiteten Text ab, der wiederum auf Vorgaben der kommerziellen Sponsoren basierte. Die Kinder himmelten sie an.

»Ja!«, jubelten die sieben Zwergpiloten. In strammer Haltung standen sie zunächst in schlecht sitzenden Uniformen vor ihr und klatschten nun begeistert in die Hände.

Als Nächstes referierte Nadia eine Reihe von Fakten. Die Simulatoren seien genau die gleichen, an denen auch Piloten von British Airways ausgebildet wurden. Diese müssten zunächst 3000 Stunden und eine zweijährige Ausbildung absolvieren, ehe sie ein echtes Flugzeug steuern durften. Die Außenhaut des A380 benötige *fünf Anstriche* mit insgesamt 2300 Liter Farbe. Die wiege genauso viel wie *drei Gorillas*. Die angehenden Flugzeugführer umringten sie, während sie ihren Flieger auf dem Rollfeld landete. Anschließend stellte sie eine Reihe von Fragen: Wer möchte gern Pilot werden? Wozu dient dieser Schalter? Braucht man in der Luft Räder? Das Ganze war ausgesprochen schnell getaktet, um das zwanzigminütige Zeitfenster einzuhalten, das für die meisten Aktivitäten vorgesehen war. Mir erschien es etwas überfordernd und zu starr, weil keinerlei Raum für Experimente blieb, sondern lediglich Konformität gefordert wurde. Das war für bestimmte Jobs zwar durchaus sinnvoll, half aber jenen Kindern wenig weiter, die noch auf der Suche waren.

Ungeschickt brachte Tor den Flieger auf die Erde und drückte auf den Schaltern über seinem Kopf herum, während er über das Ende der Landebahn ins hohe Gras rollte.

»Ich *liebe* es zu fliegen«, sagte ein junger Pilot an einer der insgesamt fünf Konsolen.

»Unglaublich, so ein Flug«, ergänzte ein anderer.

»Das war so *cool«,* freute sich ein dritter.

Nadia ließ alle Teilnehmer *in einer Reihe antreten,* damit sie nicht gar zu sehr aus dem Häuschen gerieten, und überreichte dann allen qualifizierten Piloten ein paar Schwingen aus Pappe. Alle strahlten, nur Tor wirkte ein wenig betreten.

»Ich fand's schön«, sagte er, »und auch ein bisschen doof.«

Genau das war der Punkt, betonte Graus. Seine eigene Tochter hatte ein Praktikum in einer Grundschule absolviert. »Nach zwei Wochen war es für sie der letzte Job der Welt, den sie auf keinen Fall länger machen wollte«, berichtete er lachend. Die Schule rief ihn an und entschuldigte sich dafür, dass ihr Praktikum kein Erfolg gewesen sei. »So ein Unsinn«, widersprach er. »Es war die erfolgreichste Erfahrung, die sie an Ihrer Schule bisher gemacht hat!« Zum ersten Mal war sie in der Lage, eine eigene Entscheidung zu treffen. »Wir haben die seltsame Vorstellung davon, dass man bei Bildung alles optimal bestehen muss«, fügte er hinzu. In Vorbereitung auf ihr späteres Leben sollten Jugendliche so viele Optionen wie möglich selbst erproben, um herauszufinden, was ihnen liegt – oder auch nicht. Doch solche Chancen wurden immer rarer, insbesondere für Kinder aus einkommensschwachen Verhältnissen.

Ich gab ihm recht, wobei ich jedoch vermutete, dass auch KidZania diesen Zweck nicht ganz erfüllte. In der aufwendig gestalteten Redaktion von Al-Jazeera durfte Sofia lediglich auf ein paar Knöpfe drücken. Zupervisor Olly – im Reich der Kinder ist das größte Kind der Chef – besorgte alles andere. Das wurmte sie gewaltig. KidZania war in der Tat *vor allem* ein Wirtschaftsunternehmen. Dennoch erzählte mir Graus auch von einer Kampagne mit dem Titel »Dirt is Good« (dt. Dreck ist gut), die er mit dem Bildungsguru Sir Ken Robinson als Berater begleitete und die Kinder dazu anregen sollte, draußen zu spielen und die Umgebung zu erkunden.* Kinder spielen in KidZania zwar die Hauptrolle, aber bei den eigentlichen Aktivitäten gibt es nur sehr wenig kreativen Spielraum für sie. In manchen Bereichen ist zwar etwas Fantasie gefragt (im Pokémon Animation Studio produzierte Jacob einen virtuosen Kurzfilm über einen Baum), während andere – eine Modenschau auf dem H&M-Laufsteg oder Schokoladenherstellung bei Cadbury's – eher wie

* Sir Ken Robinson ist ein britischer Wissenschaftler mit viel Sinn für Ironie und ein gefragter Redner auf TED-Konferenzen (sein Vortrag zum Thema Lernen ist der mit den meisten Klicks aller Zeiten). Er kämpft unermüdlich dafür, dass Schulen und Bildungswesen neue Wege »kreativen Lernens« beschreiten und spricht sich dafür aus, dass z. B. Tanz für die Entwicklung unserer Kinder einen genauso hohen Stellenwert haben sollte wie etwa Geschichte. Ich empfehle sehr, sich seinen Vortrag anzuschauen und dann hier weiterzulesen.

eine Marketingmaßnahme daherkommen, um bei den Kids per Gehirnwäsche Markenbindung zu erzeugen. Weltweit verfügt KidZania über 800 Sponsorenunternehmen, wodurch Namen wie Renault, Cadbury, Innocent, Pokémon, H&M und British Airways in den elysischen Gefilden von KidZania London allgegenwärtig sind.

Ich kam am *Ministry of Sound* vorbei, wo gerade ein Dutzend Kids zu den Klängen von Taylor Swifts »Shake It Off« tanzten. Ich nahm es mit gemischten Gefühlen wahr. Was die Kids wohl davon hielten?

»Das ist hier wie in einer total entspannten Schule, wo man nicht bewertet wird«, konstatierte Jacob im ruhigen Auditorium. Er meinte zwar, er sei schon ein wenig zu alt dafür, war aber dennoch beeindruckt von der hochwertigen Ausstattung. Zudem stellten die KidZos einen Anreiz dar. »Das ist ein bisschen wie bei Monopoly«, ergänzte er. Sofia hatte es inzwischen auf 80 gebracht und ein Konto eröffnet. Sie empfand es nicht als zu pädagogisch, hätte sich aber gewünscht, dass es in KidZania eine Bäckerei gäbe (»aber eine echte, keine gefakte«), wo man richtig Kuchen backen kann. Trotzdem gefiel es ihr. »Kinder können hier Sachen ausprobieren, die sie noch nie gemacht haben.« Während Jacob das Animationsstudio besonders gefiel, war ihr Favorit das Recyceln. Warum? »Weil es schnell geht und man 8 KidZos dafür kriegt.« Was für eine Lektion.

Als beliebteste Aktivität erwies sich überraschenderweise die Arbeit bei UPS. Von den 400 000 jungen Besuchern im ersten Jahr entschieden sich 200 000 dafür, sich in die Firmenkleidung zu schmeißen und auf der simulierten Straße loszudüsen. »Achtjährige Jungs können das zusammen mit einem Freund tun, verdienen Geld dabei, bekommen eine Uniform, werden von niemandem zur Eile angetrieben – es ist ein Traum.« Das konnte ich nachvollziehen. Im Grunde unseres Herzens sind wir doch alle freiheitsliebende Transporterfahrer, die die Welt entdecken wollen.

Graus ist der Ansicht, dass wir in der Schule als Erstes fragen müssten, »was jedes Kind bis zum Alter von elf Jahren erlebt haben sollte«. Das ist eine außerordentlich bedeutsame Frage. Wichtig sei die Abkehr von einer Welt, in der Kindern vor allem vermittelt wird, was sie alles *nicht* dürfen, betonte er. »Nicht links laufen. Nicht schreien. Nicht lachen.« Stattdessen sollten sie erleben, wozu sie imstande sind, ein wenig wie in Pen Green. Die Kinder hatten in KidZania *durchaus* interessante Dinge erlebt. Sofia durfte unter Anleitung eines ausgebildeten Arztes eine Patientenpuppe operieren. Jacob fand seine Nische im Pokémon Animation Studio. Tor durfte ein Feuer löschen und sich ein Tattoo zulegen. In KidZania bekamen sie einen Eindruck von der Welt da draußen. Wenngleich nur einen sehr eingeschränkten.

Bevor wir aufbrachen, zog Sofia noch mit ihrer Bankkarte der Central Bank of KidZania los und wollte im zugehörigen Mini-Kaufhaus einen Hummel-Schlüsselanhänger erwerben. Als sie feststellte, dass ihr dafür noch ein paar KidZos fehlten, steuerte sie die nächstbeste Station an, um noch etwas dazuzuverdienen – es war die H&M-Recyclingstelle. Geduldig ließ sie die vorgeschriebene Einführung über sich ergehen, befühlte pflichtbewusst zum zweiten Mal die verschiedenen Stoffe und begann dann auf einem Tablet mit der Arbeit, indem sie virtuelle Kleidungsstücke nach Wolle, Baumwolle oder Nylon sortierte, um sich die 10 KidZos zu verdienen, die sie noch brauchte.

»Kinder sollten so etwas viel öfter machen«, befand ihre Mutter Eleanor, »dann wüssten sie den Wert von Geld wahrscheinlich mehr zu schätzen.«

Global gesehen, gab es tatsächlich Millionen von Kindern, die genau solche Arbeiten verrichten werden müssen. Ohne Zugang zu angemessener Bildung, mit immer stärker automatisierten Jobs und schlechten Startbedingungen hatten sie keine andere Perspektive als das Sortieren von entsorgter Kleidung. Selbst mit einer festen Stelle bedeutete das Erwachsenenleben zuweilen, dass man stundenlang eintönige Arbeiten verrichten musste, durch die sich bei anderen die Millionen mehrten. Und das alles nur, um anschließend ein bisschen Geld für überflüssigen Plunder zu haben. Das war durchaus eine wertvolle Erkenntnis bei der Suche nach einem sinnerfüllten Leben, selbst wenn das nicht in unserer Arbeit bestand. Abgesehen davon, folgte diese künstliche Realität hier einem festen Drehbuch und barg keinerlei Risiken, sodass Kids kaum eine Chance zu echten Lernerlebnissen hatten – eine simulierte Welt innerhalb der ohnehin synthetischen Umgebung von Westfield, wo es weder Himmel noch Wiesen gab. Es könnte ebenso gut auf dem Mars sein. Jacob, Sofia und Tor hatte der Besuch gefallen, obwohl sie keine Gelegenheit zum Sein, Wissen, Gestalten, Teilhabenlassen, Kümmern oder Spielen hatten. Aber es ist überflüssig, sich über KidZanias Zugeständnisse an den Kommerz zu beschweren. Schließlich müssen wir alle sehen, wo wir bleiben.

Langfristig betrachtet, wäre es meiner Ansicht nach sinnvoller, solche Ansätze stärker in die Schule einzubinden. KidZania ermöglicht Kindern einen winzigen Einblick in verschiedene Berufe. Was würde ihnen wirklich helfen, ihren Platz im Leben zu finden?

Die Zukunft gehört den Lernorientierten

»Auf lange Sicht werden die lernorientierten Menschen immer die wissensorientierten übertrumpfen, selbst wenn sie zunächst weniger Potenzial mitbringen«, prognostizierte Microsoft-CEO Satya Nadella 2016 in einem Interview. Dabei berief er sich auf die Psychologin Carol Dweck aus Stanford, deren Theorie hinsichtlich des »statischen« und des »dynamischen« Selbstbildes weltweit im Schulwesen für Furore sorgte.

Die Vertreter des ersten Lagers teilen die Auffassung von Francis Galton, der zufolge Talent angeboren ist, während die Anhänger des zweiten Lagers davon ausgehen, dass man seine Leistung durch Arbeit jederzeit verbessern kann. Dweck beschreibt zwei Kinder im Unterricht. Die wissensorientierte Schülerin hat zunächst die Nase vorn. Sie fühlt sich den anderen Kindern überlegen, weil sie mehr weiß als sie. Ihr statisches Selbstbild geht von der Annahme aus, dass ihr Vorsprung auf einer angeborenen Überlegenheit beruht und sie deshalb nicht viel dafür tun muss, weil ihr Talent naturgegeben ist. Die lernorientierte Schülerin dagegen begreift Talent als Resultat von Anstrengung. Sie hat ein dynamisches Selbstbild. Sie ist bemüht, sich zu verbessern, neue Fertigkeiten zu erlernen und ihr Wissen zu vertiefen. Auf lange Sicht überholt sie damit das wissensorientierte Mädchen, genau wie Ifrah.[16]

Heute ist das, was man lernt, viel wichtiger als das, was man weiß. Der rasante technische Wandel, die permanent steigende Lebenserwartung und die von Robotern bedrohten Arbeitsplätze haben zur Folge, dass dem Lernen selbst enorme Bedeutung zukommt. Für Einrichtungen wie 42 und sogar das Eton College sind der Charakter der Schüler und deren potenzieller Beitrag zum Schulleben ein wichtiges Aufnahmekriterium, und Unternehmen wie Google wählen geeignete Bewerber nicht wegen ihrer Zeugnisse aus, sondern anhand von eigenen Verfahren und Maßstäben.[17] Nach Angaben des ehemaligen Google-CEO Eric Schmidt sucht man hauptsächlich nach »Lerntieren«.[18] Die vier wichtigsten britischen Unternehmensberatungen PWC, E&Y, KPMG und Deloitte legen ebenfalls nicht nur Wert auf die Abschlüsse ihrer Bewerber, genau wie auch KSA nicht nur auf die aktuellen Noten der Siebtklässler achtet. Vielmehr legen die Unternehmen heute deutlich mehr Wert auf die Lernbereitschaft ihrer potenziellen Mitarbeiter.[19] Die Lernwilligen kriegen die Jobs.

Die gute Nachricht lautet, dass die Möglichkeiten zum beständigen Lernen immer besser werden. Harvard University und MIT haben gemeinsam die Online-Lernplattform EdX ins Leben gerufen, über die Lernende jeden Alters eine Art Mini-Abschluss erwerben können. Auch wenn der große Hype um das Thema MOOCs (Massive Open Online Courses) inzwischen nachgelassen hat,* werden sie nach wie vor als wichtige Online-Qualifikation von weltweit Millionen Lernenden genutzt, um sich spezielle Kenntnisse anzueignen. Die Schule *General Assembly* bietet seit Jahrzehnten Kurzlehrgänge an. So kann man sich zum Beispiel kostenpflichtig in einer Online-Meisterklasse anmelden, um bei Werner Herzog das Filmen zu erlernen, Comedy bei Steve Martin oder Kochen bei Gordon Ramsey. Wer spirituellen Nachholbedarf hat, kann mithilfe der School of Life von Alain de Botton sei-

---

* Um 2010 wurden MOOCs von zahlreichen Beobachtern als die Zukunft des Lernens gefeiert. Sie versprachen kostenfreien Zugang zu den weltweit besten Studiengängen. Um z.B. bei Michael Sandel in Harvard zu studieren, musste man sich nicht mehr in seinem Hörsaal befinden (seine exzellenten Vorlesungen zum Thema »Justice: What's the Right Thing to Do?« sind online verfügbar), sondern konnte sie ganz bequem via Internet vom eigenen Wohnzimmer aus verfolgen. Obwohl der Zuspruch anfangs enorm war (als etwa die Stanford University einen ihrer Informatik-Kurse frei zugänglich machte, sodass jedermann diesen Bachelor-Studiengang belegen konnte, wurden die 400 besten Abschlussarbeiten von Stanford-fremden Studenten eingereicht). Dennoch konnten sich die MOOCs nicht wie erwartet durchsetzen. Das Problem besteht vor allem darin, dass sich zunächst recht viele Teilnehmer anmelden, dann aber nur sehr wenige – lediglich fünf bis zehn Prozent – bis zum Schluss am Ball bleiben.

nen Platz in der Welt finden.[20] Lebenslanges Lernen ist ein Muss und zunehmend ein lukratives Geschäft. Am Lernen führt kein Weg vorbei.

Die schlechte Nachricht lautet, dass der Zugang zu diesen Möglichkeiten von den eigenen Fähigkeiten und dem eigenen Willen abhängt. Man muss lernen *wollen* und dazu in der Lage sein. In unseren Schulen geschieht es allzu oft, dass die Begeisterung und das Interesse von Kindern zerstört werden, wie Ger betonte, oder dass sie sich dort schlecht fühlen, so wie Lilas. Lebenslanges Lernen bedeutet, lernorientiert zu sein und zudem *gern* zu lernen. Meine Gesprächspartner befürchteten allesamt, dass die Schule dafür sorgt, dass Kinder es hassen. Auch für die Wirtschaft ist das ein Thema. Ungeachtet des Mehrwertes, den das Lernen kreieren kann, bildet sich der durchschnittliche Mitarbeiter in Großbritannien nur vierzig Minuten pro Woche weiter. Das muss sich ändern.

Wir haben zwei Möglichkeiten: Entweder, wir bringen Kindern die erforderlichen Fertigkeiten bei und riskieren, dass sie veralten, oder wir lehren sie, sich die gleichen Fertigkeiten selbst anzueignen, *wenn und sobald sie diese brauchen*. Es geht nicht darum, Kindern einen Fisch in die Hand zu drücken. Oder eine Angel. Wir müssen ihnen helfen, den Einfallsreichtum, die Anpassungsfähigkeit und die Eigenmotivation zu entwickeln, um sich alles Nötige selbst zu erschließen. Kindern frühzeitig etwas beizubringen, das sie dann ihr ganzes Leben lang anwenden, ist keine geeignete Strategie mehr. Stattdessen muss der Fokus darauf liegen, unsere Kinder zu lehren, wie man lernt. Es besser zu machen bedeutet, dass alle Kinder das nötige Handwerkszeug erlernen können, um ihre Ziele zu erreichen, und sie dann dazu anzuregen, die Lernprinzipien dieses Prozesses zu erkennen. Genau das hat mich bei 42 besonders inspiriert. Die Studenten dort waren voll und ganz in ihrem Element.

Maschinendämmerung

In Lothlórien, einem nach dem Elbenreich aus *Herr der Ringe* benannten Raum, saß Nicolas Sadirac auf einem Stuhl und beugte sich vor. »Gar nicht«, antwortete er schulterzuckend auf meine Frage, wie er 42 denn eigentlich leite. Strubbelige Haare und ein sonnengebräuntes Gesicht umrahmten seine leuchtend blauen Augen. »Das besorgt die Software.« Obwohl es draußen kalt war, herrschte drinnen eine leicht tropisch anmutende Atmosphäre. Ein vertikaler Garten mit Palmen, Farn und Efeu hinter einem Whiteboard erzeugte dezente Feuchtigkeit. Mit abgetragenen Schuhen, Jeans und 42-Shirt sah Sadirac eher wie ein Öko-Winzer aus als wie der Gründer der fortschrittlichsten Bildungseinrichtung der Welt. Doch er war ein Grandseigneur der Technologieszene, Experte für Internetsicherheit und ehemaliger Leiter der führenden IT-Institute des Landes. Berüchtigt war er zudem für seinen Hackerangriff auf die Website von Premierminister Lionel Jospin um die Jahrtausendwende. Tatsächlich wurde 42 von Intra geleitet.

»Wir probieren einfach Sachen aus. Wenn sie funktionieren, übernehmen wir sie.«

Nach seiner Promotion im Fach Physik an der Stanford University nahm Sadirac einen Umweg über Japan, ehe er die Heimreise antrat, und tauchte dort in den neuen Computer-Hype ein, der in Tokio und San Francisco damals ganz frisch grassierte. Das war Ende der Achtzigerjahre, als in Frankreich die Informatik noch eine Art Geheimwissenschaft war, die nur an darauf spezialisierten Universitäten gelehrt wurde. »Das lief extrem theoretisch ab, ohne einen *einzigen* Computer«, berichtet er. Sadirac sah sich um und fand schließlich EPITA, eine Ingenieurhochschule für Informationstechnologie, die als einzige über einen funktionierenden Computer verfügte. Doch es war eine Privatschule, die er sich nicht leisten konnte. Deshalb handelte er einen Deal aus. »Ich unterrichte Mathe und Physik und darf dafür am Computerkurs teilnehmen.« Bei EPITA war man einverstanden. Er versuchte so viel Zeit am Computer zu verbringen wie möglich, auch wenn die Kurse eher dürftig waren. Doch bei seinen eigenen Einführungsseminaren in Stochastik, Statistik und Wahrscheinlichkeitsrechnung gewann er seine wichtigste Erkenntnis.

Eines Tages wandte sich die französische Supermarkt-Kette Casino mit einem Optimierungsprojekt an EPITA. Es ging darum, die Wartezeiten an der Kasse zu reduzieren. Als der Rektor mitteilte, dass Sadiracs Kurs sich damit auseinandersetzen sollte, protestierte der Dozent. »Die Studenten sind absolute Tiefflieger! Die Ergebnisse werden die reinste Blamage sein!«, warnte er. Durchschnittlich erreichten seine Studenten bei Tests 2 von 20 Punkten. »Sie waren einfach nur schlecht«, erinnert er sich. Die für dieses Projekt erforderlichen mathematischen Kenntnisse lagen weit jenseits ihrer Fähigkeiten. Doch der Rektor ließ sich nicht umstimmen. »Also übernahm ich es«, berichtet er. Die Studenten wurden in Vierergruppen eingeteilt und bekamen eine Einführung. »Und sie erzielten richtig *gute* Ergebnisse!«, staunte Sadirac zwanzig Jahre später noch immer. Er fragte sich, was da passiert war. Hatten sie gemogelt? Um sich zu vergewissern, schrieb er mit ihnen eine Prüfungsarbeit. Dabei erreichten diese Tiefflieger 12 bis 15 von 20 Punkten – nicht brillant, aber deutlich besser als zuvor.

Das war für ihn eine Offenbarung. Wenn man den Studenten ein Projekt gab, *erschlossen sie sich den mathematischen Teil selbst.*

»Ich unterrichtete nicht mehr«, erzählt er, »ich hielt kein Seminar mehr ab, und sie arbeiteten ausschließlich an dem Projekt.«

Zwei Jahrzehnte lang feilte Sadirac an seinem Ansatz bei Epitech, Web@cadémie und später 42, experimentierte mit Lernmethoden, Didaktik und Bewertung. Die Leistungen der Studenten waren am besten, wenn sie an Projekten arbeiteten, statt sich mit Theorie zu beschäftigen, und wenn sie statt von Dozenten von ihren Mitstudenten lernten und auch von ihnen benotet wurden. »Studenten bewerten strenger – viel strenger – als Dozenten.« Um dies zu ermöglichen, benötigt man nur die entsprechende Technik. Sadirac ahnte, dass dies dem Konzept einer selbstorganisierenden Lernumgebung von Sugata Mitra recht nahekam. In der Tat. Und zumindest für die Studenten, die *la piscine* erfolgreich absolviert hatten und zugegebenermaßen ein besonders hohes Maß an Eigenmotivation besaßen, *funktionierte es.*

Im Obergeschoss von 42 zeigte Thomas mir ein großes gläsernes Büro namens *le bocal* – Einweckglas – mit allerlei lebensnotwendigen Vorräten (Red Bull, Instantnudeln, Coca-Cola, Handtücher, Nerf-Pistolen, Lucky Strikes), die darauf hindeuteten, dass die Bewohner nicht allzu oft das Haus verlassen. »Your Empire Needs You« stand auf einem Plakat an der Wand. Das war das Nervenzentrum von 42, ein Mikrokosmos des Lebens in der digitalen Welt. Die Programmierer saßen gebeugt in schwarzen Hoodies vor ihren Computern, von ihren Schreibtischen aus hatten sie die Dachterrasse im Blick, wo ein Whirlpool freitagabends zur Entspannung einlud. Es gab acht mit einem Vorhang abgeschirmte Etagenbetten zum Übernachten, um das Intra immer im Blick zu behalten. Alles andere lag in den Händen der Studenten. Am Anfang stand die Idee, dann wurden Plan und Marschrichtung festgelegt, ein Team zusammengestellt und das Projekt realisiert. Nach dem Erreichen bestimmter Meilensteine gelangte man in den nächsten Level. Ich stellte es mir ein wenig wie Angry Birds vor. Die Software erfasste sämtliche Daten und machte sie allen Studenten in der Blockchain zugänglich. Das Lernen des Einzelnen trug so zum Lernen *aller* bei. Sie konnten Notizen hinzufügen und das Projekt verändern.

»Es handelt sich um ein echtes Selbstlernsystem«, erklärte Sadirac, der auf einem thronartigen Zebra-Stuhl neben Vorräten an alkoholischen Getränken und Kräutertees saß.

»Im IT-Bereich werden mehr Kreative gebraucht«, hatte Sadirac gesagt. In der Tat. Google beklagte sich darüber, dass das Unternehmen in Großbritannien keine einheimischen Mitarbeiter finden könne. Programmieren ist ein kreativer Prozess – ein Werkzeug, mit dem sich nahezu alles erschaffen lässt. In der Vergangenheit waren Programmierer die Herrscher über den IT-Support, heute ersinnen – und gestalten – sie unsere Welt. »Genau wie früher die Schriftgelehrten«, merkte er an und zog Vergleiche zu heutigen Autoren. In einem Werbevideo für 42 wird prognostiziert, dass ein Shakespeare des 21. Jahrhunderts ähnlich um Programmcode ringen werde, wie es der Barde einst mit Worten tat. Sadirac vergleicht 42 mit den Kunstschulen der Antike. Kreativität und Auseinandersetzung mit Gleichgesinnten sind für seine Vision des lebenslangen Lernens unerlässlich. In der 42 geht es nicht primär um den Erwerb spezifischer Fertigkeiten, sondern um das Erlernen von Methoden.

»In der Schule sollten wir das keinesfalls unterrichten«, sprach er sich entschieden dagegen aus. »Die Kinder würden es hassen!« Das französische Bildungsministerium plante, Programmierunterricht für Achtjährige einzuführen. Was gut gemeint war, würde seiner Ansicht nach die Begeisterung der Kids für dieses Thema beeinträchtigen. »Wir würden einige Talente noch viel früher abschrecken. Ich halte das für *gefährlich.*« Es wäre in etwa so, als ob man im Kunstunterricht Kindern sagen würde: *Hier malst du blau und daneben rot,* mit genauen Regeln, zehn Bilder pro Woche. Es klang ein wenig wie KidZania. Auf diese Weise, so mutmaßte er, »gäbe es schon sehr bald keine Künstler mehr«. Ich fragte mich, wie viele Lehrer wohl selbst lebenslang lernten, ihr Weltwissen weiterentwickelten, ihre Fähigkeiten kontinuierlich verbesserten, und wie viele vom Schulsystem dazu gezwungen wurden, ihre Farben an vorgeschriebenen Stellen zu platzieren. Unsere Schulen sind zuweilen geradezu lernresistent.

»Das traditionelle Bildungssystem besteht zu wesentlichen Teilen darin, Menschen zu disziplinieren und ihrer Kreativität zu berauben«, ergänzte er.

Früher wurden in großem Umfang Arbeitskräfte gebraucht, die sich dem Alltagstrott ergaben und nicht aus der Reihe tanzen. »Es gab eine Bevölkerung, die dazu erzogen war, unter unmenschlichen Bedingungen in Fabriken zu arbeiten.« Das war sinnvoll zu Beginn der Industrialisierung, als Arbeitskräfte immer effektiver werden mussten. Doch heute »wird die ganze anstrengende Arbeit von Computern und zunehmend auch Robotern erledigt.« Sadirac zufolge richten wir aus diesem Grund unser Augenmerk stärker auf kreative Werte, auf Handwerk. Kinder nehmen das wahr. Auch wenn ihre Leistungen im Lesen und Schreiben heute schlechter ausfallen als früher, so sind sie doch *deutlich kompetenter* im Umgang mit neuen Technologien. »Sie bauen viel bessere Roboter als noch vor zehn Jahren«, berichtete er beeindruckt. Einige von ihnen haben bereits ein Niveau erzielt, das für ihn selbst unerreichbar ist. »Mein Gehirn ist nicht entsprechend geschult worden«, merkte er etwas bekümmert an.

Offenbar ging es vor allem darum, bei Kindern – und eigentlich bei allen Menschen – den Wunsch zum Lernen zu fördern und dann zu verhindern, dass dieser durch das System abgetötet wird. Darüber hinaus muss man einfach nur noch Möglichkeiten bieten.

Draußen bei den Rauchern traf ich noch einen anderen Nicolas. Der 28 Jahre alte Student war blass, hatte gänzlich ungestylte Haare, einen zerzausten Bart, trug eine Brille und sah förmlich wie die Karikatur eines Programmierers aus. Er erzählte mir, dass er sich nach einem Fernsehbeitrag für die 42 beworben hatte. »Hier ist alles ganz anders«, berichtete er. Nach der Schule – »das französische Bildungssystem ist nicht so toll« – begann er als Einlasser in Futuroscope zu arbeiten, einem Freizeitpark in der Nähe von Poitiers, der berühmt ist für seine 3D- und 4D-Kinos. An der 42 lernte er gerade die Grundlagen zur Programmierung einer Dating-Website, für die er aktuell die Suchkriterien definierte – Alter, Geschlecht, sexuelle Orientierung – und außerdem Geodaten integrierte, damit Nutzer nur Personen im Umkreis von zehn Kilometern vorgeschlagen bekommen.

»Jetzt *will* ich die Lösung für ein Problem finden«, fuhr er fort. Die Arbeit war anstrengend – vor allem im *piscine,* wo er »häufig müde und oft krank« war – aber auch sehr motivierend. Man sucht sich selbst aus, woran man arbeiten will, und die Erfahrungspunkte bringen einen immer weiter voran. Diese Methode war denkbar simpel und freiheitlich und förderte das Verantwortungsgefühl. »Wenn man nicht kommt, hat man auch keinen Erfolg.« Er zuckte die Schultern. Ein wichtiger Aspekt war auch, dass die Ausbildung *nichts kostete.* Der neue Campus von 42 im Silicon Valley bot sogar kostenlose Wohnheimplätze für Bedürftige an. Im Werbevideo wird kritisiert, wie irre das System der US-Studienkredite eigentlich ist, bei denen innerhalb von 25 Jahren eine Steigerung von 440 Prozent zu verzeichnen ist – mit einem Kreditvolumen von über einer Billion Dollar und studentischen Schulden von insgesamt mittlerweile 6,6 Prozent des Bruttoinlandsprodukts. Weil Nicolas mittlerweile ein wenig älter war und die stille Verzweiflung kennengelernt hatte, die ein ungeliebter Job mit sich brachte, war er entschlossen, die Herausforderung zu meistern. Mit Feuereifer arbeitete er an seiner neuen beruflichen Perspektive.

»Es funktioniert«, bestätigte Sadirac – und es würde auch in anderen Bereichen funktionieren. Nach dem Casino-Projekt experimentierte er weiter. Seine Epitech-Studenten hatten ein Kommunikationsproblem. Unternehmen teilten ihm mit, die Programmierer seien »fachlich ganz wunderbar, aber wenn sie uns etwas fragen, versteht man nicht das Geringste«. Sie konnten nicht richtig schreiben. »Sie sind überwiegend echte Nerds«, erklärte er. In der Schule hatten sie erlebt, »egal, was ich schreibe, ich bekomme sowieso nie eine gute Note.« Sadirac entwickelte mehrere Bildkarten-Sets, die man zu Geschichten anordnen konnte. »Eine Katze kommt in eine Küche, zerbricht ein Glas und läuft wieder hinaus.« Er legte eine Reihe aus fünf Kartenbildern auf den Tisch, aus denen eine Studentengruppe fünf Geschichten mit je einem Satz entwickeln musste.

»Sie schreien sich richtiggehend an!«, berichtete er lachend. Nur vierzig Prozent gaben die Geschichten korrekt wieder. Die jungen Leute wurden wütend, weil ihre Freunde sie nicht verstanden. Das weckte ihren Ehrgeiz. »Wenn man jemandem eine Aufgabe stellt, die ihm wichtig ist, dann *will* er es auch schaffen.« Sadirac gestaltete weitere dieser Karten, und nach einem halben Jahr (im schulischen Kontext praktisch ein Wimpernschlag) waren hundert Prozent der Schüler imstande, den Inhalt überzeugend schriftlich wiederzugeben. »Nicht brillant geschrieben, aber zumindest waren die Geschichten verständlich.« Beachtlich, dachte ich und erinnerte mich an meine eigenen mühsamen Versuche im Englischunterricht. Zudem war er davon überzeugt, dass es genauso für Französisch, Wirtschaft und Kunst funktionierte. Ich hatte dieses Prinzip schon anderswo kennengelernt. Die Peer 2 Peer

University bot kostenlose MOOC-Kurse (massive open online courses) für Erwachsene an, die sich in öffentlichen Bibliotheken zu selbst organisierten Seminaren trafen. Mein Bruder verbrachte ein Jahr an der *School of the Damned* und belegte einen selbst organisierten Kunst-Kurs, in dessen Rahmen sich zwanzig Kunststudenten in Ateliers, Galerien oder Kneipen versammelten, um gemeinsam zu lernen, oder sie luden Wissenschaftler und angesehene Künstler ein, bei ihnen Seminare zu halten. Sie gingen auch noch einen Schritt weiter und legten die Ziele und Anliegen ihres Kurses selbst fest. Dazu stand ihnen kein Intra zur Verfügung. Alles ging ohne Geld vonstatten. Trotzdem produzierten sie reichlich neue Kunst.

Für Sadirac war das Konzept denkbar einfach. »Man formuliert ein Ziel mit zunehmendem Schwierigkeitsgrad. Dann stellt man eine Gruppe von Studenten zusammen. Schließlich sorgt man für eine Auswertung, die so objektiv wie möglich ist« (was in Bereichen wie Kunst oder Soziologie besonders schwierig ist). Nun lässt man Intra das Lernen organisieren, wobei die Studenten sich gegenseitig helfen und die benötigten Informationen via Google recherchieren. Ich fragte mich, was die Voraussetzungen wären, um in jeder Kommune so etwas wie 42 zu betreiben – für Fachleute zur Datenvisualisierung, Arbeiter in Hightech-Fabriken, Psychiater oder Yogalehrer. In Singapur bekommt mittlerweile jeder Bürger lebenslang gültige Lerngutscheine (learning credits), die er im Laufe seines Berufslebens einsetzen kann. Das Programm SkillsFuture Credit wurde im Jahr 2015 lanciert und stellt Personen über fünfundzwanzig ein Weiterbildungsbudget von je 500$ zur Verfügung, mit dem sie staatlich anerkannte Kurse für Dinge wie berufsbezogene Lese- und Rechenkompetenz, Krankenpflege oder Kochen besuchen können.[21] Solche durch Institutionen vermittelte Kenntnisse sind weniger gefährdet zu veralten. An der 42 wurden die

Projekte von den Studenten und Absolventen in der Blockchain angepasst oder neue vorgeschlagen. Der Lehrplan wurde ständig aktualisiert, die Gefahr des Veraltens wird dadurch minimiert.

Vor meiner Abreise sprach ich noch mit einem anderen Studenten der 42, Jean-Luc Wingert. In den Jahren, ehe er an *la piscine* teilnahm und für die Schule zugelassen wurde, hatte er sich als Unternehmer und Autor einen Namen gemacht. Sein Buch *Le Syndrome de Marie-Antoinette* ist eine ernsthafte Warnung an jene, die sich nicht schnell genug an die sich rasch wandelnden Zeiten anpassten. Im besten Fall, so eines der Szenarien, wurden die Eliten übergangen. Im schlechtesten Fall wurden sie geköpft. Hierarchien erweisen sich in der Regel als zu schwerfällig, um mit der Welt Schritt zu halten. Sie sind ineffizient, störanfällig und ängstlich darauf bedacht, den Status quo aufrechtzuerhalten. 42 nicht. Sadirac hat traditionelle Lernmodelle unter die Guillotine gelegt und etwas ganz Neues geschaffen. *Vive la Révolution!*

Am Lernen zu scheitern bedeutet Scheitern lernen

In unseren Schulen weiß man selbst nicht so genau, was Kinder heute eigentlich lernen sollen. Lesen, Mathe und Naturwissenschaften sind unverhandelbar, statten sie uns doch mit den wichtigsten Denk- und Kommunikationswerkzeugen aus. Wissen ist ebenfalls unerlässlich. Wir brauchen gemeinsame kulturelle Referenzpunkte und müssen unsere kognitive Architektur bestimmen. Alles andere ist reine Glückssache. Es wird ständig betont, dass wir *uns auf eine Zukunft vorbereiten müssen, die niemand genau vorhersagen kann* – als ob irgendeine frühere Generation wusste, was auf sie zukommen würde. Und vielleicht ist das auch ganz gut so. Bildung ist nach wie vor eine sichere Investition: Menschen mit Schulabschluss verdienen im Laufe ihres Berufslebens 225 000 £ (250 000 €) mehr als Schulabbrecher ohne Abschluss.[22] Jedes zusätzliche Ausbildungsjahr bringt einen rund zehn Prozent höheren Stundensatz mit sich.[23] Nicht umsonst gibt es im Englischen den Spruch *You learn, you earn.* Andererseits besteht das Risiko, dass wir von einem Technologie-Tsunami überrollt werden, auch wenn es ganz andere Tendenzen gibt.

In *The Future of Employment* beschrieben Osborne und Frey, dass unsere Jobs sich in Zukunft eher auf die menschliche Entwicklung beziehen. Auf Rang 2 der durch Automatisierung am wenigsten gefährdeten Jobs liegen demnach Kontrolleure für Mechaniker, Installateure und Instandsetzer. Darüber hinaus war der einzige Job mit Technikbezug unter den ersten 50 die Nummer 32: Computersystem-Manager. Die übrigen Berufe mit der geringsten Anfälligkeit gegenüber Automatisierung waren vor allem jene mit besonders starkem menschlichem Bezug. Freizeittherapeut landete auf Platz 1, Sozialarbeiter in Psychiatrie und Drogenhilfe auf Platz 4, Ergotherapeut auf Platz 6, Sozialarbeiter im Gesundheitswesen auf Platz 8 und sonstige Psychologen auf Platz 15. Berufe wie Choreograf (Rang 13), Designer für Stoffe und Konfektion (26) oder Kurator (34) boten Raum für Kreativität, während Diätassistent und Ernährungsberater (11) sowie Arzt und Chirurg (15) nur zwei von zwölf Spitzenberufen unter den ersten 50 mit Bezug zur physischen Gesundheit sind. Besonders vielversprechend in der Liste sind auch pädagogische Berufe, unter anderem Unterrichtskoordinator (16), Grundschullehrer (20), Vorschullehrer (37) und Lehrer für weiterführende Schulen (41).

Auch wenn es diese Berufe weiterhin geben wird, heißt das nicht zwangsläufig, dass sie gut bezahlt oder einfach sind. Technologie wird die Wirtschaft künftig sicher dominieren. Einige mehr oder weniger billionenschwere Unternehmer werden vermutlich nach wie vor sämtliche Gewinne einstreichen. Doch es wird durchaus deutlich, welche Art von Arbeit in Zukunft von besonderer Bedeutung sein wird. Statt Kindern eine Reihe von konkreten Fertigkeiten beizubringen, damit sie später einen Job bekommen, müssen wir ihnen vermitteln, wie sie ihr ganzes Leben lang lernen und sich weiterentwickeln können. Denn es geht um mehr als nur die Erwerbsarbeit. Ein Leben lang zu lernen bedeutet auch, einen Sinn zu finden und sich souverän das nötige Handwerkszeug anzueignen. Es geht darum, die eigene Expertise zu entwickeln und auszubauen – egal ob als Programmiererin, Baumchirurg, Krankenschwester, Lehrer, Koch oder Modellbauer. Bei der Arbeit mit Menschen, genauso wie mit Werkzeugen, streben wir nach größtmöglicher Beherrschung unseres jeweiligen *Handwerks*. Das ist es, was Sadirac erreicht hat und worauf Lilas hoffte. Künftig sollte das *Lernen* selbst für uns Priorität haben, als das höchste Ziel von Bildung. Wir müssen jene Berufe stärken, die sich dem Menschen widmen und ihn optimal fördern.

Wenn wir Bildung verbessern wollen, müssen wir uns dem kreativen Lernen öffnen. Der Plan für die nächste Etappe meiner Reise sah vor, Orte in der ganzen Welt zu besuchen, von denen ich gehört hatte, dass man sich dort besonders um die Schulung der Kreativität unserer Kinder bemüht. Ich wollte an der US-Küste starten, im Medienlabor des MIT – einem Hotspot der technologiebezogenen Kreativität, und mich dann nach Finnland begeben, um das Handwerk der menschlichen Entwicklung zu erkunden.

5 Schöpferisches Tun

Termin bei deinem Schöpfer

Jedes Kind ist ein Künstler. Das Problem ist, wie man es bleibt, wenn man erwachsen wird.
Pablo Picasso[1]

Kinder in freier Wildbahn

Auf der anderen Seite der gläsernen Trennwand war ein kleines Mädchen aus einem Vorort von Cambridge, Massachusetts, damit beschäftigt, lange blaue Perlenschnüre fein säuberlich und hoch konzentriert auf einem Holztisch aufzureihen. »Wir bitten unsere Beobachter, sich ähnlich zu verhalten wie Jane Goodall bei der Arbeit mit Schimpansen«, stand in der E-Mail von Castle O'Neill, Schulleiterin der Wild Rose Montessori School, wo die Lehrer sich bemühten, die Kinder so arbeiten zu lassen, als ob gar keine Lehrer anwesend wären. Die Räumlichkeiten befanden sich in einem Ladenlokal mit roter Backsteinfassade in der Massachusetts Avenue, ehemals ein Massagesalon. Castles Büro verstrahlte eine gemütliche Wärme, ähnlich wie ein Behandlungsraum. »Wir haben uns vorgenommen, diese dreistündige Beschäftigungszeit keinesfalls zu unterbrechen«, erklärte sie. Ich sollte aufmerksam zusehen und mit den Kindern nur dann interagieren, wenn sie von sich aus Kontakt zu mir aufnahmen.

Ein Mädchen und ein Junge kamen mit selbst gebastelten Papierfiguren vorbeigerannt. Eine Keramikerin, die als Artist-in-Residence hier tätig war, bemalte handgefertigte Schalen, aufmerksam beobachtet von einem blonden Jungen in blau-weiß gestreiftem T-Shirt. Still saß ich auf einem kleinen Holzstuhl und belauschte eine Gruppe von vier achtjährigen Jungen.

»Du meinst *sophisticated«*, sagte einer.

»Sophista-cookies«, kommentierte ein zweiter grinsend. Er trug einen Iro und einen Ohrstecker.

»Ihr benehmt euch wie Kraut und Rüben.«

Sie unterhielten sich nicht nur wie Beatpoeten, sie spielten auch mit mehreren Holzkästen. In jedem befand sich ein Vorrat an schwarzen und weißen Kacheln, die wie Bildschirmpixel in unterschiedlicher Auflösung aussahen. Sie sortierten sie neu und lernten dabei »rechnerisches Denken«. Dabei handelte es sich um eine neue Anwendung, die in der Schule gerade getestet wurde – eine zeitgemäße Ergänzung der Montessori-Methodik. Lehrer hielten sich in der Nähe auf und gaben gelegentlich Hinweise oder Kommentare ab.

Während Zak sich damit beschäftigte, erfand er eine Geschichte.

»Tänzerinnen«, begann er. »*Exotische* Tänzerinnen. Katzen, die durch brennende Reifen springen!«

»Das nennt man Zirkus«, merkte sein Freund an.

»Nein, kein Zirkus«, entgegnete Zak sachlich. »Es ist das tollste Spiel aller Zeiten! Mit Tänzerinnen. Tänzerinnen, die *explodieren!* Exotische Tiere und Tänzerinnen!«

Er ordnete die schwarzen und weißen Kacheln zu einem symmetrischen Muster an und überlegte, wie es weiterging.

»Exotische Tiere, die explodieren!«

Im ganzen Raum gaben sich fünfzehn Kinder derlei Tagträumen hin. Die Papierbastler hatten ihre Figuren leise unter einem Tisch verstaut und holten sich Hilfe beim Schreiben eines Drehbuches. Zwei ältere Mädchen gestalteten ein Plakat zum Valentinstag. Auf dem Sofa las ein Junge einem anderen mit verstellter Stimme aus *Drachenzähmen leicht gemacht* vor. Die Umgebung war angenehm ruhig. Überall standen Grünpflanzen, und an den Wänden hingen Bilder. Es gab Lernmaterialien aus Holz und fantasievoll illustrierte Bücher, wie von Maria Montessori vorgeschrieben. Die legendäre Pädagogin entwickelte ihr Konzept, als sie in Rom Kinder mit Lernschwierigkeiten unterrichtete, und gründete dann 1907 das Casa dei Bambini. Als Ärztin und Psychologin betrachtete sie die Entwicklung von Kindern aus wissenschaftlicher Perspektive und stellte fest, dass Kinder sich häufig von ganz allein ausdauernd mit Dingen beschäftigten, die sie interessierten. Montessori sah daher altersgemischte Klassen vor sowie Wahlfreiheit bei den Lerninhalten für die Schüler, konzentriertes Arbeiten ohne Unterbrechungen, keine benoteten Tests, besondere Unterrichtsmaterialien, Bewegungsfreiheit und den Ansatz des »Entdeckens«, um den Kindern innerhalb bestimmter Grenzen Freiheit zu geben. Der Grundgedanke war, an die natürliche psychische und soziale Entwicklung anzuknüpfen.[2]

Montessorischulen existieren als Randerscheinung im Schulsystem schon seit hundert Jahren, und verfestigen zunehmend ihren Ruf als Brutstätte der Kreativität. Im *Wall Street Journal* gab es einen Artikel über eine »Montessori-Mafia« in der kreativen Elite, zu denen etwa Absolventen wie Beyoncé, Sergei Brin und Larry Page von Google, Wikipedia-Gründer Jimmy Wales und Amazon-Chef Jeff Bezos gehören. In diesen Schulen lernten Kinder, schöpferisch tätig zu sein.

Wild Rose ist eine von sieben Wildflower Montessori-Schulen, in denen man darum bemüht ist, die Didaktik für das 21. Jahrhundert zu modernisieren. Der Entwurf sieht

Schulen mit einem einzigen Klassenraum vor, die flächendeckend in ehemaligen Ladenlokalen entstehen könnten – ohne zentrale Leitung. Wildflower wurde von dem Informatiker und Unternehmer Sep Kamvar gegründet, der zudem als Künstler tätig ist und mit digitalen Medien arbeitet. Mit »We feel fine« entwickelte er ein Programm, das das Internet kontinuierlich nach den Wortgruppen »I feel« und »I am feeling« durchsucht und unaufhörlich sammelt, was in diesem Zusammenhang geschrieben wird. Bisher sind dabei zwölf Millionen Einträge zusammengekommen. Ein zweites Projekt mit dem Titel »I Want You To Want Me« durchpflügte Dating-Plattformen nach bestimmten Aussagen und zeigte sie in Echtzeit in rosafarbenen und blauen Ballons, die über einen großen Bildschirm schweben und gelegentlich aneinanderstoßen. Diese Installation wurde 2008 zum Valentinstag im New Yorker Museum of Modern Art gezeigt, was Kamvar berühmt machte.[3] Mittlerweile leitet er die Social Computing Group des MIT Media Lab – ein modernes Mekka des kreativen Lernens. Wildflower ist dessen wichtigstes Projekt.

Der kleine Punk ging zu den Mädchen hinüber.

»Rosen sind rot«, begann er. »Veilchen sind blau. Wieso riechen die so mega, mega, mega, mega eklig?«

Das war eindeutig noch ausbaufähig.

»Stimmt, Hector, das ist wirklich eklig«, antwortete eines der Mädchen verschmitzt. Beide gingen weg.

»Zwei Stunden hintereinander!«, rief Zak. Er schaute gerade durch ein Mikroskop und lernte etwas über Zellen. Neben ihm saß ein Lehrer. »Und wie viele muss ich mitmachen?«

Ich hatte Castle gefragt, was die Kinder hier an der Wildflower-Schule lernen.

»Das, was sie wollen«, hatte sie geantwortet.

War *das* die Lösung? Könnte das die Zukunft des Lernens sein? Es war schwer vorstellbar. Kinder konnten diese Schule nur besuchen, wenn ihre Familie in der Lage war, jährlich Zehntausende Dollar dafür aufzubringen. Dieser Luxus war nur Kindern vorbehalten, deren Eltern zu jener Schicht gehörten, die im Speckgürtel von Cambridge, Massachusetts, wohnten. Aber war so etwas auch für jedermann vorstellbar? Wildflower-Schulen waren eine Hipster-Institution. Doch die Methoden Montessoris hatten sich seit über hundert Jahren bewährt. Sie selbst hatte in ihrer Arbeit mit den ärmsten Kindern Roms Erstaunliches bewirkt, und ihr Konzept schien wie gemacht, um genau jene Kompetenzen zu fördern, die Fachleuten zufolge in unserer heutigen Welt gefragt waren. Die Kinder arbeiteten zusammen. Sie waren schöpferisch tätig. Sie kommunizierten auf komplexe, gelegentlich auch absurde Art und Weise. Das ist doch genau das, wonach wir streben, oder?

Das MIT Media Lab lag ganz in der Nähe, und ich hatte dort später noch einen Termin mit Seps Team. Kamvar selbst war bekanntermaßen sehr schwer zu erreichen, weil er meist irgendwo surfen war oder sich in seiner Strandhütte künstlerisch betätigte. Da diese Künstlergruppe mit einem kreativen Team eine Schule eröffnet hatte, wo Kinder tun und lassen konnten, was sie wollten, hoffte ich, dass sie mir einen besseren Einblick in das Thema Kreativität geben und mir die Frage beantworten konnten, wie sie bei Kindern gezielt gefördert werden kann.

Die Schüler in ihrer vertrauten Umgebung zu beobachten verstärkte mein Bedürfnis nach Austausch zu diesem Thema noch mehr. Hier war etwas *anders*.

Als ich mich wieder umschaute, sah ich, wie die vier ältesten Jungen ein viel kleineres Kind mit einem Hut aus Papier umringten. Er hielt einen Pappkarton im Arm, der an drei Seiten ausgeschnittene Öffnungen hatte. Er hatte das Interesse an den Matheaufgaben verloren und deshalb eine Maschine gebaut, die das für ihn übernehmen sollte – ähnlich wie das chinesische Zimmer im Experiment von John Searle.* Man musste die Aufgabe auf einen Zettel schreiben und diesen auf der einen Seite hineinschieben. Dann wartete man eine Weile, und schließlich kam auf der anderen Seite ein neuer Zettel mit der Lösung heraus. Zauberei. Der Trick bestand darin, dass er selbst die Aufgaben löste, also der Geist in seiner eigenen Maschine war. Dazu diente die dritte Öffnung auf der Rückseite des Kartons, wo er seine Hand hineinsteckte und die Antworten notierte.[4]

Ich musste lachen. Nette Idee. Fast wie ein … Moment mal. Hatte er gerade den Computer erfunden? Er war fünf Jahre alt. Vielleicht war das *tatsächlich* die Lösung.

Übung macht zwar den Meister, schafft aber nichts Neues

Der unbeschwert freiheitliche Wildflower-Ansatz war mir ein wenig suspekt, schließlich war ich selbst durch die Walworth Academy ganz anders geprägt – viel strenger, mit Zensuren und Lernzielen. Aber ich war bereit, meine Skepsis im Zaum zu halten. Ich war nach Boston gereist, weil ich erfahren wollte, wie man bei Kindern Kreativität fördert. Experten aller Fachrichtungen – von Ken Robin-

* In diesem berühmten Gedankenexperiment stellt sich der Philosoph John Searle einen Mann vor, der mit einem Wörterbuch für Englisch-Chinesisch in einem Zimmer sitzt. Ein Helfer schiebt Zettel mit chinesischen Anweisungen unter der Tür durch, die der Mann mithilfe des Wörterbuches übersetzt und dann wieder zurückschiebt. Würden wir annehmen, dass der Mann in dem Zimmer Chinesisch beherrscht? Searle wollte anhand dieses Szenarios nachweisen, dass KI (zumindest die sogenannte schwache KI) nicht als wirklich intelligent gelten kann. Die Intelligenz werde lediglich *simuliert*.

son, der sie per se würdigte, bis hin zu Brynjolfsson und McAfee, die als Autoren von *The Second Machine Age* der Ansicht waren, dass sie uns vor der Herrschaft der Roboter bewahrt – halten sie für die allerwichtigste Eigenschaft, die bei Kindern heutzutage gefördert werden muss. Und obwohl ich anfangs skeptisch war im Hinblick auf die eher unstrukturierte Lernumgebung, sprechen sich Wissenschaftler zunehmend für interventionsfreie Lehrmethoden aus.

Vor dreißig Jahren begann ein Bildungspsychologe namens Benjamin Bloom sich mit dem Thema kreative Begabung zu beschäftigen. Der bebrillte Wissenschaftler untersuchte anhand von 120 jungen Männern und Frauen mit herausragenden Leistungen auf Gebieten wie Klavierspiel, Bildhauerei, Schwimmen, Tennis, Mathematik und Neurologie wie sie zu Meistern ihres Fachs geworden waren. Jahrzehntelang drängte er Schulen, das sogenannte *Mastery Learning* (Beherrschungslernen) zu fördern, das davon ausgegeht, dass jedes Kind mit genügend Zeit und der richtigen Unterstützung in einem Bereich zu Spitzenleistungen imstande ist. Seine Studie scheint diese These zu bestätigen. Das Genie der jungen Schützlinge war nicht das Ergebnis gottgegebener Begabung, sondern beruhte auf beharrlichem, stundenlangem Üben und verlässlicher Unterstützung seitens der Eltern.[5]

Durch das Buch *Überflieger* von Malcolm Gladwell ist uns das Konzept *deliberate practice* (bewusstes Üben) des Psychologen Anders Ericsson bereits vertraut.[6] Doch Blooms Studie zeigte darüber hinaus einen weiteren, bislang wenig beachteten, jedoch nicht minder entscheidenden Faktor für Virtuosität auf. Vor den vielfach beschriebenen 10 000 Stunden zum Erlernen der Grundstrukturen und Facetten der jeweiligen Betätigung stand eine »romantische« Anfangsphase, die durch spielerisches Erkunden und Experimentieren geprägt war – schlicht und einfach

Freude. »Ich wollte herausfinden, ob es möglich ist, dass ein intelligentes Kind zugleich gut integriert und sozial kompetent sein kann, mit einem Freundeskreis – ohne übertriebene Zielstrebigkeit«, sagte jemand aus der Elternschaft, die er dazu befragt hatte. Die erfolgreichsten und kreativsten jungen Leute wurden nicht von frühester Kindheit an zu Höchstleistungen getrieben, sondern vielmehr ermutigt, »sie selbst zu sein«, »vielseitig interessiert zu sein« und »ihre Fähigkeiten optimal zu nutzen«. Ihre Eltern hatten nicht versucht, kleine Genies heranzuzuziehen.

Ein anderer Psychologe, Adam Grant, formulierte es in seinem jüngsten Buch *Nonkonformisten* so: »Übung macht zwar den Meister, schafft aber nichts Neues.«[7] Dies belegte er mit einer Studie an Familien von außergewöhnlich kreativen Heranwachsenden in den USA. Erstaunlicherweise kamen jene Jugendlichen, die zu den kreativsten fünf Prozent ihres Schulsystems zählten, nicht aus Familien, die in puncto Kreativität über dem Durchschnitt lagen, sondern aus Elternhäusern, die großen Wert auf Eigenständigkeit legten.[8] Während die meisten befragten Eltern ihren Kindern im Schnitt sechs Regeln auferlegten, hatten die kreativsten jungen Leute lediglich eine zu befolgen. Kreativität beginnt also mit Freiheit.

Die Neurowissenschaft ist allmählich in der Lage, nachzuweisen, dass am kreativen Prozess zwei spezifische Hirnareale beteiligt sind, und diese im Gehirn zu verorten. Handwerk und harte Arbeit beruhen auf sogenanntem *konvergenten* Denken, einem zielgerichteten Denkprozess, der ein hohes Maß an kontrollierter Aufmerksamkeit erfordert. Dennoch gibt es, wie Archimedes herausfand, auch ein deutlich erkennbares Muster von Gehirnaktivität unmittelbar vor Momenten kreativer Erkenntnis – und diese treten häufig auf, wenn wir uns zum Beispiel im Badezimmer befinden und ganz entspannt sind.[9] Hier haben wir es mit *divergentem* Denken zu tun. Mit Hilfe bildgebender Verfahren zeichnete der Neurowissenschaftler John Kounios diese zerebralen Eruptionen auf und stellte fest, dass sie in der Regel von einer vorübergehenden Hemmung der visuellen Verarbeitung in der rechten Hirnhälfte begleitet werden und zudem im gesamten Gehirn Aktivitätsspuren hinterlassen. Diese Form von Inspiration lässt sich nur dann erzielen, wenn man sich gerade *nicht* auf etwas konzentriert. Sie erfordert assoziatives Denken, das heißt, unser kreatives Potenzial hängt im Allgemeinen nicht von der Tiefe des Wissens ab, sondern von dessen Breite, was die Sache nicht gerade erleichtert.

In einem Artikel für die *New York Times* zitierte Grant das bekannte Diktum Einsteins, dass die berühmtesten Wissenschaftler immer auch Künstler sind.[10] Neue Ideen entstehen durch das Verknüpfen unterschiedlicher Gebiete. Dies erfordert Zeit und Muße. Im Vergleich mit anderen Wissenschaftlern, so Grant, sind Nobelpreisträger – die als ungewöhnlich kreativ oder kompetent auf ihrem Gebiet gelten – nicht selten Universalgelehrte. Bei ihnen liegt die Wahrscheinlichkeit 22-mal so hoch wie bei anderen Wissenschaftlern, dass sie nebenbei schauspielerisch oder anderweitig darstellend tätig sind, 12-mal so hoch, dass sie Schriftsteller sind und doppelt so hoch, dass sie ein Instrument spielen oder Musik komponieren.[11] Einstein schrieb seine größte Erkenntnis überhaupt seinen assoziativen Fähigkeiten zu. Die Relativitätstheorie sei ihm rein intuitiv in den Sinn gekommen, erzählte er Shinichi Suzuki, dem Erfinder der berühmten »Muttersprachenmethode« zum Erlernen eines Musikinstruments. Musik sei die treibende Kraft hinter dieser Intuition.[12]

Tigermütter und Lombardi-Väter sollten zur Kenntnis nehmen, schrieb Grant, dass man ein Kind nicht darauf programmieren könne, kreativ zu sein. Wenn man versuche, eine bestimmte Art des Erfolgs zu erzielen, erhalte man bestenfalls einen ambitionierten Roboter. Sollten Kinder jedoch eigene Ideen entwickeln, müsse man zulassen, dass sie ihren eigenen Interessen nachgehen, nicht den elterlichen.[13] Dies ist das genaue Gegenteil dessen, wie wir heute in Europa, den USA oder Asien üblicherweise über Schule denken. Wir bereiten Kinder unaufhörlich auf wichtige Prüfungen vor und rauben ihnen die Zeit zum Spielen. Daran muss sich etwas ändern, dieser Ansicht war auch Einstein. Obwohl sein Kopf durch jahrelanges Lernen und Informationen angefüllt war, empfand er vor allem die Zeit, wenn er seinen Gedanken nachhängen und sich neuen, ungewöhnlichen Assoziationen hingeben konnte, als Quelle seiner wichtigsten Erkenntnisse. »Fantasie«, sagte er, »ist wichtiger als Wissen.« Doch wie entwickelt man sie?

Mit dieser Frage im Hinterkopf reiste ich nach Finnland. Dieses für seine fortschrittliche Politik, Aufgeschlossenheit und den sozialen Zusammenhalt gerühmte Land war zudem ein Paradies für Schulkinder. Wo andere Länder ihre Kinder wie Hühner in Legebatterien einpferchten, setzten die Finnen schon immer auf Freilandhaltung.

Finnische Lektionen

»O ja, sie haben ihre künstlerischen Differenzen«, versicherte mir Mervi Kumpulainen an einem regnerischen Morgen in Vantaa, unweit des Flughafens von Helsinki. Fünf zehnjährige Tarantinos drehten auf dem Klettergerüst einen Film – eine etwas stereotype Betrachtung von filmischer Gewalt. Mit ihren Steppjacken und hochgezogenen Kapuzen waren sie als Autorenfilmer eher unglaubwürdig – wirkten jedoch ausgesprochen zufrieden mit ihrem kreativen Prozess.

Mervi, die hippste und entspannteste Grundschullehrerin, der ich je begegnet bin, beobachtete sie aus einer gewissen Distanz, und erklärte mir, dass sie ihnen genügend Raum geben wolle. Aus einer etwas entfernten Baumgruppe tauchten weitere Kinder auf, die mit Zweigen bewaffnet waren. »Wir fragen uns immer wieder nach dem richtigen Maß von Freiheit«, erzählte sie. Diese Frage berührte die Grundfesten der Hiidenkiven Peruskoulu, der ich gerade einen Besuch abstattete. Sie galt als eine der innovativsten Schulen weltweit. *The Economist* hatte sie sich ebenfalls kürzlich angesehen, mit dem gleichen Ansinnen wie ich: einen Einblick in die viel gerühmten finnischen Methoden zu erhalten.

Nachdem die hiesigen Teenager alle Welt – die Finnen eingeschlossen – überrascht hatten, indem sie sich beim PISA-Test im Jahr 2000 als die klügsten der Welt erwiesen, entwickelte sich Finnland allmählich zur führenden Marke im globalen Lernen. Obwohl sich die finnischen Ergebnisse seitdem leicht verschlechtert haben (Finnland erreichte im jüngsten PISA-Test den fünften Platz, woraufhin manchenorts sofort die Befürchtung geäußert wurde, den Schulen drohe möglicherweise das gleiche Schicksal wie Nokia), ist das Land nach wie vor ein Leistungsträger und belegte 2016 den ersten Rang in der Humankapital-Studie des World Economic Forum, bei der untersucht wurde, wie gut es den einzelnen Ländern gelingt, den Bürgern zur vollen Entfaltung ihres Potenzials zu verhelfen – sowohl als Arbeitskräfte als auch im Privatleben. Passenderweise für ein Land, das berühmt ist für seinen glühenden Hang zum Individualismus (als Heimat der Mumins, von Marimekko und der Gewinnerband des Eurovision Song Contest Lordi ist Finnland der einzige Ort auf der Welt, wo ich noch Punks im Stil der Achtzigerjahre auf der Straße gesehen habe), gelang dies mit einer ganz eigenen Einstellung zum Lernen. Während in Ostasien Bildung mit Drill praktiziert wird, ist man in Finnland der Auffassung, dass weniger mehr ist. Die Kinder werden hier mit sieben Jahren eingeschult. Bis zum Alter von 16 lernen sie gemeinsam in Einheitsschulen wie Hiidenkiven; der Unterricht beginnt generell um 9 Uhr und endet um 14 Uhr. Hausaufgaben gibt es wenig bis keine. Dies erscheint als das genaue Gegenteil von Rocketship oder KSA, deren Modelle so effizient für eine Verbesserung der Zensuren sorgen.

Weniger Input, besserer Output klang auf den ersten Blick absurd. Es sei denn, man führte sich das Wesen des Lernens umfassend vor Augen – insbesondere des Erlernens von Kreativität.

»Ich bin ein Fernsehproduzent in Rekonvaleszenz«, witzelte Saku Tuominen von seinem Platz hinter einem ovalen weißen Tisch in seinem minimalistisch eingerichteten Büro mit Blick auf den Finnischen Meerbusen. Vor dem Fenster erstreckte sich eine große Wiese, die sanft in Richtung Ostsee abfiel, aus der sich zahlreiche flache Granitinseln mit Fischerhütten erhoben. Als Autor von zehn Büchern – sieben über Kreativität und den menschlichen Geist, drei über die italienische Küche – und ehemaliger weltweit angesehener TV-Manager (Aktuelles, Unterhaltung, Quizsendungen) ist Tuominen die personifizierte finnische Kreativität. Während er im Eiltempo altbekannte Weisheiten rezitierte (»Die Welt verändert sich und so weiter … bla bla bla, Schule ist Mist«) und neue hervorbrachte (»der Ausdruck ›lebenslanges Lernen‹ ist falsch … es ist lediglich das Mittel zum Zweck für lebenslanges *Tun*«), sah er – bekleidet mit Jeans und grauem Kaschmirpullover – aus wie ein Imageberater des 21. Jahrhunderts aus einem skandinavischen Politthriller, der sich am Wochenende zu Hause entspannt.

»Ich bin der Chef von diesem *Chaos.*« Er machte eine weite Geste, um seine Aussage sogleich zu relativieren. »Dabei ist es gar kein Chaos. Es ist übersichtlich. Und es ist relevant.« Mit *Es* war HundrED gemeint, ein Projekt, das er im Jahr 2017 zu Finnlands hundertstem Geburtstag gestartet hatte. Das Ziel bestand darin, die hundert führenden Innovationen im finnischen Bildungswesen aufzuspüren und sie dem Land und der Welt zu schenken. Er teile William Gibsons Ansicht, dass die Zukunft bereits da sei, allerdings ungleich verteilt, und er hatte die Chance gesehen, mit der starken finnischen Marke »Großes und Wichtiges von globalem Ausmaß« zu erreichen. Nichts ist Tuominen wichtiger als die Schulen. Seiner Ansicht nach betraf die größte Kluft im Hinblick auf das Lernen genau sein Spezialgebiet: die Kreativität. »Obwohl keineswegs alles schlecht ist, gibt es Dinge, die sich enorm verbessern lassen«, fuhr er fort, »Kreativität, Denkfähigkeit, Globalisierung.« Er arbeitete als Leiter eines Beratungsunternehmens, das ausgebrannte, erschöpfte Fünfunddreißigjährige in Kreativität schulte, als er plötzlich erkannte, dass er besser im Kindesalter ansetzen sollte.

Tuominen sah die Zukunft des Lernens als Dreieck, das es auszubalancieren galt. Ganz oben stand die Allgemeinbildung. »Geschichte, Mathematik und so weiter.« Das war nur schwer veränderbarer Stoff wie Euklidsche Geometrie, Newtonsche Physik und der literarischer Kanon. An nächster Stelle folgte die Denkfähigkeit. »Man muss imstande sein, das, was man lernt, zu hinterfragen und in Bezug zu setzen.« An dritter Stelle stand die Handlungskompetenz. »Es ist wichtig, dass man vom Denken zum Tun übergehen kann.« Mangelte es an einem dieser Aspekte, wurden die Kinder ungenügend auf die Zukunft vorbereitet. Wenn etwa die Fähigkeit zum Handeln fehlte, war Arbeitslosigkeit praktisch vorprogrammiert. Gab es Defizite beim Denken, waren die Betroffenen durch die Komplexität der Welt überfordert. Und wenn es an der Allgemeinbildung haperte, »gerät man schnell in die Situation, dass alle Menschen werden wie Donald Trump«. Gegenwärtig sind unsere Bildungssysteme zu sehr auf Allgemeinwissen ausgerichtet, zulasten des Denkens und der Kreativität. Selbst in Finnland. Er war entschlossen, dies zu ändern, und zwar durch Stärkung der Kreativität, die für ihn beinhaltete, dass man gleichzeitig denken und handeln konnte.

»Kreativität ist der Wille, etwas zu verbessern«, erklärte er und kam in Fahrt. »Ein Künstler strebt danach, seine Darstellung von Schmerz zu verbessern oder die Farbe Blau deutlicher zu machen oder eine Melodie noch schöner zu gestalten.« Wenn man sich verbessern will, muss man zwangsläufig die Erfahrung annehmen, gelegentlich zu scheitern. »Nicht alles erweist sich als praktikabel.« Diese Tatsache wird in der Schule fatalerweise nicht vermittelt. Vor Kurzem begleitete er als Mentor ein hochbegabtes finnisches Mädchen, »eine Studentin mit absoluten Spitzennoten«, die anschließend als Jungunternehmerin jedoch einen wahren Albtraum erlebte. Die Schule hatte sie zur Perfektionistin geformt, doch in der wirklichen Welt war Flexibilität gefragt. Im »Bildungssystem geht es einzig und allein um richtige Antworten«, fuhr er fort. »Aber das Leben schert sich nicht um richtige Antworten.« Er befürchtete, dass angesichts der Leistungsstärke des Systems für die Finnen der Fall praktisch vorprogrammiert war.

»Ein altes Sprichwort besagt: ›Wenn etwas nicht kaputt ist, muss es auch nicht repariert werden.‹ Falsch«, rief er.

Genau darin bestand auch das Nokia-Dilemma. Das Unternehmen florierte, doch versäumte es sich anzupassen. Als das vorhandene Geschäftsmodell ins Straucheln geriet, war es bereits zu spät. Beim Thema Lernen war das Problem seiner Ansicht nach weit größer. »Woher wissen wir denn, was funktioniert?« Er hatte Sorge, dass die Welt mittlerweile geradezu besessen war von Messbarkeit. Als Finne sah er das äußerst kritisch. »Wir lieben Zahlen. Woher will man wissen, dass eine Sache funktioniert?

Weil 4,2 Prozent von irgendwas…« Er beendete den Satz nicht. Er wollte darauf hinaus, dass wichtige Eigenschaften wie Neugier, die Fähigkeit zu hinterfragen oder Kreativität sich nicht kategorisieren ließen. »Wie will man so etwas messen?«, fragte er. »Was ist, wenn man die Messmethode anzweifelt? Oder die *Schule* an sich?« Er befürchtete, dass britische und amerikanische Schulen gar nicht in der Lage sind, kreatives Denken wertzuschätzen. Denn schließlich untergrub es die Autorität der Lehrer und stellte das Notensystem infrage.

Darüber hinaus haben wir leider auch die problematische Vorstellung verinnerlicht, dass Kreativität lediglich aus Momenten der Erkenntnis bestehe.

»Es wird viel zu viel Augenmerk auf das Denken gerichtet und viel zu wenig auf das Tun.« Statt unter Kreativität immer nur »denken, denken, denken«, gefolgt von »tun, tun, tun« zu verstehen, müssen wir es als Zyklus von »denken und tun, denken und tun, denken und tun« begreifen. Die Schule konzentriert sich häufig viel zu sehr auf den Verstand. Ich dachte zurück an meine eigene Schulzeit, als ich still über Büchern brütete und Hunderte von mathematischen Gleichungen löste. Zugleich erinnerte ich mich an meine mühsamen kreativen Bemühungen, bei denen ich lang und quälend über einer Kunstaufgabe oder einem Aufsatz grübelte, und dann nicht selten nach dem ersten misslungenen Versuch aufgab. Hätte man mir damals beigebracht, dass die besten Arbeiten oft erst nach Hunderten Versuchen entstanden und vielfaches Scheitern dazugehörte, während man im Verlauf des Arbeitsprozesses immer wieder kleine Verbesserungen vornahm, wäre ich erheblich besser auf das Leben außerhalb der Schule vorbereitet gewesen. Und vermutlich hätte ich auch dieses Buch schon viel früher geschrieben.

»Handeln ist eine wunderbare Art des Denkens«, erklärte Tuominen. Dies gilt jedoch nur, wenn wir bereit sind, das Scheitern in Kauf zu nehmen und zu überwinden. »Probleme sind nie etwas Schlechtes. Sie sind großartig. Auch Hindernisse sind nicht schlimm, sondern toll. Denn jedes einzelne von ihnen macht uns zu dem, was wir sind.« Unsere Schulen haben den Perfektionismus derart stromlinienförmig verinnerlicht, dass Kinder gar nicht mehr unbefangen mit Versuch und Irrtum experimentieren können, doch Klassenarbeiten zwingen sie dazu. In Zukunft brauchen Kinder deutlich mehr Freiheit und mehr Chancen zu scheitern, insbesondere dann, wenn sie schöpferisch *tätig* werden sollen. Wenn das für sie eine Option sein soll, dann müssen wir ihnen Raum zum Ausprobieren geben. »Der wichtigste Lerninhalt, den wir in der Schule vermitteln müssen, ist ein dynamisches Selbstbild«, betonte Tuominen und bezog sich damit auf das von Carol Dweck propagierte Konzept. Probieren, probieren und nochmals probieren. Daran glauben, dass man sich verbessern kann.[14]

Kehren wir zurück zur Hiidenkiven-Schule, wo ich mit Mervi hinüber zum Klettergerüst ging. Sie hatte in Großbritannien an der Birmingham University studiert und war danach nach Finnland zurückgekehrt, um zu unterrichten. Hierzulande gab es zehn Bewerber für jeden Platz der Ausbildungsprogramme für Grundschullehrer, er gilt als angesehener Beruf. Ich hatte gehört, dass bei Finninnen und Finnen Grundschullehrer als beliebtester Beruf für potenzielle Lebenspartner galt. »Ich fürchtete, dass ich keine besonders gute Lehrerin sein würde. Man muss ziemlich streng sein«, sagte sie. Doch ihre Art von Strenge kannte ich bisher noch nicht. In den Holzspänen unter der Schaukel mimten drei Jungen gerade eine Prügelei, die ein anderer mit dem iPad filmte. Es war eine Schlüsselszene. Ihr bester Freund lag nach einem schlimmen Fahrradunfall schwer verletzt im Krankenhaus, und es fehlte an Geld für die nötige Operation. Deshalb griff die Jungsclique zu

Robin-Hood-Methoden. Ihr Opfer war ein Ladenbesitzer. Sie wollten die Szene noch einmal aufnehmen. Später würden sie an die Eltern Tickets verkaufen und ihnen die fertig bearbeitete Version vorführen.

»Cut!«, schrie jemand vom anderen Ende des Spielplatzes. Ein Junge mit Beatles-Perücke und einem viel zu großen weißen Eishockey-Trikot rannte schreiend an einem zweiten Filmteam vorbei, verfolgt von – ja, von was? Einem Zombie? »Alle drehen Horrorfilme«, merkte Mervi lachend an. Die Gruppe im Wald hatte Laub und Zweige gesammelt, kam auf Mervi zu und zeigte ihr alles. Sie nannte ihnen die Bezeichnung zu jedem einzelnen Fundstück. Das Zombie-Filmprojekt steckte offenbar in der Krise, der Regisseur war in Tränen aufgelöst. Mervi nahm ihn resolut in den Arm. Kreative Freiheit war nicht immer einfach. Manchmal führte sie auch zu unbefriedigenden Ergebnissen – die Endfassungen der Filme würden ganz sicher nicht den Qualitätsmaßstäben des skandinavischen *Film noir* standhalten. Das würde bei den Kindern für Enttäuschung sorgen, doch sie waren mit Eifer bei der Sache und betätigten sich schöpferisch. »Filmen ist sehr motivierend«, bestätigte Mervi. Die gesamte Konstellation widersprach gänzlich meinen Erfahrungen. Ich konnte kein richtiges Lernziel erkennen, und mir fehlte die Stringenz. Die finnische Erziehungsmethode kam mir ein wenig, nun ja, chaotisch vor. Doch ich ahnte langsam, dass genau dies der Knackpunkt war.

»Wir betonen immer wieder, dass es in Ordnung ist, Fehler zu machen, und dass man auch dumme Fragen stellen darf«, erläuterte Ilppo Kivivuori, der stellvertretende Hiidenkiven-Schulleiter, beim Mittagessen. Wenn Mervi schon eine recht ungewöhnliche Grundschullehrerin war, so galt das für Ilppo in seinen schwarzen Röhrenjeans und dem schwarzem T-Shirt umso mehr. Er hatte Geschichte studiert mit einem Masterabschluss in Theoretischen Studien und hatte einen vollkommen anderen Blick auf Schule. Er sprach nicht über die Leistungen der Schüler, sondern über die Frage, wie man entsprechende Rahmenbedingungen schafft, damit jeder Einzelne seine Identität erkennen konnte und die Schule zu einer Gemeinschaft wurde. In Finnland begleiteten Lehrer eine Klasse häufig über sechs Jahre hinweg, vom siebten bis zum dreizehnten Lebensjahr. »Das soll für ein sicheres soziales Umfeld sorgen.« Die Klasse kennt sich dadurch so gut, dass sie keine Angst vor dem Scheitern haben und unbefangen agieren können. Das ist wichtig für die Kreativität. »Wenn man etwas anders macht, funktioniert das nicht immer auf Anhieb.«

Ein weiterer Lehrer setzte sich mit an den Tisch und beteiligte sich an unserem Gespräch. »Nichts kann sich entwickeln, wenn man nicht den nötigen Raum dafür hat. Zuerst nur ein winziges bisschen Raum. Dann ein klein wenig mehr. Und dann noch mehr. Es sind ja schließlich Kinder. Sie brauchen Zeit zum Spielen. Wir verlangen von ihnen nicht, dass sie 45 Minuten still sitzen und zuhören. Das ist für Siebenjährige nahezu unmöglich, denken wir hier in Finnland.« Das Spielerische ist ein zentrales Element ihrer Methodik. Es sorgt für Raum zum Atmen. »Sie brauchen ein paar Grundregeln«, erklärte Ilppo, »aber diese Regeln müssen sinnvoll sein und zum Leben der Erwachsenen passen. Wir berücksichtigen die natürliche Entwicklung im jeweiligen Alter.« Darunter vor allem der kindliche Wunsch nach Freiheit, der ihre Kreativität und Neugier anfachte. Aus britischen und amerikanischen Schulen war alles Spielerische verbannt worden, während man hier bewusst daran festhielt. Das hatte einen plausiblen Grund. Im Spiel liegt die Wurzel der Kreativität, die wiederum Garant für lebenslangen Erfolg ist. »In der Mathematik sollten die Schüler auch in der Lage sein, Gleichungen zu bilden, die einen selbst entwickelten Praxisbezug haben. Es geht nicht nur um das reine Lösen von Aufgaben.«

Dies war einer der Gründe, weshalb finnische Teenager im internationalen Vergleich so gut abgeschnitten hatten. Sie hatten weniger straff vermittelten Stoff zu bewältigen als Jugendliche in anderen Ländern, doch die *Art* des Lernens machte tatsächlich einen Unterschied. Bei internationalen Vergleichstests wurden die Fähigkeiten untersucht, die in der heutigen Welt gebraucht werden, wie etwa das Lösen realer komplexer Probleme oder das kritische Denken. Darin waren die jungen Finnen absolute Spitze – und zwar nicht als leistungsorientierte Lernmaschinen, sondern als vielseitige Persönlichkeiten mit einem guten Gespür für sich selbst und ihren Platz in der Gesellschaft. Nach Saku Tuominens Ansicht hatte Finnland in dieser Hinsicht zwar noch einen weiten Weg vor sich, doch das Fundament für die Zukunft war das richtige.

In Tuominens Büro gab es Unmengen von Büchern, die im Regal allesamt nach Farbe sortiert waren. Es waren Titel wie *Glimmer, Blur* oder *Think Like Da Vinci.* Als Tuominen selbst noch in die Schule ging, war Eishockey seine einzige große Leidenschaft gewesen. Eines Tages, als im Unterricht eine besonders komplizierte finnische Grammatikregel behandelt wurde, hatte er seine Lehrerin gefragt, wozu er das eigentlich lernen müsse. »Das ist nicht für alle gleich wichtig«, bekam er damals zur Antwort. »Man kann entweder besonders schön formulieren oder eben durchschnittlich. Beides ist okay. Die Menschen sind unterschiedlich. Du musst dich nur entscheiden, was für ein Mensch du bist. Liegt Sprache dir am Herzen, oder spielt sie für dich keine große Rolle?« Individuelle Freiheit und Verantwortung spielen eine enorm große Rolle im Bildungswesen Finnlands. Und Freude ebenfalls. In ihrer weltweit führenden Ausbildung erhalten finnische Grundschullehrer Klavierunterricht und lernen Schlittschuhlaufen. Der britische Grundansatz dagegen kam mir allmählich arg gleichgerichtet vor.

»Entweder man liebt es oder eben nicht«, sagte Tuominen zum Abschluss. Er hatte die Freude am Fernsehen verloren und seine neue Berufung im Bildungswesen gefunden. Die Worte seiner Lehrerin waren ihm erst wieder in den Sinn gekommen, als er selbst Autor war. Genau wie bei Lilas ging es darum, den Bereich zu finden, für den man sich wirklich begeistert.

Alle Schulen sollten Kunstschulen sein

Sobald man ihn gefunden hat, muss man so viel wie möglich daraus machen. Nachdem Bloom den Mythos Talent erst einmal entzaubert hatte, wurde das Thema durch den Psychologen Anders Ericsson wieder aufgegriffen. Als Teenager hatte er oft mit einem Mitschüler Schach gespielt und diesen regelmäßig mühelos besiegt, bis er ihm eines Tages unvermittelt unterlag. Ericsson war fasziniert und ein wenig verärgert zugleich. War *er* nicht der bessere Schachspieler? Sie hatten schon so oft gegeneinander gespielt, wie konnten sich ihre Fähigkeiten derart unterschiedlich entwickeln? Der junge Schwede beschloss, sich genauer damit zu beschäftigen. Er stieß auf eine Erkenntnis von Francis Galton (dem Vetter von Charles Darwin, der alle Welt davon überzeugt hatte, dass das Maß von Intelligenz im Menschen angelegt ist), laut der Arbeitseifer und Arbeits*kraft* entscheidend seien für die Virtuosität als angeborene Fähigkeit. Traf das tatsächlich zu? Ericsson machte sich daran, eine Reihe von deutschen Geigern zu untersuchen, um herauszufinden, was die Experten von ihren relativ guten bis mittelmäßigen Kollegen unterschied.[15]

Dabei stellte er fest, dass Spitzenmusiker bis zum Alter von 20 Jahren mindestens 10000 Stunden *deliberate practice,* also bewusstes Üben absolviert hatten – eine Erkenntnis, die sich bald herumsprach.

Heute ist dieses hohe Pensum an Übungsstunden eine Binsenweisheit, wenn es um herausragende Leistungen geht.[16] Doch als diese Idee Verbreitung fand, gerieten unsere Bildungssysteme unter Druck, diese Erkenntnis nicht nur auf kreative Bestrebungen anzuwenden, sondern vor allem auf Mathematik, Sprachen und Naturwissenschaften, wodurch den Schülern erheblich mehr Zeitaufwand für diese Fächer aufgebürdet wurde, um akzeptable Noten zu erzielen, was wiederum die romantische Phase eliminierte, in der sie über den nötigen Freiraum verfügten, um sich spielerisch mit den neuen Dingen zu beschäftigen. In den Schulen ging das wachsende Verständnis für die Mechanismen der Kreativität mit einem Rückgang der kreativen Betätigung einher. In Großbritannien sank die Zahl der GCSE-Prüfungen in künstlerischen Fächern im Jahr 2016 um acht Prozent.[17] Bis 2014 verringerte sich innerhalb von sieben Jahren die Zahl der Schüler, die das Fach Musik wählten, von 60000 auf 43000, bei Kunst oder Design von 211000 auf 177000, und Schauspiel belegten von zuvor 102000 nur noch 71000.[18] Obwohl sich Kreativität keineswegs auf künstlerische Fächer beschränkt, ist dieser Trend symptomatisch für den kleiner werdenden Horizont an unseren Schulen. Während wir einerseits kreative Betätigungen zunehmend als wichtig erachten, erleben wir andererseits, dass diese Fächer allmählich aus den Stundenplänen verschwinden.

Das Wissen, wie wichtig Fleiß und ausdauerndes Üben sind, stellt einen Fortschritt und Rückschritt *zugleich* dar. Wie Tuominen betonte, ist das Handeln ein entscheidendes und häufig übersehenes Element der Kreativität. Wir alle haben das Zeug zum Experten und sind von Natur aus kreativ. Dennoch tun sich 99 Prozent eher schwer damit, und nur ein Prozent macht etwas daraus. Als der

Künstler *Bob and Roberta Smith* ein grelles Schild mit dem Slogan »Alle Schulen sollten Kunstschulen sein« malte, protestierte er damit gegen diesen Zustand. Dabei ging es ihm gar nicht nur um mehr Unterricht in Fächern wie Musik, Kunst und Theater. Vielmehr wollte er die Schulen dazu anhalten, generell andere, kreativere Formen des Lernens aufzugreifen. In East London gibt es eine Schule, an der genau das praktiziert wird. Sie verspricht Kindern eine Art von Unterricht, der sie auf das 21. Jahrhundert vorbereitet, auf althergebrachte Weisheiten verzichtet und unaufhörlich darum bemüht ist, es besser zu machen. Ich meldete mich zu einem Besuch an.

Vielleicht sollten alle Schulen Handwerksschulen sein

Kreativität hatte für Oli de Botton nichts mit zeitintensiven politischen Kampagnen zu tun. Dort war Durchhaltevermögen gefragt. Der junge aufstrebende Labour-Politiker hatte nach fünf Jahren das Handtuch geworfen, weil er nicht genügend Sitzfleisch besaß, um als ambitionierter Aspirant endlos quälende Stunden in Ausschusssitzungen zu verbringen, bis das bürokratische Stockholm-Syndrom einsetzte. Dazu war de Botton viel zu sehr Idealist. Er liebte die Politik und wollte die Welt verändern, aber David Milibands Niederlage nach dem Muster *Auch du, Brutus?* gegen seinen Bruder Ed ging ihm dann doch zu weit und traf ihn persönlich.

»Ich kam nicht gut damit zurecht, dass diese Welt bereit ist für einen Wandel und diesen klug angehen sollte …« Er kam ins Stocken. »Meine Erfahrung zeigte jedoch, dass dies nicht der Fall war.«

Zu dieser Zeit traf er auf Peter Hyman, einen früheren Redenschreiber für Tony Blair, der nach zehn Jahren in der Politik der Downing Street No. 10 den Rücken gekehrt hatte, um Geschichte zu unterrichten – zunächst mehr schlecht als recht, an einer Gesamtschule in North London. Die beiden waren sich darin einig, dass britische Schulen ihrem Zweck nicht entsprachen. Gegenüber dem *Guardian* sagte er über seine eigene Schulzeit, dass man Menschen nicht zweieinhalb Stunden schriftlich prüfen und sie dabei nur Fakten wiederkäuen lassen könne. Ein solches System sei absolut am Ende.[19] Der Idealismus der beiden war jedoch ungebrochen, und so beschlossen sie, ihre von Frustration überlagerte intellektuelle und emotionale Energie in die Gründung einer neuen Schule zu investieren.

»Wenn man ein Linker ist«, fragte de Botton, »wo soll man dann sonst anfangen, die Welt zu verändern? Das ist eine sehr lohnende Arbeit.« So griffen sie ganz bewusst die von ihnen wahrgenommenen Schwächen im System auf und begannen eine Schule für *heute* zu konzipieren. Dabei strebten sie an, die Leistungskluft zwischen armen und reichen Kindern zu schließen und Kompetenzen zu fördern, die im 21. Jahrhundert gefragt sind wie z.B. kritisches Denken, freie Meinungsäußerung, Wohlbefinden und Kreativität. School 21 nannten sie ihre Schule. Sie ist zukunftsgewandt, beruft sich im Kern jedoch auf das eher traditionelle Konzept der Handwerkskunst.

Ich traf de Botton an einem Oktobermorgen, nachdem ich mit der Central Line hinaus nach East London gefahren war. Die fast leere Bahn passierte die hohen Wohnblöcke von Stratford, wo sich die Schule befand. In den Jahren vor den Olympischen Spielen in London war das hier die Zukunft gewesen. Schon vom Bahnsteig aus erkannte ich Zaha Hadids Pringle-förmiges Wassersportzentrum und das erst kürzlich neu belebte Sportlerdorf, wo inzwischen Geflüchtete und junge Hipster wohnten und das noch nicht wirklich in das Londoner Stadtgefüge integriert war. An den Bahnhof schloss sich eine riesige Westfield Mall an, die zum grenzenlosen Shoppingspaß einlud. Ich schlug jedoch die entgegengesetzte Richtung ein und eilte in einem Strom von Menschen durch das alte Einkaufzentrum, vorbei an Busbahnhof, Shoe Zone und Sports Direct. Die Schule befindet sich im vorolympischen Stratford, einer von Autowerkstätten und Party-Locations wie dem Rex geprägten Gegend. 104 Sprachen werden in diesem Viertel gesprochen, damit weist es die größte ethnische Diversität des gesamten Landes auf. Ein durchaus realistischer Eindruck von der künftigen Welt, dachte ich, als ich die Klingel des flachen Schulbaus drückte, der inmitten von Reihenhäusern lag. Reich und arm, alt und neu – all das befand sich in diesem Metropolen-Ausläufer auf wenigen Quadratkilometern Tür an Tür. Aus diesem Außenbezirk pendelten täglich Hunderttausende Berufstätige in die Hauptstadt, um dort Gebäude zu errichten, Wohnungen zu putzen, Computer zu programmieren oder Werbekampagnen zu entwickeln.

»Schulen sind die letzten Bastionen autoritärer Befehlsgewalt, oder?«, fragte de Botton gleich zu Beginn unseres Gesprächs. »Die letzten noch verbliebenen Hierarchien.«

Er deutete auf sein geräumiges Büro. Ein Whiteboard zeigte ein großes Venndiagramm, dessen vier überlappende Kreise mit Schleicher, Hirsh, Dewey und Freire beschriftet waren. Der Altphilologe und Cambridge-Absolvent de Botton zitierte aus dem Stegreif Hegel und streute ganz nebenbei Phrasen wie *sui generis* ein.[20]

»Wenn man Unternehmen wie KPMG oder ähnliche aufsucht«, fuhr er fort, »dann findet man dort keine Büros.« Schulen ahmten nach wie vor Strukturen aus der Wirtschaft nach, die dort längst obsolet waren. Dies zeigte deutlich, wie sehr das System in der Vergangenheit verhaftet war und an überkommenen Vorstellungen von Produktivität festhielt. Die Labour-Partei unter Tony Blair folgte der gleichen Doktrin, was zwar zu geringfügigen

Verbesserungen der GCSE-Notendurchschnitte führte, jedoch im internationalen Vergleich keine Steigerung bewirkte. Vielmehr geht aus diesen Daten hervor, dass die sechzehn- bis vierundzwanzigjährigen Briten mit ihren Lese-, Schreib- und Rechenleistungen zu den Schlusslichtern der gesamten entwickelten Welt gehörten.[21] De Botton und Hyman hatten sich bei den Planungen ihrer School 21 bewusst von diesem Zeitgeist abgewandt. Das Büro des Schulleiters bildete jedoch eine Ausnahme.

»Der Ansatz, den Unterricht zu straffen und den Lehrplan auf Inhalte zu reduzieren, die sich in mundgerechten Häppchen vermitteln lassen«, argumentierte er aufgebracht darüber, dass diese Strategie sich schleichend immer weiter ausbreitete, »kann doch nicht die Lösung sein.« Viele Schulen wurden dafür gepriesen, dass sie auf Effizienz setzten und Methoden wie Fünf-Minuten-Stundenpläne oder automatisierte Benotung anwandten. Doch seiner Ansicht nach setzte der Wunsch nach übersichtlichen, leicht beherrschbaren und priorisierten Stoffeinheiten völlig falsche Akzente, indem glatte Abläufe im System über die Entwicklung der Schüler gestellt wurden. Kinder sind nun einmal vielseitig, und Lernen ist mühsam. Jobs, die universell für jeden geeignet sind, sterben allmählich aus.

»Es ist viel zu pessimistisch zu behaupten, dass nur noch wenige Berufe übrig bleiben und wir deshalb die Leute dafür formen müssen«, sagte er. Ähnlich wie ein moderner William Morris hatte er den Eindruck, dass sich das gegenwärtige Schulsystem auf die Kinder zermürbend auswirkt und sie voneinander und von ihren Aufgaben entfremdet.

»Wer annimmt, die Schule sei ein Mikrokosmos der Außenwelt, verkennt die Realität.« Zumindest stellt er sie sich anders vor. Wir haben heutzutage vergessen, dass Schulen Treibstoff für die Gesellschaft sind, nicht nur für die Wirtschaft. Nicht so de Botton. Als er erkannt hatte, dass er die Welt durch Politik nicht verändern konnte, entschloss er sich, eine Schar von Schülern aus East London dafür zu mobilisieren. Wir unterhielten uns über den Wegbereiter der Gemeinwesensarbeit Saul Alinsky, der mit seinem *Community Organizing* beispielsweise Barack Obama inspirierte.* Alinskys Methoden wurden an dieser Schule in der elften Klasse behandelt. Die Schule verfolgte das Konzept des Handwerks, im Streben nach individueller und kollektiver Humanität.

Als de Botton unterrichtete, las er das Buch *Handwerk* von Richard Sennett, einem Soziologen, Denker, Raucher und Autor aus Chicago. Sennett erläuterte, das Handwerk sei, auch wenn es als Lebensform mit dem Aufkommen der Industrialisierung schwinde, ein fundamentaler menschlicher Impuls, das Bestreben, eine Tätigkeit um ihrer selbst willen gut zu machen. Dabei verwies Sennett auf seine Lehrerin Hannah Arendt, die sich wiederum auf Martin Heidegger berief, und warnte davor, dass einer von Technologie geprägten Gesellschaft ein »Verlust an Freiraum« drohe. In einer Analyse des NHS stellte Sennett fest, dass das enorm ausgefeilte handwerkliche Kön-

---

* Saul Alinsky wurde 1909 in Chicago geboren und war geradezu ein Genie auf dem Gebiet der Gemeinwesensarbeit. Nachdem Alinsky zunächst im Chicagoer Fleischverarbeitungsviertel *Back of the Yards* tätig war, dessen grauenhafte Arbeitsbedingungen in Upton Sinclairs Roman *Der Dschungel* thematisiert werden, widmete er sein Leben den ärmsten und kaum gehörten Teilen der amerikanischen Bevölkerung und strebte nach einer Verbesserung ihrer Lebensbedingungen, indem er sie organisierte, damit sie sich für ihre Interessen einsetzen konnten. Später gründete er die *Industrial Areas Foundation,* deren Methoden bis heute von Gewerkschaften, Initiativen für gerechte Löhne und politische Basisbewegungen angewandt werden. Sein Buch *Rules for Radicals: A Pragmatic Primer for Realistic Radicals* (New York, Random House, 1971) ist gewissermaßen eine Bibel für engagierte Aktivisten.

nen von Ärzten und Krankenpflegern, deren Arbeit von Ambivalenz, Geduld und sorgfältiger Prüfung geprägt war, heute von Big Data, Leistungsindikatoren und Routinisierung zermürbt und erdrückt wurde. Sennett argumentiert, dass Maschinen viel intelligenter eingesetzt werden müssten, wozu ihre Einsatzgebiete an unseren eigenen Grenzen und nicht dem Können der Maschine ausgerichtet werden müssten.[22]

»Ich habe das Gefühl, wir verkaufen hier nur Voodoo«, sagte de Botton über den Ansatz der Schule. Ich ließ mich davon überzeugen.

School 21 war vor fünf Jahren als dreiklassige, gemischte Einheitsgrundschule für 800 Kinder aus Newham an den Start gegangen. Laut De Botton und Hyman spielte in den Schulen vor allem der akademische Erfolg eine Rolle, auf Kosten von Aspekten wie charakterlicher Stärke, Wohlbefinden, »Ideenbildung« oder Problemlösung. Sie strebten an, das Lernen mit Kopf, Herz *und* Händen ganz neu auszurichten. Schüler sollten durchaus in Englisch, Mathe und Naturwissenschaften brillieren – darauf kam es an, ob ihnen das gefiel oder nicht –, aber darüber hinaus wollten sie einiges anders machen. Projektbezogenes Lernen sollte an der Tagesordnung sein, um den Kindern etwa Geschichte durch Theater oder Kunst zu vermitteln. Außerdem gab es einen starken Praxisbezug; die Zehntklässler waren sechs Monate lang einen halben Tag pro Woche in der Arbeitswelt tätig, andere arbeiteten bei gemeinnützigen Projekten mit. Dabei ging es darum, sinnvoll tätig zu sein, Bücher zu veröffentlichen oder Skulpturen zu schaffen. Statt sich nur auf Prüfungen vorzubereiten, spielte zum Beispiel der Stuhlkreis eine große Rolle, der ihre Gemeinschaft stärkte.

Einen ersten Eindruck davon bekam ich im Schauspielstudio. Es war ein heller Raum mit hoher Decke, sämtliche Wände waren mit Slogans, Plakaten und Zeitungsseiten bedeckt, darunter zum Beispiel Mark Wallingers Nachbildung von Brian Haws Protestbannern vom Parliament Square. Auf gepolsterten Hockern saßen zehn Mädchen und Jungen in violetten Pullovern mit V-Ausschnitt und schwarzen Blazern im Kreis und diskutierten über die Auswirkungen sozialer Medien auf Sprache. Hinter ihnen standen zehn Beobachter und machten sich auf Klemmbrettern Notizen. Mr Shindler – mit blauem Rollkragenpullover und Brille – ging von einem zum anderen, gab Hinweise, stellte Rückfragen und korrigierte sie wie ein besonders penibler Theaterregisseur. Das Unterrichtsfach hieß Rhetorik. Siebtklässler lernten hier das Handwerk der gut strukturierten Rede.

»Farooq, wie könntest du das in die Runde einbringen?«, fragte Mr Shindler einen Jungen. »Provoziere die anderen, fordere sie heraus.«

Jeder Schüler hatte für die Diskussionsrunde eine konkrete Rolle zugewiesen bekommen, z.B. die eines Elternteils oder eines Schülers. Andere verkörperten Lehrer oder Sozialarbeiter. Sie diskutierten über die Auswirkungen von elektronischen Geräten auf die Gesprächsfähigkeit von Jugendlichen.

Farooq wandte sich in der Rolle als Vertreter einer App-Entwicklungsfirma an ein »Elternteil«. An der Tatsache, dass zu Hause nicht genug gesprochen wird, seien nicht die Geräte schuld, sondern die Erwachsenen.

»Wenn Sie sich mehr mit Ihren Kindern beschäftigen, sind die Chancen viel größer, dass sie auch mit Ihnen reden«, schlug er vor. Es folgte eine Pause.

»Achte auf deine Wortstämme«, riet ihm Mr Shindler. »Wie kannst du die, die noch nichts gesagt haben, provozieren oder herausfordern?«

Im Handwerk geht es um fachliches Können. Schritt eins bestand darin, eine Reihe von notwendigen Fertigkeiten zu beherrschen. Die Schüler hielten ein Blatt mit einer

Übersicht in der Hand, die einen Vortrag in bestimmte Aspekte untergliederte: physische (wie wir unsere Stimme einsetzen), emotionale (wie wir unser Publikum erreichen können), kognitive (wie wir argumentieren) und sprachliche (wie wir uns ausdrücken). Jeder Schüler hatte eine Liste von möglichen Einstiegssätzen, um ins Gespräch zu finden. Diese übten sie nun. Mr Shindler sorgte für eine ambitionierte Atmosphäre, forderte Einsatz von den Schülern und half ihnen bei Bedarf auf die Sprünge. In ein paar Jahren würden sie diese Grundlagen verinnerlicht haben und versierte Redner sein. Ganz im Sinne Blooms.

»Ich hätte mir niemals träumen lassen, dass ich Siebtklässler zu so etwas bringe«, flüsterte Mr Shindler. In den meisten Schulen war dies auch undenkbar. »Ich dachte, sie würden sich zu Tode schämen.« Doch stattdessen staunte er, wie willig seine Schüler waren, über ihren Schatten zu springen.

Zuvor hatte ich miterlebt, wie er ihnen beim Formulieren ihrer Vorträge half. Das Lernen setzte sich in der School 21 aus sechs Säulen zusammen: Eloquenz, Durchhaltevermögen, Handwerk, Können, Engagement und Professionalität. Für die Kinder übersetzt bedeutete das flüssiges und selbstbewusstes Sprechen; immer 100 Prozent zu geben; Schönes erschaffen; Übung macht den Meister; Dinge zu hinterfragen, sowie lernwillig zu sein. Der Höhepunkt dieses Ansatzes hieß »Ignite«, worauf die Schüler sich gerade mit Mr Shindler vorbereiteten. Einmal im Jahr hielt jeder Schüler einen Vortrag im TED-Stil vor einem großen Publikum aus Eltern und Mitschülern. Dabei war Eloquenz, Handwerk und Können gefragt. Die Siebtklässler bereiteten eine fünfminütige Rede zu einem selbst gewählten Thema vor. In der elften Klasse wurde von ihnen dann erwartet, dass sie TED-taugliche Vorträge hielten.

»Das ist eine Liste. Arbeite sie handwerklich aus«, forderte Mr Shindler Alistair auf, dessen Rede über US-Präsident Trump bislang nur eine Aneinanderreihung von Ereignissen war.

Überall im Raum verteilt saßen Schüler, die an ihren Manuskripten tippten oder ihre Texte überarbeiteten. Das war echtes Handwerk.

Die Anweisungen von Mr Shindler ähnelten einem Coaching für TED-Speaker. Er forderte die Schüler auf, einen Aufhänger zu suchen, eine Anekdote einzubauen, die Balance zwischen Humor und Ernsthaftigkeit zu finden und einen Höhepunkt herauszuarbeiten. Außerdem achtete er auf sprachliche Qualität (klug, individuell, spielerisch, Struktur und Rhythmik, Metaphern, Alliteration, Tonalität), brachte Dialoge ins Spiel, Charakteristierung, Motiv, Zwischentöne, Fakten, Zitate, Requisiten, Visualisierung. Ich befürchtete, dass er sie überforderte.

»Frag doch mal deine Mutter«, sagte er zu Farooq, als es darum ging, seinen Vortrag persönlicher zu gestalten und einen Bezug zur Migrationserfahrung seiner eigenen Familie herzustellen, »warum ihr nach London gekommen seid.«

Richtig gute Ergebnisse erzielt man nicht, wenn man über ein Thema nur nachdenkt oder nachliest. Können erwirbt man sich durch Übung. Das gesamte Konzept der Schule basiert auf diesem Prinzip. In langen 75-minütigen Unterrichtsstunden arbeiten die Schüler an Projekten. Geschichte und Theater sind in der neunten Klasse kombiniert, indem Londoner Szenen aus dem Zweiten Weltkrieg schauspielerisch umgesetzt werden. Eine andere Gruppe brachte die Konferenz von Jalta auf die Bühne, mit Stalin, Roosevelt und Churchill und dem drohenden Kampf der Kulturen. Ich war mir nicht ganz sicher, was das für die GCSE-Prüfungen bringen würde (obwohl die Leistungen der ersten Elftklässler dieser Schule im Jahr 2017 deutlich über dem landesweiten Durchschnitt lagen), aber darum ging es vielleicht gar nicht. In den Sechzigerjahren prägte der Geisteswissenschaftler Marshall McLuhan den Ausspruch »Das Medium ist die Botschaft«.[23] Es ging nicht primär um den Inhalt, der durch ein neues Medium kommuniziert wurde, sondern um die *Form* des Mediums selbst. Weniger wichtig als PewDiePie oder niedliche Tiervideos ist der Umstand, dass wir mittlerweile alle an unser Handy gefesselt sind.

Auch für Schulen gilt der Grundsatz, dass das Medium die Botschaft ist. Viele Schulen behaupten, dass bei ihnen Kreativität eine wichtige Rolle spielt und Kinder lernen, im Team zu arbeiten. Doch schaut man genauer hin, sitzen die Kids über einem Lehrbuch und eignen sich Grundwissen und Kernkompetenzen an. Wenn man Kindern ernsthaft Kreativität und Kommunikation beibringen will, müssen sie *üben,* schöpferisch tätig zu sein, und brauchen Zeit und Raum zum Kommunizieren. Ich war verblüfft, wie gelassen die Schüler der School 21 an viele Tätigkeiten herangingen, ganz ohne die übliche Verlegenheit und Schamhaftigkeit von Teenagern. Sie spielten Theater, hielten Vorträge, diskutierten und debattierten. Ja, sie tanzten sogar vor den anderen – undenkbar in meiner eigenen, steifen und förmlichen Schulzeit. Alles in allem schienen sie mir bestens auf die wirkliche Welt vorbereitet zu sein.

»Stellen Sie sich vor, dass aus jedem Schüler ein veröffentlichter Autor wird«, sagte de Botton. Er malte das Bild einer Schule, wo Kinder – befreit von Prüfungszwängen – ihren Abschluss erhalten, nachdem sie einen TED-Vortrag gehalten, einen Roman geschrieben, eine Theaterrolle gespielt, sich einem wissenschaftlichen Forschungsprojekt gewidmet oder sogar eine Wahlkampagne geplant haben. Damit trainierten sie nicht nur Kompetenzen, die tatsächlich im späteren Leben gefragt waren, sondern durch die vielfältigen Erfahrungen hatten sie viel bessere Chancen, ihr *Métier* zu finden – etwas, das Lilas Merbouche und vielen anderen verwehrt geblieben war. Mir kam der Oxford Martin Report wieder in den Sinn. Komplexe Kommunikation, Kreativität und übergreifende Mustererkennung sind die menschlichen Fähigkeiten, die es zu fördern galt. School 21 nahm diesen Auftrag ernst. Doch obwohl Kreativität ein Werkzeug für Produktivität ist und dazu dient, einen Platz in der Wirtschaft zu finden, ist sie für de Botton noch viel wichtiger als Weg zur Sinnfindung.

»Ich bin fest davon überzeugt, dass unsere Kinder nach Sinn suchen. Und Schulen sind nun einmal der Ort, wo Menschen sich zu diesem Zweck zusammenfinden.«

Die Welt verändert sich viel zu schnell, als dass wir uns eine dogmatische Sichtweise erlauben können. Es ist wichtig, offen für neue Ideen zu sein und uns Herausforderungen bereitwillig zu stellen. School 21 integriert dies in seine Philosophie – und gibt sie an die Kinder weiter.

»Vor zehn Jahren konnte noch niemand das enorme Wachstum bei den IT-Jobs vorhersehen«, sagte de Botton. Er war fest davon überzeugt, dass seine Schüler auf die unbekannte künftige Welt gut vorbereitet waren. »Ich weiß natürlich, dass die Jobs der Zukunft noch nicht erfunden sind, aber es besteht kein Zweifel daran, dass es ganz neue Branchen geben wird.« Er war sich sicher, dass die Jugendlichen aus Stratford diese neue Welt gestalten konnten. Keinesfalls würden sie sich um die letzten verbliebenen Posten im Status quo streiten, sondern vielmehr schöpferisch ganz neue Wege finden.

Schulen vermitteln möglicherweise nicht das richtige Werkzeug, um gute Arbeit zu leisten, schrieb Sennett in *Handwerk*. Er hielt das Handwerk für den größtmöglichen Lebenssinn des Menschen. Und genau dort setzte alles an, womit sich die Schüler der School 21 beschäftigten. Als ich zur Bahnstation zurücklief, sah ich wieder all die Gesichter aus aller Welt um mich herum, die hohen Olympiabauten, den Wohlstand und die Armut. Dieses bunt gemischte Kaleidoskop versinnbildlichte für mich die ganze Welt.

Es geht vor allem darum, etwas zu verändern, hatte de Botton gesagt. Das ist eine Aufgabe für Generationen, aber es beginnt eben mit solchen Schritten, wie School 21 sie praktiziert, nämlich indem jemand anfängt, das System zu hacken. Dem gleichen Impuls waren die Wildflower Montessori-Schule in Cambridge, Massachusetts und zuvor das hochgelobte MIT Media Lab gefolgt.

Die riesigen Leerstellen dazwischen

Ich stand mit Philipp Schmidt im großen, hellen Atrium in der sechsten Etage des MIT Media Lab. Wir schauten auf eine verschlossene Glastür. Dahinter befand sich eine Dachterrasse mit pittoreskem Blick über die Dächer von Cambridge, Massachusetts, die jetzt im Januar unter einer dicken Schneedecke lagen. Die Tür, so berichtete er, sei Symbol für ein Konzept, das fest im Selbstverständnis des Lab verankert war – der Hack. »Die Hacking-Kultur des MIT begann damit, dass Leute bestimmte Türen knackten, hinter denen sie etwas Interessantes vermuteten«, erklärte er konspirativ. In diesem Fall bekam Schmidt von einem Studenten die geheime Information anvertraut, dass man mit einem dünnen Plastikstreifen, den man seitlich in den Türrahmen schob, einen Bewegungssensor aktivieren konnte, durch den man die Tür öffnete, und der gleichzeitig verhinderte, dass man sich aussperrte. Auf diese Weise konnte man ohne Schlüssel auf die Terrasse gelangen. Die Verlockung, lange Sommerabende dort unter dem Sternenhimmel hoch über der Stadt zu verbringen, war einfach zu groß und hatte jemanden zu diesem Hack veranlasst.

Schmidt war eine Art Don Draper des digitalen Zeitalters. Mit seinem metallic-grauen MacBook Air unter dem Arm äußerte er die Befürchtung, dass sein Stehpult ein wenig spießig wirkte. Doch seine Ansätze waren eher Wikipedia als weiße Oberschicht. Er leitet die Abteilung »Learning Revolution« des Labs, und zu seinen Themen gehören Gemeinwesen, Transparenz und Lernen. Ein Jahr bevor er ein Symposium zum Thema *Verbotene Forschung* organisierte, lud er eine renommierte Wissenschaftlerin ein und wollte von ihr wissen, was sie am MIT gelernt habe. »Ihre eindrucksvollste Erfahrung war es, die Feuerwehr auf das Kuppeldach zu befördern«, berichtete er. Das war ein legendärer MIT-Hack. In einer einzigen Nacht hatte sie ein Team von vierzig Bachelorstudenten dirigiert, ein tonnenschweres Feuerwehrauto auf das kuppelförmige Dach des neoklassizistischen Campus-Hauptgebäudes zu hieven. »Mittlerweile ist sie als Post-Doktorandin in Deutschland und sagt, dass sie aus diesem Hack am meisten gelernt habe und besonders stolz darauf sei.«

Ich war hergekommen, um den menschlichen Göttern des Tech-Humanismus zu huldigen. Das Lab war ein Tempel der Kreativität des 21. Jahrhunderts.

Davon ging ich jedenfalls aus.

Das Institut verortete sich selbstbewusst am Rande des Möglichen. Es war überwältigend neu, bis ins Detail lernbezogen gestaltet. Ein gläserner Kubus erstreckte sich über sechs Geschosse, wobei sich das Atrium ganz oben unter dem Dach befand und das Büro des Direktors versteckt in der zweiten Etage lag. Damit versuchte das Lab den Geist früherer Räumlichkeiten innerhalb des MIT aufzugreifen, wo die fruchtbarsten Interaktionen in den Gemeinschaftsbereichen stattgefunden hatten, weil die Leute sich dort begegneten, miteinander redeten und sich austauschten. Es war ein Labyrinth. Jede Etage war um eine zentrale Freifläche herum angeordnet, wo man sich nur schwer zurechtfand und die mühsam zu passieren war. Die Treppen ließen einige Etagen außen vor. Die Aufzüge waren genauso versteckt wie die Toiletten. Das Ganze orientierte sich an einer Erkenntnis von Steve Jobs. Normalerweise sorgten Gebäude perfekt dafür, Menschen voneinander fernzuhalten, und führten durch ihre gefällige Gestaltung zu Isolation. Doch Reibungslosigkeit ist der größte Feind der Kreativität und somit auch des Lernens. Man braucht Unebenheiten, so wie Christof van Nimwegens »Schluckauf«-Stolpersteine. Das Gebäude war also wunderbar kompliziert.

»Jenseits von virtueller Realität und selbstfahrenden Autos« stand auf einem Schild. Wir befanden uns in der Zukunft der Zukunft.

Zum Lab gehörten sechsundzwanzig Forschungsgruppen. Schmidt bezeichnete sie als *Fiefdoms* (Lehnsgüter), ähnlich wie es sie in Deutschland vor der Reichseinigung gab. Sie widmeten sich Gebieten mit reichlich mysteriös klingenden Namen: Affective Computing, Camera Culture, Synthetic Neurobiology. In jeder Etage waren vier von ihnen ansässig, in je zwei separaten Lab-Bereichen. Zum Grundprinzip gehörte unter anderem die ungewöhnliche Kombination dieser Bereiche, um zu sehen, was daraus entstehen könnte. Im Bereich *Sculpting Evolution* trafen wir auf einen Glasbläser vom Londoner Royal College of Art, dessen Schreibtisch mit abstrakten Formen übersät war, Korallen aus dem 3D-Drucker und eine »tragbare« gläserne Lunge, die aus Hunderten von mikroskopisch kleinen, verästelten Röhren bestand, durch die Mikroflüssigkeiten strömen können (das Lab verfügte über den weltweit ersten 3D-Drucker für Glas). Schmidt zuckte die Schultern. Manchmal ging es einfach nur darum, der Fantasie freien Lauf zu lassen. Sinn und Zweck ergaben sich dann später. Im anderen Teil des Raumes war das Team *Opera of the Future* (wobei der Name keineswegs metaphorisch gemeint war, sondern es ging tatsächlich darum, wie die Oper der Zukunft aussehen könnte) gerade damit beschäftigt, Kulissen und Kostüme aus Chitin zu entwickeln – einem in der Natur reichlich verfügbaren Material aus Pilzen und den Panzern von Krustentieren. In einer Eckvitrine waren miteinander verbundene Treppen ausgestellt, die in alle Richtungen zeigten. Escher als Architekt.

»Es gibt so viele Möglichkeiten, sich darüber auszutauschen«, sagte Schmidt. Manchmal ging es eben genau um das Gespräch darüber.

»Dafür zu sorgen, dass die Leute sich öfter begegnen und miteinander reden, ist hier wichtiger als in einer traditionellen akademischen Einrichtung«, ergänzte er. Im Lab war man davon überzeugt, dass Kreativität aus Interaktion entstand. Die Menschen fungierten dabei als Multiplikatoren.

Auf einem Monitor schaute ich mir einen Kurzfilm von Mediating Matter an. Darin wurde ein futuristisches Nanomaterial beschrieben, das sich in der realen Welt genauso verhielt wie virtuelles Material in der virtuellen Welt. Eine rote Kugel wurde gezeigt. Sie war mit einer umlaufenden Linie versehen, die mit einem speziell entwickelten Stift gezeichnet war. Ein Doppelklick auf eine der Halbkugeln bewirkte, dass dieser Halbkreis verschwand. Nach einem weiteren Doppelklick duplizierte sich die Halbkugel und bildete zwei hohle Schalen. Wenn man sich etwas erst einmal vorgestellt hatte, wurde es zu einem Problem, das es lediglich zu lösen galt. Erst divergieren, dann konvergieren – die Spezialität des Lab.

1985 wurde es von den beiden Forschern Seymour Papert und Marvin Minsky gegründet und stellte eine Art technologische Initialzündung dar, von der vieles ausging, was uns heute das Leben erleichtert. Experten des Labs hatten Touchscreens erfunden, mit denen mittlerweile jedes Smartphone ausgestattet ist; das Globale Positionsbestimmungssystem GPS, das wir zur Navigation nutzen; e-Ink, die zum einen bei e-Readern Anwendung findet, jedoch auch den Molekular-Druck und die Herstellung von synthetischem Genmaterial ermöglicht; Wearables, die zum Beispiel den Puls überwachten; Hightech-Prothesen für amputierte Gliedmaßen. Hier ging es um Erfindungen, und sie loteten immer wieder Grenzen aus. Dazu war es nötig, Arbeitsgruppen divers zu strukturieren und Zufallsbegegnungen auszunutzen. Dazu waren sowohl Fantasie als auch Fleiß erforderlich. Praktischerweise waren die Lektionen des Lab auf dem Gebiet des kreativen Lernens mit vier einfachen Schlüsselbegriffen versehen: projects, passion, peers und play (Projekte, Begeisterung, Gleichgesinnte, Spiel).

»Wir sind die riesige Leerstelle zwischen den klar definierten Disziplinen«, sagte Schmidt.

Vor Kurzem hatte Joi Ito, der derzeitige Leiter des Labs, eine Tagung initiiert, bei der man der Frage nachging »Was ist das Media Lab?«. Ito war gebürtiger Japaner, um die 50, erfolgreicher IT-Unternehmer und ehemaliger Klub-DJ in Chicago. Er glaubte fest an die universelle Digitalisierung. Er hatte mehrfach das College abgebrochen, stellte in seinem neuen Buch *Whiplash* das Lernen über die Schulbildung und pries diese Erkenntnis als einen von neun Wegen, um in einer immer schnelleren Zukunft zu bestehen. Doch das Lab auf eine Definition festzulegen schien ein ähnlich müßiges Unterfangen wie das Messen von Kreativität. Am Ende gelang es, sich auf grundlegende Kriterien zu einigen, um die Ergebnisse der einzelnen Arbeitsgruppen zu bewerten. Waren sie singulär? Hatten sie einen positiven Einfluss auf die Welt? War es *Zauberei?*

In einem der Lab-Bereiche traf ich Kim Smith. Sie war eine angesehene bildende Künstlerin aus New York und gehörte dem Team von Sep Kamvar an, das die Wildflower Montessori-Schule ins Leben gerufen hatte. Ihre Inspiration bezog sie aus der Stadtforschung. »Alle lieben Städte«, erklärte sie lächelnd. Nachdem die Gruppe eine Reihe von IT-Tools entwickelt hatte, um das urbane Leben zu dokumentieren, stellte sie fest, dass Städte sehr organisch sind, und fragte sich, wie sich dieses Verständnis dazu nutzen ließ, sie zu verbessern. Unerwartet stellten sie fest, dass Eingriffe durch den Menschen häufig die natürliche Produktivität einer Metropole beeinträchtigten. So behinderten Schnellstraßen nicht selten das zügige Vorankommen. Das Umzäunen öffentlicher Räume sorgte dafür, dass die Menschen sich weniger im Freien aufhielten. Kinder in riesige »Schulfabriken« zu verfrachten entfremdete sie von ihrer Wohnumgebung. Die Forschungsgruppe hatte sich mit den Themen Fahrrad, Parks und Schulen beschäftigt.

»Ein typisches Ziel bei allen derartigen Projekten ist die Steigerung sozialer Interaktion und die Stärkung des Gemeinwesens«, erläuterte Smith.

Die Philosophie besteht darin, zunächst das aufzugreifen, was bereits gut funktioniert, und dies dann zu multiplizieren.

»Es war sehr chaotisch. Aber das Chaos lichtet sich mit der Zeit, und manches kristallisiert sich heraus.« Wildflower entstand aus einer Reihe von zunächst hypothetischen Fragen à la *Was wäre, wenn.* Was wäre, wenn wir die Schule von morgen konzipierten? Was wäre, wenn es in jedem Viertel eine Schule gäbe? So tasteten sie sich allmählich heran. Die Schule sollte klein und fußläufig erreichbar sein. Sie sollte so etwas wie das Herz eines Wohngebietes bilden. Smith selbst brachte die Idee ein, Computertechnik greifbar zu machen, etwa durch die handwerkliche Herstellung von Punktrastern aus Holz, mit dem zum Beispiel der kleine Punk bei meinem Besuch gespielt hatte. Auf ihrem Schreibtisch lagen etliche optisch äußerst ansprechende Holztableaus, die dazu gedacht waren, bestimmte Aspekte der Logik oder des Programmierens zu erkunden. Während die Forschungsgruppe ihre Arbeit allmählich abschloss, war sie dabei, ein Unternehmen zu gründen, um diese Lernmaterialien für Schulen im gesamten Land zugänglich zu machen.

»Wir probieren Sachen aus, verwerfen sie, scheitern und schauen, was funktioniert.« Ich war nach wie vor nicht überzeugt, dass Wildflower eines Tages eine Option für jedermann sein würde, schloss es aber auch nicht mehr kategorisch aus. »Wenn etwas gut läuft, dann spürt man es. Und genauso merkt man, wenn etwas nicht funktioniert.« Es klang plausibel, dass jeder die Chance bekommen muss zu scheitern und genügend Raum braucht, um schöpferisch tätig zu sein. Smith selbst hatte eine recht strenge Schule besucht. Ihre Eltern waren beide hoch ambitionierte Ärzte, doch in den Ferien nahm sie regelmäßig an einem künstlerischen Sommerkurs teil, aus dem sie die entscheidenden Impulse gewann.

»Man entdeckt es eben«, sagte sie. »Jeder Mensch ist kreativ.« Theoretisch zumindest, dachte ich. »Im schlimmsten Fall sorgt die Schule dafür, die Kreativität zu ersticken und abzutöten.«

Erst erkunden, dann ausnutzen

Ich kehrte erneut in Philipp Schmidts Büro im obersten Stockwerk zurück. An der Wand bei seinem Stehpult hingen Klebezettel mit Selbstporträts aller seiner Besucher hier im Lab. Ich kritzelte ebenfalls eins für seine Sammlung.

»Falls es nichts wird mit dem Buch«, merkte er beim Verabschieden an, »können Sie immer noch Karikaturist beim *New Yorker* werden.«

Den Treppenabsatz vor dem Eingang zum *Lifelong Kindergarten* zierte eine übergroße Katze aus orangefarbenen Legosteinen. Das Zentrum des Lernens im Zentrum des Lernens. Dort traf ich Mitch Resnick, der hoch konzentriert über seinem Laptop am Schreibtisch saß. Er hatte ursprünglich Physik studiert, als Wissenschaftsjournalist gearbeitet und war durch einen Vortrag von Seymour Papert auf das Lab aufmerksam geworden. Papert war nicht nur ein weltweit angesehener Experte für künstliche Intelligenz, sondern auch ein Lerntheoretiker, der das Konzept des Konstruktionismus begründet hatte, dem zufolge Kinder anhand von Schemata lernen, wie etwa in Pen Green, und darüber hinaus durch Erkunden neues Wissen erwerben. Als Erfinder von Logo, einer grünen, dreieckigen Schildkröte, mit deren Hilfe Kindern Anfang der Neunzigerjahre das Programmieren beigebracht wurde, hatte er Online-Welten entwickelt, anhand derer Kinder lernen konnten.

In einem fiktiven »Matheland« sollte für Kinder Mathe so leicht zu lernen sein wie Englisch in England.

Mit seiner Philosophie führte Resnick das geistige Erbe von Papert fort und sah ihm mit seiner wilden Mähne und dem dunklen Bart auch rein äußerlich ähnlich. Sein Bücherregal enthielt etliche Relikte aus seinem Leben als Informatiker. Zwischen wissenschaftlichen Trophäen, asiatischen Winkekatzen und Bausätzen der Serie Lego Mindstorms saß eine kleine Lego-Ente, die aus lediglich sechs Bausteinen bestand. Schmidt berichtete mir von einem Online-Wettbewerb, bei dem man diese sechs Steine in so vielen Varianten wie möglich zusammensetzen musste, und zwar so, dass sie immer noch als Ente erkennbar waren. Dem Rekordhalter war bei 195 die Luft ausgegangen.[24] Der Rest der Wand war mit Hunderten Büchern bedeckt. Ihre Titel – *Out of Control, We Feel Fine, Emergence, I am Strange Loop, The Art of Human Machine*

Interfaces, Predictably Irrational, Alone Together – ließen darauf schließen, dass er die Zukunft unserer Kinder sehr gut im Blick hatte. Wir hatten es mit einem bekannten Paradox zu tun.

»Technologie führt sowohl dazu, dass kreatives Denken wichtiger wird als je zuvor, und eröffnet gleichzeitig, sofern wir sie sinnvoll einsetzen – Betonung auf *sofern* – Chancen, sich in einem von raschem Wandel geprägten Zeitalter als Mensch zu verwirklichen.«

Resnicks großer Erfolg war ein für jedermann online kostenlos nutzbares Programmiertool namens Scratch, womit Kinder und Jugendliche interaktive Spielestorys und Animationen programmieren, beliebig kombinieren und von den Ergebnissen anderer lernen konnten. Pro Monat wird Scratch von zwanzig Millionen Kids aus 200 Ländern genutzt, wobei sie lernten, kreativ zu denken, systematisch zu schlussfolgern und zusammenzuarbeiten. Jeden Tag werden 20000 neue Projekte ins Netz gestellt. Das Prinzip ist auf geniale Weise simpel. Die Befehle werden bausteinartig nach dem Legoprinzip in ein Online-Fenster eingegeben. Ich hatte es ausprobiert und war baff. Kreativität war cool.

»Sie ist immer wünschenswert und spielt eine immer wichtigere Rolle«, sagte Resnick. »Ich denke, dass Menschen dauerhaft imstande sein werden, kreative Leistungen zu vollbringen, zu denen Maschinen nicht in der Lage sind«, fügte er hinzu. »Solange Menschen ihr kreatives Potenzial weiterentwickeln, werden sie ihren Platz finden.«

Schmidt stellte fest, dass bei allem die Frage mitschwang »Was macht das Menschsein eigentlich aus?«. Es hatte etwas mit Selbstentfaltung zu tun. Bei jedem schöpferischen Akt geht es ja darum, Sinn oder Bedeutung zu transportieren. So verstand Resnick auch das Programmieren. Um es zu erlernen, muss man sein Denken, seine Stimme und seine Identität entwickeln. Wie Nicolas Sadirac erkannte er Ähnlichkeiten zum Schreiben. Indem man Worte zu Papier bringt, entfalten sich die Ideen. »Der Computer erweitert die Möglichkeiten, mit denen Menschen sich ausdrücken können.« Resnicks Ansicht nach bestand das Ziel des Lernens im kreativen Selbstausdruck. Von ihm stammten auch die vier Ps für *Projects, Peers, Passion* und *Play*, die das Ethos des Lab definierten. Nach Scratch entwickelte er sogenannte Computer Clubhouses, wo Kinder nach den genannten Prinzipien lernen konnten.

»Schulen sind im Allgemeinen nicht darauf angelegt, die Kreativität zu fördern«, ergänzte Resnick. Seine selbst gewählte Mission bestand darin, Barrieren einzureißen – sowohl räumlich und zeitlich als auch zwischen den Disziplinen, so wie man es in Finnland machte. Doch auch er war vorsichtig. Stringenz hat einen festen Platz in der Gleichung des Lernens. »Man sollte nicht den Fehler machen anzunehmen, dass sich Kreativität und Systematizität ausschließen.« Reichlich ernüchtert hatte er verfolgt, wie rasant sich Anders Ericssons Ansichten in puncto *deliberate practice* verbreitet hatten. Dabei zweifelte er gar nicht an, dass kontinuierliches Üben wichtig war. Doch zuvor musste es Raum geben, um herauszufinden, wofür man eigentlich brannte. »Nur wenn man seiner Begeisterung, seiner Passion folgt, ist man bereit, das beständige Üben in Kauf zu nehmen.« Die ideale Kreativität erwächst seiner Ansicht nach aus der Kombination von Fantasie und Systematizität. Dem stimmte ich zu. Er hatte dafür seine eigene Bezeichnung: explore and exploit (erkunden und verwerten).

»Das Problem ist, dass zugunsten der Stringenz häufig Fantasie und Kreativität auf der Strecke bleiben. Doch genauso falsch wäre es, nur auf Chaos zu setzen und die Stringenz völlig außen vor zu lassen.« Ein besseres Gleichgewicht war nötig.

George Bernard Shaw stellte einst Folgendes fest: »Der vernünftige Mensch passt sich der Welt an; der unvernünftige besteht auf dem Versuch, die Welt sich anzupassen. Deshalb hängt aller Fortschritt vom unvernünftigen Menschen ab.«[25] Ich fragte mich, wie in Schulen, die besonders stark an Regeln und Traditionen gebunden sind, Platz für derlei Unvernunft geschaffen werden konnte. Das Lab war erfolgreich. Es galt, den schmalen Grat zwischen Struktur und Freiheit finden. Genau dort spielte sich das kreative Lernen ab. Mit derselben Frage hatten sich auch die Lehrer in Finnland äußerst intensiv auseinandergesetzt.

»Es muss sich immer noch riskant und gefährlich anfühlen, sonst bringt einem ein Hack nicht wirklich was«, hatte Schmidt hoch oben auf dem Dach gesagt.

Und riskant konnte es sich nur dann anfühlen, wenn es auch tatsächlich riskant *war*. Das ließ sich nicht vorgaukeln. Auch am MIT gab es Katastrophen. Im Jahr 2011 wurde der Netzaktivist und geniale IT-Experte Aaron Swartz von Wachleuten des MIT festgenommen, nachdem er sich auf dem Campus Zugang zu einem Serverraum verschafft und dort mit dem systematischen Download des kompletten JSTOR-Archivs begonnen hatte, einer privaten digitalen Bibliothek, die umfangreiches Weltwissen in Form von Fachzeitschriften, Büchern und Primärquellen umfasste. Er hatte vorgehabt, die früheren Ausgaben frei zugänglich zu machen, weil er der Ansicht war, dass dieses Wissen jedermann zur Verfügung stehen sollte. Das sah die Strafverfolgungsbehörde jedoch anders und klagte ihn wegen Betrugs unter Einsatz von Telekommunikationsmitteln an. Als ihm dafür bis zu 35 Jahre Haft und eine Geldstrafe von einer Million US-Dollar drohten, beging er 2013 in seiner Wohnung in Brooklyn Selbstmord.

Der Preis, die Welt seinen eigenen Vorstellungen anpassen zu wollen, besteht darin, dass sie sich gelegentlich dem Wandel widersetzt. Das Streben nach Fortschritt schließt das Risiko ein, radikal zu scheitern.

Dieses Risiko auszumerzen stellt die größte Gefahr für die menschliche Kreativität dar. Der französische Philosoph Alain Badiou vertrat die Ansicht, dass alles Bedeutsame und zutiefst Menschliche ganz fundamental mit der Möglichkeit des Scheiterns verbunden ist. Er beklagte eine Welt, in der alles Risiko von Autoritäten ausgemerzt wird, die sich für kompetent halten, von Schulverwaltungen oder heutzutage sogar von Algorithmen, die uns viel zu gut kennen. Wie viel Raum bleibt da noch zum Scheitern, für Kreativität, für Bauch-Entscheidungen in einer chaotischen Welt, um dann daraus auch noch Sinn zu stiften?[26] In Bezug auf das Lernen sind wir derart darauf fixiert, unseren Kindern die Grundlagen beizubringen (was selbstverständlich nötig ist), dass wir sie vor sämtlichen riskanten Unterfangen bewahren wollen.

Mittlerweile wissen wir, dass wir viele Stunden im Sinn von Resnicks »exploit« in das Verwerten investieren müssen, doch wir nehmen uns nicht genügend Zeit zum Erkunden (»explore«). Ich musste an Mervis junge Filmemacher auf dem Klettergerüst mit ihren Videokameras denken. Ihr Tun hatte für mich überhaupt nicht im Geringsten wie *Lernen* gewirkt, es gab kein Unterrichtsziel und keine erkennbare Stringenz. Doch nun begriff ich, dass es genau darum ging. Das Medium war die Botschaft. Schreiben lernt man, indem man Schreiben übt. Mit der Fantasie verhält es sich genauso. Handwerk erfordert harte Arbeit, um das Grundwissen zu beherrschen und die wichtigsten Praktiken und Techniken des jeweiligen Gebietes zu perfektionieren. Aber es ist auch unerlässlich, einen gewissen Forschergeist zu kultivieren und sich die Freiheit zum Scheitern zu nehmen. Wer in der neunten Klasse als Klaviergenie gilt, entwickelt sich nur selten zum großen Komponisten, und aus Siegern in Rechtschreibewettbewerben werden in der Regel keine Romanautoren.

Das MIT Media Lab ist voll von Leuten mit exzellenten Abschlüssen, wird jedoch von einem Studienabbrecher geleitet.

»Es ist wirklich entmutigend, wie wenige Einrichtungen wie das Media Lab es weltweit gibt«, stellte Schmidt fest. Alles Lernen, das an Universitäten stattfindet, geschieht seiner Ansicht nach weitestgehend durch Zufall. Dies trifft oftmals auf die Schulen zu. Im Lab erfolgt das Lernen hingegen sehr gezielt, nach dem Grundsatz des *lifelong kindergarten.* »Dass Kinder auf dem Spielplatz spielen, ist allgemein akzeptiert«, hatte Schmidt gesagt, »aber wenn Erwachsene es tun, gilt das als unseriös.«

Was die Erwachsenen betraf, stimmte ich ihm zu, allerdings musste ich ihm in Bezug auf die Kinder widersprechen. Mittlerweile gestanden wir nicht einmal mehr ihnen das Spielen *uneingeschränkt* zu. Zumindest nicht in der Schule.

»Wir möchten, dass jeder seinen Träumen folgen kann«, sagte Resnick. »Aber es geht ja auch darum, seine Träume *wahr zu machen.*« Genau darin bestand das Paradox. »Wenn man sich nur auf stringentes Lernen konzentriert, hat man keine Träume. Doch verfällt man ins andere Extrem, gelingt es nicht, die Träume wahr zu machen.« Das sehe ich genauso. Aber ich bin auch der Ansicht, dass die exklusive Umgebung des Labs seine Bewohner etwas von der übrigen Welt entfremdet hat. *Da draußen* sind Schüler mit widrigen Bedingungen konfrontiert, bewegen sich in einem Umfeld, in dem das Scheitern praktisch vorprogrammiert ist, und wo junge Menschen jegliches Interesse am Lernen verloren haben. Ist die Realität nicht beinahe das Gegenteil der idealisierten MIT-Lernumgebung?

Im Großraumbüro blieb ich vor einem großen Behälter mit Legosteinen stehen. Es besteht kein Zweifel daran, dass alles nur verbessert werden kann, wenn wir unseren Lebenssinn finden, unser *Métier* entdecken, unser Handwerk. Wir *können* die Kreativität unserer Kinder fördern – allerdings nur, wenn wir ihnen Raum zum Spielen und Scheitern geben und ihnen anschließend auf dem mühsamen Weg zur Seite stehen, den man gehen muss, um auf einem Gebiert zum Experten zu werden. 42, Scratch und das Media Lab zeigen Ideen auf, wie Kinder den Umgang mit den Werkzeugen von Morgen lernen können. Ich habe nur die Sorge, dass ihre Visionen zu technologiezentriert sind. In Zukunft dürfte das oberste Ziel in der Entwicklung unseres menschlichen Potenzials bestehen. Die Aufgabe von Lehrern ist es, uns darin zu unterstützen, dass wir lernen, nach Sinn suchen, schöpferisch sind und kooperieren. Viel zu lange haben wir Lehrer als Wissensexperten angesehen, doch meiner Ansicht nach sollten wir sie vielmehr als Meister des ultimativen Handwerks betrachten. An Orten so unterschiedlich wie Seoul, Helsinki und New Jersey konnte ich bereits einen ersten Eindruck von dieser Realität gewinnen, wie wir im nächsten Kapitel sehen werden. Wenn wir zum Lernen geboren sind, sind wir auch geborene Lehrer.

Während ich auf der Suche nach dem Ausgang durch die Gänge irrte, ging mir unaufhörlich eine Aussage von Resnick durch den Kopf.

»Es funktioniert in den besten Kindergärten«, hatte er über den Ansatz zum kreativen Lernen gesagt, »und es funktioniert im Media Lab. Wir müssen nur noch alles andere verändern.«

6 Spitzenklasse

Meister des Lerniversums

Wenn Sie das lesen können,
bedanken Sie sich bei einem Lehrer.
Heckscheibenaufkleber

Keine Roboterlehrer im Anmarsch!

Kim Su-ae sah gelangweilt aus. Für die koreanische Sprachlehrerin war es der erste Tag nach den Ferien an der Dongpyeong-Mittelschule in Busan, einer großen Hafenstadt an der Spitze Südkoreas. Langsam schritt sie vor der Klasse auf und ab und las aus einem Lehrbuch vor. Ab und zu wies sie einen Schüler zurecht – »Heb den Kopf, Jun Seong« – oder strich ihr rotes Sommerkleid glatt. Eine Hitzewelle mit Temperaturen von bis zu 35 °C sorgte dafür, dass die Jugendlichen in weißen Shirts und grauen Hosen schwer gegen die Müdigkeit zu kämpfen hatten. Nur wenige hörten aufmerksam zu. Es dauerte nicht lange, bis die ersten der etwa zwanzig Schüler den Kopf auf den Tisch legten und wegdämmerten. »Sie arbeitet einfach nur das Lehrbuch durch«, beklagte sich ein Junge. »Das finden wir irgendwann langweilig und schlafen ein.« Su-ae wurde ungehalten und schickte Jung-min nach hinten, wo er zur Strafe den Rest der Stunde stehen musste.

»Ich würde mich sehr freuen, wenn alle Schüler der

Klasse aufmerksam wären und Interesse am Lernen hätten«, sagte sie im Anschluss.[1]

Dieses Gefühl kannte ich nur allzu gut. An der Walworth-Schule war es ein täglicher Kampf gewesen, meine Schüler zu motivieren, damit sie sich wenigsten ein paar Minuten lang konzentrierten. Während andere Lehrer als Dirigenten, Choreografen, Lerngestalter oder Datenexperten auftraten, kämpfte ich gegen Windmühlen. Es reichte bei Weitem nicht aus, einen Text von Chinua Achebe vorzutragen und anschließend darüber zu diskutieren. »Finden Sie Ihre Identität als Lehrer«, hatte meine Tutorin nach einer grauenhaften Stunde in einer achten Klasse zu mir gesagt, in der ich Kemal, David und Aleesha jeweils zweimal vor die Tür schicken musste, weil sie sich weigerten mitzuarbeiten. Das half mir jedoch kein bisschen weiter, denn ich bekam das geheimnisvolle *Juju* meines inneren Lehrers einfach nicht zu fassen. Stattdessen klammerte ich mich an jeden Zipfel von Struktur in Form von Bewertungsmaßstäben für Unterrichtsplanung oder die Richtlinien der Schulbehörde zur Didaktik. Nach und nach waren bei den Schülern leichte Fortschritte zu verzeichnen, und meine Klasse wurde immer gefühlloser. Ich war frustriert. Die Kollegen ermunterten mich, nicht aufzugeben, und versicherten mir, dass mit der Zeit »die Erfahrung« helfen würde.

Ich beobachtete die fantastische achte Klasse von Ms Toworfe, aber *so zu sein* wie Ms Toworfe war vollkommen unrealistisch. Es musste doch eine praktikable Methode geben.

Kim Su-ae in Busan hielt sich strikt an ihr Lehrbuch. Das war in der Tat eine Strategie, allerdings eine, die der Klasse jegliches Leben entzog und sie als Lehrerin deprimierte. Selbst der NAO-Roboterlehrer, den ich in derselben Woche in Seoul erlebt hatte, war dazu imstande, die Lehrplaninhalte vorzulesen, inklusive vorprogrammierter

Fragen. Die Bewertung der standardisierten koreanischen Tests war bereits digitalisiert. Wozu brauchte man dann Su-ae denn noch? Als Lehrerin genoss sie viel Ansehen, fühlte sich in ihrer Arbeit jedoch eingeengt und fand keinen Draht zu ihren Schülern. »Ich weiß nicht, wie ich das machen soll«, sagte sie mit Tränen in den Augen. »Vielleicht bin ich ja das Problem.«

Das bezweifelte ich stark. Auch ich war nicht das Problem gewesen. Problematisch waren nur unsere Vorstellungen vom Unterrichten. Wir klammerten uns an veraltete Auffassungen vom Lernen und verstanden uns lange Zeit als Vermittler von *Wissen,* bei dem es primär um Fachkompetenz ging. Wollte man es besser machen, musste man unseren Beruf von der *Praxis* aus ganz neu denken. Vor diesem Hintergrund war die Annahme falsch, dass sich das Unterrichten am besten im Selbststudium erarbeiten ließ, so wie ich es vergeblich versucht hatte. Zudem bestand der Beruf nicht darin, Schüler zu beaufsichtigen, während sie mit dem Lehrbuch arbeiteten und vorgefertigte Lektionen vorzulesen wie Kim Su-ae. Damit wurde das Unterrichten förmlich automatisiert und ein hochkompetenter Experte fungierte lediglich als tumbes Rädchen einer Leviathan-Lernmaschine.

Wenn das Lernen ein grundlegendes Merkmal unserer *Spezies* darstellt, dann ist das Lehren unser wichtigstes Handwerk. Von dieser Prämisse gehen wir in diesem Kapitel aus. Nachfolgend widmen wir uns zwei grundverschiedene Antworten aus zwei sehr unterschiedlichen Ländern auf die einfache Frage: Was macht einen guten Lehrer aus?

Was Lehrer von Ärzten lernen können

Beginnen wir gleich mit der Preisfrage: Was genau *ist* guter Unterricht? Denken Sie an ganz besondere Lehrer zurück. Ich habe zum Beispiel Mrs Taylor vor Augen, eine resolute Schottin, an deren Pult ich in der zweiten Klasse oft laut vorgelesen habe. Oder Mrs Midgeley, die mir im Alter von elf Jahren an der Emscote Lawn School die alten Sprachen – jep, *latinam didici* – nahebrachte. Außerdem erinnere ich mich an Mr Barlass mit seinem Enthusiasmus und den Witzen über Breitmaulfrösche, Mr Morgans Marxismus-Indoktrination – Tod den Beagles! – und die langen Diskussionen über *Hamlet* und *Das wüste Land,* Jane Austen und George Eliot mit Mr Hall. Zu ihrem Unterricht bin ich gern gegangen. Sie besaßen Charisma und schafften es, uns zu fesseln. Bei ihnen hatte ich das Gefühl, wirklich wichtige Dinge zu lernen. Aber sie waren echte Originale. Alle waren auf ihre individuelle Art irgendwie genial und dabei ganz sie selbst. Sie verfügten über jenen rätselhaften Zauber, mit dem sie andere Menschen begeistern und inspirieren konnten. Dieser war rein rational nicht zu erklären. Was jemanden zu einem richtig guten Lehrer machte war wissenschaftlicher nicht erklärbar. Jeder dieser Lehrer war auf seine eigene Weise großartig. So etwas war *angeboren* und ließ sich nicht erlernen.

Genau das sagte man einst über Ärzte.

Im Jahr 1846 übernahm der junge ungarische Arzt Ignaz Semmelweis eine Stelle als Assistenzarzt in der Ersten Geburtsklinik des Allgemeinen Krankenhauses in Wien.[2] Diese Klinik war eine von zwei Abteilungen des Krankenhauses, wo Säuglinge *kostenfrei* behandelt wurden – eigentlich geradezu ein Paradies für unterprivilegierte Frauen. Doch aufgrund der extrem hohen Müttersterblichkeit – 10–20 Prozent starben am sogenannten

Kindbettfieber – versuchten die Frauen stattdessen um jeden Preis, in der Zweiten Klinik aufgenommen zu werden, wo die Sterblichkeitsrate dreimal niedriger war. Semmelweis war zutiefst betroffen und begann die Praktiken beider Kliniken sorgfältig zu untersuchen, wobei er nach und nach mögliche Risikofaktoren eliminierte. Die Behandlungsmethoden waren in beiden Abteilungen identisch, ebenso wie das Klima und die religiösen Gepflogenheiten, wobei die Zweite Klinik wesentlich *voller* war als die erste. Einen Unterschied gab es jedoch: In der Ersten Klinik wurden Medizinstudenten ausgebildet, in der Zweiten Hebammen.

Die entscheidende Erkenntnis hatte Semmelweis nach dem Tod von Jakob Kolletschka, einem Kollegen aus der Ersten Klinik, der sich während einer routinemäßigen Autopsie am Skalpell eines Studenten geschnitten hatte. Als Semmelweis den Leichnam seines Freundes obduzierte, fiel ihm ein ganz ähnliches Krankheitsbild auf wie bei den Frauen, die am Kindbettfieber starben. Daraus schloss er, dass Ärzte und Medizinstudenten offenbar »Leichenpartikel« von den Autopsien mit in die Klinik brachten. Im Mai 1847 etablierte er daher strikte Vorschriften in Bezug auf das Händewaschen und setzte Chlorkalk ein, um vorhandene Gifte zu vernichten. Im Vormonat lag die Müttersterblichkeit noch bei 18,3 Prozent und fiel, sobald sich die Studenten regelmäßig die Hände wuschen, im Juni auf 2,2 Prozent, im Juli auf 1,2 Prozent und im August auf 1,9 Prozent. Damit war sie sogar niedriger als in der Zweiten Klinik – ein Triumph der Sorgfalt.[3]

Doch die Geschichte von Semmelweis endet nicht mit dieser bahnbrechenden Erkenntnis. Damals war das Selbstverständnis der Mediziner in Österreich-Ungarn durchaus vergleichbar mit unserem Blick auf Lehrer heutzutage: Sie galten als Autodidakten und Vertreter eines geheimen Handwerks. Krankheiten wie das Kindbettfieber wurden auf Dyskrasie oder »schlechte Zusammensetzung« der vier Körpersäfte eines Menschen zurückgeführt. Die »Expertise« der Ärzte bestand darin zu diagnostizieren, inwiefern Blut, Schleim, gelbe Galle und schwarze Galle bei einem Patienten aus dem Gleichgewicht geraten waren. Diese hochkomplexe Aufgabe erforderte großes Geschick, da jeder Mensch über eine ganz individuelle Mixtur verfügte. Nach sorgfältiger Abwägung wurde schließlich das entsprechende Mittel verordnet, beispielsweise Aderlass. Diese Ärzte verhöhnten Semmelweis und verweigerten das regelmäßige Händewaschen. Die Medizin war eine zu komplexe, allzu *menschliche* Kunstform, als dass sie sich durch bloße Datenanalyse verbessern ließ oder durch so etwas Unwürdiges wie gezielte, ganz konkrete Praktiken.

Ganz ähnlich verhält es sich heute mit dem Lernen. Zu Semmelweis' Zeiten gab es eine Vielzahl von hervorragenden und fürsorglichen Ärzten – genauso wie es heute weltweit zig Millionen von inspirierenden, engagierten Lehrern gibt. Das bedeutet jedoch nicht, dass wir darauf verzichten sollten, uns weiter zu verbessern. Unser heutiges Äquivalent zur Viersäftelehre ist es, Kinder mit Etiketten wie »musikalisch-rhythmisch«, »bildlich-räumlich« oder »körperlich-kinästhetisch« zu versehen, obwohl die Theorie der acht multiplen Intelligenzen längst widerlegt wurde.[4] Nein, es ist unerlässlich, dass Lehrer – genau wie Ärzte – sich immer wieder neu fragen müssen, wie sie in ihrem Handwerk Meister werden können.

In Newark, New Jersey, existiert ein radikal neues Konzept, in dessen Rahmen neu ausgebildete Lehrer eher wie angehende Ärzte begleitet werden. Oder vielleicht sogar wie Sportler.

Muskelübungen

Da'jia Cornick demonstrierte im Matheunterricht vor ihrer sechsten Klasse konzentrierte *Aufmerksamkeit.* Sie saß kerzengerade und ließ ihren Blick von einem Schüler zum anderen wandern. Nur 1,50 m groß, war sie mit ihren blauen Wildlederschuhen nur wenig älter als die Schüler, aber *voll und ganz* bei der Sache. Unter den mit grünen Poloshirts und Kakihosen bekleideten Schülern entstand Bewegung, um ihre Haltung nachzuahmen. Einige meldeten sich bereits, doch sie wollte mehr. Dies wurde als »Wait Time« (Wartezeit) bezeichnet.

»Alle Augen auf Ignatia«, sagte sie. Fünfundzwanzig Köpfe drehten sich zu einem dunkelhaarigen Mädchen in der Mitte der Klasse. Der Raum war mit drei fein säuberlich ausgerichteten Reihen von Zweiertischen ausgestattet, die Lehrbücher lagen aufgeschlagen vor den Schülern.

»Man multipliziert mit dreißig«, antwortete sie selbstbewusst. Ricardo hatte eine falsche Antwort auf die Frage gegeben: *Wie gelange ich von vier zu 120?* Nun halfen ihm die anderen Mitschüler auf die Sprünge. Diese Auseinandersetzung mit falschen Antworten hieß »Break it down« (analysiere es). »No opt out« (kein Rückzieher) bedeutete, dass von Ricardo trotzdem noch die richtige Antwort erwartet wurde – nach etwas Hilfestellung von seinen Freunden. Er hörte Ignatia aufmerksam zu und wiederholte dann ihre Antwort mit eigenen Worten.

»Du hast's erfasst, Junge.«

Cornick hielt ihr Klemmbrett unter eine Kamera und projizierte die nächste Aufgabe an die weiße Tafel.

»Was kommt heraus, wenn man das vereinfacht?« Sie stellte sich vor die Klasse und formulierte eine Gleichung: 25 zu 100 ist gleich x zu 120. Sie hielt ihren Stift wie einen Taktstock und wiederholte noch einmal langsam: »Was kommt heraus, wenn man das *vereinfacht?*«

Ricardo dachte angestrengt nach. Etliche Hände schossen in die Höhe.

»Oh, ganz toll die letzte Reihe. *Hervorragend.*«

Das war »positives Framing«, womit ganz gezielt der »J factor« erhöht werden sollte. »J« stand für »joy«, Freude. Jetzt bombardierte sie die Schüler förmlich mit Aufgaben, so rasant wie in einer Quizshow.

»Alle Augen auf Ashley«, ging es weiter. Alle drehten sich, und Ashley antwortete. Pingpongartig erteilte Cornick immer mehr Schülern das Wort – »Alle Augen auf *Tony, Manuela, Tiffany*«. Die Schüler waren schlau und motiviert. War eine Antwort nicht hundertprozentig richtig, hakte Cornick so lange nach, bis sie stimmte. »Right is right« wurde das genannt, nur absolut korrekte Antworten wurden akzeptiert. Einigermaßen richtig oder fast richtig würde bedeuten, sich mit halben Sachen zufriedenzugeben. Sie hingegen wollte aus ihrem Mathe-Jugendorchester echte Virtuosen machen. Zufrieden stellte sie fest, dass sie ihre Einzelstimmen beherrschten, und machte sich daran, mit ihnen eine Sinfonie der Vereinfachung zu proben.

»Achtung«, rief sie und hob ihren Taktstock-Stift. »Stifte *hoch*!«

Fünfundzwanzig Stifte taten es ihrem gleich, vier davon eher halbherzig.

»Tut mir leid«, rügte sie, als sie mehrere krumme Arme bemerkte. Sie würden das Ganze so lange wiederholen (»Do it again«), bis alle die gewünschte Haltung zeigten. Ein weiteres Beispiel für ihre hohen Erwartungen.

»Stifte *hoch*!« Aufmerksam ließ sie ihren Blick durch den Raum schweifen. »Ganz senkrecht«, forderte sie, um ihrem Anspruch Nachdruck zu verleihen. »Noch mehr.« Alle hatten Arme und Rücken gestreckt.

»In Ordnung. Jetzt arbeitet weiter.« Sie drückte auf den Startknopf ihrer Stoppuhr, und die Klasse wandte sich wieder den Aufgaben zu.

Jamey Verrilly neben mir war hochzufrieden mit seinem Schützling. »Wenn sie eine Aufgabe stellt, verlangt sie 100 Prozent Mitarbeit«, raunte er mir zu. Ganz *großartig*. Verrilli war begeistert, auch weil er Cornicks Schulleiter gewesen war, als diese selbst noch diese Schule besucht hatte. Wir befanden uns in der North Star Academy, benannt nach der abolitionistischen Zeitung, die im 19. Jahrhundert von dem Bürgerrechtler Frederick Douglass gegründet wurde. Verrilli hatte die Schule 1997 zusammen mit dem bekannten Bildungsreformer Norman Atkins ins Leben gerufen, um dazu beizutragen, die Bildungslücke in Newark, New Jersey, zu schließen. Es war die zweitärmste Stadt Amerikas, deren trostlose Umgebung schon seit Langem von ihrem berühmtesten Sohn Bruce Springsteen besungen wurde. Zwei Jahrzehnte später begleitete Verrilli Cornick an der Relay Graduate School of Education, wo sie studierte und er als Chefdekan tätig war. Dieser Maestro und Aktivist wirkte – mit Fliege und einem Anstecker der Bewegung Black Lives Matter, einem akribisch gepackten Rucksack und Pilgerbart – ganz wie ein Kämpfer für soziale Gerechtigkeit.

Auch von der Interaktion mit Ricardo war er begeistert. »Der Schüler versucht es, macht Fehler, bekommt Rückmeldung und löst es dann richtig.« Wenn alle Kinder vom Unterricht profitieren sollen, ist es wichtig zu vermitteln, dass Fehler etwas ganz Normales sind.

Während die Stoppuhr lief, ging Cornick durch das Klassenzimmer, hatte auf ihrem Klemmbrett eine Beispiellösung vorbereitet und die Namen der Schüler notiert, die möglicherweise Schwierigkeiten haben würden. Sie schaute einigen kurz über die Schulter, und Verrilli erklärte mir das Vorgehen. Es wurde als »aggressively monitoring« (intensives Überwachen) bezeichnet. Ihre minutiöse Aufmerksamkeit für jedes Detail war umso beeindruckender, da sie erst seit fünf Monaten unterrichtete.

»Rodrigo kriegt einen Dollar!«, jubelte sie, während im Raum nur das leise Kratzen der Stifte auf dem Papier zu hören war. »Er schafft das.«

Später erläuterte Verrilli den Relay-Ansatz. Der Grundgedanke war, das Unterrichten als Handwerk zu betrachten. Und deshalb war ich hier. Während andere Ausbildungskonzepte den Fokus auf die Theorie legen, also über das Unterrichten vor allem sprechen und schreiben, geht es bei Relay primär um die *Praxis*. Die Methoden, die Cornick so souverän anwandte, stammten aus *Teach Like a Champion,* einem geradezu revolutionären Buch des Lehrers, Schuldirektors und graduierten Betriebswirtes Doug Lemov.[5] Er begann seine Laufbahn als Lehrer in einem relativ armen Viertel von Boston, wo er es wahrlich nicht leicht hatte und deshalb von einem Kollegen einen einfachen Rat bekam: Wenn du willst, dass die Schüler deine Anweisungen befolgen, musst du stillstehen, während du sie äußerst. Dies erwies sich in der Tat als wirkungsvoll und brachte Lemov zum Nachdenken. Vielleicht war das Unterrichten doch kein Voodoo-Zauber, den man nur mit einer angeborenen Begabung beherrschen konnte – obwohl es sich vor seinen Achtklässlern genauso anfühlte. Vielleicht gab es ja noch andere Strategien dieser Art. Als begeisterter Fußballer wusste er, dass klare und eindeutige Anweisungen wie »die Räume eng machen« oder »den Winkel verkürzen« zu besseren Leistungen führten. Wenn es auf dem Spielfeld galt, eine Reihe von anspruchsvollen, spezifischen Fertigkeiten zu beherrschen, traf das nicht auch auf den Lehrerberuf zu?[6]

Als Lemov später Fachberater für Problemschulen wurde, trieb ihn diese Frage noch immer um. Häufig traf er auf Lehrerkollegien, die unermüdlich daran arbeiteten, Verbesserungen herbeizuführen, doch nur wenig erreichten. Zu definieren, was eigentlich einen guten Lehrer ausmachte, schien immer noch ein Tabu zu sein. Er begann sich intensiver damit auseinanderzusetzen. Seit im Jahr 2002 das Bildungsgesetz *No Child Left Behind* verabschiedet wurde, standen US-Behörden umfangreiche Daten über die Leistung von Schulen zur Verfügung. Diese durchsuchte er nach statistischen Ausreißern, wo Schüler aus sozial schwachen Familien unerwartet gute Leistungen zeigten. Die North Star Academy – wo Verrilli später als »Principal V« bekannt wurde – stand bei an vorderster Stelle. Die Schüler waren ausnahmslos von afro- und hispanoamerikanischer Herkunft, neun von zehn hatten Anspruch auf ein kostenloses Mittagessen und nur einer von zehn hatte einen Elternteil mit Collegeabschluss. Trotzdem erzielten die Achtklässler bei Tests auf bundesstaatlicher Ebene etwa 30 Prozent bessere Leistungen in Englisch und schnitten in Mathe um über 35 Prozent besser ab als der Durchschnitt in New Jersey. Der Schule gelang es also nicht nur, die Bildungslücke zu schließen, sondern sie obendrein *umzukehren*. Lemov überzeugte einen eigentlich auf Hochzeiten spezialisierten Videofilmer, ihn bei seinem Besuch zu begleiten.

Diese ersten Filme über herausragende Lehrer bildeten den Startschuss zu einem fünfjährigen Dokumentationsprojekt, das von der Organisation *Uncommon Schools* unterstützt wurde, die Norman Atkins mit Verrillis Unterstützung gegründet hatte. Es entstanden viele Stunden Videomaterial, das Lemov anschließend mit dem scharfen Blick eines Fußballtrainers analysierte. Er stellte fest, dass alle tollen Lehrer eins gemeinsam hatten: die Gabe, die Aufmerksamkeit der Schüler zu gewinnen – gewissermaßen der Heilige Gral des Unterrichtens. Außerdem stellten sie hohe Anforderungen, verschwendeten keine Zeit und verstanden es, die Schüler zu fesseln. Doch diese Binsenweisheiten waren nicht dazu angetan, Problemschulen weiterzuhelfen. Was genau sollte man denn tun, wenn man die Anweisung erhielt, hohe Anforderungen zu stellen? Also schaute er noch genauer hin und achtete auf Techniken und Eigenarten, die von den besonders erfolgreichen Lehrern angewandt wurden. Diesen gab er sinngemäße Namen wie »Sweat the Details« (Feinheit im Detail), »No Warning« (keine Vorwarnung) oder »Cold Call« (unerwartetes Aufrufen).[7] Hervorragender Unterricht bestand künftig also nicht mehr aus Blut, Schweiß, Tränen und Zauberei, sondern aus Blut, Schweiß, Tränen und einer ganz konkreten Palette von 49 Mikro-Strategien. »Scheinbar kleine, bewusste Veränderungen in Wortwahl und Handlungen des Lehrers können mit der Zeit erhebliche Verbesserungen der Schülerleistungen bewirken«, schrieb Lemov, als seine Taxonomie veröffentlicht wurde.[8] Die Relay Graduate School integrierte eine Vielzahl seiner Methoden in die Lehrerausbildung.

»Ich zähle eins, zwei, drei, vier, fünf, sechs«, sagte Cornick und hielt Ausschau nach weiteren Meldungen. Ein Mädchen hatte die Finger gekreuzt – ein zeitsparendes Signal dafür, dass sie zur Toilette musste. »Los, kommt schon! Sieben, acht. Wie viele Aufgaben hat Riley tatsächlich gelöst?«

»Achtundvierzig«, antwortete Lincoln.

»Aber die Frage lautete, wie viel mehr Aufgaben Riley gelöst hat als Annabel.« Verrilli verzog das Gesicht. »Sie verlangt ein bisschen zu viel von ihnen, aber das wird sie noch lernen«, flüsterte er. Die Verbesserung, an der Cornick nach Verrillis Ansicht arbeiten sollte – »Das ist schon fast Level 2.0« – war »Verhältnisgleichungen, Teil eins«. Das Ziel bestand darin, die kognitive Belastung der Schüler zu erhöhen, doch sie hatte ihnen gerade die Chance genommen, sich die Aufgabenstellung selbst in Erinnerung zu rufen. In Verrillis Augen waren solche Details ganz entscheidend – in der Summe sorgten sie dafür, ob Schüler etwas lernten oder nicht. Solche subtilen Aspekte zu berücksichtigen – »Sweat the Small Stuff« (Feinheit im

Detail) – war ein wesentlicher Grundsatz von Uncommon Schools, ebenso wie an der Relay Graduate School und der KSA in London. Der Unterricht wurde von zentraler Stelle aus geplant, um die Qualität zu verbessern und den Lehrern Zeit zu sparen. Cornick gab in dieser sechsten Klasse gerade *exakt* den gleichen Matheunterricht, wie er in den 40 anderen *Uncommon Schools* in Rochester, Boston und Brooklyn gelehrt wurde. Analog dazu lernten die angehenden Lehrer die exakt gleichen Methoden. Alles dreht sich darum, das eigene Handwerk zu trainieren, und dies erforderte gezielte Strategien.

Cornick klatschte zweimal. »Klatsch-klatsch, klatsch«, kam als Antwort von den Schülern. Sie hatten ihre Stifte abgelegt und hörten ihr wie gebannt zu. Doch hier war kein Voodoo im Spiel. Die kontinuierliche Übung machte sich bezahlt. Trotzdem störte mich etwas. Vielleicht war ich ja allzu besessen von der Vorstellung vom Unterrichten als Kunst, aber die Relay-Didaktik kam mir doch etwas zu restriktiv vor, ein wenig *zu* schablonenhaft. Die latenten Anklänge an die Konzepte unnachgiebiger Tigereltern, die unschlagbare Champions bei allerlei Wettbewerben hervorbrachten, waren allzu deutlich. Hatte das alles nicht etwas, tja, Mechanistisches an sich? War dies wirklich ein geeigneter Weg, um sich ein Handwerk anzueignen?

Verrilli hielt am selben Tag nachmittags ein Seminar zum Thema »Deliberate Practice« (Bewusstes Üben) für seine Studenten ab. Dort hoffte ich mehr darüber zu erfahren.

Das 2 Sigma Problem

Lehrer mussten bis 1985 auf ihr Ignaz-Semmelweis-Erlebnis warten. Wieder einmal kam es von Benjamin Bloom. In seinen Studien zur Talentforschung stellte er fest, dass die Entwicklung von Expertise auch davon abhängt, ob ein großartiger Lehrer zur Verfügung steht, idealerweise mehrere in Folge. Ein künftiger Virtuose beginnt seinen Unterricht üblicherweise bei einem Experten in der Nähe, wo er Grundkenntnisse erwirbt, wechselt dann jedoch meist zu einem landesweit anerkannten Betreuer, der seine Begabung zum Erblühen bringt. Bloom hob das offenkundige Problem hervor, dass dies natürlich nicht auf den Lernerfolg aller Kinder angewandt werden konnte. Überregionale Experten waren dünn gesät. In den meisten Erfolgsgeschichten fand eine intensive Eins-zu-eins-Betreuung der Ausnahmetalente statt. Da solche Bedingungen im großen Maßstab niemals zu gewährleisten sind, begann Bloom zu untersuchen, wie Lehrer diesen Eins-zu-eins-Effekt am wirkungsvollsten in Klassen von 30 Schülern nachahmen können. Er bezeichnete dies als das »2 Sigma Problem«.[9]

Bloom entwickelte ein Experiment, um drei Unterrichtsmethoden zu analysieren: *conventional* (dreißig Kinder lernen wie gewohnt), *mastery* (die gleiche Anzahl von Kindern, jedoch mit zusätzlichem, individuellem Feedback zur Leistungsentwicklung) sowie *tutoring* (ein engagierter Tutor arbeitet mit einem Schüler oder mit maximal drei Schülern). Die Ergebnisse waren frappierend. Die Kinder mit den Tutoren lagen durchschnittlich zwei Standardabweichungen über den Kindern mit dem konventionellen Unterricht, daher die Bezeichnung 2 *Sigma*. Allgemein verständlich ausgedrückt, bedeutet dies, dass der durchschnittliche – nicht der beste – Schüler mit Tutorenbetreuung 98 Prozent bessere Leistungen erbringt als die Schüler im normalen Unterricht. Jedes Kind konnte mehr lernen, und zwar *erheblich* mehr, als aktuell im Unterricht eines durchschnittlichen Lehrers. Diese Resultate erklären auch, warum Spitzentutoren in Großbritannien oder den USA heute umgerechnet bis zu 1500 Euro pro Stunde Einzelunterricht verlangen.

Doch Bloom ging es nicht darum, allen Eltern ans Herz zu legen, einen Tutor für ihr Kind zu suchen. Vielmehr fragte er sich, ob es nicht anderweitig möglich war, dass Kinder so lernen, *als ob* ihnen eine Eins-zu-eins-Betreuung zuteil würde. Diese Frage bildet den Kern dessen, was das Handwerk des Unterrichtens ausmacht und ist Ausgangspunkt für ein unaufhörliches Streben nach Verbesserung.

In Finnland, wo vermutlich einige der weltweit besten Lehrer zu Hause sind, traf ich einen, der sich mit diesem Thema sehr auseinandersetzt.

Die Kunst zu lehren, ohne zu belehren

In Martinlaakso, einem Vorort nördlich von Helsinki, ist es zeitig dunkel geworden, und die niedrigen, brutalistisch anmutenden Gebäudeeinheiten, die den Weg vom Bahnhof säumen, sind mit lebhaften Graffiti besprüht – ein gänzlich unspektakuläres Ambiente für meinen durchaus spektakulären Besuch bei Finnlands berühmtestem Lehrer, Pekka Peura. In seinem Klassenzimmer hingen die Winterjacken locker über den Stuhllehnen, auf denen manche der achtundzwanzig Schüler in ganz ähnlicher Weise lungerten – einige von ihnen sahen aus wie eben erst aufgestanden. In Dreier- oder Vierer-Gruppen unterhielten sie sich an quadratischen Tischen und schauten auf ihre Handys. Andere hatten schon ihren Laptop hochgefahren, ihn in von der Decke herunterhängende Steckdosen eingestöpselt und waren eifrig bei der Arbeit. Es herrschte eine entspannte und motivierte Atmosphäre, alle trugen Jeans, Pullover und Turnschuhe in Schwarz, Grau oder Dunkelblau – die typisch skandinavische »Schuluniform«. Vor den Erdgeschossfenstern erhoben sich Weißbirken und Kiefern vor dem langsam heller werdenden Himmel.

Es war 8.20 Uhr, Peura ging nach hinten, scherzte kurz mit den Schülern und stieß dann mit dem Fuß die Tür zu. Er war noch lässiger gekleidet als die Jugendlichen, mit einem Band-Shirt, knielangen Jeansshorts und dem schuleigenen Hoodie mit offenem Reißverschluss. »Schottischer Indie-Gitarrist«, kritzelte ich in mein Notizbuch. Sein blonder Bart und die leicht helmartige Mähne unterstrichen diesen Eindruck noch. Peura ging zurück zur Tafel, vorbei an einer Karikatur von Einstein – der unvermeidliche Einstein – mit einem Jo-Jo, klappte seinen Computer auf und projizierte eine Aufgabe an das Whiteboard.

Es war eine Multiple-Choice-Frage. *Nach wie viel Sekunden überholt das Auto den Traktor?* a) 3,0; b) 4,5; c) 6,0; d) 7,5; e) 8,2.

Die blonden Sechzehnjährigen betrachteten die Grafik auf dem Whiteboard. Einige tippten etwas in ihren Laptop. Andere konsultierten ihr Handy. Auf Peuras Display wurden die Antworten erfasst. Einundzwanzig Schüler hatten bereits eine Lösung übermittelt. Ich kannte diese Methode und wartete darauf, dass Peura die korrekte Antwort bekannt gab. Wie viele richtige Antworten gab es? Doch sein nächster Schritt überraschte mich.

»Dreht euch zueinander, und diskutiert an euren Tischen«, forderte er die Schüler auf. Wie hatten sie sich entschieden und warum? Die Jugendlichen fanden sich in ihren Tischgruppen zusammen und begannen engagiert auf Finnisch zu diskutieren. Nach ein paar Minuten blendete Pekka die Aufgabe erneut ein. *Nach wie viel Sekunden überholt das Auto den Traktor?* a) 3,0; b) 4,5; c) 6,0; d) 7,5; e) 8,2. Wieder betrachteten die Schüler die Grafik und übermittelten mit ihren Geräten die Lösung.

Doch noch immer hielt Peura die richtige Lösung zurück. Stattdessen zeigte er ihnen nun die Ergebnisse der ersten Runde: 36 Prozent der Schüler hatten sich für Lösung a) entschieden, 27 Prozent für b), 18 Prozent für c),

5 Prozent für d) und 14 Prozent für e). Interessant, konstatierte Peura. Es sei erkennbar, dass es in der Klasse einige Schüler gab, die es verstanden hatten und einige, bei denen dies nicht der Fall war. Und – was noch wichtiger war – es wurde deutlich, dass es ganz unterschiedliche Gründe für die falschen Antworten geben musste. Nach kurzem Hin und Her mit den Schülern präsentierte er schließlich die Ergebnisse der zweiten Runde. Diesmal hatten sich 39 Prozent für a) entschieden, jedoch 50 Prozent für b). Niemand hatte c) oder e) gewählt. Und lediglich 11 Prozent hatten für d) votiert. Sie hatten also ihre Meinung geändert. Welche Schlüsse konnte man daraus ziehen?

Ich war fasziniert. So etwas hatte ich noch nie erlebt.

»Ich weiß, dass ihr es falsch lösen werdet«, sagte Peura später im Lehrerzimmer und trank dazu tiefschwarzen, bitteren Kaffee – das finnische Nationalgetränk. Die Tür des Kühlschranks zierten Magnete mit Hunderten von weichgezeichneten Lehrergesichtern wie bei billigen Bildchen konservativer Baptistenpfarrer aus den USA. Einige davon zeigten Peura ordentlich rasiert und mit Topfhaarschnitt aus seiner *Hard-Day's-Night*-Phase. Der Raum war mit funktionalen Möbeln aus Kiefernholz eingerichtet. »Das ist die Grundidee dieser Aufgabe«, fuhr er in fehlerlosem, leicht stakkatoartigem Englisch fort. »Man gibt eine falsche Antwort, und das Gehirn wird idealerweise aktiv, und man fragt sich, okay, da gibt es wohl etwas, das ich nicht weiß.« Dann fängt man vielleicht an zu üben. In Physik und Mathe basieren die Missverständnisse der Kinder oft auf einer ganz eigenen inneren Logik. Wenn der Lehrer ihnen einfach die richtige Antwort nennt, können sie diese gar nicht einordnen, und die zugrunde liegende kognitive Architektur bleibt unverändert. Sie müssen diesen Denkprozess selbst vollziehen. Darin bestand Peuras Ansicht nach der eigentliche Sinn des Unterrichtens.

»Wenn der Lehrer die Kontrolle darüber hat, was sie wann lernen, dann wissen sie doch gar nicht, wie man lernt«, fügte er hinzu. Peura hat mittlerweile viele Anhänger in ganz Finnland und wird für seine wohlüberlegte Herangehensweise an das Handwerk des Unterrichtens geschätzt – eine beachtliche Leistung in einem Land, in dem dieser Beruf so ernst genommen wird. Er hatte das Lernkonzept auf den Kopf gestellt. Statt nach der effektivsten Methode zu suchen, um Schülern den Stoff in Mathe und Physik zu vermitteln, fragte er sich, unter welchen Bedingungen Schüler am besten lernen. Das ist ein kleiner, aber feiner Unterschied. In seinem Unterricht hatte ich mich gefragt, ob alles nicht ein bisschen zu langsam voranging. Nach dem zackigen Tempo von KSA und Relay empfand ich sein Vorgehen beinahe als enttäuschend. Lernten die Schüler denn alles, was sie wissen mussten? »Tja, natürlich *referiere* ich weniger Stoff«, erklärte Peura, »aber entscheidend ist ja, wie viel die Schüler lernen. Selbst wenn ich versuche, 100 Prozent des Lernstoffs zu vermitteln, werden nicht alle Kinder 100 Prozent lernen.« Peuras Meinung nach musste man im Unterricht immer versuchen zu differenzieren, weil Kinder schließlich unterschiedlich lernten. Er begreift eine Klasse als Gruppe von Einzelpersonen und leitet aus dieser Denkweise Wege ab, wie jeder Einzelne so viel wie möglich lernen kann.

Wieder in der Klasse, teilte Peura kurz und bündig mit, dass Lösung b) richtig sei, und bat einige Schüler, der ganzen Klasse zu erklären, warum. Dann blendete er eine Tabelle ein. In der linken Spalte waren etwa zwölf Themengebiete aufgelistet, die von den Schülern in diesem Teil des Physikkurses zu bewältigen waren. Über den anderen vier Spalten prangten Emojis. Damit sollten die Schüler bewerten, wie gut sie mit dem jeweiligen Thema vertraut waren. Sie konnten entweder den starken Arm wählen, wenn sie der Meinung waren »Ich weiß so gut Bescheid, dass ich es meinen Freunden erklären kann«. Ein hochgestreckter Daumen hieß »Ich hab's kapiert«, ein neutrales Gesicht stand für »Ich beherrsche einen Teil davon, muss aber noch etwas tun« und ein Gesicht mit Lachtränen bedeutete »Ich kann mich nur kaputtlachen, wenn Sie denken, ich hätte irgendeine Ahnung davon«. Die Schüler hörten Peura aufmerksam zu und widmeten sich anschließend wieder ihrem Computer, um mit der Selbsteinschätzung fortzufahren. Es gab keine langen Erklärungen, wie man die richtige Lösung fand, und die Fehler der Schüler wurden nicht ausgewertet. Peura überließ es den Schülern, dies miteinander zu klären. Obwohl erst zehn Minuten der Stunde vergangen waren, schien seine Arbeit schon erledigt zu sein.

»Ich schreibe nichts an die Tafel«, gab er zu. »Ich weiß, dass sie die nötigen Informationen selbst finden, wenn ich ihnen beibringe, wo sie suchen müssen.«

Das Klassenzimmer mutete nicht gerade futuristisch an, und einige der Ideen waren schon hundert Jahre alt, doch Peuras Forschergeist und Engagement für das Handwerk des Unterrichtens waren radikal. Auch seine Ziele waren andere. Er war bei der Methode angelangt, die, internationalen Forschungen zufolge, die wirkungsvollste Lernstrategie war: Selbsteinschätzung der Schüler – und hatte eine dafür besonders geeignete Umgebung mit den passenden Tools entwickelt.[10]

Als die Schüler zu arbeiten begannen, setzte ich mich neben Patrik. Er zeigte mir auf seinem Laptop, welche Fenster er geöffnet hatte. Ein Grafik-Organizer enthielt die Themenliste mit den Emojis, die Peura zuvor projiziert hatte.

Damit behielt Patrik den Überblick über seinen Lernfortschritt. Für jedes Thema gab es Links zu Lernmaterialien, auf die er in seinem eigenen Tempo zugreifen konnte, sowie Tests, die er absolvieren konnte, wann er wollte. »Man erledigt eine Aufgabe, wertet sie aus und macht dann mit der nächsten weiter«, erläuterte er. »Dann gibt man seine Selbsteinschätzung ab.« Er mochte es: »Man kann verschiedene Themen in seinem eigenen Tempo bearbeiten.« Gelegentlich bat er Peura um Hilfe, öfter besprach er sich jedoch etwas mit seinen Mitschülern am Tisch. Er konnte ihre Selbsteinschätzungen einsehen und wusste daher, wer ein Thema mit dem starken Arm versehen hatte und es ihm erklären konnte, das ihm noch Kopfzerbrechen bereitete. Außerdem war ein Google-Document geöffnet, in dem er gemeinsam mit den anderen Schülern an seinem Tisch Aufzeichnungen über die Stunde führte. Dies geschah in allen Vierergruppen, und die ganze Klasse konnte jeweils auf alle Notizen zugreifen. Peura wollte starke Lerngewohnheiten etablieren. Seine jüngste Innovation bezog sich auf das Arbeiten in der Gruppe.

»Wenn es innerhalb von Teams das Wichtigste ist, dass die Beteiligten sich sicher fühlen, dann müssen wir uns als Lehrer zuallererst damit beschäftigen.« Er hatte sich über eine mehrjährige, von Google initiierte Studie informiert, um die Kriterien für das »perfekte Team« zu ermitteln.[11] Dabei hatte sich als wichtigster Aspekt die »psychologische Sicherheit« herauskristallisiert. In seiner Klasse hatten die Schüler ihre Teams selbst zusammengestellt und anschließend eigene Regeln formuliert. Diese hatte er mit ihnen besprochen, die Entscheidung jedoch ihnen überlassen. Diese selbst aufgestellten Regeln waren die einzigen, die befolgt werden mussten – abgesehen von Peuras einer Unterrichtsregel »Wir versuchen zu lernen«. Von diesem Ansatz ließ er sich mehr oder weniger schon seit den neuneinhalb Jahren leiten, in denen er als Lehrer arbeitete. Intensiv ins Grübeln gekommen war er vor etwa sieben Jahren, als er statt in jeder Stunde neue Hausaufgaben zu erteilen, kurzerhand ein ganzes Heft mit sämtlichen Aufgaben austeilte. »Nach zwei Wochen kam der erste Schüler zu mir und sagte: ›Alles erledigt.‹« Damals erkannte er, dass die traditionelle Vorgehensweise nicht für alle Schüler geeignet war. Für diejenigen, denen es schwerfiel, ging es zu schnell, und für diejenigen, die den anderen voraus waren, erwies es sich als zu langsam. Peura begann zu experimentieren. Wie konnte er erreichen, dass jeder einzelne Schüler maximal vom Unterricht profitierte?

Genau darin bestand das 2 Sigma Problem von Bloom. Seine Antwort darauf lautete, den Lernstoff den Schülern zu überlassen und sich stattdessen darauf zu konzentrieren, ihnen das Handwerkszeug zu vermitteln und zur Verfügung zu stellen, damit sie gemeinsam ihre eigenen Lernerlebnisse gestalten konnten, sowie eine motivierende Lernkultur und -umgebung zu schaffen, die ihre angeborenen Lerninstinkte anregten.

»Diesen Gedanken sollten wir in Bezug auf das Lernen schlichtweg *ausmerzen«,* antwortete Peura auf meine Frage, ob er sich denn gar keine Sorgen mache, dass einige Schüler seiner Klasse den Anschluss verlieren könnten. »Ich finde, wir sollten die gesamte Vorstellung vom Anschlussverlieren und Hinterherhinken über Bord werfen.« Es irritierte ihn besonders als Mathematiker, denn die Hälfte der Kinder würde immer unter dem Durchschnitt liegen. Doch noch mehr ärgerte es ihn aus rein menschlicher Sicht. Er machte sich Sorgen, welche Auswirkungen diese Denkweise auf das Selbstwertgefühl seiner Schüler hatte. »Es ist doch ganz normal, anders zu sein«, betonte er. Doch das wurde in der Schule kaum berücksichtigt. Stattdessen wurden alle Schüler so behandelt, als ob sie Klone wären. Diese Denkweise war von John Hattie inspiriert, einem in Australien lehrenden Wissenschaftler, der die Meinung vertrat, dass das, was sich beim Lernen im

Gehirn abspielte, *unsichtbar* war. »Leichter nachzuvollziehen ist das beim Klavierspiel«, erklärte er. »Und auch im Sport ist es ganz normal.« Dort war genau *erkennbar*, auf welchem Leistungsstand jemand gerade war. »Aber in Unterrichtsfächern wie Mathe, Geschichte, Psychologie oder Physik gestehen wir niemandem zu, anders zu sein.« Ein Lehrer an der Schule gelangte natürlich leichter zu dieser Erkenntnis, aber es war schon was dran. Man konnte nicht in allen Bereichen glänzen und *Experte* sein. Indem man Kindern überall Spitzenleistungen abverlangte, verwehrte man ihnen die Chance, herauszufinden, welche Bereiche ihnen besonders am Herzen lagen. »Wir sollten erkennen, wofür sich ein Schüler interessiert und darauf aufbauen.«

In Finnland sind leistungsgemischte Klassen gesetzlich vorgeschrieben, was ein Grund dafür war, dass sich die Kluft zwischen den stärksten und schwächsten Schülern in den internationalen PISA-Vergleichstests als relativ gering erwies. Seiner Ansicht nach würden jene Schüler, die derzeit die geringsten Leistungen zeigten, etwa fünf Jahre brauchen, um hinsichtlich Wissen und Lernniveau zu den Schülern mit den besten Leistungen aufzuschließen. Peura wusste genau, dass die wenigsten seiner Schüler später einmal Physik studieren wollten (obwohl einige – sie waren mir an einem Tisch relativ weit vorn aufgefallen – das durchaus vorhatten), weshalb er sein Augenmerk darauf richtete, ihre Fähigkeiten zum Lernen zu fördern.

»Ich versuche zuallererst Menschen zu unterrichten. Die Physik ist nur – nur ein Werkzeug – der Lerninhalt.«

Der Mensch an sich wird in Finnland sehr respektiert. Lehrer ebenfalls. Beim Mittagessen war ich beeindruckt, wie ernst hier alle ihr Handwerk nahmen – und wie normal sie dabei gleichzeitig blieben. Ich musste daran denken, dass in Finnland nur einer von zehn Bewerbern für die Lehrerausbildung zugelassen wurde. Allerdings erfuhr ich von Peura, dass es Mathelehrer für weiterführende Schulen deutlich leichter hatten. Hier gab es lediglich sieben Bewerber für die 25 verfügbaren Studienplätze an der Universität von Helsinki. Darüber hinaus existierte an finnischen Schulen keine so fragile Hierarchie wie in Großbritannien. Es gab zwar einen Schulleiter, der jedoch eher administrative Funktionen innehatte. Eine mittlere Leitungsebene existierte überhaupt nicht. Die Lehrer übernahmen – ganz offensichtlich gern – kollektive Verantwortung, sodass es nur folgerichtig war, wenn dies für die Schüler ebenfalls gelten sollte.

Peura praktizierte das alles konsequenter als alle Lehrer, die ich bisher erlebt hatte. In Finnland gab es standardisierte Prüfungen erst, wenn die Schüler die weiterführende Schule abschlossen. In Peuras Klasse benoteten sie sich selbst.

»Ich frage sie einfach«, sagte er. »Das kommt schon hin.« Peura war genau wie Saku Tuominen der Meinung, dass unser Faible für Zahlen zur Bewertung des Lernens eine Illusion und zudem sogar schädlich ist, weil es uns daran hindert, unser eigenes Urteilsvermögen zu entwickelt. Er legt viel größeren Wert darauf, bei seinen Schülern die Fähigkeit zur Selbsteinschätzung zu fördern. Ob sie sich korrekt bewerteten, wollte ich wissen. »Schwierige Frage«, entgegnete er. »Was genau heißt denn korrekt?«

Er zeigte mir die Tabellen, die er für die Schüler erstellt hatte. Es gab drei Schemata zur Selbstreflexion, die sie auszufüllen hatten. »Wie gut hast du Lernkompetenz gelernt? Wie gut hast du Sozialkompetenz und die Fähigkeit zum Selbststudium gelernt? Wie gut hast du Physik gelernt?« Zu jeder dieser Fragen gab es noch ein Dutzend Unterfragen, in denen es unter anderem um Aspekte wie *sinnikkys* ging (Finnisch für Fleiß und Durchhaltevermögen), aber auch um Teamarbeit und Beherrschung von

Lernstoff. Die Bewertung erfolgte ganz simpel jeweils mit den Farben Blau, Grün, Gelb oder Schwarz. Diese Einschätzungen bildeten die Grundlage für ein Gespräch mit Peura am Ende des Kurses.

»Wie lässt sich erreichen, dass sie anfangen selbst zu lernen?«, fragte er. Das war schließlich Sinn und Zweck des Ganzen. Er nahm seine eigene Autorität zurück und sorgte dafür, dass die Schüler sich selbst – und gegenseitig – unterrichteten. Mehreren Studien zufolge lernten Kinder besser von Gleichaltrigen als von Lehrern.[12] Die größten Lerneffekte von Schülern seien unter anderem dann zu verzeichnen, wenn Lehrer in ihrem eigenen Unterricht lernen und Schüler zu ihren eigenen Lehrern werden.

Darüber hinaus stärkte dies auch ein dynamisches Selbstbild. Patrik hatte mir erzählt, dass er vor diesem Kurs dachte, er sei nicht gerade gut in Mathe. Mittlerweile wusste er – genau wie alle anderen in der Klasse –, dass Kategorien wie gut oder schlecht nicht zählten. Es ging darum, wo man gerade stand und wo man als Nächstes hinwollte. Wenn laut Carol Dweck die Zukunft nicht den Wissensorientierten, sondern den Lernorientierten gehörte – die saßen hier vor mir.

»Unsere Kinder haben neun Jahre Schule hinter sich und besitzen keinerlei *Lernkompetenz*«, hatte Peura gesagt. »Ich versuche ihnen diese Lernkompetenz zu vermitteln. Physik spielt dabei in diesem Moment eine eher untergeordnete Rolle.«

So wie Relay Spitzenlehrkräfte hervorbrachte, die es verstanden, Schüler zu begeistern, versuchte Peura Spitzenschüler auszubilden, die sich selbst begeistern konnten. Dabei handelte es sich um ein diffiziles Handwerk. Es war nicht der übliche Weg Richtung Expertise, und begann nicht mit dem Erwerb von Grundfertigkeiten, sondern mit der Begeisterung für ein Thema, verbunden mit geduldigem Ausprobieren.

Genau darin bestand Peuras Ansatz. Er war ein Meister seines Handwerks, ein Zen-Meister des Lernens, der die Kunst des Lehrens ohne zu belehren auslotete. Das Geheimnis bestand seiner Ansicht nach darin, die Freude der Kinder am Lernen freizuschalten und zu stärken, damit sie von sich aus Energie in den Unterricht investieren und Verantwortung übernehmen. »Es ist keinesfalls so, dass den Menschen das Lernen von Geburt an verhasst ist. Dazu kommt es erst durch bestimmte Erlebnisse.« Kürzlich hatte er einen Bericht gelesen, dem zufolge am Ende der neunten Klasse, also im Alter von 15 Jahren 40 Prozent der Jungen und 35 Prozent der Mädchen in Finnland die Schule nicht mögen. »Ich glaube, man könnte relativ leicht erreichen, dass sie gern zur Schule gehen.«

Er experimentierte mit Motivationsstrategien und technischen Basislösungen, wie etwa Google Docs. Er wollte Möglichkeiten aufzeigen, damit andere Lehrer sie ebenfalls nutzen können.

Als ich an diesem Morgen zusammen mit zahllosen Pendlern in knallbunten Daunenjacken zum Zug ging, erinnerte ich mich an einen Vortrag des Künstlers Grayson Perry bzw. seines Alter Egos, Claire. Kreativität beginne nicht mit Originalität, betonte sie. Viele Künstler schlügen von einem bestimmten Thema ausgehend einen Weg ein, der ihnen besonders zusagte oder sie interessierte und dem sie sich daher eine Zeit lang widmeten. Als würde man am Bahnhof von Helsinki in den Zug steigen. Man hatte zwölf zur Auswahl, wusste aber nicht wirklich, ob es nach Riihimäki, Leppävaara oder Kirkkonummi ging. Wichtig war eigentlich nur einzusteigen und an Bord zu bleiben. Wenn man die Nerven verlor und zum Ausgangspunkt zurückkehrte, stand man erneut vor der schwierigen Wahl, nur jetzt auch noch mit Verspätung. Wer kreativ erfolgreich sein will, muss seiner Linie treu bleiben. Die Anfänge sind immer von Nachahmung geprägt, aber irgendwann findet man seinen eigenen Weg. Experimentieren ist dabei jedenfalls unerlässlich.[13]

»Ich habe heute noch Probe«, sagte Pekka, als ich ihn an der Tür fragte, welche Pläne er für den Abend hätte. Ich hatte mich nicht getäuscht. Der berühmteste Lehrer Finnlands war obendrein Bassist in einer Band.

Als ich in Martinlaakso wieder im Zug saß, holte ich mein Handy hervor und googelte »Time Machine Memories«. Im Video zum Song *Sorry* entdeckte ich Peura. Schwarz gekleidet stand er mit seinem Bass im Hintergrund und sorgte für den richtigen Takt. Besser ins Bild gepasst hätte es allerdings, wenn er Schlagzeuger wäre, dachte ich bei mir. Und: Wünschen wir uns nicht alle eine Welt, in der unsere Lehrer ihr Handwerk meisterlich beherrschen, sich immer weiter verbessern wollen und mit Begeisterung ihren persönlichen Interessen nachgehen?

»Wir sollten herausfinden, wofür sich ein Schüler interessiert«, hatte er gesagt, »und darauf aufbauen.«

Zum Experten wird man nicht geboren, sondern gemacht

Pekka Peuras Handeln entsprang der wissenschaftlichen Auseinandersetzung mit der Frage, wie sich die Lehrpraxis verbessern lässt, was in der Pädagogik nach wie vor die Ausnahme ist. 1992 knüpfte der Wirtschaftswissenschaftler Eric Hanushek aus Stanford an die Arbeiten Blooms an und führte eine Studie an Kindern im amerikanischen Mittleren Westen durch. Er wollte seine These überprüfen, der zufolge Schulen die Karrierechancen von Kindern wesentlich stärker beeinflussen könnten als bisher angenommen. Nach Auswertung der erhobenen Daten kam er zu einem ernüchternden Ergebnis. Schulen hatten keinen nennenswerten Einfluss auf die Leistungen von Kindern. Ihre *Lehrer* hingegen schon. Hanushek fand heraus, dass die Schüler im Unterricht eines exzellenten Lehrers, der zu den besten fünf Prozent zählt, um ein Jahr mehr Fortschritt erzielten als im Unterricht eines Lehrers, der zu den untersten fünf Prozent gehörte. Die kumulative Wirkung war immens. Der Schüler eines ambitionierten Lehrers in der oberen Hälfte des oberen Quartils steigerte sich innerhalb eines einzigen Schuljahrs gegenüber anderen Schülern um acht Prozentränge. Startete er also auf Platz 50 von 100 ins Schuljahr, stand er an dessen Ende auf Rang 42.[14]

Hatte man das Glück, von diesem Lehrer fünf Jahre hintereinander unterrichtet zu werden, stieg man um 40 Plätze bis unter die zehn Besten auf. An der KSA hatte ich das miterlebt.

Hanusheks Auffassung nach sollten die Leistungen von Lehrern allein daran gemessen werden. Wie viel haben die Schüler gelernt? Möglicherweise erscheint das auf den ersten Blick viel zu banal und so selbstverständlich wie der Umstand, dass Ärzte sich die Hände waschen müssen, doch unsere Auffassungen zum Unterrichten haben sich im Laufe der Zeit gewandelt. Ein britischer Pädagogik-Professor mit Glatze, Bart und Ring im Ohr namens Dylan Wiliam hat dazu seine ganz eigenen Ansichten. Lange Zeit wurde das Maß des Erfolgs von Lehrern ganz ähnlich bewertet wie bei einem Arzt, der nach vielen anstrengenden Stunden im OP ausruft: »Operation geglückt, Patient tot«.[15]

Doch Hanushek gab sich damit nicht zufrieden. In einer weiteren Studie kam er zu einem frappierenden Ergebnis. Nach dem dritten Jahr im Schuldienst verbesserten sich Lehrer in ihrem Beruf nicht mehr. Zumindest nicht gemessen daran, wie viel die Schüler ihrer Klassen im Lauf des Jahres lernten.[16] Wenn das Besserwerden eine so wichtige Rolle spielt, ist es seltsam, dass in einem derart anspruchsvollen Beruf nach nur drei Jahren bereits das Leistungsmaximum erreicht ist. Sind vielleicht manche Lehrer einfach von Natur aus besser als andere? Oder vielleicht haben wir sie auch die ganze Zeit falsch ausgebildet. Laut einer Untersuchung in den USA aus dem Jahr 2015 namens *The Mirage* gibt es keinerlei Anhaltspunkte dafür, dass die jährlich pro Kopf Zehntausende Dollar kostenden Lehrer-Schulungen tatsächlich zu Verbesserungen führen.[17] Das Entscheidende ist, so formulierte es Wiliam zugespitzt, dass alle Lehrer sich verbessern müssen – und zwar nicht deshalb, weil sie nicht gut genug sind, sondern einfach weil sie es *können.*

Er ist davon überzeugt, dass die Schwächen in der Lehrerausbildung bis heute vor allem darin bestehen, dass sie zu sehr auf Lernstoff und zu wenig auf die Unterrichtspraxis ausgerichtet ist.

Obwohl das Unterrichten gewissermaßen ein darstellender Beruf ist, werden angehende Lehrer hauptsächlich anhand von Lehrbüchern und Vorlesungen ausgebildet. Die traditionelle Ausbildung von Pädagogen in Großbritannien und den USA ist vergleichbar mit der von Ärzten, die sich sieben Jahre lang theoretisches Wissen über Chirurgie aneignen und dann plötzlich allein im OP stehen und loslegen sollen. Es ist wichtiger, das Verhalten von Lehrern zu ändern als ihr *Wissen.* Obwohl Fachwissen *unerlässlich* ist, geht es beim Unterrichten auch um Identitätsbildung, sozialen Zusammenhalt und die optimale Förderung der Schüler. Als Lehrer ist man Psychologe, Experte seins Fachs, Ersatzelternteil und Freund zugleich. Es geht keineswegs darum, Fachwissen infrage zu stellen. Aber es muss unbedingt durch praktische Fähigkeiten *ergänzt* werden – die Kunst, es besser zu machen. An der Relay School beruft man sich dabei auf den Papst dieser Kunst, Anders Ericsson.

Übung macht den Meister

Zehn angehende Lehrer um die zwanzig lümmelten in einem großen, hellen Raum in der dritten Etage der Relay School im Stadtzentrum von Newark, tauschten Erlebnisse aus ihrem Lehreralltag aus und sinnierten über die Vorzüge von Lunchbox-Reisgerichten. Neben den täglichen Unterrichtsstunden, die sie zu halten hatten, gab es für die Junglehrer im ersten Jahr einen straffen Plan an Unterrichtsbeobachtung, Online-Kursen und einmal monatlich ganztägige Präsenzseminare mit fachlichen und pädagogischen Inhalten. Das Wichtigste war jedoch eine vierstündige Einheit pro Woche, die sich dem Thema *deliberate practice* (bewusstes Üben) widmete.

»Wir beginnen in neunzig Sekunden«, informierte Verrilli zu den Klängen des Songs *Locked Away* von Rock City. *Would you still love me the same?*

Die kleine Gruppe von Junglehrern – normalerweise waren es fünfunddreißig – begab sich eilig auf ihre Plätze. Es handelte sich um einen Nachhilfekurs für die Teilnehmer, die im dritten Modul durchgefallen waren. Wenn sie nach mehreren Versuchen und zusätzlicher Unterstützung die Grundlagen von »Einführung in neue Stoffgebiete« und »Unterrichtsführung« nach dieser Einheit nicht bestanden, war das Studium für sie nach nur fünf Monaten ohne Abschluss beendet. Die Anforderungen *waren* hoch.

»Wenn wir eine Übungsstunde halten und dabei Feedback bekommen«, begann eine Dozentin, »neigen wir manchmal dazu, unser gesamtes Tun infrage zu stellen.« Sie wollte erreichen, dass sie dieses Gefühl überwanden. Es war enorm wichtig, dass sie mit unmittelbaren Rückmeldungen (in-the-moment-feedback) und direkten Unterbrechungen (immediate-interrupts) zurechtkamen, wenn sie wirklich *hervorragende* Lehrer werden wollten. Dann leitete sie einige Übungen zur Stärkung des Selbstbewusstseins an und forderte sie zur Wiederholung auf, wenn sie nicht ganz synchron waren.

»Ich kann und werde wachsen«, intonierten sie unisono.

Sie hatte einen ähnlich resoluten Stil wie Da'jia Cornick. Die Dozenten praktizierten selbst, was sie predigten. Obwohl alles äußerst streng – und auch ein wenig bevormundend – anmutete, verstand ich langsam, wie wirkungsvoll diese Methodik für die Ausbildung von hoch qualifizierten Lehrern war. Die Relay School hatte eine Art Blaupause für herausragenden Unterricht entwickelt – und damit ein Konzept für die Ausbildung herausragender Lehrer.

Verrilli ergriff das Wort. Er bedankte sich für ihr Kommen und für ihren »Einsatz, um kontinuierlich an ihrer Methodik zu arbeiten«. Anschließend ließ er sich exakt eine Minute lang die Grundlagen des Moduls wiederholen. Das Tempo war hoch, und die kognitive Belastung lag komplett bei den Teilnehmern.

»Wir machen jetzt eine kurze praktische Übung.«

Es ging um die Elemente »Motivational Wait Time« (motivierende Wartezeit), »Academic Wait Time« (leistungsbezogene Wartezeit) und »Cold Call« (unerwartete Ansprache) – allesamt Techniken, um das Engagement zu fördern. Die jungen Lehrer hatten fünf Minuten Zeit, um ihre Anweisungen vorzubereiten und sich die Methodik in Erinnerung zu rufen, um diese anschließend in neunzig Sekunden an ihren Mitstudenten auszuprobieren. Mithilfe solcher Übungen wurde ein »Muskelgedächtnis« aufgebaut. Das Ziel dabei war, dieses Vorgehen zu *automatisieren.*

»Das erreicht man nur durch Praxis«, hatte Verrilli während der Autofahrt hierher erklärt. Wusste man erst einmal, was man erreichen wollte – unter anderem Lemov sei Dank –, konnte man dies weiter ausbauen. »Man muss genauso trainieren und üben wie Sportler, Musiker oder Redner, bevor sie sich der Konkurrenz stellen«, erläuterte er.

Ich schaute zu Caleb, Shamira und Deja hinüber, die konzentriert ihre Anweisungen notierten, vor sich hinmurmelten und einzelne Gesten übten.

Auf die Plätze, fertig, los, dachte ich.

Die Relay School wandte die Erkenntnisse von Anders Ericsson minutiös an. Man hatte daraus eine spezifische Didaktik entwickelt und vermittelte den Studenten diese. Mithilfe von *deliberate practice* wurde diese sorgfältig eingeübt und wiederholt. Auf diese Weise sollten die einfachen Unterrichtshandlungen automatisiert werden, um im Arbeitsgedächtnis der angehenden Lehrer wertvollen Freiraum für die wirklich wichtigen Elemente ihres Berufes zu schaffen, zum Beispiel für die Frage, was eigentlich in den Köpfen der Schüler vorgeht.

Verrilli vermittelte dies alles hochprofessionell.

»Was tun Sie als Allererstes?«, fragte er, machte eine bewusste Pause und fuhr dann fort.

»Cold Call, Caleb«, erklärte er und wandte seine Methodik auf die jungen Lehrer an. Die in schneller Folge gestellten Fragen erinnerten mich an Ms Cornicks Mathestunde in der sechsten Klasse.

»Die Aufmerksamkeit der Klasse gewinnen«, antwortete Caleb.

Verrilli reichte die Frage an Emmanuel weiter, der Calebs Antwort weiter ausbaute. Dann schaltete er einen Gang höher.

»Wie viel Zeit, Lindsay, haben wir?«, fragte er laut. »Moment mal, was habe ich gerade falsch gemacht?«

»Den Namen«, rief Emmanuel.

»Richtig, ich habe ihn zeitlich nicht korrekt platziert. Ich versuche es noch einmal.«

»Wie viel Zeit haben wir«, er machte eine Pause und zählte innerlich bis zwei. »Deja?«

»Anderthalb Minuten«, antwortete sie.

»Wunderbar, ich habe die Abfolge verändert, und Sie waren bereit.«

Er legte ein hohes Tempo vor und präsentierte seinen Studenten, wie man engagiert vor der Klasse agierte und positives Framing praktizierte. Es erinnerte an die Anweisungen eines Trainers vor dem Spiel, nur viel schneller und zielsicherer. Er warf ein Bild des besten lebenden US-Basketballspielers an die Wand, LeBron James. »Voller Einsatz.« Janelle stand auf und trat vor die Gruppe. Sie hatte nun 90 Sekunden Zeit, um die drei Kernkompetenzen live zu demonstrieren. Zwei andere Junglehrer übernahmen die Rolle von Schülern. Anschließend würde sie ein kurzes Feedback erhalten, das sie dann praktisch umsetzen musste. Sie sammelte sich und sprach dann die beiden studentischen Schüler an. Sie wirkte nervös. Jetzt wurde es ernst.

»Bei der Einleitung still stehen«, rief Verrilli umgehend von hinten. Sie war gelaufen, während sie Anweisungen gab. Doug Lemovs alter Fehler.

»Bei der Frage still stehen, bei der Erklärung bewegen«, ergänzte er.

Janelle begann noch einmal von vorn.

Ich hatte irgendwann einen Film über die Arbeit des Choreografen Wayne McGregor gesehen. Daran erinnerte mich Verrilli, der geradezu tänzerisch mit seinen Studenten agierte, mit ganz ähnlicher Energie und Haltung. Sehr *präzise*.

»Sie sind gerade ein wenig zusammengesunken. Immer selbstbewusst auftreten.«

Zwanzig von Janelles neunzig Sekunden waren um. Er forderte sie auf, zehn Sekunden zurückzugehen und dort weiterzumachen. »Diesmal schaffen Sie es. Bauen Sie das Muskelgedächtnis auf.«

Vor meiner Fahrt nach Newark hatte ich mich in New

York mit Brent Maddin getroffen, dem Rektor der Relay School. Er war für Organisation und Lehrplan des Studiengangs verantwortlich. Es wurden zwei Hauptkurse angeboten. Die *Residency* (Aspirantur) erstreckte sich über zwei Jahre und war als behutsamer Einstieg in den Lehrerberuf für Absolventen anderer Fachrichtungen gedacht. Im zweiten Jahr waren die Junglehrer bereits Vollzeit im Beruf tätig und arbeiteten in Teilzeit an ihrem Masterabschluss. Außerdem gab es einen zweijährigen, berufsbegleitenden Studiengang namens MAT (Master of the Art of Teaching) für bereits im Schuldienst tätige Lehrer.

»Wir haben einen starken Praxisbezug«, betonte Maddin, »und trainieren ganz gezielt für den späteren Einsatz.« Wir saßen in einem Café in Midtown, tranken erstklassigen Latte und diskutierten darüber, warum das Relay-Konzept vielleicht besser funktionierte als andere Lehrerausbildungen. Im Hintergrund lief dezenter Jazz.

»Es gelingt uns besser als den meisten anderen Einrichtungen, die Kluft zwischen theoretischem Verständnis und praktischer Umsetzung, die sogenannte ›got it /do it gap‹, zu schließen«, erklärte er. Eines der größten Mankos im gegenwärtigen System besteht darin, dass viele zwar über das nötige Wissen verfügen, es jedoch vor der Klasse kaum anwenden können (ungefähr so, als wenn jemand das Unterrichten lernen will, indem er dieses Buch liest). Üblicherweise werden Lehrer ausgesprochen theoretisch und frontal ausgebildet. Vor diesem Hintergrund überrascht es wenig, dass sich Lehrer nach zwei bis drei Jahren im Schuldienst nicht mehr weiterentwickeln. Ich dachte zurück an meine eigenen ernüchternden Erfahrungen als Lehrer. *Warum* war die Ausbildung nach einem Jahr in der Praxis vorbei? Wenn man mit einem gewissen Anspruch an das Unterrichten heranging, war es mindestens so komplex wie Mathematik, Musik oder sogar Medizin.

Lehrer waren Trainer, Psychologen, Gemeinschaftsstifter, Experten ihres Fachs und Eltern für 30 Kinder zugleich. Doch wir heben nur verzweifelt die Hände – es ist so kompliziert! –, statt endlich anzupacken und die Anforderungen zu definieren und ganz gezielt aufzubauen.

Maddin atmete hörbar aus. Er war ganz in seinem Element. Wenn man all die Themen auflistete, für die Lehrer ausgebildet sein mussten – aus seinem Blick sprach Bewunderung –, »und dann eine sehr kleine Zahl zuordnete, etwa einen Tag oder zwei, wird einem plötzlich klar, dass es *völlig ausgeschlossen* ist, dass einen Anfänger – oder überhaupt irgendwer – dazu in der Lage ist«.

Aus diesem Grund hatte man bei Relay diese Gleichung vereinfacht. Übung macht den Meister, lautete die Devise für die Studenten, weshalb zu Anfang etwa zehn Prozent des Lehrplans darauf entfielen, Sicherheit in den Strategien und Abläufen zur Klassenführung zu gewinnen, die für angehende Lehrer besonders »hilfreich und förderlich« sind. Der Rest bezog sich auf Unterrichtsplanung, Stoffvermittlung und Stundenauswertung in Echtzeit. Dies war keineswegs als Patentrezept für die Ausbildung von Superlehrern gedacht, sondern vielmehr als erster Schritt in diese Richtung. Darüber hinaus gab es einen starken akademischen Fokus, und man investierte viel Zeit in die Erhebung und Auswertung von Daten, aus denen »mit relativ geringen Fehlerbalken die Leistungen der Schüler hervorgehen, die unsere Lehrer unterrichten dürfen«. Testergebnisse sind ein entscheidendes Kriterium, anhand derer Maddin Lehrer bewertet – er hatte Hunderte davon analysiert.

Maddins Ansicht nach musste man für die Ausbildung von wirklich exzellenten Lehrern etwa ein Zeitfenster von zehn Jahren ansetzen, das sich zu beiden Seiten jenes Tages erstreckte, an dem sie erstmals vor der Klasse stehen und mit einer Spezialisierung endet. Zur Bekräftigung verwies er auf einen befreundeten Arzt, Facharzt für innere Pädiatrie. »Er hat sich spezialisiert!« Das Ziel, das er in drei große Teilbereiche gliederte, hieß Expertise, und zwar in der Lehrplangestaltung, als Mentor bzw. Coach für die Schüler und in der Datenanalyse.

»Auf allen drei Gebieten Experte zu sein ist schwierig«, fügte er hinzu. »Trotzdem erwartet man es von Lehrern genauso.« Ein Experte kann man jedoch nur werden, wenn man das dazu nötige Fachwissen definiert.

Dies stand im engen Einklang mit Ericssons Erkenntnissen. Eine Fülle von Folgestudien erwies sich einerseits als ermutigend, indem sie nachwiesen, dass jeder Mensch auf nahezu jedem Gebiet brillieren kann, aber andererseits auch als Herausforderung, denn das war enorm schwierig, und man musste sehr früh beginnen. Ericsson klassifizierte Expertise nunmehr anhand von drei Kriterien: die Leistung muss dauerhaft jene der Bezugsgruppe übersteigen; sie muss erkennbare Auswirkungen haben; sie muss unter Laborbedingungen messbar sein. Im *Harvard Business Review* unterstrich er die These, »wenn es nicht messbar ist, lässt es sich auch nicht verbessern«. Darüber hinaus wurde Ericsson nicht müde zu betonen, wie schwierig das bewusste Üben *(deliberate practice)* war. Es beinhalte »beträchtliche, gezielte und nachhaltige Anstrengungen, um etwas zu meistern, das man *nicht* gut – oder gar nicht – kann«. Er warnte zugleich, dass es »nichts für Leute mit schwachen Nerven oder Ungeduld« sei. Jedoch habe jeder Mensch das Zeug zum Experten, aber der Weg dorthin erforderte »Mühe, Opfer, Ehrlichkeit und nicht selten schmerzhafte Selbsteinschätzungen«.[18]

Am Anfang stand zunächst die Nachahmung, später erlangte man die Fähigkeit, Anweisungen umzusetzen. Der nächste Schritt bestand darin, eine Fertigkeit zuverlässig auszuüben, diese an unterschiedliche Kontexte anzupassen und schließlich so weit zu automatisieren, dass sie sich auf eine neue Aufgabe anwenden ließ. Rigoroses Üben – wie es Verrilli den Junglehrern abverlangte – war unerlässlich.

Die Relay School wollte dieses Niveau bei der Lehrerausbildung erreichen. Ähnlich wie Fußballer die Ballbeherrschung trainierten oder Chirurgen den Umgang mit dem Skalpell, können Lehrer ihre Fertigkeiten üben. Diese reichen von streng didaktischen Elementen, wie etwa der zeitlichen Platzierung des Namens bei Fragen im Unterricht bis hin zu allgemeineren Aspekten, wie dem Aufbau einer intensiven, vertrauensvollen Beziehung zum einzelnen Schüler und dessen Familie. Werden diese Dinge automatisiert, entsteht Raum, um sich auf die komplexeren Bereiche des Lernens zu konzentrieren. »Wenn man wirklich übt, verbessert man sich. Die eigene Unterrichtspraxis gewinnt an Qualität. Das lässt sich durch nichts ersetzen.«

An der Relay School ist man davon überzeugt, dass Lehrer Experten sein können, zumindest für einen Großteil ihres praktischen Handelns. Und wenn Lehrer Experten sein können, dann lässt sich dieses Wissen entwickeln. Die Dozenten beobachten ihre Nachwuchslehrer Woche für Woche sorgfältig, machen Videoaufnahmen und lassen sie straffe, hochintensive Praxiseinheiten absolvieren.

»Praktikanten im Gesundheitswesen haben *Unmengen* von Zeit«, sagte Maddin mit zugleich leicht warnendem Unterton. Er beobachtete, dass Schulen »bei Kindern außerordentlich gute Leistungen erzielten, weil sie mit einem vorgeschriebenen Lehrplan arbeiteten und sich exakt daran hielten«. Doch obwohl die Kinder umfangreiches schulisches Wissen erwerben, »werfen die Lehrer das Handtuch«, stellte er fest. »Und zwar recht häufig.« Das erinnerte mich an das Video der südkoreanischen Lehrerin. Man konnte den Beruf doch unmöglich auf ein paar didaktische Handlungen reduzieren. Hier ging es um die komplexe Aufgabe, die nächste Generation auszubilden.

Wenn Maddin die Leistung eines Lehrers beurteilte, zog er dazu zuerst die Testergebnisse heran, stellte jedoch auch die noch viel wichtigere Frage: »Würde ich mein Kind gern in diese Klasse geben?«. Vielleicht war doch ein bisschen Zauberei im Spiel. Begeisterung spielt auf jeden Fall eine Rolle. Es ist wichtig, ob sich jemand Mühe gibt.

»Ich möchte die Intensität spüren, die wir erarbeitet haben«, sagte Dean V. aus dem hinteren Teil des Lehrerzimmers in Newark. Er lief hinter den sitzenden Studenten auf und ab und rieb sich das Kinn, während die Uhr auf 16.30 Uhr zutickte. Die Übungsstunde war in vollem Gange.

Caleb stand vor der Gruppe. Nervös zeigte er seine erste Folie. Dann schaute er in die Klasse und klatschte dreimal rhythmisch in die Hände. Die studentischen Schüler erwiderten das Klatschen.

»Ich möchte alle Füße flach auf dem Boden sehen, Rücken gerade, niemand redet, und die Hände liegen auf dem Tisch«, begann er entschlossen. Das lief gut.

»Danke, Sam, deine Hände liegen prima auf dem Tisch. Vielen Dank.« Er kam kurz ins Stocken, weil er den Namen einer Schülerin vergessen hatte. »Stephanie! Sie sitzt ganz gerade. Danke für deinen aufmerksamen Blick, das finde ich toll.«

Er ging quer durch den Raum und blieb neben Emmanuel stehen, der aussah, als ob er Unsinn im Schilde führte.

»Also, es gibt zwei gängige Möglichkeiten, wie eine Geschichte erzählt werden kann. Zum einen in der ersten Person und zum anderen in der dritten Person.« Er schaute wieder in die Klasse, um eine Frage zu stellen.

Emmanuel stand auf.

»Emmanuel, setz dich bitte wieder hin! Setz dich hin!«, forderte er ihn streng auf.

»Gehen Sie auf ihn zu, und sagen Sie es noch einmal«, schaltete sich Verrilli ein.

Ein anderer Schüler-Darsteller lachte über Emmanuel.

Caleb klatschte in die Hände, um die Aufmerksamkeit zurückzugewinnen. Bei einigen Schülern gelang ihm das auch, doch andere ließen sich vom aufkommenden Chaos anstecken. Eine Minute war inzwischen vergangen. Die zahllosen unfassbaren Momente, aus denen der Alltag eines Lehrers besteht, waren mir plötzlich wieder sehr präsent. Es war ein langer und mühsamer Weg hin zur Expertise, und überall lauerten Fehler. Aber es war besser, sie hier zu machen, dachte ich, wo man jederzeit unterbrechen und überlegen kann und bei Stolpersteinen Verrilli an seiner Seite hat, statt mutterseelenallein vor einer Klasse. Die Regeln und Methoden kamen mir nach wie vor ein wenig zu strikt vor. Aber es waren Anfänger. Musste man früher nicht auch erst mühsam lernen, einen Stift zu halten, Buchstaben zu formen, Rechtschreibung, Grammatik und Satzbau zu beherrschen, ehe man anfangen konnte zu schreiben? »Picasso war ein hervorragender Künstler des Realismus, bevor er sich dem Kubismus zuwandte«, sagte Verrilli. »Man muss erst die Regeln beherrschen, ehe man sie brechen kann.«

Sehen heißt Glauben

Im nachmittäglichen Nieselregen sah das *Paju English Village* noch ein wenig mehr nach Oxford aus, nach dessen Vorbild es gestaltet war. Es lag eine Stunde außerhalb von Seoul und bestand aus hübschen historisierenden Kalksteingebäuden, mit allerlei Kuppeln und Türmen. Das Dorf, von dem aus man an klaren Tagen bis nach Nordkorea schauen konnte, war vor etwa zehn Jahren gebaut worden als Teil einer Initiative, um Koreanern zu helfen, ihre englische Aussprache zu verbessern. Schüler verbrachten ein paar Wochen in Paju bei einem sprachlich-kulturellen Intensivprogramm, ohne dazu ans andere

Ende der Welt fliegen zu müssen. Straßen- und Hinweisschilder waren in Englisch und schmiedeeiserne Elemente sorgten für das authentische Flair der alten Universitätsstadt. Sogar eine rote Telefonzelle gab es. Außer den fehlenden Rad fahrenden Studenten und den koreanischen Automarken in den Einfahrten war der einzige Bruch eine 1:1-Nachbildung von Stonehenge auf dem Parkplatz.

Ich war mit dem Bus nach Paju gefahren (und – oh Wunder – am Busbahnhof in Seoul gleich in den richtigen gestiegen), um mich mit Chanpil Jung vom Future Class Network zu treffen.* Jung war ein renommierter Dokumentarfilmer bei KBC, dem Äquivalent zur BBC auf der koreanischen Halbinsel. Von ihm stammten die Beiträge über die frustrierten Lehrer und die verschlafenen Schüler, die ich mir zuvor angesehen hatte. Sein Sender arbeitete derzeit mit Kim Su-ae und Tausenden anderen Lehrern, um ihren Unterricht komplett umzukrempeln. Nachdem er jahrzehntelang Filme über soziale Themen gedreht hatte, war er – genau wie Oli de Botton – zu dem Schluss gekommen, dass wirkliche Veränderung in der Schule beginnen müsste. Er hatte die Frustration der Schüler erlebt und wusste, wie sehr eine stetig wachsende Zahl von Nachhilfeeinrichtungen die koreanische Kindheit dominiert. Er hatte jegliches Vertrauen in das bestehende System verloren, und entschloss sich, die Dinge selbst in die Hand zu nehmen.

Wenige Jahre zuvor hatte ein bislang wenig bekannter Professor der University of Melbourne in einer Martin Luther-Anwandlung seine 95 Thesen an die Tür des weltweiten Lernens genagelt. *Visible Learning: A Synthesis of over 800 Meta-Analyses Relating to Achievement* war die umfassendste Untersuchung, die je zum Thema kindliches

* Ich werde Grayson Perry informieren, damit er seine Analogie aktualisiert.

Lernen vorgelegt wurde.[19] Für seine Metastudie hatte sich John Hattie durch mehr als 60 000 wissenschaftliche Arbeiten über schulische Leistungen aus den Achtziger-, Neunziger- und frühen Nullerjahre geackert, mit insgesamt 250 Millionen Kinder, und hatte den Einfluss von 150 verschiedenen Faktoren analysiert, von Hausaufgaben bis Klassengröße. Bei politischen Entscheidungsträgern galt er als Sensation. Seine Botschaft hätte deutlicher nicht ausfallen können. Lernen? *Alles hängt vom Lehrer ab.*

Keine Spur von den üblichen Verdächtigen: Räumlichkeiten, Klassengröße, Uniform, Schulmodell, Hausaufgaben, Freizeitaktivitäten. Hattie wies nach, dass keins – kein *einziges* – dieser allseits beliebten Steckenpferde sich in irgendeiner Weise auf das Lernen auswirkte. Stattdessen lag alles Wesentliche – Schüler konnten sich selbst korrekt benoten, wurden zum *Denken* angehalten oder erhielten klare Rückmeldungen über ihre Fortschritte – ausschließlich in den Händen der Lehrer. Da wir uns von der wichtigsten Aufgabe der Schule – dem Lernen – durch Aspekte hatten ablenken lassen, die wichtig *aussahen,* wie zum Beispiel Schuluniformen, spielte also das Sehen hier doch eine große Rolle. Die Faktoren ganz oben in Hatties Rangliste waren jene, die für Lehrer und – noch viel entscheidender – für die Schüler, das *Lernen sichtbar machten.* Hatties Botschaft war deutlich. Lernen steht und fällt mit den Fähigkeiten und der Begeisterung der Lehrer, alles andere spielt eine untergeordnete Rolle. Wenn es darüber hinaus gelingt, die drei laut Hattie besten Methoden auszufeilen, können Schüler jährlich im Vergleich zum Durchschnitt ein Jahr zusätzlichen Fortschritt erzielen.

Hattie schlug vor, die laufenden Debatten einstweilen auszusetzen, denn eigentlich gab es nur ein Thema, über das es sich zu diskutieren lohnte: Wie man erreichen konnte, dass *alle* Lehrer einen exzellenten Job machten.

Chanpil Jungs Lösung war scheinbar einfach. Er hatte Su-ae berichtet, dass es in Amerika einen neuen Hype gab, den sogenannten *flipped classroom*, umgekehrten Unterricht also, und dass dies *alle* guten Lehrer weltweit praktizierten. Das Konzept war ganz ähnlich wie das von Pekka Peura. Statt frontal zu unterrichten bereitet man den Stoff im Vorfeld auf, indem man eine Art Vorlesung hält, diese aufzeichnet und auf YouTube stellt, oder den Schülern Material zugänglich macht, das sie in ihrem eigenen Tempo durcharbeiten können. Der Unterricht wird deshalb als umgekehrt bezeichnet, weil die Schüler die schwierigen Denkaufgaben und -übungen nicht zu Hause erledigen, sondern im Unterricht. Der Lehrer steht also nicht einfach nur vorn und liest etwas aus dem Lehrbuch vor (denn was soll das überhaupt für einen Sinn haben?), sondern gibt den Vortrag als Hausaufgabe mit und lässt die Schüler in der Stunde gemeinsam arbeiten. Su-ae ließ sich also darauf ein, ihren Unterricht umzukehren.

In jener Woche besuchte ich Gwangho Kim, einen der führenden Lehrer des Future Class Network, in Songdo Future City. Ich nahm an einer Biologieeinheit teil, in der Kim entspannt an seinem Tisch saß oder leise durch die Klasse lief und lobte, zu neuen Denkweisen anregte und mehrere Fragen beantwortete. Währenddessen unterrichteten sich die Schüler – ordentlich gekleidet in marineblauen Baseball-Jacken mit weißen Ärmeln – gegenseitig. Die anspruchsvolle Aufgabe, die er ihnen gestellt hatte, bestand darin, herauszufinden, wie man an Tatorten DNA-Tests durchführen konnte. Zunächst mussten sie eine Methodik entwickeln, Proben nehmen, DNA isolieren, klären, wie man die genaue Struktur bestimmt und diese schließlich anhand einer Datenbank von Verdächtigen abgleichen. Dann mussten sie ein Experiment entwickeln, um den DNA-Code zu entschlüsseln. Es war der bei Weitem fesselndste Unterricht, den ich je erlebt hatte.

Die Schüler arbeiteten in Vierergruppen, nutzten die Quellen, die sie online und im Lehrbuch fanden, und entwickelten gemeinsam ihre Experimente. Es war elektrisierend. Als ich mich anschließend mit den Schülern unterhielt, gaben sie zu dass sie anfangs skeptisch gewesen seien. Immerhin lebten sie in Korea. Die Abschlussprüfung am Ende des Schuljahres – der gefürchtete Suneung – beherrschte jede wache Minute. Sie wünschten sich einen zuverlässigen Lehrer, der anspruchsvollen Unterricht hielt und sie opitmal auf die Prüfungen vorbereitete, damit sie hervorragend abschnitten. So sah in ihren Augen das Lernen aus. Trotzdem hatten sie sich darauf eingelassen. Die Unabhängigkeit gefiel ihnen. Sie genossen es, dass sie Verantwortung hatten. Und am besten fanden sie, dass der Unterricht nicht mehr langweilig war. Die Prüfungsvorbereitungen waren zwar wichtig, aber entsetzlich eintönig. Und noch etwas fiel ihnen auf.

»Ich habe festgestellt, dass wir im umgekehrten Unterricht tatsächlich *mehr* lernen«, sagte eine Schülerin, die später gern Medizin studieren wollte.

»Erst dachte ich, wir würden viel langsamer vorankommen, aber jetzt merke ich, dass es schneller geht«, sagte jemand anders.

Gwangho Kim war ebenfalls zufrieden. Er wirkte entspannt und meinte, dass er sich nun viel mehr wie ein Experte fühle. Aus dem Lehrbuch vorlesen und schriftliche Arbeiten benoten könne jeder. Aber Unterrichtsprojekte zu entwerfen, die Schüler in Eigenregie bearbeiten, das erfordere schon echtes Können.

Wenngleich es keinen Königsweg gibt, um ein großartiger Lehrer zu werden, existiert doch eine Reihe von praktikablen Bausteinen. Ich hatte Pekka Peura vor der Klasse erlebt und Da'jia Cornick, die ihr Handwerk gerade erlernte. Ich musste an Ms Toworfe, Mr Jahans und Mr Higgins an der Walworth School denken. Sie hatten durchaus unterschiedliche Vorstellungen von ihrem Beruf und verfolgten alle ihre ganz eigenen Ziele. Aber die Basis ihrer Arbeit war jeweils die fundierte Auseinandersetzung damit, wie man es besser machen konnte. Jeder von ihnen hatte etwas von Ignaz Semmelweis, weil sie das Lernen eher als Handwerk, denn als Kunst verstanden und engagiert nach Verbesserungen strebten. Es war ihr *Métier*, ihr kreatives Medium, das sie in allen Facetten beherrschen wollten. Die Kinderrechtsaktivistin Malala Yousafzai schrieb einmal: »Wenn ihr den Krieg beenden wollt, sendet Bücher statt Waffen, sendet Stifte statt Panzer. Sendet Lehrer statt Soldaten.« Lehrer sind die Torhüter unserer Zukunft. Wir müssen sie auf einen Sockel heben, sie wie Wissenschaftler behandeln, wie Sportler trainieren und wie Familienangehörige lieben.

Im dritten Teil meiner Reise widme ich mich der Frage, welche Zukunft wir uns von ihnen erhoffen. Sich engagieren bedeutet, unsere natürliche Lernbereitschaft und unseren Umgang mit den heutigen Werkzeugen konstruktiv zu gestalten. Ich hatte angenommen, dass wir die Pädagogik dazu einsetzen können, um eine kollegialere und gerechtere Welt zu erschaffen, aber ich befürchte, dass in unseren Schulen die Kinder stattdessen gegeneinander ausgespielt werden, wenn jeder gegen jeden um gute Zeugnisnoten kämpft. Das gilt zumindest für Großbritannien und die USA, das hatte ich an der Walworth genauso erlebt wie an der Relay School, und auf Korea traf es ganz besonders zu.

Einstweilen stand jedoch der Tag der Wahrheit an. Sue-ae hatte ein Semester lang den umgekehrten Unterricht ausprobiert, Lektionen für die Schüler vorbereitet und sie in Gruppen arbeiten lassen. Sie machte einen zufriedenen Eindruck. Die Schüler waren fröhlich und lachten, ihre Stunden waren lebendig. Niemand schlief. Als sie die Auswertung des letzten Tests auf dem Whiteboard einblendete, staunte die ganze Klasse. Viele Ergebnisse lagen weit über dem Ausgangspunkt. Wenn wir überall auf der Welt verhindern wollen, dass sich so viele Lehrer resigniert von ihrem Beruf abwenden, und wir ihnen wieder ihren gebührenden Platz an der Spitze der Schule einräumen wollen, muss ganz am Anfang der Stolz stehen – und die Freude. Es gibt noch kein Patentrezept für das Unterrichten, aber ein klares Ziel. Und genau darin besteht es.

Teil 3

Sich engagieren

7 Big Data

Das Leben unter der Lupe

Wenn du Sex willst, geh an die Uni.
Wenn du Bildung willst, geh in die Bibliothek.
Frank Zappa

Prüfungszeiten

An einem Donnerstag Ende November in Songdo Future City holte Seung-Bin Lee das Zittern seiner Hand aus einer Trance. Er hatte an seinem Schreibtisch dreißig Minuten meditiert, indem er motivierende Slogans rezitierte und sich in einen Schwebezustand versetzte. Er konnte das *schaffen*. Das warme, helle Klassenzimmer war ihm neu, aber die Situation kannte er. Er hatte sie immer wieder visualisiert. Während der Schule. Am Paukinstitut. Selbst in seinen Träumen. Bleistifte und Radiergummis waren ordentlich aufgereiht. Energieriegel, Nüsse und Schokolade lagen für die rechtzeitige Kalorienzufuhr bereit. Die Wasserflasche war gefüllt (Dehydrierung wäre ein Desaster). Es war 8.33 Uhr. Noch sieben Minuten. In der Nacht war er bis 2 Uhr wach gelegen und hatte sich immer wieder gesagt: *Ich. Will. Schlafen.* Aber es klappte nicht. Als sein Wecker um 5.30 Uhr klingelte, hatte er sich überraschend gut gefühlt. Mit dem weiten T-Shirt und der bequemen Jogginghose, die er für diesen Tag ausgesucht hatte, machte er sich auf den Weg zur Mensa.

Es war unheimlich heiß an dem Tag. Mit 500000 anderen koreanischen Teenagern im Trancezustand betrachtete Seung-Bin das als mögliches Omen. Ein Jahr des *Feuers*. In den Zeitungen standen noch Last-Minute-Tipps. Ernährungswissenschaftler schlugen für den erhöhten Energiebedarf Porridge oder proteinreichen Tofu vor und präsentierten Rezepte für Snacks, die das Gehirn bei der Arbeit unterstützen sollten. Style-Berater empfahlen den Zwiebellook zur einfacheren Regulierung der Körpertemperatur – und ausschließlich Naturfasern. Psychologen gaben Ratschläge, wie man konzentriert bleiben kann. Eltern gingen in den Tempel zum Gebet. Aber Seung-Bin ignorierte das jährliche Schauspiel. Er aß ein fades Würstchen mit Reis, starrte auf seine Stäbchen und konzentrierte sich darauf, alles gut zu kauen, damit es optimal verdaut werden konnte. Die Stille in der Mensa erinnerte an den Speisesaal eines Klosters. Die Jugendlichen starrten wie Verurteilte mit gesenkten Häuptern in ihre Frühstücksschüsseln. Jeder dachte dabei nur das eine – *nicht ersticken.*

Eine Stunde zu früh erschien Seung-Bin beim Prüfungszentrum und kontrollierte penibel Stuhl und Pult, ehe er sich auf der Toilette seine Unterwäsche auszog. »Im Klassenzimmer war es heißer als erwartet«, erklärte er. Der Teufel steckt im Detail, bis hin zur Unterwäsche. Aufsichten kontrollierten mit Geräten der Flughafensicherheit, ob irgendwo verbotene elektronische Geräte versteckt waren, und erlaubten ihm die Verwendung seiner Ohrstöpsel. Seine Überpünktlichkeit bescherte ihm Ruhe, und er nutzte die restliche Zeit zum Meditieren. Alles war, wie es sein sollte. All die Geschichten von Schülern, die verschlafen hatten und dann Polizisten anbetteln mussten, sie zur Prüfung zu fahren, damit sie noch rechtzeitig kämen, hatten Wirkung gezeigt. Die Polizeibeamten hatten ihre Motorräder bereits früh am Morgen in den Straßen verteilt. Wenn man nicht rechtzeitig erschien, musste man ein Jahr warten, bis man die Prüfung erneut ablegen durfte. *Undenkbar*.

Meine Gedanken wanderten zu Seung-Bin an seinem Pult, als ich vor einem Prüfungszentrum in der Nähe des Bahnhofs Yongsan am anderen Ende von Seoul stand. Familien und Freunde hielten zum Anfeuern und Glückwünschen Banner in die Höhe und jubelten den Schülern auf dem Weg ins Zentrum zu. Das war eine richtig *große Sache*. Die Börse öffnete erst um 10.00 Uhr, damit die Straßen möglichst frei für die Schüler waren. Die Flugzeuge des Landes blieben während der 45-minütigen Hörverständnisprüfung in Englisch am Boden. Die Vögel waren angehalten, nicht zu zwitschern. Alles konzentrierte sich auf den Erfolg der Teenager, die so entschlossen, still und konzentriert in die Prüfungsräume schritten wie Astronauten zum Raketenstart. In einem Café sah ich im Fernsehen, wie ein Reporter eine Gruppe aufgeregter Eltern interviewte, während ein leichter Wind die Blätter der Bäume zum Rascheln ließ.

Seung-Bin machte seinen Geist komplett leer. Optimale Leistung erbrachte man, wenn man in den *Flow* kam. »Wenn wir anfangen zu denken«, so erzählte er mir, »können wir keine guten Ergebnisse erzielen.«

Dann brachte das Zittern seiner Hand ihn aus dem tranceartigen Zustand, und er schaute auf die Uhr.

Seung-Bin fokussierte seinen Geist auf einen Punkt und sah zu, wie der Minutenzeiger weiterwanderte. Acht Stunden lang würde er ein Werkzeug reiner Technik sein. Nach zwölf aufreibenden Schuljahren musste er sechs kurze Multiple-Choice-Bögen durcharbeiten. Koreanisch. Mathematik. Englisch. Biologie. Physik. Geschichte. 120 Mal A, B, C, D oder E. Ein paar rudimentäre Bleistiftstriche, die über seine Zukunft entscheiden würden. An welcher Universität er studieren würde. Wen er vielleicht heiraten würde. Über seine Vermögensverhältnisse. Sein Glück. Seine Gesundheit. Dank der Meditation waren diese Gedanken ganz weit weg. In den kommenden Stunden würden sie ihm nichts bringen.

Um 8.40 Uhr hielt ganz Seoul den Atem an. Barack Obama hatte einst die Welt dazu angehalten, von koreanischen Schulen zu lernen, sie seien im 20. Jahrhundert ein Wunder des Lernens. Innerhalb weniger Jahrzehnte hatte ein Land voller Analphabeten und mit wenigen Ressourcen sich in eine Hightech-Nation verwandelt. Während ich diesen Examenswahn auf seinem Höhepunkt beobachtete, fürchtete ich jedoch, dass sein Enthusiasmus womöglich ein wenig fehl am Platz gewesen war. Die koreanischen Jugendlichen zahlten für ihren Erfolg einen hohen Preis. Der Eingangstest der Universität warf einen großen Schatten über das Land.

Seung-Bin nahm sich zusammen. Seine Hand hörte auf zu zittern. Das härteste Examen der Welt begann. Die Univertsitätseintrittsprüfung nannte sich Suneung.

Was nicht gezählt werden kann, zählt trotzdem

Im digitalen Zeitalter dreht sich alles um Daten, aber wir müssen uns fragen, was es mit unseren Kindern macht. Auch wenn das Examen, das Seung-Bin ablegte, ein Extrembeispiel ist, fügt es sich doch in einen globalen Trend ein, bei dem unser Nachwuchs in einem schonungslosen Rennen an die Spitze gegeneinander antreten muss. Der Wettbewerb bringt weltweit für Millionen von Menschen einen Fortschritt im Lesen, Schreiben und Rechnen, aber viele fallen durch das Raster. Auf meinen Reisen bekam ich das Gefühl, dass Jugendliche wie Ifrah, Lilas und Seung-Bin einen hohen Preis dafür zahlen, dass ihr Wohlbefinden beeinträchtigt wird, und sie in eine immer engere Zwangsjacke des Erfolgs geschnürt werden. Finnlands

Schullandschaft brachte mir in Erinnerung, dass wir nicht nur zum Denken und Handeln geboren werden, sondern auch zur Empathie. Doch häufig bekam ich den Eindruck, die Kinder von heute sind so auf Prüfungen fokussiert, dass überhaupt kein Raum mehr bleibt, ihre menschlichen Fähigkeiten zu entwickeln. Im letzten Teil meines Abenteuers, *Sich engagieren*, wollte ich herausfinden, was es bedeutet, wenn wir lernen wollen, unser menschliches Potenzial voll auszuschöpfen, und unsere Kinder dazu anleiten, glücklich zu sein und gemeinsam an der Gestaltung der Zukunft zu arbeiten. In Seoul versuchte ich die Antwort auf eine einfache Frage zu finden. War Big Data das Gift oder die Medizin?

20000 Jahre ist es her, dass unsere Vorfahren an den Ufern des kongolesischen Flusses Semliki zum ersten Mal mit Quarz Markierungen in den frühesten bekannten Rechenstab geritzt hatten, und damit auf ein steinzeitliches Silicon Valley voller bahnbrechender mathematischer Genies und Paleo-Ernährung aufmerksam machten. Als vor 5000 Jahren in Mesopotamien die Wiege der Zivilisation entstand, war die kreative Genialität der Datenunternehmer von Ishango vom sumerischen Staat als Verwaltungsinstrument übernommen worden. Die Städte Ur, Lagaŝ, Eridu und Uruk wurden jeweils von einem Priesterkönig regiert, unterstützt von einem Team von Bürokraten, die Land und Ernte überwachten und verteilten. Als emsige Berichterstatter entwickelten sie eine neue Form der Aufzeichnung, die Keilschrift, um auf Tontafeln einen Überblick über Waren und Ernte festzuhalten. Diese Tafeln wurden in großen Stapeln aufbewahrt – ein Vorläufer heutiger staatlicher IT-Projekte, nur verlässlicher.

Der Trend zur Datenaufbewahrung durch die Regierung setzte sich im alten Ägypten, Griechenland und Rom fort, ehe im Zeitalter der Aufklärung die neue Idee entstand, Daten zu analysieren, um uns selbst besser zu verstehen.* Das erbrachte uns Auguste Comtes Soziologie und eine Vielzahl utopischer Theorien, wie die menschliche Gesellschaft nach wissenschaftlichen Regeln zu organisieren sei.** Zu den Theorien dieses Zeitalters gehörten auch die des belgischen Astronomen und Statistikers Adolphe Quetelet. Seine »Sozialphysik« drehte sich um den *homme moyen*, den wissenschaftlichen Durchschnittsmenschen, der genau in der Mitte der Normalverteilung angesiedelt war: Größe, Gewicht, Intelligenz, Erscheinung. Todd Rose berichtet in seinem Buch *End of Average*, dass Astronomen jener Zeit die Bewegungen von Himmelskörpern mit Hilfe von Statistik erforschten, und Quetelet erkannte, dass man diese Modelle auch für die Analyse von sozialen Faktoren verwenden könnte, die menschliches Verhalten wie Heirat, Verbrechen oder Selbstmord beeinflussen. Er griff dabei auf aktuelle Datensätze zurück und erstellte anhand von Aufzeichnungen des Brustumfangs von 5738 schottischen Soldaten den ersten BMI überhaupt. Quetelets Durchschnittsmensch wurde die Norm, um die wir unsere Schulen für den durchschnittlichen Schüler bauten, der in einem durch-

* Das Wort Statistik stammt aus dem 18. Jahrhundert in Deutschland und bedeutet wörtlich »eine Wissenschaft des Staates«.

** Auguste Comte ist der herausragendste der frühen Sozialisten zu Beginn des 19. Jahrhunderts. Die frühen Sozialisten beobachteten die Rolle der Wissenschaft bei der Organisation von Wissen und insbesondere von Industrie – es war das Zeitalter der Dampfmaschine und der Industrialisierung – und versuchten so, wissenschaftliches Denken auf die Organisation menschlicher Gemeinschaften anzuwenden. Der exzentrischste dieser frühen Sozialisten und zugleich mein liebster war Charles Fourier, der die natürliche Genialität und den Eifer von Kindern verstand und eine Welt anstrebte, in der Menschen in harmonischen Gruppen von je 900 Personen arbeiteten und freie Liebe praktizierten. Er sagte vorher, dass, wenn die Wissenschaft endlich so weit sei, die Welt perfekt funktionierte, sich das Meer in Limonade verwandeln würde.

schnittlichen Tempo eine durchschnittliche Menge an Lernstoff bewältigt.

Wenn wir einen wirklich zugewandten Bildungsansatz begründen wollen, müssen wir diese Theorie infrage stellen. Daten versprechen die Mechanismen unserer Gesellschaften zu beschleunigen, aber mit ihnen geht auch das Risiko einher, dass unser natürliches Lernpotenzial auf etwas Maschinenartiges reduziert wird. Da ich herausfinden wollte, ob Daten ein Instrument für Zugewandtheit und Kooperation statt Wettbewerb sein könnten, wandte ich mich einem weiteren legendären Statistiker zu, nicht weit von Quetelets Geburtsort entfernt.

Ohne Daten bist du einfach nur jemand mit einer Meinung

Barack Obamas Lob auf die Schulen Südkoreas lässt sich auf den Dezember 2001 datieren, als sich in Deutschland ein schmalgebauter junger Analytiker mit hohen Zielen mit den Kultusministern zusammensetzte und ihnen einen Bericht vorlegte. Fünf Jahre lang hatte er gebettelt, von seiner Arbeitsstelle in Paris geborgt und gestohlen – »Ich hatte ein Null-Euro-Budget« – und ein geniales Team von Statistikern versammelt, um die Forschung durchzuführen, die er gerade präsentierte. Das Projekt hatte seine Wurzeln in der Studentenzeit des Analytikers in Hamburg, als er nach seinem Physikgrundstudium das Studienfach wechselte und eines Morgens fasziniert war von den Theorien T. Neville Postlethwaites, eines selbst ernannten »Bildungsforschers«. Dieser hielt eine Vorlesung darüber, wie vielversprechend es wäre, eine präzise, klar umrissene Denkweise auf die sogenannten weichen Disziplinen anzuwenden.[1] Ein kurzer intellektueller Männerflirt entbrannte aufgrund einer gemeinsamen Leidenschaft: einen wissenschaftlichen, auf Daten basierten

Bewertungsansatz auf das menschliche Lernen anzuwenden. Das würde Auswirkungen auf alle Schulen der Erde haben.

Der Bericht war sein Opus magnum, etwas, das es noch nie zuvor gegeben hatte. Die Datensammler testeten 300 000 Fünfzehnjährige in zweiunddreißig Ländern, analysierten die Zahlen und stellten die Ergebnisse in Zusammenhang. Sechs Jahre zuvor hatte er an einem Treffen mit den obersten Politikern der größten Wirtschaftsnationen der Welt teilgenommen. »Jeder sagte ›Wir haben das beste Schulsystem der Welt!‹«, erzählte er mir. Sie konnten ja nicht *alle* recht haben. Seine Arbeit würde Fakten bringen. Mit der Warnung seines Doktorvaters im Hinterkopf, dass es unmöglich sei, »das zu messen, was bei Bildung zählt, nämlich die *menschlichen Qualitäten*«, arbeitete er unermüdlich an der Entwicklung einer neuen Art von Prüfung, die mehr als nur reine Gedächtnisleistung testet, die vielmehr die Fähigkeiten bewertet, die ein Wissensarbeiter im 21. Jahrhundert wirklich braucht: »analysieren, vergleichen, gegenüberstellen, kritisch betrachten«, erläuterte er, »wie ein Mathematiker, ein Wissenschaftler oder ein Historiker denken«.[2]

Die Ergebnisse würden zum ersten Mal zeigen, wessen Kinder die schlauesten der Welt sind.

Die deutschen Kultusminister waren ungerührt. »Man hat mir gesagt, das sei nur eine dieser Studien, die die Menschen schnell wieder vergessen«, erzählte er, und machte eine Kunstpause. »Und dann, am Starttag, *war es Gesprächsthema Nummer eins – überall.*«

Heute ist die Veröffentlichung des neuen »Programme for International Student Assessment« ein heiß ersehntes globales Ereignis, das alle drei Jahre stattfindet. In der letzten Runde wurden 540 000 Fünfzehnjährige in zweiundsiebzig Ländern auf ihr naturwissenschaftliches Wissen, ihre Lesefähigkeiten, mathematische Kompetenz und gemeinschaftliche Problemlösung getestet. Ostasien und Skandinavien erwiesen sich als besonders fruchtbar, Länder wie Singapur, China, Korea und Finnland lagen an der Spitze. Britische Fünfzehnjährige landeten etwas unterhalb des olympischen Standards und knapp über dem Durchschnitt, während amerikanische Teenager in der unteren Hälfte der Tabelle vor sich hindümpelten. »Auf der Weltbühne fallen Schüler aus den USA immer weiter ab«, lauteten die Schlagzeilen.[3] Die Tests konnten immer noch schockieren.

Der Vordenker hinter PISA war Andreas Schleicher. Eines grauen Nachmittags machte ich mich mit der Pariser Metro zum OECD-Hauptquartier am Quai Alphonse le Gallo auf, um mich mit ihm zu treffen. Als ich am Flussufer gegenüber des Bois de Boulogne entlang ging, und die Wohnhäuser des alten Europas feierlich über die glänzenden Glasfronten des neuen Europas wachten, spürte ich, wie schnell sich die Welt veränderte, und wie radikal es war, Kinder in völlig entgegengesetzten Ecken der Welt miteinander zu vergleichen. Schleicher wurde vom *Atlantic* als »Schulmeister der Welt« und »wirkmächtigster Bildungsexperte, von dem man je gehört hat«, gefeiert. Sein Appell lautete »Nutze Daten, um bessere Schulen zu errichten«.[4] PISA war seine Methode. Michael Gove, der Bildungsminister Großbritanniens, hatte ihn »den wichtigsten Menschen in der englischen Schulbildung« genannt, und, zu Schleichers besonderer Freude, »den Vater von mehr Revolutionen als irgendein anderer Deutscher seit Karl Marx«.[5]

»Tradition ist wirklich der Feind von gutem Training«, erzählte er mir und beugte sich in seinem fabrikneuen Bürostuhl nach vorne. Es war sein erster Tag im neuen Hauptsitz, einer beeindruckenden Kathedrale aus Glas und Holz für die globale Mission der OECD, der Organisation für wirtschaftliche Zusammenarbeit und Entwicklung, die nach dem Zweiten Weltkrieg engere globale Bindungen zwischen Erste-Welt-Ländern fördern sollte. Der immer noch schlanke, blauäugige Revolutionär des datenbasierten Lernens mit weißem Haarhelm und braunem Schnurrbart – vom Typ her weniger Karl Marx, eher mitteleuropäischer Minimal-Jazz-Saxofonist – war locker und entspannt. »PISA hat einen Spiegel geschaffen, in dem man sich selbst im Licht dessen betrachten kann, was andere tun.« Schleicher huldigte in einer Kirche der Zahlen.

Wenn wir nur in unseren eigenen nationalen Blasen leben, sehen wir die Welt nie vollständig, erklärte er. Seine Daten sind ein weiterer aufklärerischer Schritt, erhellen die heidnischen Höhlen des Lernens und setzen Auguste Comtes Mission fort. Er war ein sehr gefragter Mann. Am Morgen war er aus Santiago und Rio zurückgekehrt, und bald würde er nach Abu Dhabi und Washington DC aufbrechen. Seine Meisterleistung bestand darin, Daten zu erheben, die der Welt den Vergleich erlaubten, was in verschiedenen Ländern funktionierte und was nicht. Seine Daten verschoben den Fokus der weltweiten Debatte weg von Bildungsinput, wie Lehrergehälter, Klassengrößen und Lehrplänen, hin zum Output des Lernens. Was wussten Kinder in einem bestimmten Land? Was konnten sie leisten? »Wir haben Schul- und Bildungssysteme auf die Menschen zugeschnitten, die dort arbeiten, und nicht auf die Bedürfnisse der Kinder«, erklärte er. Wir sollten lieber fragen, »Wie gut werden unsere Schüler auf ihr Leben vorbereitet?«

Er war mit seiner Forschung der Erste, der sich mit dieser Frage beschäftigte. Der Bericht war wie eine Schocktherapie für die nationalen Schulsysteme.

»Jeder Sender berichtete darüber«, sagte er in seiner knappen, kontrollierten englischen Ausdrucksweise, »und nicht nur an einem Tag, sondern *wochenlang*.«

Die deutschen Kultusminister standen Kopf. Sie waren felsenfest davon überzeugt gewesen, dass ihre Schulen die besten der Welt waren. Genau wie die Briten, die Amerikaner, und die anderen großen Wirtschaftsmächte. Aber bei PISA 2000 hatte Finnland – *Finnland!* Land der Skispringer und Mumins – den Spitzenplatz erreicht. Die finnische Bildungsministerin, an Pressekonferenzen mit einer Frau und ihrem Hund gewohnt, war erstaunt, als an jenem Morgen Fernsehkameras aus aller Welt auf sie gerichtet waren. Die deutschen Schüler dagegen hatten *unter* dem OECD-Durchschnitt in Mathe, Lesen und Schreiben und Naturwissenschaft abgeschnitten. Schlechter sogar als die Amerikaner! Diese waren im Mittelfeld angesiedelt, nach den Briten, die über dem Durchschnitt lagen. Aufgrund ihrer hervorragenden Ergebnisse in Mathe und Naturwissenschaft holten sich Japan und Korea Platz zwei und drei.

Die Ergebnisse schlugen ein wie eine Bombe. Eine Schlagzeile in *Der Spiegel* fragte »Sind deutsche Schüler doof?«, *The Economist* titelte »Dummkopf!« Die Kultusminister schlugen blind vor Panik um sich und forderten Schleichers Rücktritt.

»Anfangs akzeptierte nur eine Minderheit das Ergebnis«, erklärte er lächelnd. Hinter ihm lehnten zwei Fotoblöcke von spielenden Kindern unverpackt auf dem Archivschrank sowie Fotos von Konferenzteilnehmern, vor denen er gesprochen hatte. »Die meisten Länder sagten, es sei finanziell, methodisch und logistisch unmöglich. Dass die Tests nicht durchgeführt werden *sollten.*« Sie kritisierten seine Herangehensweise, vermuteten, dass die Prüfungen nur beschränkt aussagekräftig seien, beklagten die um sich greifende »Testeritis«. Schleicher ließ sich nicht aus der Ruhe bringen. »Wir müssen einfach hinnehmen, dass manche Dinge gute Indikatoren für vieles sind«, fuhr er fort. »Der Mangel an mathematischem

Können bedeutet nicht, dass soziale Kompetenzen dafür sehr ausgeprägt sind.«

Daten wurden missverstanden und missbraucht. »Das Konzept eines Gradmessers«, seufzte er, »es ist nicht das Ding selbst. Es ist nur ein *Bild.*« PISA war nur »ein Spiegel«. Er verstand natürlich, dass Ländern das Spiegelbild, das ihnen entgegenblickte, vielleicht nicht gefiel.

»Häufig überrascht einen die Diskrepanz zwischen dem, was man glaubt zu sein, und dem, was man tatsächlich ist.«

Nach dem ersten Schock wurde PISA in Deutschland zur Redewendung, die beispielsweise für die *PISA-Show* Pate stand, ein TV-Quiz zur besten Sendezeit. Minister brüteten über den Ergebnissen und kamen zu überraschenden Schlussfolgerungen. Angeblich entscheidende Faktoren wie finanzielle Ausgaben pro Schüler, Klassengröße, Inhalte der Lehrpläne oder Besuch einer Privatschule erwiesen sich als folgenlos. Während in Großbritannien und den Vereinigten Staaten die Ansicht galt, ungleiches Einkommen sei der Grund dafür, dass arme Kinder schlechtere Leistungen in der Schule erbrachten, bewiesen andere Länder wie Finnland und Korea, dass Armut kein unveränderliches Schicksal sein muss. »Die zehn Prozent der am meisten benachteiligten Schüler in Schanghai schnitten besser ab als die zehn Prozent der privilegiertesten Schüler in den Vereinigten Staaten«, erklärte er. »Das ist in der Schulbildung möglich.« Solche Daten waren in der Tat revolutionär – das hatte er mit Marx gemein –, auch wenn die Statistik eine Krise für unsere Kinder vorhersagte. »Die Kluft zwischen dem, was die Welt braucht, und was wir zu bieten haben, wird einfach immer größer«, sagte er. Schlechtere Schulbildung bedeute größere Klassenunterschiede, soziale Entfremdung und ein Risiko für Radikalisierung.

Seine Mission war es, Regierungen vorhandene Mängel

aufzuzeigen, und gleichzeitig auch Methoden, mit denen sie die Mängel beseitigen können. Einen Laptop mit PowerPoint-Präsentation in die Hüfte gestemmt, wurde er zum weltweiten Star der Bildungsszene. Aber im grauen Nachmittagslicht hätte er auch ein Cyborg sein können, der zur Rettung unserer Kinder aus der Zukunft geschickt wurde. Seine Daten offenbaren einen tiefen Blick in die Seele unserer Schulen. Sie können nicht lügen. Optimal angewandt, können sie das Verständnis und Urteilsvermögen der Menschen fördern und uns dazu befähigen, uns mehr zu engagieren und unser angeborenes Potenzial auszuschöpfen. Schlecht verwendet, reduzieren sie das Lernen auf eine engstirnige Ankreuz-Aufgaben. Auch wenn die PISA-Ergebnisse tatsächlich nur ein Bild sind, wurde mir bewusst, dass wir sie oft für das Ganze halten.

Er warf einen Blick auf seine Armbanduhr, ein glattes Viereck aus Vulkanglas, das unter dem roten Ärmel seines Pullovers hervorspitzte. Er schüttelte sie, aber die Batterie hatte offenbar den Geist aufgegeben. Technologie könnte die Welt übernehmen, sobald sie das Problem der Energieversorgung gelöst hatte. Jedenfalls wurde die Zeit knapp, und wir würden unser Gespräch im Zug nach Paris fortsetzen. Als wir unsere Sachen zusammenpackten, gingen mir die Worte seines Doktorvaters durch den Kopf. »Man kann nicht messen, was in der Bildung wirklich zählt, nämlich die *menschlichen Qualitäten.*« Es gibt keine weltweiten Tests für Kunst oder Musik, Wohlergehen oder Beziehungen. Vielleicht kann es diese auch nie geben. Sicher ist es wichtig, Daten zu erheben, aber die Länder sind regelrecht fixiert auf die dreijährliche Rangliste und befeuern damit ein Prüfungsfieber.

Das Wettrennen zur Spitze

Die Platzierung der koreanischen Fünfzehnjährigen unter den ersten drei um die Jahrtausendwende war ein Wunder. Nach dem Korea-Krieg fünfzig Jahre zuvor war das Land sowohl beim Einkommen als auch in der Bildung am Boden. Eingekesselt zwischen den Supermächten China, Japan, der UdSSR und den USA, sah es für Korea nicht gerade gut aus. Das Bruttosozialprodukt war so niedrig wie das von Ghana, und das Land war auf fremde Hilfe angewiesen, um zu überleben. Zudem waren vier von fünf Koreanern Analphabeten. Hätte man damals gefragt, welches Land wohl aufsteigen würde, hätte jeder auf Ghana gesetzt. Aber heute steht Korea auf dem 13. Platz der größten Wirtschaftsmächte der Welt. In den letzten fünfzig Jahren wuchs das Bruttosozialprodukt um mehr als 40000 Prozent. Samsung, Hyundai und LG mauserten sich zu globalen Megamarken. »Wir haben keine Ressourcen«, sagte Ju-Ho Lee, der ehemalige koreanische Minister für Bildung, Wissenschaft und Technologie in unserem Gespräch, »nur unseren Geist und harte Arbeit«. Das Wunder war menschengemacht, durch die Kraft der Bevölkerung, und einer generationenübergreifenden Anstrengung, landesweit den Intellekt zu vergrößern.[6]

Heute ist Korea eine *Bildungs*-Supermacht, die sich in einer positiven Spirale des Lernens immer weiter steigert. Seit den 1960er-Jahren wird das Wirtschaftswachstum von der Entwicklung des »menschlichen Kapitals« des Landes angetrieben. Im Gegenzug bedeutet das höhere Ausgaben für Bildung und eine größere Gruppe gut verdienender intelligenter Koreaner. Heute sind nur zwei Prozent der Südkoreaner Analphabeten. Bei fünfzig Millionen Einwohnern, von denen 25 Millionen in Seoul leben, hat Südkorea weltweit den größten Anteil Universitätsabsolventen pro Kopf. Kurz gesagt, lernte kein Land in dem halben Jahrhundert bis 2010 mehr. Und all diese Bemühungen gipfeln in Suneung, der achtstündigen Multiple-Choice-Prüfung in sechs Fächern, bei der jeder koreanische Schulabgänger am Ende der Schullaufbahn bewertet und gerankt wird. Dadurch erreichen die koreanischen Kinder international Spitzenplätze, und die koreanischen Wissensindustrien boomen. Aber der Erfolg hat seinen Preis.

Am Ende seines Examens in Songdo Future City fühlte sich Seung-Bin ausgelaugt. Fünf Minuten vor der Abgabe war er mit dem Fragebogen seines letzten Prüfungsfachs, Biologie, fertig, und hatte so Zeit, über seine Schullaufbahn nachzudenken. »Es war schön, und ich bereue es auch«, erzählte er mir zwei Wochen später über Skype. Er war erleichtert, fertig zu sein, aber zugleich voller Ehrfurcht ob der zwölf langen, mühsamen Jahre, die er seiner Bildung gewidmet hatte – allein für den alles entscheidenden Tag der Abschlussprüfung. Während andere Schüler geschrien oder geschluchzt hatten, als es um 17.30 Uhr hieß »Stifte weglegen«, war er ruhig zum Schlaftrakt der Schule gegangen und hatte sich hingelegt. Ihm war nichts anderes eingefallen. »Ich habe mich den ganzen Tag über konzentriert. Ich war so müde«, erklärte er. Dieses Gefühl der Leere kennen viele koreanische Schulabgänger. Die Investition in Bildung, die die Wirtschaft so voranbringt, zahlt sich aus. Die Schulabgänger sind harte Arbeit gewohnt. Aber die Schulzeit hat sich zu einem gnadenlosen *Tribute von Panem*-Kampf vom Mutterleib bis zum ersten Arbeitsplatz entwickelt, bei dem nur die Starken überleben.

»Es ist verrückt«, sagte er nachdenklich. »Früher träumte ich davon, zu studieren. Später, auf der weiterführenden Schule, nachdem ich viele Prüfungen gemacht hatte, verwandelte sich dieser Traum in einen Albtraum.« Das System war leistungsorientiert, aber auf ziemlich brutale Weise, denn die Schüler haben keinen Zufluchtspunkt. Letztlich ist nur das Prüfungsergebnis und das nationale Ranking von Bedeutung. Der französische Philosoph Michel Foucault beschrieb eine Prüfung, bei der alles auf dem Spiel stand, als ein Instrument der »Gouvernementalität«. »Sie errichtet über den Individuen eine Sichtbarkeit, in der man sie differenzierend behandelt«, schrieb er. Eigentlich gehe es bei Prüfungen nicht darum, das Lernen zu fördern oder Ergebnisse zu messen, vielmehr handle es sich einfach um »eine qualifizierende, klassifizierende und bestrafende Überwachung«[7]. In Korea trifft das voll zu. Man hält damit auch nicht hinter dem Berg. Hart zu arbeiten ist ein Fetisch. Jede Sekunde zählt.

Seung-Bin zeigte mir den Stundenplan seiner drei Highschool-Jahre. Jeder Tag begann um 7 Uhr mit freier Lernzeit vor der ersten Stunde um 8.30 Uhr. Anschließend verbrachte er den Tag in »langweiligen Vorlesungen« bis 16 Uhr. Danach stand bis 21 Uhr wieder freie Lernzeit im Programm. Damit nicht genug. Nach der Abendstudierzeit ging er noch zum *hagwon*, einem privaten Nachhilfezentrum, um *wirklich* zu lernen und an seiner Prüfungstechnik zu feilen. Fertig war er erst um 23 Uhr. Ein 14-Stunden-Tag ist für die drei Oberstufenklassen völlig normal. Auch das Wochenende gilt als wertvolle Lernzeit. Samstags und sonntags ging er ebenfalls zum *hagwon* – allerdings nur für relativ bescheidene zwölf Stunden von 7 Uhr bis 19 Uhr, dafür aber »mit freier Lernzeit am Abend«. Als ich ihn nach Ferien oder Zeit mit Freunden fragte, antwortete er: »Ich habe einmal im Monat eine DVD geschaut.«

In der Abschlussklasse wurde es noch arbeitsintensiver. Seung-Bin hatte mir seinen Stundenplan gemailt, und es sah so aus, als würde er jeden Abend von 22 Uhr bis 2 Uhr nachts im *hagwon* zubringen. »Das stimmt«, bestätigte er.

Und das trotz der staatlich verordneten Sperrstunde für Nachhilfezentren um 23 Uhr. Koreanische Jugendliche brachten es durchschnittlich auf fünfeinhalb Stunden Schlaf, doch die meisten, mit denen ich mich unterhielt, kamen auf drei oder vier. Die ganze Nation leidet unter Schlafmangel. Bei dem Wettrennen an die Spitze ist Ruhe ein Luxus, den man sich nicht leisten kann.

Was Jugendliche wie Seung-Bin antreibt, ist der Suneung. An eine Universität kommt man nicht aufgrund von kulturellem Kapital, Debattierkunst, Wissenschaften, Sport oder dem richtigen Akzent, sondern allein durch des Ranking und die rund 100 Bleistiftmarkierungen, die man sorgfältig in die Kästchen der Multiple-Choice-Bögen gekritzelt hatte. Das bedeutet, dass auch der Suneung keinen Spielraum für Interpretation offenlässt. Die Antworten sind entweder richtig oder falsch. Größere Bedenken hatten Seung-Bin und Ju-Ho Lee darüber, ob das Examen überhaupt in der Wirklichkeit anwendbare Fähigkeiten prüft. Sie äußerten die Sorge, ein gutes Abschneiden beim Suneung gehe möglicherweise nicht mehr mit Erfolg in der heutigen Welt einher. »Wir brauchen nicht nachzudenken, wir vergleichen nur die Absätze und die Fragen«, erklärte Seung-Bin. »Wenn wir denken, wählen wir eine falsche Antwort. Wir dürfen nur innerhalb des Absatzes nachdenken und müssen dann die richtigen Antworten wählen.« Bei dem Test kommt es offenbar darauf an, zu Textverarbeitungsmaschinen zu werden. Man lernt vor allem die *Methode*.

Führen Sie sich einmal diese Frage aus dem Englisch-Teil des Suneungs zu Gemüte. Und stellen Sie sich eine Stoppuhr. Die Kandidaten haben rund 60 Sekunden, um den Absatz zu lesen und zu einer richtigen Antwort zu kommen.

So far as you are wholly concentrated on bringing about a certain result, clearly the quicker and easier it is brought about the better. Your resolve to secure a sufficiency of food for yourself and your family will induce you to spend weary days in tilling the ground and tending livestock; but if Nature provided food and meat in abundance ready for the table, you would thank Nature for sparing you much labor and consider yourself so much the better off. An executed purpose, in short, is a transaction in which the time and energy spent on the execution are balanced against the resulting assets, and the ideal case is one in which ______________________. Purpose, then, justifies the efforts it exacts only conditionally, by their fruits.

(1) demand exceeds supply, resulting in greater returns
(2) life becomes fruitful with our endless pursuit of dreams
(3) the time and energy are limitless and abundant
(4) Nature does not reward those who do not exert efforts
(5) the former approximates to zero and the latter to infinity[8]

Bei meinem Besuch an Schulen in Seoul zog mich Yumi Jeung, ein Journalist, der in Finnland gelebt hatte und nun für das Future Class Network arbeitete, gerne mit diesen Fragen auf – und ich versagte wiederholt und stellte meine mangelnde Konzentration unter Beweis. Dieser Zeitvertreib sorgt auch im Netz für Furore. Muttersprachler haben eigens YouTube Kanäle eingerichtet, in denen sie ihre schwachen Antwortversuche übertragen. Jeung erklärte auch, dass man die volle Punktzahl erreichen konnte, ohne ein Wort sprechen oder schreiben gelernt zu haben. Die Prüfungen sind vollkommen fair – die gewonnenen Daten sind nur in dem Ausmaß verfälscht, dass man Antworten raten kann (Seung-Bin sagte von sich, er habe besser abgeschnitten als erwartet, weil er einige Male richtig geraten habe) – aber auch eigenartig verzerrt. Mit ihrem Anspruch, die objektivste Prüfung aller Zeiten zu erstellen, hatten die Prüfer hinter dem Suneung eine seltsame Hybridform geschaffen, die von den Prüflingen verlangte, wie Algorithmen zu denken und zu handeln.

Der wahre Grund, warum koreanische Jugendliche so gut bei PISA abschneiden, liegt laut Ju-Ho Lee in ihrer unermüdlichen Bereitschaft, hart zu arbeiten und für sich alleine zu lernen. Sie sind *trotz* der Schule erfolgreich. Das Land hat eine Geheimwaffe in Form der *hagwons*. Eltern geben jedes Jahr zwanzig Milliarden Dollar aus, um ihrem Nachwuchs in den privaten Nachhilfeinstituten die bestmögliche Vorbereitung angedeihen zu lassen.[9] An Orten wie TIME in Seoul können Eltern und ihre Kinder zu einem spezialisierten Berater gehen, der einen Blick auf die Noten der Kinder wirft, sich ihre Hoffnungen zu einem Studienplatz anhört, individuelle Bedürfnisse diagnostiziert und private Nachhilfe verschreibt, damit man das Ziel erreicht.

Tutoren leben von ihrem Ruf oder gehen daran zugrunde. Einige Online-Impresarios verdienen dabei bis zu vier Millionen Dollar jährlich. Erfolge zahlen sich aus. Bei meinen Besuchen bei TIME verblüffte mich die Detailgenauigkeit bei der Suneung-Vorbereitung. Nachhilfelehrer zerpflückten die Sätze der Prüfungstexte wie Linguisten, die Qumranschriftrollen analysieren. Jedes Wort wurde kommentiert, unzählige Hieroglyphen auf die Whiteboards gekritzelt. Das war nicht Lernen, sondern *Entschlüsseln*, Decodieren. »Man fängt doch nicht damit an, den Absatz zu lesen!«, kommentierte Jeung lachend meine falsche Antwort bei einer Englischaufgabe. Kryptische Kreuzworträtsel lagen mir noch nie.*

Die Prüfung verzerrt nicht nur das Lernen. Korea befindet sich auch in einer handfesten, psychischen Gesundheitskrise und hat die höchste Selbstmordrate aller OECD-Mitgliedsstaaten, die bei den Teenagern auch noch steigt.[10] Einige Jahre vor meinem Besuch hatte ein schrecklicher Mordfall das Land erschüttert, bei dem ein Achtzehnjähriger seine Mutter erstochen, die Leiche in einem Schlafzimmer versteckt und mit ihren Überresten acht Monate lang in der gemeinsamen Wohnung im Osten Seouls weitergelebt hatte. Seit Eintritt in die weiterführende Schule hatte er wegen seiner Noten gelogen und mittlerweile seine Position auf der landesweiten Rangliste von Platz 4000 auf Platz 62 hochgeschwindelt. Die Mutter war selbst mit diesem Platz nicht zufrieden gewesen und hatte ihn zu zehn Stunden Liegestützen gezwungen und ihn mit einem Baseballschläger geschlagen. Er war daraufhin ausgerastet und hatte mit einem Messer in ihren Hals gestochen. Die Öffentlichkeit, die den gnadenlosen Druck des Suneungs erkannte, hatte sich auf seine Seite gestellt, und er war zu nur drei Jahren Gefängnis verurteilt worden. Mit seinen tatsächlichen Noten gehörte er zu den besten 5 Prozent aller Schüler.[11]

»Die Koreaner sind damit nicht glücklich«, kommentierte Ju-Ho Lee das System, in dem Karriere, Gesundheit und Glück einer Person auf ihren Daten basieren. In einer Zeit des wirtschaftlichen Wachstums, in der man eine Nation nach oben hieven wollte, sei es gerechtfertigt gewesen, heute jedoch sei das überholt. »Testergebnisse

* Wie alle guten Kreuzwortmacher wollen die Maestros des Suneung die jungen Hoffnungsträger zum Nachdenken bringen. Jeung erklärte, dass man natürlich zuerst den Sinn der Antwortoptionen analysiert.

mögen in der Zeit der Industrialisierung wichtig sein«, erklärte er der *Washington Post*, »aber jetzt nicht mehr.«[12] Während wir in Großbritannien mehr Prüfungen in niedrigeren Klassenstufen einführen, plant man in Korea eine Reform des Schulsystem hinsichtlich Kreativität und sozialer und emotionaler Fähigkeiten.

Einen Monat nach meinem Besuch unterhielt ich mich über Skype erneut mit Seung-Bin. Seine Prüfung war nun schon in seiner Erinnerung verblasst. Er hatte in erster Linie Einsen im siebenstufigen Notensytem (das entspricht in etwa 15 und 14 Punkten in der deutschen gymnasialen Oberstufe), was ihn zum Studium an den drei angesehensten Universitäten berechtigte. Nach der Prüfung hatte er sich zum ersten Mal seit Jahren eine Auszeit genommen, den Führerschein gemacht, sich die Haare so schneiden lassen wie die Idole des K-Pop. Er war in grüblerischer Stimmung und hatte für mich eine Tabelle der koreanischen Selbstmordstatistik vorbereitet und einen Bericht über den Tag seines Suneung geschrieben. »Jedes Jahr kommt es zu Unfällen«, sagte er. Er wollte, dass die Menschen verstehen, unter welchem Druck südkoreanische Schüler stehen, und wie sie sich im Streben nach optimalen Ergebnissen aufreiben.

»Wenn meine Freunde lernen und ich nicht kann, dann stresst das *enorm*«, erklärte er. »Weil es ein Wettbewerb ist?«, fragte ich.

»Ja, genau!«, antwortete er. »An meiner Schule gab es viele Aktivitäten, Gruppenaktivitäten. Aber wenn wir daran teilnahmen und zwei Schüler an einem Projekt arbeiten, ist es wirklich wichtig, dass ein Gleichgewicht zwischen beiden herrscht.« Sonst riskierte man, dass der Partner sich davonmacht und lernt, während der andere mit dem Projekt festsitzt. Mir fiel auf, wie viele meiner Gespräche mit Koreanern über Schule emotional aufgeladen waren. Eine erfolgreiche dreißigjährige Unternehmerin brach in Tränen aus, als sie sich an den Druck erinnerte, dem sie als Teenager ausgesetzt war. Sie erzählte mir, ihr seien damals die Haare ausgefallen. Bei einem abendlichen Treffen mit fünf ansonsten unauffälligen Studenten Anfang zwanzig gestanden zwei ihre Selbstmordversuche im Teenageralter. Beim Essen tauschten sie Schulgeschichten aus wie bombenerprobte Soldaten, die aus dem Krieg zurückgekehrt waren.

Einerseits kommt man nicht umhin, das koreanische System zu bewundern. Das Modell hat ein Lernwunder hervorgebracht und das außergewöhnliche Potenzial des menschlichen Geistes unter Beweis gestellt. Es *funktioniert*. Aber ist das wirklich die Zukunft, die wir für unsere Kinder wollen?

»Der meiste Stress kommt vom Lernen«, erklärte Seung-Bin schließlich. Er war froh über seine Freiheit. »Man muss vieles lernen, und man muss den ganzen Druck verkraften, um gute Noten zu bekommen.« Ju-Ho Lee war besorgt, die koreanische Blase könne bald platzen. Das Einheits-Dogma der koreanischen Wissensarbeiter nach dem Motto Arbeiten-bis-man-umfällt zermürbt sie. Die eigenartigen kognitiven Zielvorgaben des Suneung wirken, als sollten sie Jugendliche auf Automation vorbereiten. Korea hat bereits die meisten Roboter pro Arbeiter von allen produzierenden Industrieländern,[13] wobei NAO Roboter-Lehrer angeblich mancherorts für den Englischunterricht benutzt werden. Ich fragte mich, wie Seung-Bin mit dem Stress umgegangen war. Obwohl sie im letzten Jahr sieben Tage pro Woche fünfzehn Stunden am Tag gearbeitet hatten, sahen er und seine Freunde nur eine Lösung. »Diese Antwort klingt vielleicht verrückt«, sagte er, »aber ich glaube, wir müssen *mehr* lernen.«

Man kann es als Tugend betrachten. Aber es ist auch Symptom eines erbarmungslosen Systems, das Kindern die Kindheit verwehrt und die Freiräume versperrt, in denen wir Gefühle ausleben, Empathie lernen und unser Wohlbefinden entwickeln. Von meiner eigenen Klasse wusste ich, wie weit verbreitet diese Logik tatsächlich war.

Wir sind jetzt alle Wissenschaftler

Im Jahr 2008 hatte der Gebrauch von Daten auch die Walworth Academy erreicht. »Hier ist es«, sagte Mr Saunders mir am ersten Tag nach den Sommerferien und überreichte mir eine dünne, blaue Mappe. Gebräunte Lehrer unterhielten sich über griechische Inseln, Kaffeeduft breitete sich aus. Als Neuling hatte man mir nicht die elften Klassen anvertraut, bei denen es um alles ging, sondern ich sollte die Klassen 7X1, 8Y2, 9X3, 10X4 und 10Y1 unterrichten. Ich öffnete die Mappe. Auf einigen zusammengehefteten Blättern befanden sich die Daten. Oben Namen der Schüler, ein Kommentar der vorigen Lehrkraft und die voraussichtliche Abschlussnote. Darunter ein Spreadsheet, das einem die Tränen in die Augen trieb: ein Mosaik von Zahlen und Buchstaben, die zu jedem Schüler die Jahresendnote, die derzeitige Note und die Ergebnisse aller wichtigen Prüfungen seit Ende der Grundschule auflisteten. Es wurde erwartet, dass Schüler jährlich zwei Niveaus schafften. Die aktuellen Daten des Lernfortschritts waren zur besseren Lesbarkeit in einer Punktmatrix mit Ampelfarben gekennzeichnet: schafft-es-grün, kriegt-langsam-die-Kurve-gelb und völlig-planlos-rot. Ich verstand meinen Auftrag für das Schuljahr. Nur noch grün.

Unsere Schule hatte keine andere Wahl und musste mit Daten arbeiten. Lernen ist ein weites und komplexes Feld: Neun Millionen Schüler gibt es allein in Großbritannien, jeder von ihnen ein von Genen und Umwelt geformtes Individuum, das in bestimmten Gebieten einzigartig begabt ist, in anderen wiederum deutliche Schwächen hat. Wäre man Aristoteles und würde Alexander den Großen unterrichten, könnte man die Fähigkeiten eines einzelnen Schülers herauskitzeln, wie Bloom gezeigt hatte. Ist man aber Alex der gar-nicht-so-Große, und muss 150 Schüler an einer Innenstadt-Schule unterrichten, braucht man eine Kurzformel in Form von Noten, Zeugnissen, Arbeitsproben und Prüfungsergebnissen, die zeigt, was jeder Schüler weiß und kann. Wir müssen nur aufpassen, dass wir diese Kurzformel – »das Bild«, wie Schleicher es nannte, nicht mit dem großen Ganzen verwechseln. Wir haben es schließlich mit dreidimensionalen Menschenkindern zu tun. Die Daten geben uns nur begrenzt Aufschluss.

Allerdings weisen die Zahlen eine gewaltige Logik auf. In jenem Jahr verfolgten wir den Fortschritt der Schüler bezüglich der nationalen Lehrplanziele und richteten unsere Arbeitsweise sorgfältig auf einige dieser Lernziele aus. Auch wenn jeder Lehrer sich viele Gedanken um einzelne Kinder machte – die Logik dieser Herangehensweise machte Noten zur Priorität. Meine zwei zehnten Klassen mit eklatanten Lücken beim Lesen und Schreiben *mussten* alle mindestens eine Drei schaffen. Unter Druck suchte ich einen kurzen, einfachen Text als Lektüre und wählte daraus nur einige Passagen aus, die gelesen werden mussten. Ich analysierte sorgfältig, was zu einer Abschlussarbeit mit der Note drei gehörte, damit meine Schüler das wiedergeben konnten. Wir würden nicht die *ganze* Sherlock Holmes-Geschichte *Eine Studie in Scharlachrot* analysieren, sondern den kürzesten, effektivsten Weg zu *einem* erfolgreichen Aufsatz über den Roman suchen. Wenn jeder Schüler dieselbe Frage mit ungefähr denselben Beispielen, Argumenten und Antworten bearbeitete, sparte uns das Zeit. Das entsprach weniger einer Wissenschaft des Lernens als Prüfen nach Zahlen.

Damals war ich nach den Schrecken meines ersten Jahres als Lehrer mit meiner Effizienz zufrieden. Die Abschlussarbeiten waren ein Erfolg. Die Prüfer achteten nicht darauf, ob die Schüler das ganze Buch gelesen oder eine eigenständige Meinung dazu entwickelt hatten. Meine Motivation, den Beruf des Lehrers zu wählen, war sicher nicht dem Bedürfnis entsprungen, das System auszutricksen oder die Produktivität meines Unterrichts zu maximieren, aber genau das war nun eingetreten. Manchmal zeigte sich, dass man nur auf eine bestimmte Prüfung hin unterrichtete, sodass danach der *Eindruck* entstand, die Schüler hätten viel gelernt. Aber bei genauerem Nachdenken nagte nach der Notenvergabe immer die unbefriedigende Frage an mir, was noch möglich gewesen wäre. Leistungsnachweise haben in unseren Wirtschaftsräumen des 20. Jahrhunderts das Wachstum angetrieben, sie sind aber letztlich auch verantwortlich für Ausbeuterbetriebe und Null-Stunden-Arbeitsverträge. Wenn unsere Schulen sich zu sehr auf Daten versteifen, riskieren wir im schlimmsten Fall, Systeme zu erschaffen, die vergessen, dass wir Menschen sind.

Die schlauesten Kinder der Welt

In einem lachsfarbenen sechsstöckigen städtischen Gebäude inmitten der aufragenden Hochhäuser und vorbeisausenden Elektrofahrzeuge Schanghais saßen in einem Klassenzimmer im vierten Stock der Wanhangdu Road Elementary School sechsunddreißig Dritt- und Viertklässler in engen Reihen, immer abwechselnd ein Junge neben einem Mädchen. Weiter unten, auf einem grünen Sportplatz absolvierten jüngere Kinder die vom Sportlehrer verlangten Übungen wie Liegestütz, Hampelmann und Jogging mit fast komisch wirkender Leichtigkeit. Innen erwarteten die Kinder in adretten, weißen Polohemden und roten Halstüchern gespannt die Anweisungen ihres

Lehrers. Sie wirkten zwar wie Miniaturkapitäne, waren aber in Wirklichkeit die Erben der Zukunft. Die Stadt boomte und ihre Kinder ebenfalls. In den vergangenen sechs Jahren hatten die Fünfzehnjährigen von Schanghai die weltweiten Lerntabellen angeführt.[14]

In der Eingangshalle stand unter dem handgemalten Wandgemälde einer Mondlandung der Appell: *Komm, mach mit! Auf in die Zukunft!*

Um 9.15 Uhr ertönte eine kurze Melodie in der ganzen Schule, und die zehnjährige Selena rannte von ihrem Platz zur Tafel und drehte sich zur Klasse um. Als Musik aus einem Lautsprecher oben im Klassenzimmer erklang, fing sie an zu singen.

»Meine Schule wird heute glänzen«, trällerte Selena. Ihre Klassenkameraden sprangen an ihren Plätzen auf und fielen in den Refrain ein: »Meine Schule wird glänzen.«

Es war herzerwärmend – all diese Kinder in perfekter Harmonie. Im Geiste sang ich mit. *Meine Schule wird heute glänzen, meine Schule wird glänzen*. Ich wusste, wie wichtig Rituale für Kinder sind. Und doch, war das nicht *ein wenig* wie Gehirnwäsche? Kritiker, die die Topergebnisse der Schulen Schanghais als nicht besonders aussagekräftig abtun, werfen diesen vor, des selbstständigen Denkens unfähige Hochleistungs-Drohnen in Masse zu produzieren, die in Prüfungen glänzen, deren Mangel an sozialen und emotionalen Kompetenzen sie aber im Alltag scheitern lassen. Ich war hergekommen, um die Wahrheit zu sehen. Technologie-Utopisten erfinden das Lernen neu, und die Kinder von Ostasien haben die Nase bei Prüfungen vorne. Schanghai bietet die beste Grundschulbildung der Welt und steht damit an vorderster Spitze.

»Meine Schule wird heute glänzen, meine Schule wird glänzen«, sangen sie in braver Konformität noch drei Runden. Meinen ersten Eindruck von der Methode Schanghais hatte ich bei einer britische TV-Serie bekommen, *Are Our Kids Tough Enough?* (dt.: *Sind Unsere Kinder zäh genug?*). Dafür wurden zwei Mathe-Lehrer aus China an eine weiterführende Schule in Hampshire eingeflogen, um gegen ihre britischen Kollegen anzutreten. Obwohl sie weder die Kinder noch die Gesamtsituation kannten, hatten sie gewonnen, als die Schülergruppen am Ende der Serie getestet wurden. Ich rief mir erneut ins Gedächtnis, dass Schleichers PISA-Tests nicht nur reines Auswendiglernen prüften. Sie sind eine *Denk*prüfung.

Die fröhlichen Kapitäne machten sich nun an eine kurze Runde Büro-Gymnastik an ihren Tischen – dehnen, ausschütteln, tief atmen – dann sangen sie erneut auf Chinesisch. Um 9.20 Uhr waren sie fertig und nahmen wieder paarweise, ein Junge und ein Mädchen, in den drei Reihen mit je sechs Tischen Platz. In einem wollenen Poncho und mit schicker, großer Brille nahm Frau Jingwei, eine junge, frisch examinierte Grundschullehrerin für Mathematik, ihren Platz neben dem Projektor ein. Ich nahm die englische Übersetzung des Stundenprogramms zu Hilfe. Wie können wir mit Zahlenreihen Brüche ausdrücken?

Es war nicht besonders überraschend, dass die Kinder in Schanghai glänzten, oder dass die Schulen als Prüfungsfabriken abgetan wurden. China hatte das Wettrennen zur Spitze erfunden. Die ersten standardisierten Prüfungen der Welt wurden vor 2000 Jahren in der Han-Dynastie erstellt. Aufstrebende Beamte mussten den *keju* ablegen, eine Prüfung über Militärstrategie und konfuzianische Klassiker. Drei Tage lang wurden die Kandidaten in eigens dafür erbauten Zellen an der kaiserlichen Akademie eingeschlossen und mussten in den betrugssicheren Würfeln essen, schlafen und ihre Antworten in Aufsatzform niederschreiben. Dieses Vorgehen beobachteten während der Qing-Dynastie die Beamten der East India Company, und führten es Mitte des 19. Jahrhunderts als Eingangsprüfung für indische Beamte ein. Innerhalb von wenigen Jahren stellte die Cambridge University die ersten standardisierten Schulabschlussprüfungen Großbritanniens. Mit der Schulbildung für die Massen gab es auch überall standardisierte Prüfungen. Meine zehnte Klasse 10X4 hatte es also Kaiser Wu zu verdanken, dass sie sich durch den vorgeschriebenen Prüfungsstoff durcharbeiten musste.

Einen Tag zuvor war ich diese Geschichte mit einer bildungstechnologischen Unternehmerin durchgegangen, Stella – ihre zuletzt entwickelte künstliche Intelligenz konnte bis zu fünfzehn geschriebene oder gesprochene Sätze bewerten und Feedback dazu geben – und ihrem Freund Zhang Mingsheng, dem pensionierten Stellvertretenden Generalsekretär der Bildungskommission der Stadt. Beim gemeinsamen Mittagessen in einem dunkel getäfelten Raum des Phénix, einem französischen Restaurant mit Blick auf die Fichten des Jing'an Tempel Parks und die Wolkenkratzer im Hintergrund, erzählte uns Zhang ein altes Gedicht.

»Am Morgen wollen wir mit Kühen und Schafen arbeiten«, sagte er. »Am Nachmittag wollen wir für den Kaiser arbeiten.«

Ich nickte weise.

Lernen war seit Konfuzius in die chinesische Kultur eingeschrieben. Bereits hundert Jahre vor Platos Geburt lehrte er, wenn man für ein Jahr plane, solle man Reis pflanzen, wenn man für zehn Jahre plane, Bäume, und wenn man für 100 Jahre plane, solle man *Kinder unterrichten.*[15] Er war angesehen, und seine Lernen-durch-Routine-Methode prägte noch immer den Unterricht in Schanghai, wo Schüler durch Wiederholung und Auswendiglernen zu Verständnis gelangten. Das hatte ich in Ms Jingweis Mathestunde gesehen. Nach dem Lied standen drei Schüler kurz auf und erklärten abwechselnd, wo man auf einem Zahlenstrahl Einhalb, Eindrittel und Einviertel finden konnte, und setzten sich dann wieder. Die Schüler arbeiteten dann fünf Minuten selbstständig und trugen auf vier verschiedenen Zahlenstrahlen 3/10, 3/5, 1/7, 1/9, 3/7, 9/10, 7/9 und 5/9 ein. Erneut ließ Ms Jingwei einige Schüler erklären. Als Nächstes ging es um die Einordnung von Brüchen. Was ist größer, 3/5 oder 3/7? Und wie steht es mit 7/9 und 5/9? Ist 9/10 größer als 3/10? Ist 1/9 mehr oder weniger als 1/7? Die Schüler überlegten kurz alleine und sammelten die Ergebnisse dann in der Klasse. Die Zahlenstrahlen halfen ihnen bei der Visualisierung der Differenz. Dann leitete die Lehrerin ein Unterrichtsgespräch ein. Mit welchen anderen Methoden konnte man Brüche noch vergleichen? Ein Mädchen schlug vor, sie zu multiplizieren, damit die Nenner gleich waren. 1/9 und 5/7 wurden dann 7/63 und 45/63. So war *klar*, was größer war.

Von meinem Platz hinten in der Klasse konnte ich beobachten, wie sich das Lernen schichtweise aufbaute. Wiederholung führt zur perfekten Beherrschung, wie Zhang erklärt hatte. Man nimmt ein Konzept, in diesem Fall Brüche, und erkundet es von verschiedenen Seiten – Zahlenstrahlen, Multiplikationen, größer oder kleiner als – um das Begreifen sicherzustellen. Nach einem Spiel mit Wattestäbchen wurde die Stunde nach fünfunddreißig Minuten beendet. Ich konnte die kognitive Architektur, die sich im Gehirn der Schüler gebildet hatte, beinahe greifen.

»Schlaue Schüler!«, rief der Dolmetscher aus, als die Kinder sich selbst auf Papierbögen evaluierten. Sie mussten sich bezüglich Aufmerksamkeit, Lernhaltung und Lerneffizienz selbst bewerten, wie die Schüler in Pekka Peuras Klasse. Die Stunde war präzise aufgebaut. Chinesische Lehrer sind normalerweise auf einen Bereich eines Faches und eine Lernstufe spezialisiert, unterrichten also dieselbe Stunde immer wieder, und feilen so genau aus, wie man zum Beispiel Achtjährigen am besten Brüche beibringen kann. Das bewirkt eine hohe Effizienz bei den Lehrkräften, erfordert jedoch auch, dass alle Kinder im selben Tempo vorankommen. Es gibt noch andere Vorteile. Schleicher wies darauf hin, dass die schwächsten Schüler Schanghais besser abschnitten als die besten amerikanischen Schüler. Aber nicht jeder ist ein Fan des Schulsystems.

Yong Zhao, ein in den USA lebender chinesischer Bildungsexperte und Autor von *Who's Afraid of the Big Bad Dragon: Why China Has the Best (and Worst) Education System in the World*, erklärte, dass Lehrer und Eltern in Schanghai sich wie in einer Falle vorkämen.[16] Sie wollen für ihre Kinder die vielschichtige Bildung des 21. Jahrhunderts, können aber der herrschenden Logik des Wettrennens nicht entkommen. Es ist das Dilemma eines Gefangenen. Würde sich jeder gegen das Rennen entscheiden, wäre alles gut. Aber wenn auch nur ein paar wenige den Wettbewerb fortsetzen – sich in die besten Kindergärten einschreiben, in Nachhilfe investieren, die Prüfungstechnik perfektionieren –, dann muss man vernünftigerweise auch das eigene Kind in die Startblöcke setzen. Niemand will das Risiko eingehen, am Ende als Verlierer dazustehen. Aber wie das Nash-Gleichgewicht, Thema des Films *A Beautiful Mind – Genie und Wahnsinn*, gezeigt hat, bedeutet das beste Ergebnis für das Individuum nicht unbedingt das beste Ergebnis für die Gruppe.* Das Rennen kann pathologisch werden. Das chinesi-

* Beim Gefangenendilemma sollen zwei Tatverdächtige in getrennten Zellen eine Aussage über ein Verbrechen machen. Die Frage dabei ist, ob die beiden Gefangenen A und B kooperieren oder leugnen. Wenn A schweigt und B ebenso, erwartet beide eine einjährige Gefängnisstrafe. Wenn A gegen B aussagt, B aber schweigt, kommt A als Kronzeuge straffrei davon, und B bekommt eine Freiheitsstrafe von drei Jahren. Ebenso umgekehrt. Wenn sowohl A als auch B gegeneinander aussagen, müssen sie jeweils für zwei Jahre ins

sche Examen, das Gao Kao, löst dieselbe Massenhysterie aus wie der koreanische Suneung. Bekanntermaßen nehmen Topstudiengänge an Eliteuniversitäten nur einen Kandidaten von 50 000 an.

Zhao argumentierte, dass, auch wenn die Schüler in Schanghai laut PISA-Ergebnissen *denken* können, die autoritäre Tradition im besten Fall einen sehr eng gefassten Intelligenztypen hervorbringe. Im schlechtesten Fall bedeute es eine starre Kultur des Wettbewerbs und der Konformität, in der jeder nach den wenigen, begehrten staatlichen Berufen heischte. »China«, schrieb er, »hat die besten Testergebnisse der Welt, aber auf Kosten von diversen kreativen und innovativen Talenten.«[17] Konfuzius stehe für Lernen. Aber er verkörpere auch kaiserliche Autorität. Das Schulsystem in Schanghai ist in Zhaos Augen höchst effizient. Aber es sei gewissermaßen auch eine autoritäre Maschinerie, die in den Kopf jeden Kindes genau den Inhalt füttere, den es nach dem Willen der Regierung lernen solle. Qualifizierend, klassifizierend und strafend, heißt es bei Foucault.

Die Leistungen von Schanghai und Korea können nicht von der Hand gewiesen werden – Schleicher hatte mir erzählt, dass »das System gut darin ist, durchschnittliche Menschen bei der Stange zu halten und sie zu enormer Produktivität zu bringen«. Die Schüler der Wanhangdu Road Primary School und der Wucai High waren voller Elan. Ihre Lehrer waren klug, stolz und durch und durch professionell. Die ganze Welt beneidete sie, wie die Schü-

---

Gefängnis. Das Dilemma besteht darin, was A und B aussagen sollen. Das Nash-Gleichgewicht widmet sich dem Gedanken, dass rational zwar die dominante Strategie darin besteht, gegeneinander auszusagen, dass paradoxerweise aber das Ergebnis, *wenn* sie zusammenarbeiten für sie besser ist (ein Jahr Gefängnis, also zwei Jahre Gesamtstrafe). In der Verfilmung von Nashs Leben, kann man Russel Crowe dabei zusehen, wie er über all das nachdenkt.

ler der Hampshire Comprehensive School in dem Artikel *Are Our Kids Tough Enough?* herausfanden. Und doch betonte Zhang, dass die chinesischen Bildungspolitiker ebenso interessiert daran seien, die amerikanischen und englischen Herangehensweisen kennenzulernen, wie wir von Schanghai lernen wollen. (Und wir sind wirklich *ganz wild* darauf. In der Wanhangdu Road stieß ich auf vier Mathe-Lehrer aus Burnley, die mit einer größeren Gruppe im Rahmen eines vom Bildungsministerium finanzierten Informationsbesuchs gekommen waren.) Yong Zhao erklärte, Chinas Wirtschaft habe die Weltproduktion bis zum 18. Jahrhundert dominiert, bevor die europäische *Denk*revolution diesen Trend durchbrach. Das wissenschaftliche, liberal-humanistische Modell der westlichen Mächte habe ihm zufolge zu einem Lern- und Technologievorteil geführt, der das große Reich in die Knie gezwungen habe. Heute stelle man sich in China, genau wie in Korea, die Frage, wie man die Kinder zu mehr Kreativität und kritischem Denken führen könne, ohne zugleich auch die hierarchischen Bande zu lösen, die die Gesellschaft zusammenhalten.

Lucy Crehan, eine britische Lehrerin und Schriftstellerin – ihr großartiges Buch *Clever Lands* zeigt uns die führenden Schulsysteme der Welt – berichtet von einem Schuldirektor aus Schanghai, der die chinesischen Schulen mit Kentucky Fried Chicken vergleicht. »Es gibt nicht in jeder Filiale ausgezeichnete Köche«, sagte er, »aber bestimmte Abläufe sind fest etabliert.« Die Stadt hatte sich für das Bildungssystem am Taylorismus orientiert: Der Fokus wurde eng gehalten, Inhalte und Methoden standardisiert und Abläufe bis ins Detail ausgefeilt. Es hat funktioniert. Die Schüler in Schanghai sind gut im Lesen und Schreiben, sowie in Mathematik und Naturwissenschaften. Aber in der heutigen schnelllebigen Welt fühlt es sich an wie eine verengte Definition des Lernens. Schanghai war so erfolgreich, weil es das ideale System für das 20. Jahrhunderts entwickelt hat. Jede Sekunde, die Kinder im Unterricht verbringen, wird dafür verwendet, Inhalte vollständig zu beherrschen und das Denken als hilfreiches Instrument zu erlernen. Aber die Konzentration auf herausragendes Können verengt das System. Engmaschige Kontrollen entziehen den Kindern die Freiheit. Aus den Wurzeln des Erfolgs in Schanghai wachsen auch die Triebe der künftigen Herausforderungen. Niemand kann sich erlauben, sich als Erster zu bewegen.

Im Phénix spiegelten der Espresso und das französische Gebäck wider, wie international Schanghai war. Wie Andreas Schleicher war Zhang Physiker, ein Mann der Zahlen mit einem Auge für Beweise. Aber das 21. Jahrhundert war kein Land für alte Wissenschaftler. »Die Gesellschaft ist im Wandel, und unsere Lebensbedingungen verbessern sich«, sagte er. In seiner Jugend hatten er und seine Klassenkameraden Russisch gelernt. Nun sprach er sich dafür aus, Computerwissenschaften in den Lehrplan aufzunehmen – wenn auch nicht das Programmieren, das in seinen Augen einfach eine »Sprache zwischen Roboter und Computer« ist. Die nächste Generation muss lernen, mit Menschen umzugehen. »Amerikanische oder britische Schüler stehen vor der Weltbühne und strahlen enormes Selbstvertrauen aus«, erklärte er. »Sie kümmern sich nicht um akademische Leistung.« Er war der Meinung, Schanghais Schulen könnten davon etwas lernen. Aber es sei schwer zu definieren, schwer zu messen. Darum gehe es.

Die nächste Generation sei nicht mehr von dem reinen Kampf um die Verbesserung ihrer wirtschaftlichen Lebensumstände motiviert. »Jeder Schüler wird selbst Herr über sein Leben sein«, sagte Zhang. Lehrer würden ihr Denken und Handeln umstellen müssen. Neue Ansätze müssten auf den Interessen der Schüler aufbauen und ihre Individualität anregen. Ein Einheits-System, das sich auf den

Durchschnitt konzentrierte, sei gut, aber das genüge nicht. Zhangs Methode hatte Millionen Schülern enorm viel gebracht. Nun aber war es an der Zeit für ein neues Denken. Genau dieser Impuls hatte mich dazu veranlasst, Andreas Schleicher aufzusuchen, und er hatte auch Schleicher nach Schanghai geführt. Zhang fügte hinzu, »Ich kann der Gestalter der Zukunft nicht sein.«

Unsere neue Religion

»In einer sich wandelnden Welt bleibt man nicht von alleine an der Spitze«, erklärte Andreas Schleicher, als wir im neuen, labyrinthartigen Hauptquartier in einer Sackgasse gelandet waren. Erfolgreich Daten analysieren zu können wirkte sich offenbar nicht auf die Fähigkeit aus, sich in den langen Fluren zurechtzufinden. Ein gut frisierter Kopf tauchte über einem Computerterminal auf und wies uns den Weg zu den Aufzügen. »Erfolg ist niemals für ewig. Selbstgefälligkeit kommt einen teuer zu stehen.« Während wir mit dem Aufzug in die Eingangshalle hinunterfuhren, dachte ich über diese Theorie nach. Daten machen einen unvermeidlichen Teil unserer Zukunft aus. Sie führen zu neuen Erkenntnissen, bringen bequeme Annahmen ins Wanken, zeigen uns, dass wir besser sein können. »Wenn man in der Schulbildung vieles gut gemacht hat, wird sich das in den Ergebnissen bemerkbar machen«, fügte er hinzu. Draußen klackerte sein Trolley über das nasse Kopfsteinpflaster, und ich war gepackt vom Sog seiner Begeisterung. Seine Daten sorgten weltweit für bessere Bildung. Er war nicht einfach nur eine x-beliebige Person mit einer Meinung.

»Es ist immer noch verblüffend, wie viel Fortschritt in manchen Teilen der Welt gemacht worden ist.« Viele Länder, die heute unter den besten zehn sind, waren vor zehn Jahren weit davon entfernt. Schanghai und Vietnam hatten gezeigt, dass man *besser* darin werden konnte, Millionen von Schüler zu unterrichten, während andere, »wie die USA – die einst die Nummer eins in der Bildung *waren* – und heute gerade mal beim Durchschnitt herumkrebsen«, bewiesen hatten, dass man zurückfallen konnte. Mit seinem wissenschaftlichen Geist und seinem Glauben an den Umbruch schaffte Schleicher es, die Daten als Wegweiser für die Zukunft des Lernens einzusetzen. Er wies auf Bestrebungen hin, in Großbritannien wieder Gymnasien *(grammar schools)* einzuführen, was sofort dazu führte, dass »die Leute sagen: ›Zeigen Sie mir doch mal, wo das schon funktioniert hat? Welche Auswirkungen hat das auf Gleichheit?‹« *Natürlich* ist es besser, sich auf Beweise zu stützen. Die einzige Gefahr besteht darin, dass sich die Menschen durch das Messen allein auf das konzentrieren, was messbar ist.

»Wenn wir diese Charaktereigenschaften nicht in unser Messsystem integrieren, bedeutet das, dass arme Kinder sie niemals bekommen«, erklärte er mit Bezug auf elitäre Privatschulen.

Wir müssen Daten als Werkzeug begreifen. Schleicher konnte Entscheidungen, die nicht von Daten gestützt werden, nicht billigen. Aber zugleich sind Messungen niemals perfekt. Ob man sie gutheißt oder nicht, dem Rennen kann man sich nicht entziehen. In Walworth hatte ich unglücklich und erschöpft nicht mehr gefragt, ob die Schüler der Klasse 10X4 gut lesen oder schreiben konnten, sondern ob sie grün, gelb oder rot waren. In Schanghai und Korea hatte ich ein ähnliches Paradox beobachtet. Schüler glänzen in ihren Prüfungen, das System aber zeigt mehr Interesse an ihren Daten als an den Schülern selbst. Der Suneung und das Gao Kao zwängt die aufstrebende Intelligenz der Kinder in eine Reihe von Ankreuzkästchen. Wir wissen, dass Daten ein Bild wiedergeben, ein »Spiegelbild«, wie Schleicher es nannte, aber ich hatte das Gefühl, dass das in unseren Schulsystemen oft nicht berücksichtigt wird. Dort regieren die Zahlen längst allein.

Als wir an der Station Pont de Sèvres mit den ganzen Freitagabend-Pendlern in die Metro einstiegen, fragte ich Schleicher nach dieser Gefahr. Yuval Harari, der zukunftsweisende Autor von *Eine kurze Geschichte der Menschheit* und *Homo Deus: Eine Geschichte von Morgen*, legte dar, dass die Sprösslinge von Silicon Valley in unserer Welt die neue Religion des »Dataismus« eingeführt hätten. »Im Extremfall«, so Harari, »betrachten die Anhänger einer dataistischen Weltsicht das ganze Universum als Datenfluss, sehen in Organismen nicht viel mehr als biochemische Algorithmen und glauben, dass die kosmische Berufung des Menschen darin besteht, ein allumfassendes Datenverarbeitungssystem zu schaffen.«[18] Ist das die Richtung, die unsere Schulen einschlagen? Wenn die Welt willige, fähige Angestellte für eine grundlegende wirtschaftliche Produktivität verlangt, funktioniert dieser Ansatz. Will man jedoch kreative Menschen, ist es ein Irrweg.

»Wir haben immer noch eine sehr industrielle Arbeitsorganisation«, stimmte Schleicher zu. »Wir erwarten vom Chef der Firma, dass er weiß, was jeder Arbeiter tut.« Die Arbeitsweise eines Managers in unseren Schulen einzuführen wäre eine Verschwendung des menschlichen Potenzials. Stattdessen sollten wir Systeme errichten, die *uns* schlauer und glücklicher machen. *Wir* schaffen Wissen und Erkenntnis. Nicht die Menschen sollten den Systemen dienen, sondern die Systeme uns. Auf Schulen treffe das noch viel mehr zu. »Wissen Sie, eigentlich gibt es in keinem Sektor unserer Industrie mehr hochqualifzierte Angestellte als in der Bildung. Jeder Lehrer hat einen Hochschulabschluss. Zeigen Sie mir doch einmal ein Unternehmen, das sich das leisten kann.« Das geistige

Potenzial von Lehrern und Lernenden sei enorm. »Aber wir nutzen diese Menschen nicht, um Wissen zu generieren; wir nutzen sie nur, um vorgefertigtes Wissen zu vermitteln.«

Als er sich am Treppengeländer festhielt, bemerkte ich seine Apple Watch am Handgelenk.

»Die ist tatsächlich sehr schlau«, sagte er und hob seine Stimme, als die U-Bahn einfuhr. »Sie hat alle meine E-Mails und meine Termine geladen. Und sie hat Google Maps. Ich habe sie geschenkt bekommen, und nach drei Tagen hörte ich sie plötzlich sagen ›Gehen Sie jetzt los, damit Sie pünktlich zu Ihrem Termin mit Mark Tucker kommen.‹ Meine Verabredung wusste sie also, weil meine Sekretärin sie in meinen Kalender eingetragen hatte. Aber woher wusste sie, wo ich gerade war? Ja, natürlich, sie hat ja ein integriertes GPS. Die Datenmenge, die sie sammelt, ist wirklich unglaublich.«

Ich dachte darüber nach, dass unsere heutigen Geräte viel mehr speichern als die dumpfen Statistiken von Adolphe Quetelet oder die alten Multiple-Choice-Antworten des Suneungs. Daten werden auf die Sekunde genau erfasst und vollständig personalisiert. Die Schulen holen auf. Am Rocketship werden mit jedem Klick der lila gekleideten Rocketeers Daten gesammelt und interpretiert. Bestimmte MOOCs (*Massive Open Online Course* – offen zugängliche Online-Kurse in der Erwachsenenbildung) tracken in einer Reihe von Weltklasse-Online-Kursen penibel den Fortschritt der Nutzer. Sie sind für die Nutzer kostenlos verfügbar, können aber Erträge bringen, indem sie detaillierte Angestelltenprofile anbieten, die genau beschreiben, welche Kompetenzen mögliche Bewerber bereits erlangt haben, wie lange sie dazu gebraucht haben und wo sie erst beim zweiten Mal Erfolg hatten.

Es ist wichtig, *wer* die Daten nutzt und *wofür*. In den Händen von kompetenten Menschen kann das eine Wertung hervorbringen. In den Händen eines Algorithmus – oder eines autoritären Staates – können Daten zur Disziplinierung und Bestrafung genutzt werden. Die chinesische Regierung ist bereits auf dem besten Weg zu einem digitalen Autoritarismus. Aufbauend auf der Tradition der *Dang'an*-Akte, die sie über jeden Bürger führt, die die Krankenakte, schulischen, akademischen und beruflichen Werdegang, Reisedaten und Strafregister enthält, testet der Staat seit 2010 ein Sozialkredit-System mit einer Datenbank, bei dem alles überwacht wird, von Gehaltsdetails bis hin zu der Frage, ob man in letzter Zeit seine Eltern häufig genug besucht hat.[19] Big Brother trifft auf Big Data. Die Daten selbst hat die Regierung bereits. Das Bestreben der Regierung, die Daten frei nach *Minority Report* zur Vorhersage und Verhinderung von antisozialem Verhalten zu nutzen, wird lediglich von Software-Problemen ausgebremst.

Es ist besorgniserregend. Heute bekommt man eine zweite Chance, wenn man sein Examen verhaut. Aber wenn jede Interaktion gespeichert wird, können die Daten einer Person wirklich ihr Schicksal bestimmen. Die koreanischen Kinder sind ja von einer einzigen Prüfung schon völlig gestresst. Wie wäre das erst, wenn sie bei jedem einzelnen Test, den sie je ablegen, und bei jeder Schulaufgabe derart auf dem Prüfstand stehen? Wenn jede Aktivität, jede Interaktion, jeder Erfolg, jeder Misserfolg genauestens erfasst und gespeichert wird, in einem unentrinnbaren und felsenfesten Archiv, bestünde dann nicht die Gefahr, dass jeder Schultag – und jeder Moment außerhalb der Schule – Suneung zur brutalen Normalität werden lassen? Das ist die Ironie des vollständig erfassten Lebens in den frühen Jahren von Big Data. Die Wurzeln der Prüfungsvorbereitung gründen so tief, dass selbst das Abrücken von Alles-oder-Nichts-Prüfungen noch größeren Druck zur Folge haben könnte.

»Wir werden schon zu winzigen Chips in einem System, das niemand so recht versteht«, schreibt Yval Harari. Ist das die neue Tendenz der Schulen? Minister in Großbritannien schieben High-Stakes-Tests, also Tests mit entscheidenden Auswirkungen auf das weitere Leben, immer früher in die Kindheit hinein und springen so hundert Jahre verspätet auf den Zug des Managerialismus auf. In den USA haben Akademiker gezeigt, wie gravierend sich Prüfungen bei allen Kindern auf die Inhalte und die Form des Lernens auswirken.[20] Ich dachte an Seung-Bin, wie mühsam er auf den Suneung hinarbeiten musste, und wie erleichtert er einen Monat später wirkte, als er zum ersten Mal seit zehn Jahren aus reinem Vergnügen las. Wir müssen darauf vertrauen, dass unsere Lehrer der brutalen Logik des Systems nicht nachgeben. Und unsere Kinder ebenfalls. Wir brauchen Prüfungen zur Evaluierung unseres Fortschritts, brauchen Daten, um unseren Weg zu erhellen. Aber irgendwo und irgendwie müssen wir aufhören, auf eine Prüfung hin zu unterrichten.

»Ich würde mir Sorgen machen, wenn daraus ein High-Stakes-Test wird«, sagte Schleicher von seinen PISA-Tests. Sie seien als Werkzeug gemeint, ein globales, öffentliches Gut, nicht zur Stärkung von Hierarchien, sondern zu ihrer Aushöhlung. Aber er spüre, dass die Menschen sich nach innen richten. Schulen sind unser einziges Bollwerk gegen eine radikal veränderte Welt. Was für ihn wirklich zählt – was jemanden zu einem Menschen macht – ist, ob man die sozialen, politischen und kulturellen Phänomene um sich herum versteht und ob man »lernt, daraus Nutzen zu ziehen«. Ein wirklich engagiertes System sehe Daten nicht als Selbstzweck, sondern als Werkzeug, mit dem man das angeborene Lernpotenzial voranbringen und verwirklichen könne. Diesen Gedanken müssen wir laut Schleicher verinnerlichen. Auch wenn mir das wie Zukunftsmusik vorkam, war Schleicher selbst hoffungsvoll. Daten seien unsere Diener, und er diene den Daten.

Die U-Bahn hielt an der Station Trocadéro, und er verabschiedete sich von mir, ehe er sich als einsamer Datenhüter im Kampf gegen die Orthodoxie der globalen Bildung der Welle von Pendlern entgegenwarf.

Als ich mit der Metro Richtung Pariser Stadtzentrum zu meinem Eurostar nach Hause fuhr, überlegte ich, wie wir seine Erkenntnisse nutzen können, um unsere Schulen fürsorglicher und menschlicher zu machen. Nachweise sind durchaus wichtig, aber wir müssen sie richtig nutzen. Unser angeborenes, natürliches Lernpotenzial ist multidimensional, es kann nicht in eine von Daten gegossene Form gezwängt werden. Wir müssen lernen, alles Nichtmessbare genauso ernst zu nehmen, und herausfinden, wie es ist, wenn wir Wohlergehen an die erste Stelle setzen, wenn wir Wert darauf legen, dass Kinder gemeinsam über ihre Umwelt nachdenken und sich überlegen, wie sie diese verändern können. Mit diesen Gedanken im Sinn machte ich mich nach New York auf, der nächsten Station unserer Reise. Vor zwanzig Jahren hatte ein Schuldirektor in der Bronx erlebt, wie seine Schüler bei der Evaluierung des Bundesstaates glänzten, jedoch nicht in der Lage waren, diesen Erfolg über die Schulzeit hinaus fortzusetzen. Wie, so fragte er sich, konnte er sie so vorbereiten, dass sie auch im wirklichen Leben Erfolg hatten?

8 Echter Mumm

Was die Persönlichkeit bildet

You ought to thank me, before I die, for the gravel in your guts and the spit in your eye, 'cause I'm the son of a bitch that named you Sue.
Johnny Cash

Wissen ist Macht

Dave Levin hatte ein Problem. 1995 hatte er eine neue *middle school*, eine Schule bis zur achten Klasse, in der südlichen Bronx mit dem Versprechen eröffnet: Kommt mit zehn Jahren zur KIPP Academy NYC, und macht mit einundzwanzig den Collegeabschluss – ein schier unmöglicher Anspruch. Die Zahlen zeigten, dass wahrscheinlich höchstens eines von zehn Kindern aus dem Stadtteil einen Abschluss machen würde, landesweit schlossen sieben von zwanzig Amerikanern mit beliebigem Hintergrund eine Hochschulausbildung ab. Und das auch noch in der Südbronx, dem einstigen Zentrum des Verbrechens von New York City, Geburtsstätte von Hip-Hop und B-Boys, Afrika Bambaataa und Grandmaster Flash – also keine angesagte Privatschule an den begrünten Ufern des Hudsons. Für diese Kinder stand ein College nicht zur Debatte. Aber Levin hatte daran geglaubt. Und als er enthusiastisch und mit Oversize-Hemd und Krawatte – es waren ja schließlich die Neunziger – von Tür zu Tür zog, konnte er genügend Eltern überzeugen, sich ihm anzuschließen. Drei von vier Schülern würden den Abschluss erreichen, so das Versprechen, genau wie in Upstate New York.

Dave hatte gemeinsam mit einem weiteren Lehrer, Mike Feinberg, ein Jahr zuvor KIPP gegründet. Frisch von den Eliteuniversitäten Yale und U. Penn hatten sich die beiden in Houston kennengelernt, wo sie als Korps-Mitglieder von *Teach for America* an einer Grundschule unterrichteten. Mit diesem Programm, das fünf Jahre zuvor ins Leben gerufen worden war, wurden die intelligentesten jungen Menschen in den USA aufgerufen, gegen die landesweite Krise der Bildungsungleichheit anzugehen. Nach einigen Anfangsschwierigkeiten hatten die beiden Lehrer sich für die Methoden von Harriet Ball erwärmt, einer 1,85 großen, schwarzen Grundschullehrerin. Sie hatte eine eigene Version der üblichen »drei Rs«: »repetition, rhythm, rap« – Wiederholung, Rhythmus, Rap. Ihr radikaler Ansatz mit Liedern, Sprechgesängen, Spielen und deftigen Witzen wurde ihr Erfolgsrezept, wenn es darum ging, die Kids der Innenstädte zu motivieren und zu erziehen.[1]

»Harriet Ball war eine Rockstar-Lehrerin«, erinnerte sich Levin, »sie kam eines Tages in mein Klassenzimmer und brachte den Kindern in fünfundvierzig Minuten das bei, was sie bei mir in drei Monaten nicht gelernt hatten«.[2]

Die beiden Lehrer wendeten Harriet Balls Methoden in ihrem eigenen Unterricht an. Die Kinder fingen sofort Feuer. Sie waren begeistert und machten schnell Fortschritte. Das überzeugte die beiden jungen Lehrer restlos, und sie beschlossen, die Methode zu systematisieren.

Einer der beliebtesten Sprechgesänge von Hariett Ball lautete »You gotta read, baby, read. You gotta read, baby, read. The more you read, the more you know, 'cause knowledge is power, power is money, and I *want* it.« (Auf Deutsch: Du musst lesen, Baby, du musst viel lesen. Je mehr du liest, desto mehr weißt du, denn Wissen ist Macht, Macht ist Geld, und das *will* ich.) Daraus leiteten sie ihren Namen ab: Das *Knowledge is Power Program*. Feinberg blieb an der KIPP Academy Houston. Levin kehrte nach New York zurück.

Die beiden ersten KIPP-Schulen wurden Laborschulen, in denen Schüler aus Familien mit geringem Einkommen zu hervorragenden Leistungen gebracht werden sollten. Im Durchschnitt kamen ihre Fünftklässler mit einem Rückstand von zwei Jahren an ihre Schule und lasen, schrieben und rechneten auf dem Niveau von Drittklässlern. Zudem hatten sie komplexe Verhaltensprobleme – es handelte sich um anfällige Kinder aus einem schwierigen urbanen Umfeld. Alle lehnten sich zurück und warteten darauf, dass die beiden Lehrer auf die Schnauze fielen. Man hielt sie für verrückt. Aber Levin und Feinberg ließen sich nicht entmutigen und hielten sich an ein starkes Mantra. *Was es auch koste*. Die Kids mussten jeden Tag um 7.25 Uhr in der Schule sein und bis 17 Uhr bleiben. Samstagvormittags war ebenfalls Unterricht, und sie mussten einen Monat ihrer großen Ferien opfern und zur Sommerschule gehen. Laut Levin waren diese langen Ferien ein Überbleibsel des Landwirtschaftszeitalters, als Kinder noch bei der Ernte mithalfen. Die Gleichung war einfach. Wer mehr Zeit in der Schule verbringt, lernt mehr. Und KIPPsters – die Schule hat ein eigenes Vokabular – verbrachten siebzig Prozent mehr Zeit im Unterricht als gleichaltrige Schüler an anderen Schulen, genau wie die Schüler der KSA in London, wo man sich von KIPP inspirieren ließ. Wenn sie es ganz nach vorne schaffen wollten – das Defizit in der fünften Klasse nicht nur aufholen, sondern die Anforderungen übertreffen – brauchten sie alle Zeit, die sie kriegen konnten. Am Eingang jeder KIPP-Schule stand ein Slogan: *Den Berg zum College erklimmen*.

Das war dafür nötig: KIPP-Turbo-Lernen nach der Methode von Harriet Ball. Die Schüler skandierten. Sie rezitierten Fakten und Wissen im Breakbeat-Rhythmus. Routinen wurden eingeübt. Die Schulen wurden nach einer einfachen Philosophie geführt: *Arbeite hart, sei nett.* Das stand an den Wänden, auf den T-Shirts der Schüler, genau wie auch auf dem von Ifrah. Und sie arbeiteten wirklich hart. Die Lehrer arbeiteten sechzig, siebzig oder achtzig Stunden die Woche. Am ersten Schultag nach den Sommerferien gaben sie ihren Schülern ihre Handynummer. Falls sie Hilfe bei den Hausaufgaben brauchten, konnten sie einen Lehrer anrufen – zu jeder Tages- und Nachtzeit. Die Grundlage all dessen war der »Vertrag«. Unterzeichnet von Schüler, Lehrer und Eltern, stellte er ein feierliches gegenseitiges Versprechen dar, alles zu tun, was nötig war. »Die Kids kommen in die Schule mit Hunderten von Gründen, warum sie scheitern werden«, erklärte Feinberg später, »das heißt, dass wir mindestens genauso viele Lösungsansätze haben mussten, um sie auf Erfolgskurs zu bringen.«[3] Es gab keine Entschuldigungen. Das bedeutete eine fast militärische Disziplin. Den Schülern wurde beigebracht, wie sie sitzen, Bücher austeilen und Korridore entlanggehen sollten. An ihr Benehmen wurden ebenso hohe Erwartungen gestellt wie an ihre Noten. Jede Klasse wurde nach dem Jahr benannt, in dem sie den Collegeabschluss machen würde. Die erste Gruppe war die Klasse von 2003.

Die harte Arbeit machte sich bezahlt. Im Jahr 2000 porträtierte die US-Nachrichtensendung *60 Minutes* KIPP, als die ersten Achtklässler ihren Abschluss machten.[4] Die Ergebnisse waren sensationell. In nur vier Jahren beherrschten die Schüler, die zu Beginn als Fünftklässler zwei Jahre im Stoff hinterher waren, Algebra-Stoff der frühen Highschool, also etwa der neunten Klasse. Jeder Schüler der beiden KIPP-Schulen bekam nach dem Abschluss einen Platz an einer angesehenen privaten oder staatlichen Highschool, was zeigte, dass sie auf dem besten Weg zum College waren. Die 69 Schüler der KIPP Academy Houston kamen zusammen auf Stipendien von mehr als 1 000 000 Dollar und verhalfen so ihrer Schule zu landesweitem Ruhm. Vor dem Hintergrund der Bildungskrise an staatlichen Schulen hatten diese zwei Außenseiterschulen es geschafft, dass ihre sozial benachteiligten Schüler besser abschnitten als deren wohlhabendere Altersgenossen. Familie Fisher, die Gründer von GAP, rief an und fragten, wie viele Millionen Dollar es kosten würde, KIPP landesweit zu verbreiten.[5]

Sie eröffneten neue Schulen und wuchsen zu einem USA-weiten Netzwerk heran. Die Schüler von KIPP, genannt KIPPsters, machten weiterhin ihre Sprechgesänge und hielten sich an SLANT (Sitz gerade, Lausche aufmerksam, Achte auf den Lehrer, Nicke, Trau dich zu fragen). Und weiterhin zeichneten sie sich aus und übertrafen jedes Jahr erneut die Erwartungen. 2006 waren Mike und Dave bei der Talkshow *Oprah* zu Gast und erzählten voller Elan die Geschichte von KIPP und rührten ihre Gastgeberin zu Tränen, als sie das Video eines schwarzen Jungen aus der South Bronx sah, der stolz verkündete »ich will was lernen«.

Während all dem Rummel blieben Feinberg und Levin in Kontakt mit ihren ersten Klassen, mit denen sie einen Vertrag abgeschlossen hatten. Sie telefonierten mit ihren ehemaligen Schülern, begleiteten sie durch die Highschool, halfen ihnen durch familiäre Krisen, kümmerten sich darum, dass sie weiterhin den Berg zum Gipfel erklommen.

Die meisten schafften es. Fast alle Schüler der Klasse von 2003 machten einen Highschool-Abschluss und bekamen einen Platz am College. Doch dann geschah etwas. Einige von ihnen waren auf sehr guten Highschools, gingen danach auf vierjährige Colleges und übertrafen so bei

Weitem die Erwartungen, die die Gesellschaft an Kids wie sie hatte. Andere aber waren weniger erfolgreich. Aus irgendwelchen Gründen hatten sie abgebrochen. Finanzielle Probleme. Eine Familienkrise. Die Notwendigkeit, schnell einen Job zu finden. Differenzen mit einem Lehrer. Probleme mit dem Studentenleben. Nicht mehr mitkommen. Das Gefühl, fehl am Platz zu sein. Auch wenn neun von zehn ehemalige Schüler der ersten KIPP-Klasse den Abschluss an der Highschool schafften, hielt nur einer von fünf – insgesamt acht Schüler – bis zum Collegeabschluss nach vier Jahren durch. Das waren immerhin noch dreimal mehr als sonst mit ihrem Hintergrund, aber doch weit entfernt von den erträumten 75 Prozent.

Für ihre Kritiker war das der Beweis, dass sie die Latte zu hoch gelegt hatten. Aber für Dave Levin war es ein Problem, das gelöst werden musste. Die Kids hatten es bis aufs College geschafft, nun mussten sie es noch bis zum College*abschluss* schaffen.

Mitte der 2000er-Jahre widmete er sich dem Problem, untersuchte die Geschichten und Umstände derer, die es geschafft hatten, und derer, die es nicht geschafft hatten. Ein gewisses akademisches Niveau war unabdingbar. Lesen, Schreiben, Mathematik, Naturwissenschaften mussten sitzen. Aber das war nicht das Entscheidende. Auch Kids mit hervorragenden akademischen Leistungen hatten abgebrochen. Offenbar stimmte etwas anderes, etwas schwer Greifbares nicht. Er formulierte eine These. »Als wir uns diejenigen näher ansahen, die einen Abschluss machten, fiel uns auf, dass sie nicht nur über akademische Fähigkeiten verfügten, sondern auch über persönliche«, erinnerte er sich später in einem Radiointerview. »Sie hatten großes Durchhaltevermögen, waren fähig, auf andere zuzugehen und Beziehungen zu ihren Professoren aufzubauen, und sie wussten, wie sie um Hilfe bitten konnten, ehe das Kind in den Brunnen gefallen war.«[6]

Levin wandte sich an einen stämmigen Professor an der University of Pennsylvania. Dr. Marty Seligman war ehemaliger Vorsitzender der American Psychological Association, Pionier der Positiven Psychologie und geradezu die Idealbesetzung, um Levins Problem zu lösen. Er sprach oft vor Pädagogen und begann dabei gerne mit einer kleinen Umfrage. Zuerst fragte er die Zuhörer, was sie sich – in ein oder zwei Worten – am meisten für das Leben ihrer Kinder wünschten. *Freude! Sinnhaftigkeit! Glück! Liebe!*, riefen die Anwesenden. Dann sollten sie – erneut in zwei oder weniger Worten – beschreiben, was an Schulen gelehrt wird. Hier ertönte immer Gelächter, und dann: *Gehorsam! Schulfächer! Arbeitsabläufe! Fakten! Rechnen! Lesen! Schreiben!* Dann machte er eine Kunstpause. Ist Ihnen aufgefallen, fuhr er fort, dass es zwischen den beiden Listen keine Schnittmenge gibt?[7]

Seligman, dem die Sorge für geistig Kranke sein Leben lang am Herzen gelegen hatte (er hatte beispielsweise experimentell gezeigt, dass für viele Betroffene Depression eine »schlimme düstere Stimmung« war, die mit Therapie besser als mit Medikation behandelt werden konnte),[8] hatte nun eine neue Mission. Er wollte mit seiner »Positiven Psychologie« das Wohlbefinden aller verbessern. Levin hatte sein Buch *Pessimisten küsst man nicht: Optimismus kann man lernen* gelesen und rief ihn an, um sich mit ihm zu treffen, hauptsächlich aus einer Intuition heraus. Wenn KIPP sein Versprechen halten wollte, musste Levin wissen, welche Persönlichkeitsmerkmale Studenten durchs College bringen. Dieses Kapitel widmet sich der Geschichte von Levins Bemühungen, das Problem zu lösen, und wie sich dadurch KIPP veränderte. Mit Engagement kann man Kindern nicht nur die Fähigkeiten vermitteln, um in einer Prüfung gut abzuschneiden, sondern ihnen weit darüber hinaus zum Erfolg verhelfen. Es zeigt auch, dass unser Potenzial als geborene Lerner das Denken und Handeln übersteigt und bis zum Fühlen reicht. Und es beginnt mit einer einfachen Frage: Warum sind manche erfolgreich, während andere scheitern?

Was unsere Persönlichkeit ausmacht

Seligmans Fragestellung ist Lehrern nur allzu bekannt. Wir wissen, was wichtig ist, können uns aber der Logik eines Systems nicht entziehen, das auf High-Stakes-Prüfungen ausgerichtet ist. Heute ist Persönlichkeitsbildung wichtiger denn je. Unser Zeitalter verlangt uns mehr menschliche Fähigkeiten ab – Empathie, Kreativität, Geselligkeit – und stellt eine Zukunft in Aussicht, in der wir andere Fähigkeiten brauchen, wie Antrieb, Entschlossenheit und Resilienz. Wir leben im Schatten einer Epidemie von seelischen Problemen. 2016 litt einer von sieben der Sechzehn- bis Vierundzwanzigjährigen in Großbritannien an einer seelischen Erkrankung (Angststörung, Depression, Panikattacken, Phobien oder Zwangsstörungen),[9] und sogar bis zu einem Viertel aller Frauen dieser Altersgruppe. Die Weltgesundheitsorganisation schätzt, dass weltweit derzeit 450 Millionen Menschen von geistigen Erkrankungen betroffen sind und ein Viertel aller Menschen irgendwann in ihrem Leben darunter leiden wird.[10] Charakterstärke braucht man heute, um gesund zu bleiben, und erst recht, um sich richtig zu entfalten. Der »Strom des Neuen, der von den heutigen marktbasierten Konsum-Gesellschaften erzeugt wird, ist so stark, dass man mehr Engagement und Selbstdisziplin braucht, um sicherzustellen, dass das langfristige Wohlbefinden nicht einer kurzfristigen Belohnung geopfert wird«,[11] heißt es bei Avner Offer, Professor emeritus für Wirtschaftswissenschaften am All Souls College, Oxford.

Diese Bedenken sind nicht neu. Persönlichkeitsentwicklung stand immer im Zentrum menschlichen Lernens. Vor

2500 Jahren interessierten sich die Schüler in Platons Akademie mehr dafür, wie die Menschen leben sollen, als für die intellektuellen Methoden der Rhetorik oder Logik. Diese Disziplin nannte man Ethik oder Moralphilosophie. Aristoteles, der berühmteste Absolvent der Akademie, schrieb eines seiner bekanntesten Werke über dieses Thema, die *Nikomachische Ethik*, ein Leitfaden, der Vätern bei der Erziehung ihrer Söhne helfen sollte. Benannt nach Aristoteles' Vater und erstgeborenem Sohn diente die *Nikomachische Ethik* als Ratgeber zur Entwicklung eines tugendhaften moralischen Charakters. Das bedeutete für Aristoteles, die eigenen Triebe mit dem vernünftigen Geist in Einklang zu bringen. Vor allem beabsichtigte er mit seiner Ethik eine *praktische* Hilfe zum Verständnis menschlichen Verhaltens.

An der Walworth Academy wurde dieser Aspekt des Lernens heftig diskutiert, aber wenig verstanden. Die Persönlichkeit der Schüler entwickelt sich nicht aufgrund eines bestimmten Plans, sondern durch den unermüdlichen Einsatz einzelner Lehrer. Viele Lehrkräfte wollen vor allem gute Menschen heranziehen, aber während die Methoden zur Vorbereitung auf die Abschlussprüfung rundum ausgefeilt sind, bleiben die gemeinsamen Bemühungen, Kindern bei ihrer sozialen und emotionalen Entwicklung zu helfen, planlos und beschränken sich auf die üblichen tröstenden Gesten, Klassengespräche über Verhalten und Poster zur Visualisierung personalisierter Lernziele. Wir haben keine praktische Ethik, keine Strategie für das 21. Jahrhundert. Wir haben noch nicht einmal einen Namen dafür. Als Schüler hatte ich zumindest eine Art ungeschriebenen Kodex befolgt. Anglikanisch im Geist und korinthisch im Ethos hatte es für die richtige Disziplin auf dem Rugbyfeld gesorgt und dafür, dass die Jungen direkt zur Armee gingen, wenn sie von zu Hause auszogen.

Wie also fördert man die Persönlichkeitsentwicklung? Levin und Seligman wollten nicht darüber philosophieren. Sie strebten nach *Wirkung*. KIPP hatte den Anspruch, erfolgreiche Menschen großzuziehen, die mehr aus der Schule mitnahmen als nur Prüfungsergebnisse. Aber an seiner Contenance zu arbeiten oder über gute Lebensführung zu diskutieren wirkte überholt. Heute geht es weniger darum, was richtig ist, als darum, uns gut zu fühlen oder herauszufinden, wie wir unser Potenzial voll ausschöpfen können. Coaching nimmt einen immer größeren Raum ein, sodass es bald mehr Lebensberater geben dürfte als Philosophen oder Politiker. Vielleicht ist das jetzt schon so.

Persönlichkeit bedeutet in diesem Kontext eine Kombination aus sich wohlfühlen und wohl*tätig* zu sein. Levin spielt in die Hände, dass sich laut einem wachsenden Konsens unter amerikanischen Psychologen Persönlichkeitsmerkmale in ein Fünf-Faktoren-Modell einordnen lassen: Offenheit für Erfahrungen, Gewissenhaftigkeit, Extraversion, Verträglichkeit und Neurotizismus. Damit hatte er einen guten Ansatzpunkt. Zudem hatten Experten praktische Methoden entwickelt, mit denen man sich besser um Kinder kümmern konnte.

Ein Schützling Seligmans erregte mit seinen Untersuchungen zur Gewissenhaftigkeit Aufsehen. Seligman stellte den Kontakt zwischen Levin und ihm her.

Sie gehen als Erster wieder hinunter, *sonst falle ich tot um*

Die Auswahlkriterien für West Point, die Militärakademie der US Army, sind – wie zu erwarten – sehr hart. Von 14 000 hoffnungsvollen Bewerbern jährlich wird nur einer von zwölf aufgenommen. Darunter findet man die hellsten Köpfchen und stärksten Körper ihrer Generation,

Vielseitigkeitsathleten, und 4,0 GPAs.* Doch trotz all der Strapazen, die sie auf sich nehmen, um überhaupt aufgenommen zu werden, brechen ein Fünftel der Kadetten vor ihrem Abschluss ab. Die meisten davon – und das ist sicher noch bemerkenswerter – halten nicht einmal den ersten Sommer durch. Angela Duckworth, die knallharte Psychologin von der University of Pennsylvania, die dieses Phänomen untersuchen sollte, bringt es auf den Punkt: »Wer bereitet sich zwei Jahre vor, um zugelassen zu werden, und bricht dann nach den ersten zwei Monaten ab?« Die Antwort liegt in der Gestaltung dieser acht Wochen. Die Broschüre beschreibt diese Zeit als den »körperlich und emotional anstrengendsten Teil der vier Jahre an der West Point«. Man nennt sie »Beast Barracks«.[12]

Während Levin über sein Problem grübelte, hatte Duckworth zwei Jahre in ihre Doktorarbeit in Psychologie gesteckt, die sich mit Heranwachsenden und ihrer Leistung beschäftigte. Die heutige TED-Talk-Königin und MacArthur-Stipendiatin, die für ihre wegweisende Forschung ein Stipendium von einer Million Dollar erhielt, hatte bis dahin einen eher verschlungenen beruflichen Werdegang. Aufgewachsen als Tochter chinesischer Einwanderer in Philadelphia, studierte sie in Harvard Neurobiologie und schloss ein Aufbaustudium in Neurowissenschaften in Oxford an. Wie für so viele der fähigsten Geister, insbesondere solche ohne einen genauen Plan, war ihre nächste Station McKinsey, die Unternehmensberatungsfirma der Spitzenklasse. Und genau wie auch viele andere helle Köpfchen empfand sie die Unternehmenswelt als nicht besonders inspirierend. Und so tauschte sie

* US-amerikanische Schüler bekommen am Ende ihrer Highschool-Zeit einen Durchschnittspunktwert, GPA *(grade point average)*. Für jedes Fach erhält man einen Wert von 0 bis 4. Aus allen Werten wird dann ein Durchschnittswert ermittelt. 4,0 ist der höchste GPA, entspricht also einem Notendurchschnitt von 1,0.

mit siebenundzwanzig Kostüm, Stöckelschuhe und PowerPoint-Präsentationen gegen ein Paar vernünftige Schuhe und machte sich zur Lower East Side auf, um Mathematiklehrerin für die Unter- und Mittelstufe zu werden.

»Der Umweg war die Unternehmensberatung«, sagte sie »nicht das Unterrichten.«[13] In der menschlichen Entwicklung fand sie ihre Berufung. In ihrem Klassenzimmer in Alphabet City – das damals noch von sozialem Wohnungsbau und nicht von Hipstern geprägt war – kam sie zum selben Schluss wie Dave Levin. Nicht die Schüler mit der größten Begabung hatten in ihrem Unterricht die besten Resultate, sondern die, die am meisten arbeiteten, genau wie Anders Ericsson dargelegt und Ifrah uns gezeigt hatte. »Begabung ist kein Garant für Leistung. Ein Talent für Mathe ist etwas anderes, als im Matheunterricht zu glänzen.« Ihre Erkenntnis – *Ich hatte mich von meiner Begabung ablenken lassen* – führte zu einem weiteren Berufswechsel. Wenn Begabung keine großartige Leistung garantiert, was dann? Sie verließ die Schule mit zweiunddreißig und machte sich auf, das herauszufinden.

Ihre Forschung führte sie nach West Point, wo Militärpsychologen schon seit Jahren den starken Fluktuationsabgang der Kandidaten untersuchten. Am zuverlässigsten konnten sie den Erfolg eines Kandidaten anhand des Whole Candidate Scores vorhersagen, einem gewichteten Mittelwert aus Prüfungsergebnissen, der Evaluation des Führungspotenzials durch einen Experten und Fitnesswerten. Das zeigte recht gut die Talente eines Kandidaten an, ließ aber keine Aussagen darüber zu, wer die Ausbildung abbrechen würde. Während eines Interviews mit einem Militärwissenschaftler kam Duckworth die Erleuchtung. »Man ließ Rekruten stündlich Dinge erledigen, die sie noch nicht beherrschten.« Begabung half ihnen dabei nicht. Sie mussten auf etwas anderes zurückgreifen. Angesichts des möglichen Scheiterns knickten manche ein.

Andere aber nicht. Ihr »Nur nicht aufgeben!«-Credo half ihnen bei der Aufgabe. Das galt auch für andere Spitzenkräfte, die sie untersucht hatte – Journalisten, Akademiker, Athleten und Geschäftsleute. »Diese Exemplare waren ungewöhnlich robust und arbeitsam. Außerdem wussten sie ganz tief in ihrem Innern genau, was sie wollten. Sie waren entschlossen und *zielgerichtet.*« Kurz gesagt, »sie hatten Mumm«.[14]

Duckworth schusterte schnell eine erste Mumm-Skala zusammen. Die Befragten konnten sich selbst bei Aussagen wie »Ich habe Hindernisse überwunden, um eine wichtige Herausforderung zu meistern« oder »Ich bin sehr pflichtbewusst. Ich gebe nie auf« von »trifft voll auf mich zu« bis »trifft überhaupt nicht auf mich zu« einordnen. Diesen Fragebogen händigte sie im Juli an 1200 Rekruten an ihrem zweiten Tag der Beast Barracks aus. Zuerst überprüfte sie, ob es Korrelationen zwischen den Ergebnissen der Mumm Skala und dem Whole Candidate Score gab (das war nicht der Fall – Begabung und Mumm waren unabhängig voneinander), dann wartete sie den Sommer ab. Am Ende des Sommers hatten einundsiebzig Kandidaten abgebrochen.[15]

Zwar hatten die Durchhalter und die Abbrecher ähnliche Whole Candidate Scores, doch »Mumm erwies sich als verlässlicher Prädiktor, wer durchhalten würde und wer nicht«. Duckworth wiederholte die Umfrage 2005, als insgesamt sechzig Kadetten abbrachen. Wieder zeigte sich, dass ihre Befunde stimmten. Sie wiederholte die Studie mit Menschen im Verkauf, mit Sondereinsatzkräften des Heeres, mit Schülern in Chicago und sogar mit Teilnehmern am Buchstabierwettbewerb *Spelling Bee*. Jedes Mal wurden ihre Ergebnisse bestätigt. Mumm, nicht Begabung, war der Indikator für Erfolg oder Scheitern.

Bei einem Vortrag sah ich, wie sie diese Erkenntnis mit einem YouTube-Clip des Schauspielers Will Smith bei der

Tavis Smiley Talkshow verdeutlichte. »Keiner hält länger durch als ich«, sagte er und fixierte dabei den Talkmaster. »Sie haben vielleicht mehr Talent als ich. Sie sind vielleicht klüger als ich oder sexier. Vielleicht sind Sie in neun von zehn Dingen besser als ich. Aber wenn wir zusammen auf ein Laufband gehen, gehen Sie als Erster wieder hinunter, *sonst falle ich tot um.*« Mir war klar, wie so eine Einstellung den Erfolg eines Kindes fördern konnte, aber wie stand es dann mit seinem Wohlbefinden? Mit diesem Gedanken im Hinterkopf beschloss ich, an die amerikanische Ostküste zu reisen, die sich zusehends zum globalen Nervenzentrum einer Revolution der Persönlichkeitserziehung mauserte.

Eine KIPP-Schule in Harlem, New York nahm Duckworths Erkenntnisse besonders ernst. Wie kann man Schüler auf diesem Laufband halten?

Bis in alle Ewigkeit und darüber hinaus!

An einem verregneten Morgen in New York arrangierten Caterer unter einem Vordach Frühstücksplatten für die Filmcrew von *Law & Order*. Die Krimiserie wurde oft in Harlem gefilmt, und der Grund dafür war deutlich sichtbar. Eisenbrücken hingen düster über einer Straße mit kaum sichtbaren Markierungen. Hintereinander parkende Lkws bildeten am Bürgersteig einen Kanal für den beißenden Wind vom Hudson. Hartgesottene Männer mit gelben Schutzhelmen trugen Material auf eine Baustelle. »An solchen Orten werden Leichen angeschwemmt«, witzelte später ein Lehrer. Aber das war ein Trugbild. Diese Zeiten waren längst vorbei. Die Kinder drängten sich in ihren Daunenjacken und mit Peppa-Wutz-Rucksäcken an den Baugerüsten vorbei und blickten auf eine neue Zeit. Was dort gerade gebaut wurde, war ein Hightech-Gebäude der Columbia University. Auf der anderen

Seite der Twelfth Avenue stellte der Fairway Supermarkt und der Biergarten Harlem Bierstrasse Freizeitangebote. Und die Schule, die die Kinder betraten, wies auf eine Zukunft der unbegrenzten Möglichkeiten hin.

KIPP Infinity Harlem ist eine von mittlerweile 200 KIPP-Schulen, die 80 000 Kinder und Jugendliche in einunddreißig Städten der USA vom Kindergarten bis zur Highschool besuchen. Entsprechend der Mission ihrer Gründer nehmen sich diese Schulen sozial schwacher Gruppen an. 96 Prozent der Schüler sind Afro- oder Hispano-Amerikaner, 88 Prozent haben Anrecht auf kostenloses oder vergünstigtes Schulessen, und 10 Prozent haben besonderen Förderbedarf. Auch wenn diese Kinder laut Datenlage noch immer nicht erfolgreich sein dürften, sind sie es doch: 94 Prozent der KIPPster machen einen Highschool-Abschluss, 81 Prozent gehen aufs College, und 44 Prozent schließen ein vierjähriges Studium auch ab, also mehr als doppelt so viele wie in der ersten Kohorte. Zwar ist Levins Ziel, die Kinder aus der oberen Quartile des Einkommens einzuholen, noch nicht geschafft, doch die KIPP-Schulen haben die landesweiten Durchschnittswerte für Kinder aller Schichten hinter sich gelassen. Diese liegen bei 91 Prozent, 64 Prozent und 24 Prozent.

Ich drängte mich aus dem eisigen Regen nach drinnen.

In einem großen, holzgetäfelten Auditorium im dritten Stock hatten sich 350 Fünft-, Sechst, Siebt- und Achtklässler bereit zu ihrem Treueschwur und dem Morgenritual erhoben. Sie waren in kastanienbraunen, dunkelgrünen, marineblauen und schwarzen Polohemden und tollen Turnschuhen gekleidet. »Wir glauben«, sprachen sie im Chor, »dass wir mit Willen, Disziplin und Einsatz unsere Welt und unseren Platz darin verändern können. Es gibt keine Abkürzungen. Es gibt keine Grenzen. Als ein Team und eine Familie finden wir entweder einen Weg, oder wir bauen uns einen.«

Nach zweiundzwanzig Jahren wurde dieser Traum nun von noch mehr Teenagern beschworen. Den Berg erklimmen bis zum College. Alles dafür tun.

»Wir *sind* KIPP Infinity.«

Es fühlte sich an wie eine Kirche.

Vorne betrat Schulleiterin Allison Holley die Bühne. Am Wochenende hatte die Amtseinführung von Präsident Trump stattgefunden. Für die Schüler, von denen ein Viertel Afro-Amerikaner und Dreiviertel Hispanics waren, war dies ein Grund zur Sorge. Sie zeigte Fotos von KIPP Infinity-Absolventen, die am New York Women's March zum Trump Tower teilgenommen hatten. »Erinnert ihr euch an sie?«, fragte Holley. »Einen Aspekt von Demokratie sahen wir am Freitag, einen anderen am Samstag.« Die Schulleiterin wollte den Schülern klarmachen, dass da draußen zwar ein bitterer Wind wehte, dass sie aber stark waren und niemals aufgeben sollten. Sie endete mit einem Foto, das die mit Müll und Toilettenpapier verschmutzten Jungentoiletten vom Freitag zuvor zeigte. »Ich gebe euch eine Woche, das in den Griff zu bekommen«, sagte sie. Auch Pflichten gab es.

Als ich mit meinen durchnässten Schuhen den Flur entlangeilte, bemerkte ich, wie zentral diese Gedanken für den Ethos von KIPP Infinity waren. »Wir sind das, was wir wiederholt tun«, verkündete Aristoteles an den Wänden. »Meisterschaft ist daher keine Handlung, sondern eine Gewohnheit.« Über den mit Aufkleber verzierten Schülerschließfächern – die begehrtesten waren Millionärs-Abzeichen, die verliehen wurden, wenn man ebenso viele Wörter gelesen hatte – hingen Spruchbänder, die die Schritte zu einem guten Charakter aufzeigten. »Eins. Wir wollen keine Probleme bekommen. Zwei. Wir möchten eine Belohnung. Drei. Wir wollen Eindruck auf jemanden machen. Vier. Wir halten uns an die Regeln. Fünf. Wir nehmen die Rechte und Gefühle anderer sehr ernst. Sechs.

Das ist unser Code. Das ist, wer wir sind.« Man dachte hier also intensiv über diese Dinge nach. Aber Spruchbänder aufhängen kann jeder. Das hatte ich auch schon getan. Wie werden die Kinder hier wirklich auf die Welt vorbereitet?

Um das herauszufinden, machte ich mich zu Mr Griffiths Klassenzimmer auf. Vor zwölf Jahren war er der Mathelehrer gewesen, der die Schule gegründet hatte. Ungefähr zu der Zeit hatte Levin mit Seligman Kontakt aufgenommen. Bei ihrem Treffen hatte der Psychologe das Gespräch auf ein Buch gelenkt, das er mit Christopher Peterson geschrieben hatte. *Character Strengths and Virtues: A Handbook and Classification* – ein echter Schinken. Mit seinen 800 Seiten wollte es als erste »Lehre des Charakters« gelten, mit der Analyse von Tugenden in der Geschichte der Menschheit von Platon bis Pokémon. Sechs Stärken wurden vorgestellt, die für alle Ethnien, Klassen, Geschlechter, Kulturen, Zeitalter und Orte galten – »im Wesentlichen ist das alles, was uns trennt«, sagte Levin.[16] Das waren laut Seligman keine »blabla-Erkenntnisse, die jeder Kindergruppenleiter und alle Großeltern schon kannten«, sondern ein wirkliches »Handbuch der geistigen Gesundheit«,[17] ein Begleitband der berüchtigten Enzyklopädie für geistige Krankheiten von APA.* Oder *Moral für Dummies, 2.0.*

---

* Das *Diagnostic and Statistical Manual of Mental Disorders* der American Psychological Association (APA) ist eine standardisierte Liste von 297 geistigen Störungen. Sie wurde gelobt, weil sie eine gemeinsame Sprache in die Behandlung geistiger Krankheiten brachte, und kritisiert, weil sie der Medikation von Störungen wie ADHS und Depression enormen Vorschub leistete. 11 Prozent der 4–17-Jährigen in den USA erhalten nach Angaben der Centers for Disease and Control eine ADHS-Diagnose, 6 Prozent mit Medikation. In Großbritannien sind es im Vergleich nur 3 Prozent bzw. 1 Prozent. (Sarah Boseley, »Generation meds: the US children who grow up on prescription drugs«, in: *Guardian*, 21. November 2015)

Unter den sechs Stärken »Klugheit und Wissen«, »Mut«, »Menschlichkeit«, »Gerechtigkeit«, Mäßigung« und »Transzendenz« waren vierundzwanzig positive Eigenschaften aufgelistet. »Wir betrachten sie als eine Kombination von Stärken und Fähigkeiten, denn wären es reine Eigenschaften, könnte man sie nicht verändern«, erklärte Levin, »man ist entweder groß oder klein. Aber Selbstkontrolle, Neugierde und soziale Intelligenz sind nicht festgelegt.« Sieben davon hatte KIPP als Priorität ausgewählt. Ich sah sie an den Wänden jedes Klassenzimmers: *Selbstkontrolle, Mumm, Optimismus, Soziale Intelligenz, Dankbarkeit* und *Eifer.* Levin träumte von einer Welt, in der die Zuständigen für die Studienplatzvergabe den CPA – *character point average* – ebenso ernst nahmen wie den GPA. Aber ein zuverlässiges Messsystem war schwer vorstellbar. Man einigte sich auf eine Karte der Persönlichkeitsentwicklung. Die Schüler wurden regelmäßig in jeder der sieben Stärken von eins bis vier bewertet. Mr Griffith war zur Eröffnung da gewesen.

In seinem Klassenzimmer konnte man auf einem Schild über der Tafel in großer Schrift lesen: »Fortschritt: zu welchem Preis?«

In ihren schwarzen Schulhoodies mit der Aufschrift *Unendlicher Charakter* lasen die Achtklässler über die Muckraker, die ersten investigativen Journalisten der USA, wie Upton Sinclair und Ida Tarbell, die in den 1920er-Jahren die amerikanische Demokratie vorangebracht hatten, indem sie die vierte Gewalt gegen das zwielichtige Geklüngel korrupter Industrieller hochhielten. Die Schüler lernten auch, wie man Anmerkungen zum Text machte, und markierten penibel geeignete Passagen. Hunderte Sammelfiguren von Actionhelden, X-Men, Batman, Superman, die jeweils ihre Charakterstärken darstellten, schauten wachsam aus ihrer Vitrine hinter uns. Ein gut 60 Zentimeter großer R2D2 kauerte auf einem

Hocker. Die Unterrichtsstunde endete mit einem Ausschnitt aus *Law & Order*, einem modernen Schlachthausskandal, nach Sinclairs *Der Dschungel.* Es ging um politische Persönlichkeitsbildung.

Die Schüler verließen das Klassenzimmer, und ich wandte mich an Mr Griffith. Was tat KIPP für die Bildung der Persönlichkeit?

»Vergebe ich viele Optimismus-Sterne? Nein.« Mr Griffith erzählte mir vom System der »Lohnabrechnungen« von KIPP. Die Schüler starteten mit virtuellen Dollars auf ihrem Konto in das Schuljahr. Sterne bedeuteten Dollars, schlechte Noten bedeuteten Bußgeld. »Lohnabrechnungen« gab es immer mittwochs, »wie das Amen in der Kirche«. Ziel war es, das Jahr mit mehr Guthaben zu beenden, als man zu Beginn bekommen hatte. Kurzfristig wurde man mit Schulausflügen belohnt, langfristig konnte man sich von Lohnabrechnungen hocharbeiten zu einem Gehalt. Sobald man diesen Status erreicht hatte, war man dem System der Lohnabrechnungen für immer entwachsen, es sei denn, man erlaubte sich ganz schlimme Verfehlungen. Der gute Charakter stand dann auf soliden Fundamenten.

KIPP war berüchtigt für die enormen Ansprüche, die an die Disziplin der Schüler gestellt wurden. Nicht viele Schüler schafften es zu diesen Schulausflügen.

Anfangs bekamen die Schüler viermal im Jahr Charakter-Zeugnisse, für die die Lehrer gemeinsam über die Stärken eines jeden Schülers nachdachten und eine Note dafür vergaben. Aber diese Charakter-Zeugnisse wurden abgeschafft, da die Lehrer das Gefühl hatten, sie würden dem Charakter der Schüler nicht gerecht. Mr Griffith hatte diese Zeugnisse eher als willkürlich empfunden (»Sie können sich sicher vorstellen, wie es ist, wenn man an einem Dienstag neunzig dieser Zeugnisse erstellen soll«), während er die Lohnabrechnungen für wirklich wertvoll hielt.

»Im Beratungsgespräch gehen wir die Lohnabrechnung mit jedem einzelnen Schüler durch. Womit hast du zu kämpfen? Worin bis du gut? Dann setzen sie sich mit ihrem KIPP-Kreis zusammen und erarbeiten Ziele, wie sie den Lohnabrechnungs-Durchschnitt verbessern können.« Die Ziele werden immer ausdrücklich an eine Charakterstärke geknüpft. Schüler, die ihre Lohnabrechnung aufbessern wollen, könnten sich selbst zum Nachsitzen verdonnern, für zusätzliche Lernzeit. Es war eine Zurschaustellung von Selbstkontrolle. Wenn Lehrer sie belohnten, ging es »nicht nur darum, ihnen einen Stern zu geben, sondern auch um verbales Feedback für ihr Handeln.« Offenbar hoffte man bei KIPP, dass die Schüler eine eher leidenschaftslose Sicht auf ihr Verhalten entwickeln, damit sie es identifizieren und darüber nachdenken können. Es war eine Art kognitive Verhaltenstherapie.

Mir wurde klar, warum ausgerechnet Mumm und Selbstkontrolle so einen hohen Stellenwert bekamen. Ihr Beitrag zum akademischen Erfolg war deutlich sichtbar, und sie passten auch besser zur Vision von KIPP. Als Basketballtrainer der Schule sah Mr Griffith, wie schwer sich Schüler taten, erfolgreich zu sein, auch wenn sie sehr motiviert waren. »Selbst bei etwas, das du gerne tust, stellt sich die Frage, hast du genügend Selbstkontrolle, um richtig zu trainieren? Wenn dein Schwachpunkt Freiwürfe sind, warum übst du dann Dreipunktewürfe?« Um einen Berg zu besteigen, braucht man in erster Linie Mumm. Auch wenn die Schule Wert auf Kreativität, Optimismus und Freude legt – bekannt ist sie für Mumm. Zwar schafft es mittlerweile beinahe die Hälfte der KIPP-Absolventen zum Collegeabschluss, doch mir dämmerte, warum einige Kritiker KIPP als den Liebling der amerikanischen Unternehmenswelt bezeichnen. Die Schüler würden ausgezeichnete Arbeiter abgeben. Sogar an Lohnabrechnungen waren sie schon gewöhnt. Ich musste an Seung-Bin in Südkorea denken, wie er sich durch die 14-Stunden-Schultage kämpfte.

»Ich glaube nicht, dass wir sehen können, wann ein Schüler Optimismus oder Dankbarkeit spürt«, sagte Mr Griffith. Das fühlt sich verkehrt an. Vielleicht sind diese Stärken weniger ausschlaggebend für die Karriere der Schüler, aber sie sind doch die Basis für ihr Wohlergehen. Konzentriert KIPP sich zu sehr auf Selbstkontrolle?

Aufessen oder nicht aufessen

1968 machte sich der in Vietnam geborene Psychologe Walter Mischel daran, Selbstkontrolle zu verstehen. In seiner Küche in Palo Alto hatte er verfolgt, wie seine kleinen Töchter schnell durch die Impulsivität der Kleinkindzeit gelangten und sich zu rationaleren, geduldigeren Personen entwickelten. Was ging in ihrem Kopf vor, nun, da sie auf Belohnung auch warten konnten? Er überlegte sich ein einfaches Experiment. Darin sollte ein Wissenschaftler ein Marshmallow (oder eine andere Süßigkeit) vor ein Kindergartenkind legen und ihm einfache Anweisungen geben. Wenn der Wissenschaftler den Raum verließ, konnte das Kind das Marshmallow entweder essen (dann sollte es eine Glocke läuten), oder damit so lange warten, bis der Wissenschaftler zurückkam (wie lange das dauern würde, sagte man dem Kind nicht) – dann würde es ein zweites Marshmallow bekommen. Nachdem er seine eigenen Töchter als Versuchskaninchen benutzt hatte, führte Mischel das Experiment an der Bing Nursery School durch, einem Kindergarten, der an die Stanford University angeschlossen ist. Die Spielkameraden seiner Töchter sollten als Versuchspersonen für dieses Experiment herhalten.[18]

Heute ist der Marshmallow-Test weltberühmt, auf YouTube findet man zahllose Aufnahmen davon, wie Kinder mit sich ringen, die Süßigkeit nicht zu nehmen, weil dieser Test eine enorme Vorhersagekraft besitzt. Mischel untersuchte die Palo Alto-Kindergartenkinder über fünfzig Jahre hinweg und fand Erstaunliches heraus. Es gab eine direkte Korrelation zwischen der Dauer, wie lange ein Kindergartenkind wartete, ehe es einen Marshmallow aufaß, und seinem Erfolg im späteren Leben. Die Zwei-Marshmallow-Meister brachten bessere Leistungen in der Schule, verdienten mehr im Beruf und waren gesünder und glücklicher als ihre impulsiveren Altersgenossen. Diejenigen, die die Süßigkeit gleich verputzten, hatten ein höheres Risiko für negative Entwicklungen wie schlechte Gesundheit oder Gefängnisstrafe. Im Laufe der Jahre wiederholte Mischel seine Studie mit anderen Kindern in verschiedenen Kontexten. Die Ergebnisse blieben konstant. Willenskraft war gleichbedeutend mit Schicksal.

Mischel beließ es nicht dabei. Während der Tests war ihm aufgefallen, dass die, die das Marshmallow nicht gleich verputzten, raffinierte Strategien anwendeten. Der Psychologe beobachtete, dass sie »sich die Augen zuhielten oder sich umdrehten, damit sie die Leckerei nicht sehen konnten. Andere traten mit den Füßen gegen das Pult oder zogen an ihren Pferdeschwänzen oder streichelten das Marshmallow wie ein winziges Plüschtier.«[19] Vielleicht konnten andere Kinder diese Ablenkmanöver ebenfalls erlernen? Er machte sich daran, seinen kleinen Probanden zu zeigen, wie sie bei dem Spiel schummeln konnten. Die wirksamste Strategie war, das Marshmallow in einen imaginären Bilderrahmen zu stellen und als ein virtuelles Objekt zu betrachten. Kinder, die zuvor nur eine Minute warten konnten, schafften nun stolze 15 Minuten. Selbstkontrolle konnte man *entwickeln*.

Das Marshmallow löste bei den Kindern »heiße Gefühle« aus, wie Mischel es nannte und dabei der Arbeit von B.J. Fogg vorgriff. Wie Homer Simpson, der nach einem Duff-Bier lechzt, *sehnten* sich alle nach der Süßigkeit – dieses Gefühl kam automatisch, impulsiv und ist tief in ihren Nervenbahnen verwurzelt. Wollten sie der Versuchung widerstehen, hing das von ihrer Fähigkeit ab, diesen heißen Impuls »abzukühlen« und das präfrontale System dazu zu bringen, den Trieb zu übertrumpfen. Die kleinen Meister schafften es, der Süßigkeit auf andere Art Aufmerksamkeit zu schenken, indem sie beispielsweise die Form, Textur oder Farbe betrachteten. Oder indem sie sich vorstellten, es sei etwas ganz anderes. Diese Fähigkeit hatte eine große Tragfläche. »Wenn man mit heißen Gefühlen umgehen kann«, sagte Mischel dem *New Yorker*, »dann kann man auch für die S. A. T. Prüfung lernen, statt fernzusehen. Und man kann mehr Geld für seinen Ruhestand sparen. Es geht nicht nur um Marshmallows.«[20]

Begeistert von den Perspektiven, die diese Erkenntnisse eröffneten, wollte Levin unbedingt, dass Duckworth und Mischel seine KIPPsters als erste Testpersonen außerhalb der Laborbedingungen einsetzte. Würde es zu einer übertragbaren Form von Selbstkontrolle führen, wenn man Viert- bis Achtklässlern von KIPP beibrachte, wie sie der Marshmallow-Verlockung widerstehen können? Mischel hielt das für unwahrscheinlich. Er wusste, dass Persönlichkeit eigentlich eine Kombination von Gewohnheiten ist, und dass diese Gewohnheiten Jahre brauchen, um sich zu formen. Aber er ließ sich auf einen Versuch ein. Die Erlaubnis, *auf freier Wildbahn* zu arbeiten, bekam man nicht so ohne Weiteres, und er hatte das Gefühl, dass die Experimente eines Tages unsere Sicht von Schule revolutionieren könnten. »Was wir mit dem Marshmallow wirklich messen, ist nicht Willensstärke oder Selbstkontrolle«, fuhr er fort. »Sondern viel mehr als das. Diese Aufgabe zwingt Kinder, einen Weg zu finden, wie sie einer Situation Herr werden können.« Er wollte verstehen, wie wir unseren Kindern solche Strategien beibringen können.

»Sie wollen das zweite Marshmallow, aber wie können sie es bekommen? Wir können die Welt nicht kontrollieren, aber wir können kontrollieren, wie wir über sie denken.«

Ein – Frieden, Aus – Sorgen

In einem sparsam beleuchteten, mit Schaumstoff verkleideten Raum sammelten sich fünfundzwanzig Erst- und Zweitklässler im Schneidersitz auf pastellfarbenen Kissen. Neben mir schloss Naomi die Augen und legte die Hände auf die Knie. Alberto grinste zur Decke, während er einige Stellungen ausprobierte und sich schließlich für die Totenstellung, Shavasana, entschied. Der Raum mit seinen Wänden in Flieder, Pistazie und Puderblau übte eine beruhigende Wirkung aus. Das war mir nur recht. Mein Tag hatte um 5.30 Uhr im West Hartford's New York Sports Klub begonnen, wo die Schulleiterin Julie Goldstein den morgendlichen Spinning-Kurs gab. »Das Schlimmste habt ihr hinter euch«, übertönte sie den Lärm, »Ihr seid gekommen!« Wir traten fünfundvierzig Minuten in die Pedale. (»Wenn es sich anfühlt, als würdet ihr langsamer werden, dann *stimmt es*!«) Persönlichkeitsbildung für Erwachsene, dachte ich, während ich schwitzend einen imaginären Berg erklomm. Ich *schaffe* das. Aber bei aller Lebensfreude, die Ms Goldstein vermittelte, musste ich doch ständig an Angela Duckworth denken. Der verdunkelte Raum glich einem Klub, aber statt Teamgeist wurde hier Selbstdisziplin anerzogen. Meldete sich jede Schule freiwillig für eine Zukunft à la Jane Fonda an?

Hinten, am Rand des Teppichs, atmete Ms Soto-Gomez in ihrem korrekten blauen Hosenanzug, mit dem sie jederzeit eine Präsidentschaftsdebatte führen könnte, tief ein.

Sie war die Achtsamkeitsleiterin der Schule, eine psychiatrische Sozialarbeiterin mit dreißig Jahren Erfahrung. »Frieden beginnt bei dir selbst und wächst von dort«, stand außen an ihrem Büro. Und: »Glaube immer daran, dass gleich etwas Wunderbares geschieht.« Während der Dalai Lama nur *sagte*, dass wir die Gewalt auf der Welt innerhalb von einer Generation beseitigen könnten, wenn wir jedem Kind Meditation beibringen würden, *tat* Maritza Soto-Gomez das. Ihr ganz eigenes Achtsamkeitsprogramm zog sich vom Kindergarten bis zur achten Klasse und stützte sich auf Jon Kabat-Zinn, einem Arzt und Gründer der Stress Reduction Clinic. »Man kann die Wellen nicht stoppen, aber man kann lernen auf ihnen zu surfen«, hatte er geschrieben. So junge Kinder paddelten natürlich nur im seichten Wasser. In der Stunde, die gerade begann, sollten sie lernen, Gefühle zu erkennen.

»Hände auf die Knie«, setzte sie mit ihrem leichten puerto-ricanischem Akzent an. »Nehmt eine achtsame Haltung an.« Die kleinen im Kreis sitzenden Yogis setzten sich gerade hin. Ms Soto-Gomez übergab das Wort an Mariela, eine Achtklässlerin, die schon seit sechs Jahren an der Schule meditierte. Sie war nun Achtsamkeits-Coach, was die Schule unterstützte. Ihre Schüler sollten Lehrlinge der Meditation sein und diese Techniken in die Highschool und ihr Leben darüber hinaus mitnehmen.

»Wir konzentrieren uns auf unseren Atem«, machte sie weiter.

Die Kinder atmeten gemeinsam ein, manche ein wenig demonstrativ, andere heimlich blinzelnd.

»Ein, Frieden«, sagte sie.

»Aus, Sorgen«, atmeten sie.

Zwei Jahre zuvor wurde Breakthrough Magnet in Hartford, Connecticut, zur besten der 3400 Magnet Schulen in Amerika gewählt. Die Magnet-Schulen waren entstanden, um die im öffentlichen Schulwesen der 1960er-Jahre verbreitete Rassensegregation zu bekämpfen. Ziel war es, Einrichtungen mit einem speziellen Fachgebiet zu schaffen – Naturwissenschaften oder darstellende Kunst beispielsweise – und diese dann in die Vororte zu bauen, wo sie wohlhabende Kinder aus dem Viertel anzogen und Schüler, die mit Schulbussen aus den Innenstädten kamen. Um die Finanzierung sicherzustellen, sorgte Breakthrough dafür, dass mindestens ein Fünftel der Schüler weiß oder mit asiatisch-amerikanischen Wurzeln war, denn die meisten Schüler stammten aus afro-amerikanischen oder Latino-Familien mit niedrigem Einkommen. Die Schule spezialisierte sich auf Charakterbildung und machte sich damit einen Namen. Überall in den Fluren wurden die Schüler an das Akronym BRICK (**b**reakthroughs – **r**esponsibility – **i**ntegrity – **c**ontribute – **k**nowledge) erinnert. Sie sollten lernen, Zusammenbrüche in Durchbrüche zu verwandeln, »Verantwortung« für ihr Wohlergehen zu übernehmen, »Integrität« zu verinnerlichen, Gelegenheiten zu finden, um »einen Beitrag« zu leisten und ihr »Wissen« zu mehren. Achtsamkeit war der Schlüssel.

Zuvor hatte mir Ms Soto-Gomez erklärt: »Wir verwenden ebenso viel Energie wie auf Lesen und Rechnen darauf, dass die Schüler lernen, wer sie sind, dass sie ihre sozialen Kompetenzen entwickeln und ihre unmittelbaren Gefühle verstehen. Dass sie verstehen, was sie tun müssen, ohne über sich selbst oder andere zu urteilen. Dass sie wissen, dass sie jederzeit um Hilfe bitten können.« Das hatte ich in jeder Klasse gesehen. Überall an den Wänden hingen hilfreiche Hinweise für die Schüler, wie sie BRICKs sein können. Jede Klasse hatte eine Achtsamkeitsecke mit Stuhl und Pult, gemütlichen Kissen und Mandalas zum Ausmalen. Im Musiksaal gab es sogar einen voll funktionstüchtigen buddhistischen Miniaturbrunnen mit künstlichen Steinen und Laub. »Die meisten von uns haben das völlig verinnerlicht«, fügte Windy Peterson hinzu, die Verantwortliche für Sonderpädagogik. »Das beschränkt sich nicht nur auf das Unterrichten, es ist ein Teil unserer Persönlichkeit geworden.« Das klang esoterisch, aber es steckte viel mehr dahinter als Grußkartenplattitüden. Die Vorgehensweisen wurden penibel eingehalten, alles war wissenschaftlich fundiert. Lehrer nutzten Achtsamkeit als eine Methode, um die metakognitiven Kompetenzen der Kinder zu fördern, wie es auch einige andere Pioniere weltweit taten. Das war tatsächlich der entscheidende Punkt.

Ms Soto-Gomez verlagerte ihr Gewicht auf dem pastellfarbenen Kissen und übernahm von Mariela. »Wenn wir in dieser Stellung sitzen, fühlen wir uns vielleicht ein wenig steif. Wir bringen also unsere Arme senkrecht nach oben. Streck deine Arme. Schüttel die Hände aus.« Die Schüler führten die Bewegung aus und unterdrückten dabei ein Kichern. »Und jetzt atmen wir ganz tief. Ein. Aus. Ein. Aus. Jetzt bringen wir ganz langsam die Hände nach unten. Fühle deinen ganzen Körper. Die Hände ruhen auf den Knien.« Bei Breakthrough definierte man Achtsamkeit als das »momentane, wertfreie Bewusstsein dessen, was gerade geschieht: dein Atem, dein Körper, deine Gedanken, deine Gefühle und deine Umwelt«. Die Übungen basierten auf Positiver Psychologie, insbesondere auf dem ABC Modell, das der Pionier der kognitiven Verhaltenstherapie, Albert Ellis, entwickelt hatte. Dieses Modell konnte nachweislich Angst, Depression, Anpassungsstörungen und Verhaltensauffälligkeiten bei Kindern reduzieren. Als Teil von Marty Seligmans Penn Resilience Program hatte es Symptome von Depression bei jungen Menschen bis zu vierundzwanzig Monate lang nach Beendigung eines Kurses gemindert.[21] Bei Breakthrough milderten diese Rituale die wissenschaftlichen Ansprüche für die Grundschulkinder aus der Innenstadt – wie Yoga-Lehrer das auch bei ihren Kursbesuchern aus West Hartford taten – aber die grundlegende Struktur blieb. Man schuf sich ein Bewusstsein für Ereignisse, die einen aktivieren, dachte über das Verhalten nach, das diese in einem auslösten, und analysierte die Folgen. Ziel war es, das Bewusstsein für sich selbst so zu verinnerlichen, dass man die einzelnen Schritte unterscheiden und dann die emotionalen Reaktionen auf Ereignisse im Zaum halten kann.

In dieser Stunde sollten die Mini-Schüler von Ms Soto-Gomez lernen, wie sie Gefühle erkennen können. Zu den Klängen von Panflöten überprüfte sie, ob die Schüler die Bedeutung von Gefühlen verstanden, und erklärte dann ein Spiel. Die Yogis blieben leise.

»Ich sage gleich ein Wort und frage dann, wie ihr euch fühlt, wenn ihr dieses Wort hört. Das Wort, das ich ausgesucht habe, ist *Pause*.« Einige Finger schnellten nach oben. »Glücklich«, schlug Maya vor. »Froh«, sagte Arianna. Aber was ist nach der Pause, wenn man zurück in den Unterricht muss? Ms Mullings, die Klassenlehrerin, nickte einem Jungen zu. »Dann bin ich frustriert«, sagte er. Ms Soto-Gomez sah ihn freundlich an: »Das ist *sehr* gut, Damien.« Sie fragte ihn nach weiteren Gefühlen, und er dachte kurz nach. »Ich fühle mich wütend«, ergänzte er, »*und* traurig.« »Wütend, weil du nicht willst, dass die Pause zu Ende ist?« »Ja, wütend«, bestätigte er. Ms Soto-Gomez führte ihn sanft. »Jeder mag die Pause«, stimmte sie ihm zu, »aber wenn die Pause vorbei ist, muss ich woanders hingehen. Sind wir uns also bewusst, wie wir uns fühlen, wenn die Pause zu Ende ist? Du hast frustriert gesagt. Was geschieht, wenn wir frustriert aus der Pause zurückkommen?«

Es war ein einfaches Gespräch und ein sehr kleiner Schritt. Aber es war ein Schritt zur Charakterbildung. Mehr noch, es war offenbar ein Beitrag zu ihrem Wohlbefinden. Obwohl einem der Gedanke, sich um die Entwicklung emotionaler Intelligenz zu kümmern, absolut vage vorkommen mag, verwendete Ms Soto-Gomez ganz konkrete Übungen. Die Kinder lernten, ihre Gefühle zu identifizieren und über ihre Reaktionen darauf nachzudenken. Im Lauf der nächsten acht Jahre würden sie Hunderte, ja Tausende solcher Lernmomente erleben. Gewohnheiten zu verändern war schwierig, aber für die Schüler aus Hartfords Stadtzentrum, von denen viele in Armut aufwuchsen, waren diese Unterrichtseinheiten von unschätzbarem Wert.

Die Klassenlehrerin war Ms Mullings. Als junge Afro-Amerikanerin, die selbst die zerrüttete Hartford High besucht hatte – »es gab Rassenkrawalle. Ich ging voller Wut zur Schule. Ich war eine Einserschülerin, aber ich hatte keine Ahnung, wie ich mich um die Gefühle in meinem Inneren kümmern sollte« – wusste sie, was für die Kids auf dem Spiel stand, wenn sie nicht lernten, damit umzugehen. Als wir uns unterhielten, erklärte sie, dass die Schüler oft frustriert wären. Wenn das der Fall war, hatte sie eine Routine: »Gut, lasst uns das Licht ausmachen und die Meditationsmusik einschalten. Wir nehmen uns einen Moment. Lasst uns zur Ruhe kommen und über unsere Probleme nachdenken.« Seit Kurzem war ihr etwas Bemerkenswertes aufgefallen: Fünf- und Sechsjährige machten die Übungen nun selbstständig. »Sie sagen dann ›Ms *Mullings*‹«, ahmte sie perfekt den Erstklässler-Singsang nach, »und dann verziehen sie sich in die Achtsamkeitsecke. Sie machen eine Pause, entspannen sich, und dann heißt es: ›Ok! Jetzt habe ich genug *Mumm.*‹ Sie verwenden wirklich diese Wörter!« Dieses Runterkommen, um dann so richtig auf der Höhe zu sein, mochte sie am liebsten. »Ich kombiniere sehr gerne Achtsamkeit und gleich anschließend den Mumm.« Sie wusste, dass ihre Schüler das brauchten – nicht nur für die Welt außerhalb der Schule, sondern auch, um ihre Zeit im Bildungssystem durchzustehen.

»Als ich an der freien Schule unterrichtete, ging es ständig um Tests und Ergebnisse.« Ihre Tochter besuchte nun die Breakthrough Magnet, doch zuvor war auch sie so eingeteilt worden. »Bist du ein rotes, gelbes oder grünes Kind?« Das deprimierte sie. Lehrer kannten das. Für die Lehrer hier bedeutete Persönlichkeitsbildung nicht mehr und nicht weniger, als die Schüler zuallererst als Menschen zu behandeln. Die Schule kümmert sich zuallererst um das Wohlbefinden der Schüler. Erfolg im traditionellen akademischen Sinn stand erst an zweiter Stelle. »An anderen Schulen wird sehr auf die Daten geachtet. Man schaut auf Ergebnisse und Tests«, hatte mir Windy gesagt. »Ich ziehe Menschen groß. Das tue ich.« Das ist der Inbegriff von sich engagieren. Es geht nicht nur darum, das Denken und Handeln zu lernen, sondern auch das Fühlen. Breakthrough Magnet führte die Entwicklung dieser dritten Fähigkeit weiter als alle anderen Schulen, die ich besuchte.

Im Achtsamkeitsraum dachten Kinder darüber nach. In der vergangenen Woche hatte die ganze Schule die MAP®-(Measure of Academic Progress)-Prüfungen[22] abgelegt. Wie fühlten sie sich danach?

»Wenn ich eine Prüfung schreibe, fühle ich mich ein bisschen nervös, weil es eine schwere Prüfung ist«, meinte Darrin. »Und wenn sie mir eine schwierige Prüfung geben, fasse ich die Maus nicht mehr an und schaue zu den Lehrern. Und dann, wenn ich Angst habe, *weine* ich.«

»Du hast doch nicht geweint!«, protestierte Ms Mullings.

»Wie viele von euch hatten denn Angst?«

Fünfundzwanzig Ärmchen schnellten in die Höhe.

»Das ist ein berechtigtes Gefühl«, sagte Ms Soto-Gomez.

»Ich war ein bisschen nervös«, fügte Leyla hinzu.

»Wie konntest du den Test denn zuende bringen?«

»Ich hab mir einen kurzen Achtsamkeitsmoment genommen. Und eine kleine Denkpause.«

Diese Schüler standen noch ganz am Anfang ihrer Schullaufbahn, aber das hatten sie schon begriffen. Sie verbalisierten Gedanken und Gefühle, die ich aus meinen Schülern niemals hätte rauskitzeln können. Ich fragte mich, ob ein Teil dieser Kraft von einem Gemeinschaftsgefühl rührte, in dem jeder genügend Sicherheit bekam, sich mitzuteilen, in dem niemand gehänselt wurde, weil er eine tibetanische Glocke spielte oder sich eine Denkpause nahm. Ich dachte sogar, dass es auch in Großbritannien funktionieren könnte, wenn man nur früh genug damit anfing. Im Sitzkreis der School 21 hatte ich etwas Ähnliches erlebt. Der Psychologe Oliver James, Autor von *Affluenza* und Experte für Depression, erzählte mir einst, dass alle Teenager sechzehn Stunden Psychotherapie bekommen sollten, ehe sie ihren Schulabschluss machen. Bei einer Wochenstunde und unzähligen kleinen Momenten über zehn Jahre lang, bekamen diese Kinder hier wesentlich mehr. Die Gruppe kam zum Ende mit einer »Welle der Dankbarkeit«, bei der jedes Kind per Flüsterpost dem Nachbarn einen »wunderbaren Übergang« in die Pause wünschte, und ich machte mich auf die Suche nach Ms Goldstein.

»Beziehungen sind so zentral«, erklärte sie. »Dankbarkeit verstärkt eine Beziehung. Sie stärkt diesen Geist. Von da aus wächst es.« Ms Goldstein strahlte Güte aus. Sie gab sich nicht damit zufrieden, morgens Fitnessunterricht zu geben und eine Magnet Schule zu leiten, sie engagierte sich auch, um die Welt besser zu machen. Ehe sie Schuldirektorin wurde, hatte Goldstein jahrelang die gefährdetsten Kinder als Schulsozialarbeiterin unterstützt. Vom Fahrersitz ihres SUVs aus hatte sie mir auf der Fahrt vom Spinning-Kurs zur Schule ihre Theorie erklärt, dass Persönlichkeitsbildung im Kern vom tagtäglichen Verhalten der Lehrer abhängt. »Die Kinder lieben einen. Sie wissen, dass man an sie glaubt. Sie begreifen das durch Taten und Worte«, führte sie aus. Auch wenn ernsthafte Wissenschaft dahintersteckt, das macht es auch schwieriger, etwas zu riskieren, denn dafür müssen Kinder in ihrer Schulumgebung ein echtes Gefühl der Sicherheit erfahren. »Dadurch wagen sie es auch, Risiken einzugehen.«

Für Goldstein war ein gutes, sicheres Gefühl die Voraussetzung für gute Leistung. Ihr Ansatz gründete auf der Arbeit von Norman Gramerzy und Michael Meaney, über die wir an Pen Green gehört hatten und die viel geleistet hatten, um die Auswirkungen von Armut und Trauma auf das Gehirn von Säuglingen aufzuzeigen. Es *fühlte* sich aber nicht wissenschaftlich an, sondern freudig. Schüler gingen – hüpften! – jeden Morgen strahlend in die Schule. Ms Goldstein begrüßte sie mit einem herzlichen Lächeln und freundlichen Worten. Sie nahmen an ihren wöchentlichen Meditationsstunden teil und hielten während des regulären Unterrichts inne für Momente der Achtsamkeit. Der Gemeinschaftssinn war greifbar. Die Schule stellte Menschen an die erste Stelle. Jeder *gehörte dazu*. Und zu alledem erbrachten die Schüler auch noch gute Leistungen – nicht so gute wie KIPP, aber durchschnittlich waren sie doppelt so gut in Lesen, Schreiben und Rechnen, wie von ihnen erwartet.

Wie sich die Schule auf das Wohlbefinden der Schüler auswirkte, erinnerte mich an eine Geschichte über Island. Vor zwanzig Jahren war der Drogenmissbrauch von Teenagern mit der höchste in ganz Europa, weil die Heranwachsenden unzufrieden waren. Aber statt die Problemkids zu disziplinieren, wählte die Regierung einen anderen Weg. Ausgehend von der Erkenntnis eines in Reykjavik lebenden amerikanischen Psychologieprofessors, dass Sucht häufig auf eine natürliche Reaktion auf Stress und das Streben nach einem Hochgefühl zurückzuführen sei, entwickelten sie ein »Schutzprogramm«. Es wurde dafür gesorgt, dass die isländischen Kinder natürliches Hochgefühl in kostenlosen Tanz-, Musik-, Kunst- und Sportkursen erleben konnten, statt ein Hoch durch Alkohol, Zigaretten oder Narkotika. Heute führen isländische Jugendliche das cleanste Leben in ganz Europa. »Vom isländischen Modell könnte das Wohlbefinden von Millionen von Kindern und Jugendlichen profitieren«, betonte der Bericht.[23] Statt also jeden Einzelnen mit Coaching gegen die Welt zu wappnen, verändert man die Umwelt so, dass man für jeden das Beste daraus ziehen kann. Ms Goldstein und ihr Team hatten diese Kultur an ihrer Schule gegen die vorherrschenden Ansichten im Bildungssystem der USA geschaffen.

Bei Breakthrough beziehen die Kinder ihr Glücksgefühl aus dem Gemeinschaftsethos *vor* ihrem Erfolg. Ist es das, was wir für die Zukunft mitnehmen sollten?

Meine letzte Handlung an Breakthrough Magnet war die Teilnahme an der Schulversammlung. Zuvor hatte ich zum zweiten Mal um 5.30 Uhr den morgendlichen Fitness-Drill mitgemacht. Während ich mich schwitzend am Stepper abmühte, halbherzige Hampelmann-Sprünge absolvierte und bei den Liegestützen versagte, dachte ich an Angela Duckworth und Will Smith. Doch, ich *konnte* beim Durchhalten geschlagen werden. Ich war *nicht* bereit, auf einem Laufband tot umzufallen. War das in Ordnung? Breakthrough stellte Erfolg ja auch nicht an erste Stelle. Es ging Breakthrough nicht darum, Helden der Selbstdisziplin zu produzieren, wie in Südkorea und vermutlich auch bei KIPP, sondern darum, dass die Kids sich gut mit sich selbst und sicher in ihrer Gemeinschaft fühlen. Letzte Woche hatten sie spontan einem der Lehrer eine Karte mit dreißig Origamiherzen gebastelt, als dieser fehlte, weil er seinen kranken Bruder besuchte. Das zeigte Dankbarkeit und Liebe. Bei der Schulversammlung wurden die Klassen-BRICKs gefeiert, und die ganze Schule nahm sich unter Marielas Führung einen Achtsamkeitsmoment, ehe das Cheerleader-Team zu den Klängen von Calvin Harris' *Let's Go* auf die Bühne sprang, und 300 Schüler, Erwachsene und Besucher fielen in die Tanz-Choreografie ein.

Die Schüler hier lernen, wie sie glückliche, achtsame Mitglieder einer Gemeinschaft sein können. Wenn die Welt von morgen uns mit Stress, Isolation und Armut droht, ist es dann nicht richtig, Wohlergehen über Leistung zu stellen? Diese Frage wollte ich Angela Duckworth stellen.

Wir müssen alle sterben

»Wir. Müssen. Alle. Sterben«, sagte Donald Kamentz verschwörerisch und beugte sich auf seinem Stuhl nach vorne. Wir saßen an einem Konferenztisch im Positive Psychology Center der University of Pennsylvania. Zu dem Center gehörte auch das Character Lab, das von Angela Duckworth, Dave Levin und Dominic Randolph, dem Direktor einer Privatschule, errichtet wurde, um Forschung und Versuche zu fördern, die die Persönlichkeit wieder ins Zentrum des Lernens rückten. Donald war der Geschäftsführer und hatte das gepflegte Äußere und die freundliche Art vieler der neuen Männer im Bildungsbereich. Emily, Chad und Sean machten die Gruppe vollständig, alle Experten in Kinderpsychologie und Schulwesen. »Wir müssen alle sterben!«, sagten sie im Chor. Das Geplänkel der Gruppe ging weiter, es war offensichtlich, dass sie gerne zusammenarbeiteten. »Genau das würde Angela sagen, wenn sie hier wäre. ›Wir müssen alle sterben. Willst du nicht etwas geschafft haben, bevor es so weit ist?‹«

Einige Wochen später erklärte Duckworth mir in einem

Videoanruf, dass ihr Ziel war, die Welt zu verändern. Das begann an der Schule.

»Ich habe mit sehr armen Kindern gearbeitet«, setzte sie an und strahlte viel mehr Spaß aus, als ich es von der Meisterin des Mumms erwartet hätte. »Meine drängendste Frage war, wie wir sie dazu bekommen, besser und mehr in der Schule zu arbeiten.« Nicht, weil sie nicht daran glaubte, dass Neugierde und Dankbarkeit wichtig sind, erklärte sie, sondern »weil das Leistungsgefälle immer größer wird«. Menschen sind enorm komplex. »*Ich* habe keine Lösung«, sagte sie mir, »und ich glaube nicht, dass irgendjemand *die* Lösung hat«. Aber sie ist der Meinung, dass wir unseren Fokus bündeln müssen, wenn wir die einzelnen Charaktereigenschaften herausarbeiten und verstehen wollen, wie wir diese bei Kindern fördern können. In *Grit (Mumm)* sprach sie sich dafür aus, Kinder auf der Suche nach Leidenschaft und Sinnhaftigkeit zu unterstützen; Durchhaltevermögen würde dann von selbst kommen. »Man muss ein übergeordnetes Ziel haben, das einem wichtiger ist als jedes andere Ziel«, erklärte sie. Sie sprach davon, wie wichtig eine starke Liebe sei. Das habe universelle Gültigkeit – für ihre eigenen Töchter ebenso wie für ihre Alphabet City-Schüler. Das Streben nach Leistung und vor allem Güte werde dadurch betont.

Die Welt funktioniert nach dem Motto »fressen oder gefressen werden«. Müssen wir unsere Kinder auf die kommende Welt vorbereiten oder auf die, die wir sehen wollen? Duckworth hielt beides für wichtig. »Ich will ihnen Analysis beibringen«, sagte sie über ihre Töchter im Teenageralter, »und ich will, dass sie einen schönen Aufsatz schreiben und die Evolutionstheorie verstehen können.« Zugleich wollte sie, dass sie sich zu guten Menschen entwickeln. »Ich hoffe, sie werden ehrliche, freundliche, dankbare und kreative Menschen mit Selbstkontrolle.«

Das fühlte sich wie ein edles, fürsorgliches Ziel an, klang aber auch ein wenig abgedroschen. Ihre große Hoffnung war, dass Schulen mithilfe des Character Labs diese Stärken bei Kindern besser fördern konnten. Das System begünstigte traditionelle akademische Messbarkeit, wie ich es an der Walworth erlebt hatte. Aber Duckworth wusste, dass Lehrer jeden Tag zur Schule gingen, um Kinder ganzheitlich zu fördern, und nicht, um sie durch Prüfungen zu schleusen. Sie setzte sich dafür ein, diesen Lehrern die psychologischen Grundlagen zur Verfügung zu stellen, um die Persönlichkeit wieder auf eine Ebene mit akademischen Leistungen zu bringen.

»Jeder Lehrer versucht wohl irgendwie, seine Schüler zu ehrlichen, fleißigen und freundlichen Menschen zu erziehen«, sagte sie. »Was fehlt, ist der bewusste Plan, das Wissen, welche Methoden besser funktionieren als andere. Genau dazu will ich persönlich beitragen.« Daher also das Lab. Psychologen wissen viel über den Geist. Sie haben erprobte Methoden und Programme entwickelt, von der WOOP-Methode für Zielsetzung (man formuliert dazu seinen Wunsch – *wish* –, Ergebnis – *outcome* –, Hindernis – *obstacle* – und Plan – *plan* –) bis hin zu einfachen Online-Interventionen, mit denen der Glaube eines Kindes an sich selbst gestärkt werden kann. Und diese Methoden funktionieren auch. David Yeager an Stanford hatte den Notendurchschnitt von gefährdeten Highschool-Schülern verbessert, indem er ihnen Online-Artikel über die Formbarkeit des Gehirns gezeigt hatte.[24] Allzu oft aber kennen Lehrer diese einfachen Methoden gar nicht. Und umgekehrt wissen Psychologen wenig von den Erkenntnissen eines Lehrers.

»Ich kann mich nicht erinnern, dass mich je ein Psychologe kontaktiert und gesagt hätte, ›Hallo, ich würde gerne mit erfahrenen Lehrern darüber sprechen, was sie über dieses Problem denken‹«, gab Duckworth zu bedenken.

»Nach meiner Erfahrung haben Lehrer großartigen Einblick in den Geist und das Seelenleben ihrer Schüler.« Im Lab stimmte Kamentz dem zu. »Wir wissen alle, dass die nichtakademischen, nichtkognitiven Elemente, die Persönlichkeit für langfristigen Erfolg mindestens ebenso entscheidend sind«, sagte er. Er war zwanzig Jahre lang Lehrer und Beratungslehrer gewesen und hatte vieles auf die harte Tour lernen müssen. Aber nun hatte er die Wissenschaft gesehen, und die hatte ihm die Augen geöffnet. *Der Marshmallow-Test von Walter Mischel! Carol Dwecks Theorien zum Selbstbild! Die Forschung von Daniel Pink!*[25] Diese Methoden könnten den Unterricht enorm aufwerten. Die Kluft zwischen Wissenschaft und Schule zu überbrücken ist ein wesentlicher Bestandteil. Ärzte machen es ja auch so. Forschung und Praxis geschehen Seite an Seite. Die Grenzen der Wissenschaft werden in den vier Wänden des Krankenhauses erweitert. Wenn es also für körperliche Gesundheit funktioniert, könnte es nicht auch für seelische Gesundheit funktionieren? KIPP und Breakthrough Magnet nutzen bereits sehr erfolgreich Methoden der kognitiven Verhaltenstherapie.

Noch immer war mir das zu stark auf Leistung ausgerichtet, die nach Fitness, Diät und Arbeit klang. Ich befragte die anderen Mitglieder des Character Labs, dass es doch anstrengend für sie sein müsse, ständig nach Höherem zu streben, sich immer vollkommen bewusst zu sein, dass jede ihrer Charaktereigenschaften formbar war und gefördert werden konnte. Bedeutete das nicht, dass man sich ständig selbst geißelte? War es überhaupt noch möglich, einfach *Spaß* zu haben? Konnten wir das Kindern noch erlauben? Man kann, wie ich meine, keine Welt errichten, in der wir nicht nur von allen Kindern erwarten, dass sie akademische Glanzleistungen vollbringen, sondern auch noch Kandidaten für Militärakademien wie West Point sind. Wir sind doch keine Spartaner.

»Ob es mir auf den Senkel geht, ständig mit einer Schar von Psychologen zu arbeiten?«, lachte Chad und stachelte so alle anderen an. *Richtig!* Das Team hatte Spaß. Aber sie dachten auch ernsthaft über die Frage nach.

»Ist man grundsätzlich dafür verantwortlich, wer man ist?«, fuhr er fort. Das war die Frage. Die Kritiker von Grit betrachten es als Dogma, sich an den eigenen Haaren aus dem Schlamassel ziehen zu müssen. »Du hast Kontrolle über das, was du tust. Hilf dir selbst.« Aber das ist falsch. Das Lab ist sehr einfühlsam in seiner Arbeit. »Bei unseren Interventionen wird immer berücksichtigt, dass Menschen unterschiedlich sind und es unterschiedliche Begleitumstände gibt.« Chad sah das an seiner eigenen Persönlichkeit. »Es gibt Bereiche in meinem Leben, in denen ich vor Mumm nur so strotze, und andere, wo das überhaupt nicht so ist.« Es ist noch längst nicht klar, ob man Eigenschaften von einem Lebensbereich in einen anderen übertragen kann. Zum Beispiel, wenn man beim Fußballtraining immer dranbleibt, beim Joggen um den Park aber aufgibt. Die Wissenschaftler des Labs untersuchten diese Frage gerade. Die Geheimnisse des Geistes – der Persönlichkeit – zu erkennen mag noch in weiter Ferne liegen, aber wir machen Fortschritte. Wir wissen irgendwie, dass die Kinder, die das Marshmallow im Test nahmen, nicht *versagt haben.* Sie reagierten einfach auf die Umwelt, in der sie aufgewachsen waren. In manchen Fällen ist es *tatsächlich* besser, das zu nehmen, was man kriegen kann, solange man die Möglichkeit dazu hat.* Ob-

* Die Reaktion auf die Umwelt ist besonders augenfällig bei den unterschiedlichen Ergebnissen von Mädchen und Jungen in der Schule und im Leben. Bei der Recherche für dieses Buch interviewte ich Laura Bates, deren hervorragender Blog *Everyday Sexism* (dt. alltäglicher Sexismus) Beispiele von Frauenfeindlichkeit schildert, mit denen Frauen tagtäglich zu tun haben. (Ihr Buch *Girl Up* ist ein Ratgeber darüber, was wir dagegen tun können.) Ihre Arbeit zeigt,

wohl Duckworth es für das Beste hielt, ihnen mit einer gewissen Härte zu begegnen und ihnen dadurch Selbstkontrolle beizubringen, glaubte sie auch, dass sie mit Liebe »glücklicher sein werden und vor allem einen größeren Beitrag zu unserer Welt leisten«.

Das Leben ist kein Ponyhof

»Ihr denkt wohl, uns macht das Spaß«, sagte Jeff Li am KIPP Infinity, während eine Instrumentalversion von »Boulevard of Broken Dreams« beruhigend auf seinem Laptop dudelte. Es war mein letzter Tag an der Schule, und Mathe in der achten Klasse hatte mit einer Strafpredigt begonnen, nachdem eine Gruppe von Schülern während der Lesezeit zum Nachsitzen verdonnert worden waren. Das jugendliche Gefühl der Ungerechtigkeit brodelte in ihnen. Aber den Lehrern machte das keineswegs Spaß, erklärte Mr Li. Jedenfalls nicht besonders. »Wir versuchen euch nicht als die sehen, die ihr jetzt seid,

---

dass Mädchen selbst in Schulen nicht sicher vor sexualisiertem Mobbing und Beschimpfungen sind. 75 Prozent der Jugendlichen von 16 bis 18 haben nach eigenen Angaben gehört, wie Mädchen in der Schule »Schlampe« oder »Tussi« genannt wurden, und 60 Prozent aller junger Frauen zwischen 13 und 21 gaben an, dass sie im Jahr zuvor an Schule oder Universität Belästigungen erlebt haben. In Kombination mit Belegen, dass Mädchen im Allgemeinen in allen Stufen des Bildungssystems bessere Leistungen erbringen als Jungen und dennoch später bei Gehalt und Führungspositionen ins Hintertreffen geraten, zeichnet das ein besorgniserregendes Bild. Könnte es sein, dass die Umwelt, die von Mädchen Perfektion und Gewissenhaftigkeit verlangt und sie für jeden Verstoß mit Mobbing bestraft, sie sowohl zu besseren Noten beflügelt, als auch auf subtile Weise ihr Selbstvertrauen aushöhlt? Dieses Thema muss in Buchlänge behandelt werden, und glücklicherweise hat Laura Bates zwei geschrieben. Lesen Sie sie, sie werden Ihr Leben verändern. (Laura Bates, *Everyday Sexism*, London, Simon & Schuster, 2014; *Girl Up*, London, Simon & Schuster, 2016.)

sondern als die, die ihr in zehn oder zwanzig Jahren sein werdet. Wenn ihr also eure Wahlpflichtlektüre nicht fertig bekommt, macht uns das Sorgen.« Er deutete auf ein Bild mit 100 Senatoren der USA, zwei für jeden Bundesstaat.

»Wie viele von ihnen sehen aus wie ihr?«, fragte er.

Die Achtklässler schauten sich gegenseitig an. »Zwanzig«, lautete die erste Schätzung. »Achtzehn.« »Fünfzehn.« »Dreizehn.«

»Zehn«, antwortete Mr Li und ließ den Blick langsam von Schüler zu Schüler wandern. »Und das ist bislang Beststand.«

Er machte eine Kunstpause und betonte danach jedes Wort genau: »Was wir sehen, wenn ihr eure Hausaufgaben nicht macht, ist eine Fortsetzung dieses Problems.« In der Klasse war es totenstill.

»In Stanford könnte es jeder von euch mit meinen Kommilitonen aufnehmen.« Das meinte er ernst. Aber es war schwierig. Er deutete nach hinten zum Lesezimmer und der Lehrerin, die ihnen Nachsitzen aufgebrummt hatte.

»Sie hat das getan, weil sie euch so mag. Es tut ihr im Herzen weh, wenn ihr eure Zukunft einfach gegen die Wand fahrt.«

Isaiah meldete sich zaghaft.

»Ihr Traum zerbricht dabei ein wenig«, sagte er. Mr Li nickte.

So also ging Der Klub der toten Dichter.

»Wenn euch das sinnvoll erscheint, gebt euch selbst ein kleines Versprechen«, sagte Mr Li. Er sprach nun schon seit einer Viertelstunde. »Sucht euch eine Sache, die ihr besser machen könnt. Am Ende der Stunde schaut ihr dann, ob es euch gelungen ist.«

Am Tag zuvor war ich gespannt hinten in Ms Fascillas fünfter Klasse gesessen, während die kleinen Rechenkünstler Brüche meisterten. Mit ihrer strengen und unmissverständlichen Art erwartete sie vollen Einsatz von den Schülern. »Gut nachdenken«, drängte sie. »Was fällt euch auf? Was noch? Noch etwas?« Das war hart – und zugleich großartig. Die Schülerantworten wurden als falsch betrachtet, wenn sie nicht *ganz genau* richtig waren. Sämtliche Aktionen fanden als genau kontrollierte Routinen statt. Für die Partnerarbeit hatten die Schüler *exakt* zwei Minuten Zeit. Wenn Schüler sich meldeten, meldeten sich *alle* Schüler. Während die Kinder in Einzelarbeit Aufgaben lösten, ertönte im Hintergrund Musik von John Williams oder Chopin. Nur an der Wanhangdu Road Grundschule in Schanghai hatte ich ähnlich hohen Anspruch beobachtet. So katapultierte man also Schüler doppelt so schnell als der Durchschnitt von der Mathematik der dritten Klasse zum gymnasialen Algebra – durch Selbstkontrolle, Fügsamkeit und viel genaues Nachdenken. In ihrem Unterricht machten die Kinder in einem Jahr so viele Fortschritte wie normalerweise in zwei bis drei Jahren. Das mussten sie auch, wenn sie in den vier Jahren Middle School vom Drittklassniveau bis zum Niveau von Algebra in der Highschool kommen wollten.

Aber wenn sie einmal in die achte Klasse kamen, hatte sich die Atmosphäre verändert. Man konnte von den Schülern nicht mehr verlangen, sich gedankenlos zu fügen, und das wäre auch nicht gut für ihre Zukunft. Ich hatte immer gedacht, die Kehrseite der Selbstkontrolle – das dunkle Geheimnis der ganzen Zwei-Marshmallow-Meister – sei die Gefahr, im Extremfall fügsame, artige Arbeiterdrohnen zu erhalten. Ju-Ho Lee machte sich aus diesem Grund Sorgen um die Zukunft Südkoreas. Aber wenn man hinter die Sprüche an den Wänden blickte, konnte man sehen, dass es nicht die Persönlichkeit war, die man an der Infinity bildete. Es fühlte sich politisch an. Was da geschaffen wurde, war Solidarität.

Mr Li unterrichtete die Achtklässler, Dreizehnjährige, die bald zur Highschool gehen würden.

»Wir versuchen, unsere Schüler davon zu überzeugen, aufs College zu gehen«, erklärte er nach dem Unterricht, »wir könnten also sagen, ›He, geh aufs College, das ist gut für dich und für deine Familie. Du bekommst einen besseren Job und es macht echt Spaß.‹« Das funktioniert bei den jüngsten Schülern, aber wenn sie erst in die Pubertät kommen, muss Mr Li »den Zugang ändern«, warum sie zur Schule gehen sollten. Es ging nicht mehr darum, dass sie das Richtige tun, sondern sie mussten aufgestachelt werden und sich organisieren, Zweiflern das Gegenteil beweisen. Ein wenig Rebellion ist hilfreich, wenn man die niedrigen Erwartungen übertreffen will, die die Gesellschaft an einen hat. Li und KIPP wollen, dass ihre Schüler lernen, die Verantwortung für ihre Zukunft selbst in die Hand zu nehmen. Wie ich in Finnland lernte, geht das nur durch Erfahrung. Schulleiterin Holley erklärte mir, dass die Schule vor Kurzem beschlossen hatte, Fügsamkeit bei den Schülern nicht mehr so vehement einzufordern wie zu Beginn. Man wolle mehr Freude, mehr Persönlichkeit sehen und das bedeutete, dass man ihnen mehr Freiheit geben musste.

»In vielen Klassen«, so Mr Li, »kommt es einem vor, als bestünde die Aufgabe des Lehrers darin, einen Konflikt mit ein paar Ninja-Bewegungen zu gewinnen.« Zusammenfassend äußerte er die Ansicht, dass das kurzfristig funktionierte, man damit aber den Schülern nicht dabei half, ihre eigene Motivation aufzubauen. Es handelte sich um einen inhärent beschränkten Ansatz. »Wenn man wirklich das Engagement eines Schülers hervorholen will«, argumentierte er, »muss man ihn ans Steuer lassen, dafür sorgen, dass die Handlungsmacht bei ihm liegt.« Es ist eine große Sache, ihnen beim Verstehen dieser Handlungsfähigkeit zu helfen. Das konnte ich überall an KIPP Infinity sehen.

»Ich will Ihnen ein paar Daten dazu zu geben«, bot er

an. »Letztes Jahr hatten wir eine Gruppe von Kindern, von denen rund 25 Prozent IEPs hatten (Individual Educational Plans sind Lernpläne für Schüler mit besonderem Förderbedarf). Und über 90 Prozent unserer Schüler hatten Anspruch auf kostenfreies oder -reduziertes Schulmittagessen.« Das waren die Indikatoren für die größten Herausforderungen. Die Schüler auf die KIPP Infinity gehörten zu den ärmsten im ganzen Land. Doch während nur 6 Prozent der Schüler bei den New York State's Common Core-Mathetests für die achte Klasse die Noten sehr gut oder gut erhielten, und 81 Prozent von ihnen aus den wohlhabendsten Gegenden wie Scarsdale in Westchester stammten, waren es hier *92 Prozent*. Ich bezweifle, dass es irgendwo in der Welt eine Schule gibt, an der die Schüler innerhalb von vier Jahren mehr Mathe lernen. Doch Jeff führte das nicht nur auf die Zauberei im Matheunterricht zurück.

»Ja, ich unterrichte Mathe«, erklärte er. »Ich halte mich sehr genau an die Standards und bin streng. Aber ich gebe mir viel Mühe, die Energie der Schüler durch ihren Geist und ihren Charakter freizusetzen.« Er war Gruppenleiter im Character Lab, und nach seinen Schätzungen flossen etwa 75 Prozent seines Engagements in das Coaching der Schüler zu ihrer inneren Haltung. Seine Vorträge machten dabei viel aus. Sie waren legendär. Er wollte, dass sich die Schüler über ihre Entscheidungen und deren Folgen bewusst waren. An der Wand des Klassenzimmers erinnerten ihn zwei gerahmte Nike-Trikots, dass »Talent nicht genug ist« und dass man trainieren sollte. Aber mein Blick fiel auf ein Banner mit dem Appell: »Beweise den Zweiflern das Gegenteil«. Das war sein Mantra. Es war zentral für seiner Methode. Seine Aufgabe fasste er folgendermaßen zusammen: »Wie überzeugt man eine große Gruppe Menschen, etwas zu tun, das sie sonst nicht tun würden?« Persönlichkeitsbildung war die Antwort.

Während ich zusah, wie seine Klasse simultan Gleichungen im Eiltempo löste, um den besten Handy-Tarif zu ermitteln – er war zwar auf dem neuesten Stand, aber nicht in einer Welt des unbegrenzten Datenvolumens –, dachte ich nach. Man könnte bei dem starken Fokus auf Selbstkontrolle und Mumm recht einfach kritisieren, dass diese Kinder gehorsame Arbeiter werden mussten, die sich mit ihrem ganzen Mumm sämtlichen Hürden stellen würden, die ihnen das 21. Jahrhundert in den Weg legen könnte. Diese Kritik war verlockend – aber falsch. Die KIPPster hier waren keine kleinen Gordon Gekkos oder Jane Fondas. Sie waren freundlich und fürsorglich. Ein echtes Team, eine Familie. Später sah ich, wie Mr Lis Schüler ihre Freizeit opferten, um anderen zu helfen – im Rahmen eines von ihm konzipierten Schüler-helfen-Schülern-Programms.

Die Theorie, dass wir uns mit der Woop-Methode an die Spitze katapultieren können, ist offenbar aus dem Szientismus heraus entstanden und gewährt nur einen eingeschränkten Blick darauf, wer wir als Lernwillige sind. Mit ihr geht das Risiko einher, dass wir uns den Kräften geschlagen geben, die unsere Welt geformt und die die Armut verursacht haben, der diese Kinder entrinnen wollen. In Reinform könnte diese Ethik ein Bildungssystem wie das koreanische hervorbringen, das zwar äußerst erfolgreich ist, bei den Schülern jedoch versteckte Narben hinterlässt. Wie können Kinder ihre Leidenschaft entdecken, wenn sie in einem endlosen Wettkampf feststecken? Als letzte Station meiner Tour wollte ich nach Hongkong reisen, um zu erkunden, wie Kinder lernen können, eine bessere und fürsorglichere Welt zu gestalten, in der es diesen Wettkampf nicht mehr gab. Denn momentan bedeutet sich engagieren, sie für den Erfolg in dieser Welt vorzubereiten und ihre Hoffnung anzufachen, gemeinsam eine bessere Welt zu schaffen. Selbstkontrolle und Mumm *kann* man unterrichten. Lehrer können zwar die Situation ihrer Schüler nicht verbessern, aber sie können verändern, wie sich die Welt auf sie auswirkt, die Architektur ihres Gehirns neu gestalten und ihnen Strategien zur Bewältigung mit auf den Weg geben.

Die Straße zum Erfolg ist gepflastert mit den Leichen derer, die es nicht geschafft haben. Der Weg zum Glück ist flankiert von Freunden, die einen anfeuern. Ich dachte an Julie Goldstein und den Women's March. Ich dachte an Angela Duckworths strenge Liebe. Natürlich kann man beides haben. Man kann dem Teil von Sarah Connor aus dem Film *Terminator* nacheifern, bei dem Körper und Geist fein abgestimmt für das ewige Leben sind. Oder man kann der Teil Sarah Connor sein, der getrieben ist von Liebe und Menschlichkeit. Letztlich ist es eine Frage der Werte. Wir haben nicht alle dieselben Werte, aber wir müssen dafür sorgen, dass unsere Taten – und die unserer Schüler – zu den Werten passen, die uns wichtig sind. Jeff Li hatte mir erzählt, dass »Kinder noch nie besonders gut darin waren, auf ihre Eltern zu hören. Aber sie haben es sich nie entgehen lassen, sie nachzuahmen.« James Baldwin hatte das gesagt. Darum konnte man Persönlichkeit auch nicht aus Lehrbüchern unterrichten. Man musste sie leben.

An der Wand hing ein Hattori-Hanzō-Schwert, eine Anspielung auf *Kill Bill* und ein visueller Anker für die Schüler bei ihrer Vorbereitung auf verschiedene Prüfungen. Darunter stand in einer Vitrine eine verbeulte Kirkland Mineralwasserflasche.

Neun Jahre zuvor hatte Mr Li mit seinen Schülern eine Abschlussfahrt nach Kalifornien unternommen. Damals trugen KIPPsters noch keine personalisierten Wasserflaschen mit sich herum wie heute, sondern kauften Wasser in Plastikflaschen für ihr Mittagessen. Die Lehrer hielten die Kids dazu an, die leeren Flaschen zu behalten und immer wieder aufzufüllen, aber natürlich artete das in Chaos aus. Der Bus wurde zugemüllt mit Plastik. Picknick-Plätze glichen nach einem Mittagessen einem Recyclinghof. Niemand konnte mehr sagen, welche Flasche wem gehörte. Als es immer weiter drunter und drüber ging, setzte Mr Li zu einem seiner Vorträge an. Er sprach über Verantwortung, Gemeinschaft und Integrität. Und er sagte den Schülern, dass sie, wenn sie diese Werte wirklich verinnerlichen konnten, es schaffen würden, ihre Flasche die ganze Reise über bis zur Heimfahrt bei sich zu behalten. Er gab ihnen ein absurdes Versprechen: Sollte es jemand schaffen, ihm seine Wasserflasche nach dem Collegeabschluss vorbeizubringen – das war für die meisten von ihnen noch zehn Jahre entfernt – würde er diesen Schüler persönlich in einem vornehmen Restaurant seiner Wahl zum Essen einladen.

Letztes Jahr erhielt er einen Telefonanruf. Tiara war gerade mit dem College fertig, und sie hatte das Versprechen nicht vergessen. Beim Essen übergab sie Mr Li ihre verbeulte Wasserflasche. Das war Mumm. Aber es fühlte sich auch sehr nach Liebe an.

9 Kontrolle der Gedanken

… denn sie wissen, was sie tun

Es zeichnet einen gebildeten Geist aus, dass er einen Gedanken hegen kann, ohne ihn anzunehmen.
Aristoteles

Du nennst es Bildung, ich nenne es Rebellion[1]

Im Mai 2011, während andere Schüler heimlich Computerspiele spielten statt ihre Hausaufgaben zu erledigen, machte sich in Hongkong ein höflicher, charakterfester, fleißiger[2] Teenager namens Joshua Wong daran, eine Bewegung auf die Beine zu stellen, um gegen die Kommunistische Partei Chinas anzutreten. Der Legislativrat der Sonderverwaltungszone Hongkong hatte gerade angekündigt, dass alle ihre Schüler nach einem neuen Lehrplan »Moralische und Nationale Bildung« lernen sollten, in dem Demokratie kritisiert wurde, wodurch »positive Werte und Einstellungen« bei den Schülern angelegt und die Kommunistische Partei als eine »progressive, selbstlose und vereinte Organisation« gelobt werden sollte.[3] Wong erkannte, worum es sich dabei eigentlich handelte – einen Plan Pekings, junge Menschen auf den neuen Chinesischen Traum einzuschwören. Getrieben von einem rechtmäßigen Ungerechtigkeitsgefühl, tat er sich mit seinem Mitschüler Ivan Lam zusammen und rief »Scholarism« ins Leben, eine Online-Aktivistengruppe mit einem einzigen Ziel: diesen Gehirnwäsche-Lehrplan zu stoppen. Wong war erst vierzehn Jahre alt.

»Es gab keine dramatische Szene«, sagte er, als wir uns in einem Billig-Café in Hongkongs Finanzzentrum trafen.* Ich hatte ihn gefragt, wie alles begonnen hatte. Nachdem Scholarism eine Revolution angefacht hatte, war Wong zum berüchtigtsten Sohn der ganzen Sonderverwaltungszone geworden. Sein Leben war nun bestimmt von Presse-Interviews, politischen Konferenzen und Gerichtsterminen. Und er hatte es verständlicherweise satt, den Mythos um seine Person weiter zu nähren. Die internationalen Medien hatten seine Geschichte zu einer Kassenschlagerversion von David und Goliath dramatisiert und den jungen Aktivisten gegen seinen Willen als Ikone des globalen Widerstands besetzt. »Der Junge, der es mit einem ganzen Imperium aufnahm!« *Teenager gegen Supermacht!*[4] Die Gründe waren offensichtlich. Mit seiner schmächtigen Gestalt, seinem Topfschnitt und der schwarzgerahmten Brille war Wong das Gegenteil eines Alphamännchens. Passend zu seiner Rolle war er bemüht, den Start von Scholarism herunterzuspielen. »Ich habe nur eine Facebook-Seite erstellt«, beharrte er.

Monatelang nahm niemand die jungen Protestierenden ernst. Die Menschen in Hongkong sind Geschäftsleute, und ihr aufreibender Aufstieg in die höchsten Gefilde der Bildung, erstklassigen Wirtschaftsstudiengängen und sehr lukrativen Karrieren lässt ihnen keine Zeit für Politik.

---

* Etwas übervorsichtig hatte ich Wong erst direkt kontaktiert, nachdem ich die Grenze nach China überquert hatte, aus Angst, meine E-Mail würde von Parteifunktionären abgefangen, und ich dürfte nicht einreisen. Als ich dasaß und auf mein erstes Treffen mit Wong wartete, das er letztlich absagte, war ich überzeugt davon, dass die beiden anderen Männer im Café Geheimagenten waren, die jede meiner Bewegungen beobachten sollten.

Wong kannte das schon. Als er einmal eine Grundschullehrerin gefragt hatte, wie er am besten einen Beitrag zur Gesellschaft leisten könne, empfahl diese ihm, sich eine Stelle bei einem multinationalen Unternehmen zu suchen. »Wenn du dann reich bist«, erklärte sie, »kannst du mit Spenden die Armen unterstützen.« Zu seinem Lernstoff gehörten die üblichen Verdächtigen von »Kreditwesen, Marktsegementierung«, bis hin zu »wie man Gewinn schätzt«. Außerhalb des Unterrichts beschäftigte er sich, wie die meisten anderen Teenager, »mit Computerspielen«.[5] Aktivismus war nicht geplant gewesen. Aber er hatte seine PlayStation weggeräumt und war drangeblieben.

Sein Durchhaltevermögen zahlte sich aus. Einige Monate nachdem die Seite online war, organisierte Wong eine Petition und überzeugte 200 junge freiwillige Helfer, zu den verschiedenen U-Bahnstationen, Plätzen und überdachten Fußgängerzonen Hongkongs auszuschwärmen und Unterschriften zu sammeln. Mit schwarzen Bannern, auf denen ein Gehirn in einer chinesischen Fahne eingewickelt zu sehen war, und mit Sprechgesängen »Verteidigt die Freiheit der Gedanken! Stellt euch gegen Gehirnwäsche in der Bildung!« überzeugten die Jugendlichen 100 000 Menschen zu unterschreiben. Internationale Medien witterten in der Arbeit der jungen Aktivisten von Scholarism eine Parallele zum arabischen Frühling, und strömten herbei. Wong wurde im nationalen und globalen Fernsehen vor Dutzenden Mikrofonen interviewt. Resolut und ein wenig unbeholfen glänzte der bescheidene Wong, und das sahen sich später Millionen auf YouTube an. Politische Parteien stellten sich nach und nach auf die Seite der Schüler und riefen gemeinsam dazu auf, den neuen Lehrplan abzulehnen. Die Regierung aber blieb ungerührt.

Im nachfolgenden Frühling nahm die Sache erneut

Schwung auf, als der Tycoon C.Y. Leung mit Rückhalt der CCP zum Chief Executive von Hongkong gewählt wurde. Seine Wahl durch ein Wahlgremium von 1200 Menschen illustrierte die undemokratischen Praktiken in der Sonderverwaltungszone und fachten erneut Proteste an. Als Leung dann einen friedlichen Protestmarsch ignorierte und Wongs Bemühungen in einem Fernsehinterview abqualifizierte, entschlossen sich die Anführer des Scholarism zu direkten Aktionen. Im September desselben Jahres, einen Monat nach den Olympischen Spielen in London und vier Tage bevor das Fach Moralische Erziehung in den Schulen Hongkongs eingeführt werden sollte, besetzten einige Dutzend junge Aktivisten den Platz vor dem Regierungsgebäude und schlugen Zelte auf dem Beton auf. In einem Interview mit der *South China Morning Post* zitierte Wong den japanischen Schriftsteller Haruki Murakami, um zu erklären, dass man mit kleinen Bemühungen große Mächte schlagen kann. »Wenn ein Ei an einer harten, hohen Mauer zerbricht, so stehe ich, egal, wie sehr die Mauer auch im Recht und das Ei im Unrecht ist«, so Murakami, »auf der Seite des Eis.«[6]

Drei Tage lang regnete es in Strömen, und nur ein paar hart gesottene Aktivisten schlossen sich ihnen an. Die meisten der 200 freiwilligen Helfer hielt der Regen ab, aber Wong weigerte sich aufzugeben. »Das Warnlicht von Hongkongs politischem System blinkt rot«, sagte er, und sein trotziger Tonfall brachte Studenten und berufstätige Erwachsene in Aktion. Am vierten Tag schlossen sich 4000 Menschen dem Protest an, schwenkten rote Spruchbänder mit den Worten »Wir sind die Zukunft« und lauschten friedlich sitzend die ganze Nacht Reden im Kerzenlicht. Bald kamen noch mehr Menschen dazu. Am neunten Tag der Besetzung hatte sich die öffentliche Meinung entscheidend gedreht. Eine Menge von 120000 Menschen versammelte sich in schwarzen T-Shirts, riegelte die Straßen rund um die Regierungsgebäude ab und protestierte mit Sprechgesängen gegen die Gehirnwäsche im Lehrplan. Leungs Verwaltung, überrascht von der enormen Beteiligung und überwältigt von dem »friedlichen, vernünftigen und gewaltlosen Protest«, kapitulierte. Das Fach Nationale und Moralische Erziehung wurde stillschweigend ad acta gelegt.

»Auch Schüler können eine Veränderung in der Gesellschaft bewirken«, fasste Wong zusammen. Ich war zu ihm gereist und wollte mir seine Geschichte anhören, weil ich ihm zustimmte. Während die meisten Jugendlichen zu beschäftigt mit Lernen waren und die meisten Erwachsenen zu hart arbeiteten, hatte Wong seine Werte an erste Stelle gesetzt. Da er in der Bildung die Macht sah, Gesellschaften zu formen, und da er um die Freiheit der Gedanken fürchtete, hatte er Verantwortung für eine zukünftige Generation übernommen. Für mich war das »Sich engagieren« in Reinform. Der schmächtige Hongkonger Student mir gegenüber, strafte alle Stereotypen über unsere Jugend Lügen. Ich wollte wissen, was einen ansonsten unspektakulären Vierzehnjährigen dazu brachte, mit dem mächtigsten Staat der Welt auf Konfrontationskurs zu gehen – und *zu gewinnen*. Dieses Kapitel handelt von Wongs Antwort auf diese Frage. Es zeigt, dass wir unser Potenzial nur in Zusammenarbeit mit anderen voll ausschöpfen können. Sich engagieren bedeutet demnach, Weltbürger zu erziehen, die eine lebenswerte Welt gestalten können. Es beginnt mit Wongs erstem Sieg im Kampf für das Recht der Hongkonger Schüler auf kritisches, eigenständiges Denken. Ich wusste von meinem eigenen Unterricht, wie wichtig das ist.

Die Wahrheit ist irgendwo da draußen

Wie wichtig die Fähigkeit ist, auf hohem Niveau kritisch zu denken, wurde mir an Walworth am Tag nach der ersten Wahl Barack Obamas bewusst, als die Klasse 7X1 nach der Mittagspause ins Klassenzimmer kam. Ich fragte »Sind das nicht fantastische Neuigkeiten?« – »Klar«, hatten sie nicht besonders interessiert geantwortet. Gesprächsthema Nummer eins an der Schule war stattdessen Bonfire Night, die alljährliche Feier von Guy Fawkes vereiteltem Versuch, das Parlament in London in die Luft zu jagen. Die Kids freuten sich auf einen Abend, an dem sie sich gegenseitig auf dem Schulgelände mit Feuerwerkskörpern jagten. »Keine Sorge, wir ziehen Jacken an!«, versicherte mir Jonathan mit einem Augenrollen. Unbeeindruckt von ihrer wenig begeisterten Reaktion machte ich weiter. Stundenlang hatte ich eine Unterrichtseinheit rund um die Schlagzeilen »Oh-bama!«, »Yes We Can«, »The Face of Change« vorbereitet, und davon wollte ich mich nicht abbringen lassen. Das war immerhin der erste schwarze Präsident der Vereinigten Staaten von Amerika! Dieser Tag war weltweit von größter Bedeutung.

Ich wartete auf ehrfürchtige Stille, bemerkte aber bei Tyson einen vielsagenden Blick, der nichts Gutes verhieß, als er sich langsam meldete. Ich wappnete mich innerlich.

»Nein, ist er nicht«, sagte er.

Schweigen. Tyson stand auf Platz 1 der Liste der Schüler, die nach dem Unterricht zur Nacharbeit mussten, und die anderen neunundzwanzig Schüler der Klasse 7X1 ahnten, dass gleich etwas passieren würde.

»Doch, ist er«, antwortete ich.

»Nein, ist er nicht«, erwiderte Tyson, stand auf und ging langsam mit dem obersten Hemdknopf offen und mit losen Schnürsenkeln zum Lehrerpult, »Ich kann es Ihnen zeigen.«

Am Monitor auf meinem Pult öffnete er Google, tippte ein Suchwort, klickte einen Link und drehte sich dann zufrieden mit verschränkten Armen zu mir.

»Sehen Sie!«, sagte er triumphierend.

Die Klasse und ich sahen zu, wie auf dem interaktiven Whiteboard eine Website erschien. »Die sieben schwarzen Präsidenten vor Barack Obama«.

Ich atmete tief ein. Am Anfang hatte das Internet versprochen, Wissen zu demokratisieren, es aus Büchern zu reißen, stückweise neu zu präsentieren, und somit unser Lernen für immer zu verändern, doch nun war es Teil des Problems. Wissen ist mittlerweile nicht mehr das Vorrecht einer kulturellen Elite, Wissen ist für jeden da (zumindest für jeden mit Wi-Fi). Daraus haben sich auch Probleme ergeben. Während wir früher einen einzigen Korpus sorgfältig zusammengestellten Wissens teilten, werden jetzt angeblich alle zwei Tage mehr Informationen produziert als in den ganzen 200 000 Jahren Menschheitsgeschichte vor 2003.[7] Viel davon, auch diese Seite, war Fehlinformation. Aber was für mich ganz offensichtlich das Werk eines autodidaktischen Verschwörungstheoretikers war, der weit entfernt in seinem Schlafzimmer bloggte, hatte für Tyson (und immer mehr der leicht zu beeindruckenden Schüler der Klasse 7X1) den Anschein von Wahrheit.[8]

Wir wissen mittlerweile, dass nicht nur Kinder aus sozial schwachen Vierteln Schwierigkeiten damit haben, Wahrheit und Fiktion im Internet voneinander zu unterscheiden. Laut einer Studie der Stanford University von 2016 konnten vier von fünf Mittelstufenschüler und die meisten Collegestudenten bezahlte Inhalte nicht von echten Nachrichten unterscheiden. »Es wird gerne angenommen, dass sich junge Menschen, nur weil ihnen soziale Medien geläufig sind, auch damit auskennen«, schrieben die Wissenschaftler. »Unsere Arbeit zeigt, dass das Gegenteil der Fall ist.«[9] Meine Erfahrung bestätigt das. Die

»Fakten«, die nun passend zu jeder Meinung verfügbar sind, bergen das Risiko, dass Jugendliche (und gebildete Erwachsene) orientierungslos zwischen staatlicher Indoktrination und Facebook Newsfeed stranden.

Ich rief eine Nachrichtenseite ab, die Obama als den ersten schwarzen Präsidenten der USA verkündete. Und dann noch eine. Tyson blieb unbeeindruckt.

»Unterscheiden, was wahr ist und was nicht, ist heute eine entscheidende Kompetenz«[10], sagte Andreas Schleicher. Das ist schon eine ganze Weile so. Die Philosophin und Holocaust-Überlebende Hannah Arendt hatte über den Aufstieg des Nationalsozialismus geschrieben, dass die Mischung aus Leichtgläubigkeit und Zynismus einer Mobmentalität typischerweise dort entstand, »wo Menschen in einer ständig wechselnden und immer unverständlicheren Welt sich darauf eingerichtet hatten, jederzeit jegliches und gar nichts zu glauben, überzeugt, dass schlechterdings alles möglich sei und nichts wahr.«[11] In diesem Kontext verspricht der derzeitige ausufernde Informationszuwachs bestenfalls einfach umzusetzende Manipulation, schlimmstenfalls einen Freifahrschein für extremistische Ansichten. Nicht nur kritisches Denken brauchen die Jugendlichen von heute meiner Ansicht nach, sondern die Fähigkeit, kritischer zu denken als je zuvor. Das hatte mich auch dazu bewogen, Joshua Wong ausfindig zu machen. Wenn uns unsere Jugend wirklich am Herzen liegt, müssen wir ihnen beibringen, selbstständig zu denken.

Ehe ich mich auf den Weg machte, hatte ich mich noch mit einem Mann unterhalten, der die Gefahren von Indoktrination besser kannte als die meisten. Ich wollte von ihm wissen, was unsere Schulen tun konnten, um Jugendliche in einer Welt zu stärken, in der jeder darauf aus sein könnte, sie in die Irre zu führen.

Radikalisierung

Adam Deen hatte sich verspätet. Ich saß in einem unscheinbaren Foyer in der Londoner Fleet Street und starrte den Taxis in der Rush Hour unterhalb des Turms der St. Brides Kirche hinterher. Seltsamerweise hatte die Empfangsdame nie von Deen oder seiner Organisation gehört, obwohl ich mir sicher war, dass ich die richtige Adresse hatte. Vielleicht war die Geheimniskrämerei gewollt. Deen war reformierter Islamist, der nun Quilliam leitete, den ersten Think Tank gegen Extremismus in Großbritannien. Gegründet worden war Quilliam vor ein paar Jahren von Maajid Nawaz, dessen Autobiografie *Radical* ich bei mir trug. Ich hatte ihn kontaktiert, nachdem zwei Tragödien die Schulen Londons erschüttert hatten. Zuerst hatte sich herausgestellt, dass der im Zusammenhang mit Enthauptungen bekannte ISIS-Terrorist Mohammed Emwazi ein ehemaliger Schüler der Quintin Kynaston Community Academy in St John's Wood war und dort als netter, ruhiger Junge in Erinnerung geblieben war. Dann waren drei leistungsstarke Schülerinnen, die gerade ihren Abschluss an der Bethnal Green Academy machten, eines Tages von zu Hause aufgebrochen und, statt zur Schule zu gehen, nach Syrien geflogen, um sich dort dem Dschihad anzuschließen.

Was war schiefgelaufen? Das Internet fachte ein Zeitalter der Extreme an, stärkte radikale Ansichten, ob nun nationalistische, frauenfeindliche, rassistische oder religiöse. Ich wollte wissen, was unsere Schulen dem entgegensetzen konnten. Die britische Regierung hatte eine Strategie (»Prevent«) zur Vermeidung von Extremismus gestartet, war aber stark kritisiert worden, weil damit eine Hexenjagd ausgelöst worden sei (ein Grundschüler, der seine schlecht erkennbare Zeichnung einer Gurke [cucumber] falsch ausgesprochen hatte [»cucu-bum«], war von einer Lehrkraft den Behörden gemeldet worden, weil sie dachte, er habe eine Bombe [bomb] gezeichnet) und weil sie wenig brachte.[12] Ich dachte, wir konnten viel von Nawaz und Deen lernen. Wenn wir die Wurzeln ihrer Radikalisierung erforschten, konnten wir vielleicht besser verstehen, wie sich Jugendliche einer Indoktrinierung widersetzen konnten?

Als ich auf Deen wartete, blätterte ich in dem Buch über Nawaz' Geschichte. Als britisch-pakistanischer Teenager in Southend-on-Sea in den 1980er-Jahren hatte er zu einer kleinen ethnischen Minderheit in einer armen Arbeiterklasse-Gegend des ehemals berühmten Küstenstädtchens gehört. Damals gab es in Southend nur eine Handvoll Jugendlicher mit farbiger oder asiatischer Herkunft, und Nawaz war durchgehend einem Rassismus ausgesetzt, der sich aus Unwissen und Hass nährte. Bei Fußballspielen wurde er von seinen Mannschaftskameraden gemieden, und in der Grundschule übergab er sich, nachdem ihn eine fehlgeleitete Dame bei der Essensausgabe gezwungen hatte, Würstchen zu essen. So an den Rand gedrängt, baute er sich zunächst eine Identität als Breakdancer auf, als sein Onkel Nasir ihn mit dem Protestrap von N.W.A. und Public Enemy bekannt machte. Aus Selbstschutz schloss er sich anderen schwarzen und asiatischen Jugendlichen der Gegend an und hatte eine Menge, wogegen er protestieren konnte, da er und seine Freunde regelmäßig Ziel der bösartigen Attacken von Neonazi-Skinheads waren.[13]

Sich dem Islamismus zuzuwenden lag für den jungen Nawaz nahe und erschloss ihm größere Macht, eine tiefere Identität und einen wahrhaftigeren Kampf. Er folgte seinem älteren Bruder Osman zu Lerngruppen, die von Hizb ut-Tahrir organisiert wurden. Dieser revolutionären Gruppe stand damals Omar Bakri vor, mit dem sich Jon Ronson anfreundete und den dieser in *Them* beschrieb.[14] Dort sah Nawaz einen neuen Sinn im Lernen und erwarb einen Studienplatz am Newham College in East London, wo er gemeinsam mit Ed Husain, Autor von *The Islamist* und heute ebenfalls ein bekehrter Radikaler, allmählich die Studentenvertretung übernahm. Diese Tage des »Londonistans« gipfelten im Mord eines afrikanischen Teenagers auf dem Universitätsgelände. Danach wandte sich Nawaz ganz dem Hizb ut-Tahrir zu und wurde während seines Studiums der Fächer Arabisch und Jura an der Londoner SOAS einer der wichtigsten Anwerber in ganz Europa. Als er für Hizb ut-Tahrir mit vierundzwanzig Jahren in Kairo war, wurde Nawaz vom ägyptischen Geheimdienst verhaftet und verbrachte vier Jahre im Gefängnis. Nachdem Amnesty International seine Freilassung erwirkt hatte, fand in ihm ein Wandel statt, und er setzte seine Intelligenz, sein Charisma und seine Erfahrung zum Gründen von sozialen Bewegungen im Kampf *gegen* Extremismus ein.

Am Telefon erzählte er mir, dass der schwerste Fehler der Menschen darin bestand, anzunehmen, Radikalisierung sei eine Folge von Unwissen.

»Bildung ist keine Garantie gegen Extremismus«, sagte er. Im Gegenteil beklagte er die Talentabwanderung von begabten britischen Pakistanis in den 1990er-Jahren zum Islamismus und sprach von einer »verlorenen Generation« von Menschen wie Anjem Choudary, Ed Husain und ihm selbst, die strahlende Intellektuelle am Himmel der Universität gewesen seien. Nawaz konnte die Annahme vom Islam als einer Religion der Dummheit nicht ausstehen. Muslimische Gelehrte gehören ihm zufolge zu den Größten der Menschheitsgeschichte. Im Haus der Weisheit in Bagdad, einem Wissenschaftszentrum, würden unter anderem die Werke von Aristoteles bewahrt. Islamisten würden im Gegenteil sehr stark an die Macht der Bildung glauben. Der Erfolg von Anwerbern beruhe auf ihrer Fähigkeit, jemanden zu überzeugen, mittels der eigenen analytischen Kräfte genau die Muster zu sehen, die sie einen sehen lassen wollten.

Als Deen ankam und sich für die Verspätung entschuldigte, sprach ich die These an, dass in der Schule immer auch ein Element von Gehirnwäsche vorhanden sei.

»$E = mc^2$ – das ist Bildung, aber keine Indoktrinierung«, erwiderte er. Eigentlich war er der Meinung, Schulen müssten Schüler eher *mehr* indoktrinieren. Wir müssten ihm zufolge viel mehr darauf einwirken, was sie über die Welt denken und fühlen. Dabei gehe es nicht einfach um mehr Wissen und Fakten. »Ein Extremist wird mehr in der Weltpolitik zu Hause sein«, erklärte er. »Ein Durchschnittsschüler hat davon keine Ahnung.« Stattdessen, so meinte er, sei es nötig, dass die Schule der Jugend ein gemeinsames Wertesystem vermittle. Deen hatte mit der britischen Regierung zusammengearbeitet, um das Prevent-Programm zu verbessern, und war lange mit der Aus- und Weiterbildung von Lehrern beschäftigt – »die Menschen, die den meisten Kontakt mit Kindern haben«. Er selbst war an der University of Westminster radikalisiert worden, aber innerlich hatte der Prozess viel früher begonnen, als Freunde in Southgate, im Norden Londons, Aktivisten der British National Party wurden und sich gegen ihn wandten.

»Man fühlt sich als Teil von etwas Größerem. Das ist der Schlüssel.« Die Hinwendung zum Extremismus sei ein Prozess, erklärte er. Eine einfache Formel gebe es nicht, aber Anzeichen, wie zum Beispiel, dass ein Kind sich als Außenseiter fühlt oder einer wird. In Großbritannien ergänzen sich Rechtsextremismus und Islamismus: Beide drängen Jugendliche an den Rand. Er brachte Lehrern bei, auf solche Anzeichen zu achten. »Gefährdete Schüler spielen auf einmal nicht mehr mit ihren alten Freunden, sie ziehen sich zurück, entwickeln Wut, stören im Unterricht.« Dieses Gefühl der Isolation oder das Bedürfnis dazuzugehören, kennen die meisten Teenager. In der Pubertät verändert sich das Gehirn und wird besonders empfänglich für den Einfluss der Peergruppe.[15] Nawaz fand sein Ventil bei N.W.A., in Gangs und im Islamismus, Aaron Swartz seines in der Hackergemeinde und Ifrah in seinem Team und der KSA-Familie. Andere wurden zu Emos oder Ravern, Skatern oder Chelsea-Fans, zu Marxisten oder schlossen sich der Jungen Union an. All das ist auf denselben Impuls zurückzuführen. Wir müssen uns einfach unsere Gruppe suchen und mit ihr einen Code.

Bei den wenigen, deren Suche nach Identität zum Extremismus führte, lag das häufig an einem Gefühl der Verfolgung. »Sie internalisieren diesen Rassismus und verarbeiten es zu einem ideologischen Kampf zwischen dem Islam und Nicht-Muslimen«, sagte Deen. Nawaz schrieb über den Schultag, an dem Mr Moth, sein inspirierender Wirtschaftslehrer, alle Schüler, die stolz auf das britische Empire und seine Errungenschaften waren, dazu aufrief, sich zu melden. Nawaz war der einzige nicht-weiße Schüler der Klasse, und der Einzige, der sich nicht gemeldet hatte. Zeit für Diskussionen gab es nicht. »Das ist ziemlich bitter«, fuhr Deen fort. Er sah, wie Schulen Diskussionen und eigenständiges Denken opferten, um sich auf eng gefasste kognitive Kompetenzen zu konzentrieren. Aber es sei doch offensichtlich, dass jeder Schüler über Ideologie lernen müsse, ob nun Marxismus, weißer Nationalismus oder Islamismus. An den Schulen muss Raum für solche Diskussionen sein. Wenn wir uns um unsere Jugend kümmern wollen, müssen wir laut Nawaz sicherstellen, dass sie die Mechanismen von Ideologie so gut und so tiefgehend wie möglich begreifen. Analysiert man Ideologie, so kann man auch die eigenen Vorurteile sehen. Man muss die Gewässer, in denen man schwimmt, kennenlernen, muss genau hinsehen. »Das Wichtigste ist, an sie heranzukommen, bevor *die* es tun«, sagte er.

Ich dachte an meinen Unterricht und an Walmorth Academy. Wo hatten wir Platz für Diskussionen geschaffen? *Sei so gut, wie du kannst*, hatten wir den Schülern oft gesagt. Innerhalb der Schule gab es eine starke Gemeinschaft. Die Schüler fühlten sich dort sicher. Aber mit anderen Gruppen identifizierten sie sich mehr. Das konnte ein Land sein wie Jamaika, die Türkei, Portugal oder Kongo, oder ein Fußballverein wie Millwall FC mit seinen berüchtigten hartern Männern, oder die Kirche. Für manche leider auch Gangs. Walworth brachte alle zusammen. Aber das führte nicht von allein dazu, dass die Schüler die Unterschiede sehen und akzeptieren. An manchen Schulen war das anders. In Finnland, wo die Kinder fünf Jahre lang mit derselben Lehrkraft in derselben Klasse von dreißig Kindern blieben, war eine Klasse wie eine eng verbundene Familie. In Schanghai lernten Kinder ihr Land zu lieben und einem klaren sozialen Code zu folgen. In KIPP und KSA lebten die Schüler nach der klaren Vorgabe von »Team und Familie« und nach vorgeschriebenen Werten. An Walworth gelang uns das nicht. Wir hatten eine Schuluniform, ein sehr engagiertes und fürsorgliches Lehrerkollegium, täglich gab es viele Beispiele für Freundlichkeit und Wärme. Aber wir lebten in einer Blase, abgeschieden von der Welt da draußen.

Am Telefon hatte Nawaz einen Fünf-Punkte-Plan für Schulen im 21. Jahrhundert umrissen. Ganz oben stand die akademische Ausrichtung und kritisches Denken auf dem Plan. Schulen sollten auch bereit sein, Kinder zu indoktrinieren – er hielt das Wort nicht für zu stark –, nur mit »dem richtigen Zeug«, einem System gemeinsamer Fakten und Werte. Wichtig sei auch, »die sanfte Borniertheit niedriger Erwartungen« zu vermeiden und unsere Normen nicht aufgrund der Religion des anderen zu lockern. Es sollte eine Anti-Extremismus-Ausrüstung für alle Lehrer geben. Und schließlich hatte er auch Ideen für den Lehrplan. Nawaz erinnerte sich, wie er in seiner Schulzeit über die Russische Revolution, den Zweiten Weltkrieg, Imperialismus und die Entstehung der Demokratie in Großbritannien gelernt hatte. Aber das war zu weit entfernt. »Was wir wirklich behandeln sollten ist der 11. September, der Afghanistan-Krieg, die moderne Geschichte von dschihadistischem Terrorismus.« Schulen seien zu verhalten liberal. »Wir wollen Vertrauen haben«, sagte er. Wir müssen wissen, was unsere Werte sind, sie müssen offen behandelt und besprochen werden. Als er in der Schule war, hatte jeder zu viel Angst einzugreifen. »Niemand will Rassist genannt werden«, erklärte er.

In den 1980er-Jahren schlug ein amerikanischer Professor namens E.D. Hirsch vor, dass alle Schüler ein bestimmtes Kernwissen beherrschen sollten. Damit hätten sie eine gemeinsame »Kulturfähigkeit« erworben, wie er es nannte. Grob gesagt sollte jedes Kind das lernen, was für das Verständnis der Titelseite einer Zeitung wie der *New York Times* oder des *Guardian* nötig ist. Mit dieser Faustregel stellte Hirsch eine Liste von Fakten zusammen, die jedes Kind wissen sollte. Seine Thesen gefielen Menschen wie Toby Young, einem Journalist, der die erste freie Schule Großbritanniens gegründet hat, und dem Bildungsminister Nick Gibb, der ein klares, etwas altmodisches Grundwissen als Basis der Lehrpläne forderte. Nawaz wiederholte diese These und sagte, dass »man einfach mit den Fakten beginnen muss. Man braucht gemeinsame Bezugspunkte.«

Genau diese Bezugspunkte droht das Internet zu unterwandern. Jeder hat heute Zugang zu seinen eigenen Fakten. Das ist ein Fundament extremistischer Ansichten – obwohl es diese natürlich schon wesentlich länger gibt als das Internet. Propagandisten – genau wie Anhänger von Verschwörungstheorien – stellen Zusammenhänge zwischen bestimmten Ereignissen, Fakten und Bezugspunkten her. Unser Gehirn, das nach Mustern, Geschichten und Bedeutung lechzt, übernimmt alles Weitere. Nawaz nannte das »konstruiertes Unwissen« und »einen Pseudo-Intellektualismus, der gerade genügte, damit ein Teenager sich hochintelligent fühlt«. Aber er erkennt auch die Macht dieser Bewegungen. Im Zeitalter der Globalisierung hält er es für unvermeidbar, dass junge Menschen auf der Suche nach Sinn bei den Extremen landeten. Dort gibt es die stärksten Marken. Er nennt es das »Zeitalter des Verhaltens«, in dem transnationale Ideen, Narrative und Bündnisse die Menschen definieren.

Als ich Deen fragte, was Schulen besser machen könnten, unterbrach er mich. »Philosophie!«, rief er. »Hätte ich Philosophie studiert, hätte man mich wahrscheinlich nicht so leicht indoktrinieren können.« Er betonte die intellektuelle Strenge des Islamismus. Das sei erhebend gewesen. Die Menschen meinten immer, alles sei auf ein zerrüttetes Elternhaus und fehlende Bildung zurückzuführen. Aber für ihn war es eine Art Erleuchtung. Zum ersten Mal war er aufgefordert worden, wirklich nachzudenken. Schulen hinterlassen im Leben der Kinder eine Lücke, die dann von anderen Einflüssen gefüllt wird. An der Walworth bedeutete das, dass manche Kids sich Gangs anschlossen. Deen erlebte dasselbe im Norden Londons. Extremismus war ein Zufluchtsort in einer gedanken- und gefühllosen Welt. Erst als er diesen Gedanken auf eine noch *höhere* Ebene der Präzision brachte, wurde er gerettet. »Philosophie, kritisches Denken, die Fähigkeit, Thesen auseinanderzunehmen, zeigen die Schwachstellen und Widersprüche des Extremismus auf«, fuhr er fort. Deen zufolge hatte Philosophie die Macht, die Welt verändern.

»In dem Maß, wie sich die Welt heute entwickelt und zunehmend polarisiert wird«, hält Deen kritisches Denken für das entscheidende Schulfach. »Es wird einen immer größeren Stellenwert haben.« Seine eigene Ent-

Radikalisierung geschah erst später, Mitte zwanzig. »Es ist eigentlich ein Gespräch. Zuerst freundet man sich mit der Person an, gewinnt ihr Vertrauen. Dann nimmt man sich einiger Themen an. Es geht darum, sie auseinanderzunehmen.« Es ist ein langsamer Prozess. Er war noch einen Schritt weitergegangen und hatte das Deen Institut aufgebaut, um kritisches Denken bei jungen Muslimen zu fördern. Er insistierte, dass alle Schulen dafür Raum machen müssen. Seiner Meinung nach erhöhen Orte wie Bethnal Green Academy die Wahrscheinlichkeit nicht, dass Schüler radikalisiert werden. Aber wahrscheinlich taten sie auch nichts dagegen. »Es geht weniger darum, was sie tun, als darum, was sie nicht tun«, sagte er.

»Wir müssen jungen Leuten universelle Wahrheiten und Werte einimpfen«, fuhr Deen fort. Ich aber war der Meinung, dass mehr nötig war. Deens beste Idee war ein Debattierklub. Schön, dachte ich, aber nicht weitreichend genug. Die Probleme, die manche Kids zum Extremismus, zu Gangs, Marxismus, Nationalismus, Islamismus treiben, können nicht allein in den Köpfen der Menschen gelöst werden. Der moderne Kapitalismus hat hier die universellen Ideale der Aufklärung geschlagen. Wir erzählen den Jugendlichen, sie seien gleich, frei, können alles werden, was sie wollen. Aber in vielen Gemeinden ist das nur ein Märchen. Manchmal wirft man einen kritischen Blick auf die Welt und stellt fest, dass sie *ungerecht* ist. Ich war mir nicht sicher, ob unsere gemeinsamen Werte von Toleranz, Fleiß, Familie, TV und Konsum die Ungerechtigkeiten überleben können, die unsere Gesellschaft spalten. Das Bildungsniveau war ein Indikator dafür, ob man für den Brexit oder Trump gestimmt hat. Aber so viel verrät es uns auch nicht. All jene mit einer liberalen, linken Gesinnung sind wahrscheinlich auch wohlhabender und profitieren so von der Globalisierung. Echte Kritik offenbart, wie verkehrt das ganze Konstrukt ist. Wenn uns die gemeinsamen Werte wirklich am Herzen lägen, würden wir vielleicht Revolutionäre aufziehen.

Philosophen, selbst Kinderphilosophen interpretieren die Welt nur. Für Wong und Nawaz aber ging es darum, sie zu ändern.

Je mehr man weiß, desto mehr weiß man, was man nicht weiß

»Es geht uns nicht darum, dass Menschen keine Ahnung haben«, schrieben die Kognitionswissenschaftler Steven Sloman und Philip Fernbach in *The Knowledge Illusion*, »sondern darum, dass Menschen weniger Ahnung haben, als sie meinen. Wir alle erliegen mehr oder weniger der Illusion, dass wir verstehen, wie etwas funktioniert, obwohl wir nur sehr wenig wirklich begreifen.«[16] Diese Illusion hatte zu Tysons Fehleinschätzung in meinem Unterricht geführt, genau wie sie Deens Islamismus angefacht hatte. Wir neigen dazu, unsere intellektuellen Fähigkeiten zu überschätzen. In *Schnelles Denken, Langsames Denken* hatte der legendäre Daniel Kahneman gezeigt, dass wir uns paradoxerweise, je weniger wir über etwas wissen, umso mehr als Experten wähnen. Diese kognitive Schieflage formt unsere Weltsicht.[17] Wir erzählen uns eine Geschichte, die mit dem beginnt, was wir glauben, dann hören wir uns um nach Meinungen dazu und finden die Fakten, die zu der Geschichte passen.[18]

Man spricht gemeinhin vom gefährlichen Halbwissen. Trinke viel oder trinke gar nicht: »Seichte Schlucke vergiften das Gehirn«.[19, 20] Das Internet ist zu einer Burschenschaftsparty des Wissens verkommen, überall Sauftrichter und Trinkspiele. Wissen ist wichtig für das Denken, es hat einen starken Einfluss darauf, wie man die Welt sieht. Aber es ist nicht mehr so, dass wir uns auf einen gemeinsamen Kanon einigen können, an den wir uns halten würden. Es ist auch nicht klar, ob es wünschenswert ist, diese Verantwortung einer einzigen Quelle zu überlassen. Staaten sind nicht unbedingt vertrauenswürdig. Die Massenmedien sind von Wirtschaftsinteressen geprägt. Müssen wir die Wahrheit also selbst in die Hand nehmen? Sloman und Fernbach legen dar, dass das schon immer der Fall war.

> Der menschliche Verstand ist nicht wie ein Computer, der große Mengen an Informationen speichern soll. Der Geist ist ein flexibler Problemlöser, der darauf spezialisiert ist, nur die Informationen zu extrahieren, die am nützlichsten sind, um die Entscheidungsfindung in neuen Situationen zu lenken. Als Folge speichern Individuen sehr wenige detaillierte Informationen über die Welt in ihrem Gedächtnis. Was das betrifft sind Menschen wie Bienen und die Gesellschaft ein Bienenstock: Unsere Intelligenz wohnt nicht in individuellen Gehirnen sondern im kollektiven Geist. Um zu funktionieren, sind Individuen nicht nur auf das Wissen in ihrem eigenen Schädel angewiesen, sondern auch auf Wissen, das anderswo gespeichert ist: in unserem Körper, in der Umwelt und vor allem in anderen Menschen. Wenn man das alles zusammennimmt, ist das menschliche Denken unglaublich eindrucksvoll. Aber es ist Produkt einer Gemeinschaft, nicht einer Einzelperson.[21]

Wenn einem das Denken und die Wahrheit wirklich am Herzen liegt, muss man verstehen, dass es ein gemeinsames Unterfangen ist. Diese Erkenntnis – dass Wissen demokratisch und nicht autoritär sein sollte – hatte einen Hongkonger Teenager dazu inspiriert, es mit einer Supermacht aufzunehmen.

Der Schüler, der einem Imperium trotzte

In einem unordentlichen Café unterhalb der weitläufigen Einkaufszentren und den erhöhten Fußgängerwegen des Stadtviertels Admirality im Zentrum Hongkongs blickte Joshua Wong von seinem Essen auf, staunte über den riesigen Berg von Ketchup-Tütchen, den er mit seinem englischen Frühstück bekommen hatte und verfiel so einen kurzen Moment in die Rolle eines Sechstsemesters. »Was geht denn hier ab?«, fragte er scherzend. In dem flachen Licht des Einkaufszentrums saß er ohne Socken in Nike Roshes und knöchellangen Chinos. Vor einem Jahr noch hatte seine Brille, sein Markenzeichen, vom Cover des *Time*-Magazins gespäht. Wong war ein globales Phänomen, er wurde zusammen mit Malala Yousafzai zum Aushängeschild einer neuen Generation von Freiheitskämpfern. »Der Mythos von David und Goliath bleibt«, seufzte er und beäugte das Ei und den Toast vor sich. »Die Medien der freien Welt müssen die junge Generation gegen den kommunistischen Geist unterstützen!«

Den Lehrplan für »Moralische und Nationale Bildung« zu verhindern, hatte sich für Wong als Aufwärmübung erwiesen. Weil sich Wong darüber im Klaren war, dass Peking die Ziele der Kommunistischen Partei über die Geschäftswelt, Massenmedien und Bildung weiterverfolgen würde, schwor er sich, weiter für die Demokratie zu kämpfen. Er war ein Jahr alt, als die chinesische Regierung den Hongkongern versprach, dass sie innerhalb von zwanzig Jahren nach der britischen Übergabe 1997 die Selbstbestimmung erhalten würden; aber es war klar geworden, dass sie nicht Wort halten würden. Nach Bündnisse mit anderen Dissidentengruppen hatten Wong und Scholarism im September 2014 einen neuen Protest angeführt und einen Schülerstreik in der ganzen Sonderverwaltungszone organisiert, gefolgt von einer Überraschungsbesetzung des Platzes vor dem Hongkonger Regierungssitz. Die Polizei hatte die Studenten mit Tränengas auseinandergetrieben, Wong verhaftet und ihn 48 Stunden lang in Untersuchungshaft behalten.

Nach seiner Entlassung wuchs die Zahl der Pro-Demokratie-Demonstranten. Aus der hitzigen Atmosphäre heraus verkündete ein Universitätsprofessor namens Benny Thai den Beginn von »Occupy Central«: 200000 Menschen kamen auf die Straßen und besetzten solidarisch und friedlich die Hauptstraßen im Finanzzentrum Hongkongs. Tausende von bunten Schirmen, mit denen sich die Aktivisten vor Tränengas schützten, wurden zum Symbol ihres Widerstands. Nachrichten über die Regenschirm-Revolution verbreiteten sich weltweit, Bilder der Tausenden Demonstranten mit ihren aufgespannten Schirmen im Licht der Straßenbeleuchtung wurden überall auf der Welt ausgestrahlt.

Die Oberstufenschüler von Hongkong waren berühmt. Provisorische Lernzentren wurden auf den Straßen errichtet und trugen zur Revolutionsromantik bei. Selbst nachdem sie die Straßen gesperrt und Geschäfte unmöglich gemacht hatten, kümmerten sich die Schüler um ihre Bildung. Kisten dienten als Sitzgelegenheit, Bretter als Tische, Generatoren lieferten Strom für Leselampen und für Steckdosen, um Laptops aufzuladen. Lehrer unterstützten die jungen Demonstranten bei ihrer Arbeit. Der Symbolcharakter war deutlich.

Im Gespräch mit Wong sagte ich, dass es zuallererst doch eine *Denk*-Revolution war, aus dem Lernen entstanden und von der Kraft der Schulen genährt.

»Bildung hat in Hongkong keine Bedeutung«, widersprach er. Über uns schien die Sonne auf die Glastürme des asiatischen Finanzzentrums. Berufstätige und Kauflustige strömten aus der U-Bahnstation in das flache Kunstlicht der Plaza. Mit einem Stück Toast vor seinem

Mund gestikulierte er in ihre Richtung, als wollte er sagen *Sehen Sie?* Frei denken sei für die Durchschnittsperson auf der Straße nicht wichtig, betonte er, »Business ist wichtig«. Ich hatte in dieser Woche mit zwei Oberstufenschülern gesprochen. Als ich mich nach ihren Plänen für die Zukunft erkundigte, sagte der eine »Künstler – oder irgendetwas im Kunstgeschäft«, der andere »Umweltschützer oder etwas im Energiegeschäft«. Schule war das Ticket zur Universität, und diese wiederum sicherte einem das Berufsleben.

»Nachdem man sie kritisiert hat, muss man trotzdem noch zur Schule gehen«, fügte er lächelnd hinzu. Aufgrund von Scholarism hatte er es mit Müh und Not an die Open University geschafft, die auf dem letzten Platz im Hongkonger Ranking lag. Aber er bereute nichts. Er war immer noch bei den besten 20 Prozent und wollte nur einen Abschluss, um seinen neuen Traum zu verwirklichen, für ein öffentliches Amt zu kandidieren. Nun strebte er einen dritten Abschluss an. Wongs eigentliche Arbeit war die Mobilisierung gegen Peking, aber trotzdem musste er bis zu einem gewissen Grad mitspielen. 2016 hatte er Scholarism aufgelöst und eine politische Partei mitbegründet, Demosistō, deren Generalsekretär er nun war. Der Vorsitzende, Nathan Law, war 2016 bereits in den Legislativrat der Sonderverwaltungszone gewählt worden. Wongs Handy meldete andauernd WhatsApp-Nachrichten von Reuters, seinem Anwalt, Freunden und Verbündeten. Er war definitiv nicht der typische Grundstudiumsstudent.

Ich musste weiter nachhaken. Weltweit gab es nicht viele Vierzehnjährige, die 100 000 Altersgenossen mobilisierten. Wie war er zum Aktivismus gekommen?

»Es gibt ein Schulfach«, sagte er und biss von seinem Toast ab, »Liberale Studien.«

Zwei Jahre vor Beginn von Scholarism hatte das Bildungsministerium in Hongkong aus Sorge, dass zu viel Auswendiglernen sich negativ auf die langfristigen Perspektiven der Schüler auswirken könnte, ein neues Pflichtfach für die Oberstufe eingeführt. Liberale Studien sollte kritisches Denken fördern und das globale Bewusstsein der Schüler erweitern. Sechs Themenkomplexe sollte jeder Highschool-Schüler behandeln: persönliche Entwicklung und zwischenmenschliche Beziehungen; modernes China; Globalisierung; Energietechnologie und Umwelt; Gesundheitswesen; und modernes Hongkong. Gedacht war es als letztes Puzzleteil eines Schulsystems, das weltweit zu den besten drei zählte. Eine neue Generation von Schöpfern und Unternehmern sollte daraus erwachsen. Auch die Unterrichtsmethoden waren anders, es wurde Wert auf Diskussion und Selbstbestimmung gelegt. In diesem Fach sprachen Schüler und Lehrer über Technologie, Umwelt, Innovation, Gesundheitswesen, Demokratie und die Herrschaft der Gesetze.

Zur Zeit der Regenschirm-Revolution hatte jeder Highschool-Schüler und jeder Universitätsstudent bereits Unterricht in Liberalen Studien genossen. Wong erinnerte sich, dass er für seine Abschlussprüfung Martin Luther Kings Definition des zivilen Ungehorsams auswendig gelernt hatte: »Wir haben die moralische Pflicht, gegen ungerechte Gesetze zu verstoßen.« Vielleicht können Schulen uns beibringen zu denken. Am Abend zuvor war ich zur juristischen Fakultät der höchstbewerteten University of Hong Kong gegangen und hatte mich dort mit einem Mann getroffen, der das auch so sah. Benny Thai ist der Professor für Verfassungsrecht, der Occupy Central ins Leben gerufen hatte, und ist nach wie vor ein offener Kritiker Pekings. Vor Jahren hatte er Wong vor Idealismus gewarnt, bewunderte aber seinen jungen Verbündeten. »Er ist einer der wenigen ganz besonderen Menschen der Gesellschaft«, verriet er. Wir unterhielten uns in seinem

Büro, hoch oben in der achten Etage. Die verschiedenen, mit Bäumen gesäumten beleuchteten Ebenen der Universität glichen dem Architekturmodell einer urbanen Zone in der Zukunft. An Thais Bücherregal prangte ein Ei, auf dem ein befreundeter Künstler eine Karikatur von Thai verewigt hatte. Von Thais weisem, offenem Gesicht war nur sein breites Lächeln und die Brille mit dem feinen Rahmen eingefangen.

»Wer wären Sie lieber«, fragte er in Anspielung auf das Zitat von Murakami, »das Ei oder die Mauer?«

Ich fragte mich laut, ob Eier die Art kritische Denker sein könnten, die in der heutigen Ökonomie kreativ erfolgreich waren, ohne zugleich die Art kritische Denker zu sein, die sich gegen die Wand richten und sich dagegen sie werfen.

»Genau darauf zielt die chinesische Regierung ab.« Thai lächelte. Es sei möglich, dass sie es schaffen. »Die chinesische Kultur ist sehr pragmatisch und materialistisch«, erklärte er. Seiner Meinung nach würden Hongkonger noch immer ökonomische Lebensqualität über politische Freiheit stellen. Als Referenz führte er Francis Fukuyamas berühmten Essay über *Das Ende der Geschichte* an. Darin hatte Fukuyama einen unausweichlichen historischen Prozess angekündigt, der vorgab, dass sobald das jährliche Durchschnittseinkommen in einem Land 6000 Dollar überschritt, in diesem Land unweigerlich Demokratie einsetzen würde. Thai wies darauf hin, dass Hongkong diese Schwelle vor dreißig Jahren in den 1980er-Jahren überschritten hatte, es in Sachen Demokratie aber keine Fortschritte gegeben hat. Oder zumindest nicht bis vor einigen Jahren.

»Die chinesische Kultur wird sich trotzdem in diese Richtung weiterentwickeln«, so Thai, »es könnte aber länger dauern.« Peking-nahe Politiker hatten das Schulfach Liberale Studien als den Raum kritisiert, in den »die

Opposition all ihre oppositionellen Vorstellungen eingeschleust hat«. Die ältere Generation fühlte sich von der Idee einer frei denkenden Jugend bedroht. Wie Mingxuan Zheng mir in Schanghai erzählt hatte, so sah auch Thai, dass westliche Theorien von individueller Freiheit und kritischem Denken langsam in die lokale Kultur eindrangen. Thai griff auf Sokrates zurück: »Man muss sehr kritisch sein, selbst seinen Lehrern gegenüber.« Auf Facebook klagten ihn Kritker an, er würde seine Studenten indoktrinieren, »kritische Denker zu sein«. Bei diesem Paradox musste er kichern. An der Universität bemerkte er einen Wandel hin zu mehr Demokratie. In seiner eigenen Studentenzeit war das Studium sehr Lehrer-zentriert, heute aber hatte sich das geändert.

»Ich glaubte immer, dass es nur in diese Richtung geht«, sagte er und hob seine Hand über seinen Kopf. Thai hatte Lernen als einen unausweichlichen historischen Prozess der menschlichen Aufklärung gesehen. Aber nun war er sich nicht mehr so sicher. »Es *kann* auch zurückgehen«, sagte er. »Die Menschen denken nicht mehr kritisch, weil sie sich um grundlegendere Bedürfnisse kümmern müssen. Es ist ja nicht so, dass sie gerne Sklaven wären«, fügte er hinzu, »sondern dass sie mehr Sicherheit wollen.«

Für die Menschen in Hongkong wurde es immer schwieriger. Lohnerhöhungen hielten nicht mit den steigenden Immobilienpreisen Schritt, und soziale Sicherheitsnetze wurden beschnitten. In seinem bahnbrechenden Buch *Das Kapital im 21. Jahrhundert* zeigte der französische Wirtschaftswissenschaftler Thomas Piketty, dass sich der raue Trend fortsetzen würde. Seine Gleichung $r > g$ legte dar, dass die Kapitalrendite immer die Lohnsteigerung überschreiten wird. Und in Hongkong ganz besonders. Die luxuriösen Einkaufszentren und glänzenden Appartements übertünchen die drückende Armut, die dazu führte, dass sich drei Generationen in winzige Wohnungen zwängen, in denen Stockbetten, Kühlschränke und Kleider so viel Platz einnehmen wie ein Doppelbett. Während ich an Thai vorbei auf die Lichter der Stadt sah, die sich sanft in einem *Blade Runner*-Regen brachen, dachte ich darüber nach, wie das Lernen Menschen aufwecken und ihnen Macht geben kann.

Der materielle Lohn des Lernens sinkt. Umso wichtiger ist es, dass wir die Idee der Fürsorge in den Kern des Systems stellen.

Zurück im Café, hatte Wong sein Frühstück beendet und wurde langsam zugänglicher. Er sah Thai als einen Theoretiker der alten Schule und hatte Zweifel, welche Rolle die Schulen tatsächlich spielen könnten. »Ich lerne nicht von der Theorie«, erklärte er, sondern aus der Praxis. Das war einer der Gründe für den Erfolg von Scholarism. Während die Occupy Bewegung in die Entropie abglitt – er hielt sie für einen Laberverein für all jene, die sich lieber gerne selbst reden hörten, als konkrete Ziele anzupacken – hatte er Erfolg. »Ich komme nicht von einer traditionellen linken Aktivistengruppe«, erklärte er. Er habe stattdessen von den Treffen gelernt, die Scholarism organisierte. Wie die Agoras der alten Griechen gab es wöchentliche Treffen, die fünf, sechs oder manchmal sogar zehn Stunden dauerten. Die Schüler dachten dann über ihr Momentum nach, evaluierten den Fortschritt der Bewegung, planten grob neue Aktionen und handelten Verwaltungskram ab.

Wongs Studium in Personalwesen und Digitalem Marketing erwies sich dafür als überraschend nützlich.

Er wollte klarstellen, dass das, was gemeinhin als eine Soziale-Medien-Revolution dargestellt worden war, technologisch eigentlich relativ einfach war.

»Soziale Medien eignen sich nicht zur Diskussion«, erklärte er, sondern zum Hinausposaunen. Es stehe konträr zu echtem Denken. »Für Diskurs oder echte Erklärungen ist Social Media nicht geeignet.« Seiner Erfahrung nach vertieften Schüler ihr Wissen durch gemeinsames Nachforschen in direkten Diskussionen. Ein französischer Akademiker, Bruno Latour, schrieb, Kritik habe Wissen zu Schrott reduziert. Heute müssen wir in Gruppen etwas daraus bauen.[22] Wongs Treffen waren kreativ, sogar sokratisch, und man fand sich dazu in der Realität zusammen. Die Kids mussten Kompromisse finden, sich anderen Meinungen aussetzen, Risiken eingehen, *gemeinsam* nachdenken. Soziale Medien sind »ein effizientes Mittel zur Werbung«, aber sie lösen kein Engagement aus. Niemand ändert online seine Meinung. Der Aufschwung von Rechtsextremismus hatte Wong gezeigt, dass das Internet von sich aus nicht nach Utopia führt.

Wong war ein Revolutionär der sozialen Medien, der nicht an die sozialen Medien glaubte, und ein Student, der die Praxis für einen besseren Lehrer als die Theorie hielt.

Aber war die Regenschirm-Revolution nicht berühmt für ihre Lernzentren? Er schüttelte den Kopf.

»Die entstanden nicht, weil die Menschen Bildung so lieben«, korrigierte er diesen Mythos. »Sondern weil es zu viele Hausaufgaben gab.«

Schule ist in Hongkong so brutal wie in Südkorea. Die besten Nachhilfelehrer verdienen in manchen Jahren 4 000 000 Dollar und bereiten die Kinder der Reichen für eine Chance an den Topuniversitäten vor. Sie sind wie Popstars, glattgebügelt und gut aussehend strahlen sie von den Webeplakaten in der Metro. Den Kids der Revolution lagen Freiheit und Demokratie am Herzen, aber das hieß nicht, dass sie nicht mehr im Rennen um die besten Jobs waren – einer der Gründe, warum sie sich für eine Besetzung statt einen Unterrichtsboykott entschieden hatten. Die Schüler wollten ihre Lernarbeit nicht aufgeben. Das Erklimmen des Berges übte auch auf die Aktivisten viel Druck aus. Selbst in dieser Hinsicht, so glaubte er, ging ihr Erfolg letztlich auf die Tigermütter zurück.*

»Eltern wollen ihre dominante Position in der Erziehung ihres Kindes nicht an die chinesische Regierung abgeben«, erläuterte er. »Und es ist die *chinesische* Regierung. Das ist das Problem.« Er fasste ihre Einstellung lakonisch zusammen. »Wenn du in meinem Leben herumpfuschst, sage ich nichts. Wenn du aber im Leben meines Sohnes oder meiner Tochter herumpfuschst, wehre ich mich.« Seine eigenen Eltern hatten sein Gerechtigkeitsempfinden gefördert. Als Kind hatte er mit ihnen arme Menschen besucht, hatte zuerst für sie gebetet, dann aber gesehen, dass das nichts änderte, und selbst etwas unternommen, nicht mehr nur geredet.

Wie können wir mehr Joshuas aufziehen? Ich sah mich um. In diesem schwindelerregenden Zentrum globalen Hyperkommerzes war die Straßenebene fast vergessen. Ein Nicht-Raum. Oder zumindest war das vor den Protesten so. Dann kam Leben in diesen Raum. Lernen ist unser menschlichstes Streben. Am besten lernen wir zusammen, nicht alleine. Es ist schwer, man muss sich treffen, muss reden, sich austauschen, braucht Zeit – all das, was uns verwehrt bleibt in unserem Zeitalter von Online-Geplapper und Lerninhalten, die unseren Hirnstamm an seine Grenzen bringen. Haruki Murakamis Eier und Mauern kamen mir erneut in den Sinn. »Wir dürfen uns nicht vom System kontrollieren oder zu dem machen lassen, wer wir sind«, hatte er gesagt. »Wir sind es, die das System gemacht haben.«[23]

---

* 2011 machte Amy Chua, eine Jura-Professorin in Yale, mit ihrem Loblied auf liebevolle Strenge *Die Mutter des Erfolgs. Wie ich meinen Kindern das Siegen beibrachte* (München, 2011, Original *Battle Hymn of the Tiger* Mother, London 2011), weltweit Furore. Niemand kommt einer Tigermutter in die Quere, nicht einmal Xi Jinping.

Das heißt, dass wir Gemeinschaften von Freidenkern erschaffen müssen. Nicht weit vom Schauplatz von Maajid Nawaz' langem Marsch durch die Institutionen versuchte eine Schule genau das.

Das Land von Wir und Sie

Nachdem er ein Foto von Curry und Reis auf das interaktive Whiteboard projiziert hatte, wandte sich Mr Hartley den sechsundzwanzig Zweitklässlern zu, die erwartungsvoll im Oval auf dem Teppich saßen. Eine lange Linie aus Malerkrepp spannte sich von einer Seite zur anderen. An einem Ende stand »sehr Englisch« am anderen »wenig Englisch«. Die Sechsjährigen hatten gerade darüber diskutiert, ob Mo Farah, der Held der britischen Olympiamannschaft, Englisch, Somalisch oder etwas anderes war (»Er kommt aus Jamaika, glaube ich«, sagte Riley, dessen Eltern von dort stammten). Sie hatten beschlossen, dass Englischsein nicht über Umgangsformen definiert werden konnte (»In anderen Ländern hält man Omas auch die Tür auf«, meinte Igors) und stimmten überein, dass Nationalität etwas damit zu tun habe, wie man spricht (»Meine Freundin kommt aus Litauen«, erzählte Daisy, »und sie spricht nicht gut Englisch«). Als Nächstes war das Lieblingsgericht der britischen Nation dran.

»Ist Curry und Reis englischer oder weniger englisch als Mo Farah, gutes Benehmen und die Queen?«, fragte Mr Hartley.

In ihren türkisen Pullis und schwarzen Hosen dachten die Nachwuchsphilosophen angestrengt nach.

Ich hatte mich zur Gallions Primary School in Beckton, im Osten Londons aufgemacht, weil ich gehört hatte, dass diese Schule bewies, dass *alle* Kinder denken lernen konnten. Die Gegend war berühmt für ihr altes Gaswerk, das in Stanley Kubricks Film *Full Metal Jacket* die Kulisse des im Krieg zerstörten Vietnams darstellte. Auch heute sah es in dieser entlegenen Ecke von Newham nicht rosig aus, einem der Stadtbezirke Londons, in dem ethnische Minderheiten die Bevölkerungsmehrheit stellten. Dort befand sich auch die School 21. Die Schülerschaft war gemischt. Von 670 Schülern im Alter von drei bis elf hatte etwa ein Fünftel Förderbedarf, ein Drittel war irgendwann berechtigt für kostenloses Schulessen und bei drei von fünf war Englisch die zweite Sprache.

Mr Hartley nahm Keisha dran. Sie stand auf.

»Curry und Reis ist am wenigsten englisch«, setzte sie an. *Warum?* »Christen essen das eigentlich nicht«, fuhr sie fort. »Das essen Muslime.«

Mr Hartley machte ganz gelassen weiter. Manche Lehrer hätten sie korrigiert, wie ich das bei Tyson versucht hatte. Aber er ließ dem Geschehen seinen Lauf. Ob Keisha englische Menschen kenne, die Muslime seien, wollte er wissen.

Sie dachte nach. Doch.

Mr Hartley wandte sich an die ganze Gruppe. »Hat von euch schon mal jemand Curry mit Reis gegessen?«, fragte er.

Sechsundzwanzig Hände schnellten in die Höhe.

Keisha überlegte einen Moment und nahm dann das »Curry und Reis«-Kärtchen von der Klebelinie und brachte es etwas näher zu »sehr englisch«.

»Seht ihr das auch so, oder nicht?«, fragte Mr Hartley, legte Zeigefinger und Daumen an sein Kinn, als denke er nach. Ein Junge in schwarzer Adidas-Hose übernahm. Er brachte das Kärtchen noch weiter Richtung »sehr Englisch«.

Mr Hartley fragte, warum er sich dafür entschieden habe. »Viele Menschen in England essen das«, erklärte er.

Als ich am Morgen mit der U-Bahn zu dem niedrigen Gebäudekomplex fuhr, in dem die Schule sich befand, hatte ich nicht damit gerechnet, dort Becktons Version von Sokrates vorzufinden. Die vielen Parkplätze und vereinzelten Bäume boten von außen keinen besonders ansprechenden Anblick. Aber innerhalb der Mauern befand sich eine Oase preisverdächtiger Gärten, liebevoll gepflegter Gemüsebeete und Außenspielanlagen voller fröhlicher Kinder. Und Mr Hartley war ein wahrer Meister. Kein Kind wurde korrigiert oder bekam gesagt, was es denken sollte. Stattdessen stupste er die Gruppe nur vorsichtig mit Fragen an. Sein Unterricht gehörte zu einem in den 1970er-Jahren gestarteten Programm, das auf den Theorien des amerikanischen Erziehungstheoretikers John Dewey basierte, der dafür plädierte, Kinder sollten mit einer Methode der »gemeinschaftlichen Suche« lernen – ein demokratischer Ansatz zur Vertiefung von Wissen und Verständnis, bekannt unter dem Namen P4C oder »Philosophie für Kinder«.

In ihrer Runde auf dem Teppich gingen die sechsundzwanzig Azubi-Platons zu einem neuen Szenario über und schüttelten mit vollem Körpereinsatz ihre alten Identitäten ab. Sie machten sich auf eine Reise in ein weit entferntes Land.

»Das«, verkündete Mr Hartley, »ist Usia«, und sprach es Us-ih-ja aus. Er deutete auf die westlichste von zwei grünen Inseln auf einem blauen Hintergrund, der auf das Whiteboard projiziert war. »Und das«, fuhr er fort und deutet zum Osten, »ist Themia. Ihr seid alle aus Usia, also seid ihr *User.*«

Die Users nickten feierlich, als Mr Hartley zu einer Reihe von Gedankenexperimenten ansetzte. »Stellt euch vor, ihr fliegt nach Themia in den Urlaub«, begann er. »Bist du dann ein Themier?« Die Kinder schauten unsicher in die Runde. »Ja«, schlug einer vor. »Ich glaube, man ist beides, weil man in beiden Ländern war«, sagte ein anderer. »Nein«, widersprach ein dritter Schüler, »du bist ein User, weil du diese Sprache sprichst.«

»Was, wenn du *drei* Wochen lang dort bleibst?«, fragte Mr Hartley und schraubte das Experiment weiter. »Du bist immer noch User, weil du da lebst«, kam als Antwort. Und wenn man *ein Jahr* dorthin gehen würde? »Auch wenn du dort für ein Jahr hingehst und die Sprache lernst«, entgegnete Rhinus, der aus Polen nach Großbritannien gekommen war, »bist du immer noch ein User.« Warum? »Weil du da *geboren* bist!«, trällerte er in die Gruppe. Mr Hartley zeigte nun eine Reihe von Fotos. Heuschrecken. Erdbeben. Feuer. Während die User im Urlaub in Themia waren, wurde Usia zerstört. Es gab keine Häuser mehr, kein Essen, keine Möglichkeit, je wieder auf Usia zu leben. Die User verstummten. »Seid ihr immer noch User?«, wollte Mr Hartley wissen.

»Ich glaube wir sind Themier«, gab Christophus zurück.

»Du bist in Usia geboren. Du bist kein Themier«, widersprach Rhinus.

»Nur weil du nicht mehr zurück kannst, heißt das nicht, dass du von diesem Land bist«, fügte Daisy hinzu. Aber so klar war es nicht mehr.

Mr Hartley führte ein neues Problem ein. Er hatte herausgefunden, dass Themier weder *Obst* noch *gute Manieren* mochten! Beides war aber für die Kultur der User (und der Zweitklässler) heilig. Was sollten die User denn nun tun? Sollten sie weiterhin Obst essen und sich gut benehmen, oder sollten sie das Obst und ihr Benehmen aufgeben und sich den Themiern anpassen?

»Wenn man kein Obst isst, kann man krank werden, weil man nicht gesund ist«, gab Dana zu bedenken. »Dann können einem die Knochen verfaulen.«

»Man könnte doch den Leuten sagen, dass man von Usia kommt und gerne Obst isst und dass das gesund ist«, bot Marius an.

Christophus hatte einen beängstigenderen Gedanken.

»Wir würden kein Obst mehr essen«, sagte er. Er hatte Angst, aufzufallen und gemobbt zu werden. »Wenn jemand sieht, wie wir Obst essen, dann sagen sie es allen Leuten, und dann kommen die und stellen so viele Fragen.«

Ich war erstaunt über die tiefsinnigen Gedanken der Kinder und die Offenheit, mit der sie ihre Meinungen kundtaten. In einer polarisierten Welt voller Wut hatte Mr Hartley einen Raum geschaffen, in dem Kinder Themen gemeinsam ausdiskutieren konnten. Lisa Naylor, die Fachbetreuerin für P4C an der Gallions, erzählte mir, dass eine Erstklässlerin an einer Grundschule im Norden Londons ihr gesagt habe, »alle Muslime sind Terroristen«. Der stellvertretende Schulleiter hatte das Mädchen geschimpft und sie gerügt, es sei widerlich so etwas zu sagen, und sie solle das ja nicht noch einmal tun. Das war die falsche Reaktion. »So etwas einfach zu ersticken ist wirklich gefährlich«, erklärte Naylor. »Wohin verschwindet diese Meinung dann?« Ins Netz, vermutete ich. Das Verlockende an anonymen Online-Gruppen wie 4Chan ist, dass man in solchen Räumen jede Meinung, ganz gleich wie weit sie die Grenzen des Erlaubten überschreitet, frei äußern kann. Wenn wir keine sicheren Orte offline schaffen, in denen man solche Gedanken aussprechen kann, werden sie nie gehört und infrage gestellt.

»Man kann nicht eine andere Religion haben, weil man in seiner Religion bleiben muss«, meldete sich Keisha zu Wort. »Wenn man seine Religion ändert, ist Gott traurig.«

Wir müssen uns darüber bewusst werden, welche Geschichten wir uns erzählen, um zu verstehen, was wir glauben und warum. Um den vielen Fakten zu entkommen, die zu jeder Geschichte passen könnten, die wir glauben wollen, müssen wir sichere, gemeinsame Räume schaffen, in denen wir unsere Überzeugungen aussprechen und weiterentwickeln können. Wenn wir uns um unsere Kinder kümmern wollen, heißt das, dass wir diese Orte an unseren Schulen schaffen müssen. Adam Deen erzählte, dass Philosophie und Debattieren unsere erste Verteidigung gegen Extremismus seien, wie auch gegen jede Form der Indoktrinierung. Die Schule ist der Ort, an dem wir diese Gedanken äußern, mitteilen und von Mensch zu Mensch diskutieren können. Zumindest sollte sie das sein. Joshua Wong berichtete, dass seine Erziehung zu einem Großteil auf der Straße geschehen war.

»Vielleicht können *sie* lernen, Obst zu essen«, meinte Riley und dachte hoffnungsvoll an die Themier. »Vielleicht kann ich mein gutes Benehmen zeigen, und sie lernen das dann auch.«

Halbwissen ist gefährlich

Kritisches Denken bedeutet nicht einfach, über gemeinsames Faktenwissen zu verfügen. Es geht auch nicht nur darum, die Inhalte der Kultur, in der man lebt, in sich aufzunehmen. Wirkliches Lernen heißt vielmehr, zu akzeptieren, dass es an bestimmten Stellen nur die Lösungen gibt, die wir selbst gemeinsam finden. Und wenn wir sie nicht finden, dann tun andere das für uns – nicht nur in China. Auch demokratische Staaten sind darum bemüht, die Denkweisen ihrer Bürger zu formen. In *Propaganda* schrieb Edward Bernays, Vater der Public Relations und Neffe Sigmund Freuds, Demokratien seien nicht vertrauenswürdig, könnten aber durch fabrizierte Zustimmung manipuliert werden. Nachdem er als Propagandist das amerikanische Volk davon überzeugte, im Ersten Weltkrieg ganz Europa zur Demokratie zu bekehren, wurde Bernays zum ersten Experten in diesem Bereich. »Die bewusste und zielgerichtete Manipulation der Verhaltensweisen und Einstellungen der Massen ist ein wesentlicher

Bestandteil demokratischer Gesellschaften«, schrieb er. »Organisationen, die im Verborgenen arbeiten, lenken die gesellschaftlichen Abläufe. Sie sind die eigentlichen Regierungen in unserem Land.« Er betrachtete Schulen und Lehrwerke als einen wichtigen Weg zur Einflussnahme[24] und schürte so die Meinung von Intellektuellen wie Noam Chomsky, dass selbst ein demokratisches Land nicht frei von Indoktrination ist.[25]

Heute sollten wir uns nicht nur über die Absichten von Regierungen, sondern auch von Unternehmen Sorgen machen. Der Schriftsteller Duff McDonald hat gezeigt, wie Unternehmen auf den Inhalt von Fallstudien an der angesehenen Harvard Business School Einfluss nehmen, deren Alumni später die Welt gestalten.[26] Der Technologieexperte Tim Wu schreibt, dass in Kalifornien mittellose Schulen ihre Schüler Werbeleuten ausgesetzt haben. Sein Buch *The Attention Merchants* beginnt mit der traurigen Geschichte des Twin Rivers Unified School Districts in Kalifornien, der 2012 eine Partnerschaft mit EFP (Education Funding Partners) einging, um die Schultore für Firmenwerbung zu öffnen. »Wir müssen mit unserem Kapital innovativ umgehen und herausfinden, wie wir mehr Einnahmen erwirtschaften«, sagte ein Sprecher des Schulbezirks und deutete an, dass Twin Rivers kreativ darüber nachdenken werde, wie ein Teil der Aufmerksamkeit der Schüler an große Unternehmen verkauft werden konnte – Unternehmen, die nur zu gut wissen, dass der Geist von Kindern sehr empfänglich dafür ist, sich lebenslang an Marken zu binden. Eine andere Schulbehörde in Florida verkaufte das Branding der Zeugnisse an McDonald's.[27]

Wenn wir uns wirklich für unsere Kinder engagieren wollen, müssen wir dafür sorgen, dass sie kritisch denken lernen, und wir müssen sie von Manipulation befreien. Ja, sie brauchen eine Basis gemeinsamer Fakten und kultureller Quellen, aber es ist nach wie vor problematisch, welche Fakten das sein sollten und wer darüber entscheidet. Sollte es die chinesische Regierung sein? Die Schüler und Eltern in Hongkong? Ein Zeitungsredakteur? Und was ist mit dem Internet? Das Internet steckt voller unterschiedlicher Blasen und Verschwörungstheorien. Es ist ein Ort, an dem jeder unsere Aufmerksamkeit will und sie für die eigenen Zwecke nutzt. Was Tim Berners-Lee für alle gemacht hat, ist nun überall von jemandem besetzt. »Das Internet ist die erste vom Menschen erschaffene Sache, die er nicht versteht. Das größte Experiment in Anarchie, das wir je hatten«, sagte Google-CEO Eric Schmidt.

Joshua Wong beharrte darauf, dass seine Revolution keine Soziale-Medien-Revolution war. Die wichtigsten Lernerfahrungen brauchen Offenheit, Diskussion von Angesicht zu Angesicht, zehnstündige montägliche Treffen. Sie berücksichtigen, dass Fakten zwar heilig sind, Wahrheiten aber oft von Menschen gemacht und durch Fragen und Diskussionen Konsens werden. Unsere Schulen müssen solche Debatten fördern und sowohl Schüler hervorbringen, die argumentieren und analysieren können, als auch Bürger, die sich mit Kompromissen und Politik auskennen. Lehrer wie Mr Hartley und Ms Naylor tun das bereits. Jemand hat Bildung mal als die Fähigkeit definiert, sich nicht betrügen zu lassen.[28] Es ist wichtig, dass wir nicht getäuscht werden, aber wir dürfen auch nicht in eine »Man kann niemandem vertrauen«-Mentalität verfallen. Wir brauchen gemeinsame Werte und Fakten. Aber wir müssen sie mit demokratischer Diskussion ermitteln und nicht indoktriniert bekommen. Denken lernen bedeutet, etwas zu wissen, aber vor allem bedeutet es, lernen zu *zweifeln*.

In seinem Essay *The Brain-Dead Megafone* (auf Deutsch *Das hirntote Megafon*) stellt sich der amerikanische Schriftsteller und MacArthur Foundation-Millionen-Genie[29]

George Saunders eine Welt vor, in der Menschen in Räume kommen und lautstark ihre Meinung herausschreien. In gewisser Weise stellte er sich damit unsere heutige Welt vor. Es gibt, so schrieb er, zwei Arten von Menschen, die Toms, nach Tom Sawyer, und die Hucks, nach Huckleberry Finn.

> Die Vereinigten Staaten von Tom schauen auf Elend und sagen: He, ich wars nicht. Sie schauen auf Ungerechtigkeit und sagen: Ich habe mein Leben lang geschuftet, um dahin zu kommen, wo ich jetzt bin, also heul mir nicht die Ohren voll. Tom mag Könige, alten Adel, nicht hinterfragte Privilegien. Huck mag Menschen, Fairness, den gemeinschaftlich geteilten *LKW*. Während Tom weiß, macht sich Huck Gedanken. Während Huck hofft, setzt Tom voraus. Während Huck sich engagiert, leugnet Tom. Diese beiden Teile der amerikanischen Psyche streiten seit Beginn der Nation miteinander. Und wenn man genauer darüber nachdenkt, streiten diese beiden Teile der Weltpsyche miteinander seit Anbeginn der Welt, und die Hoffnung der Nation und der Welt liegt darin, den Huck-Teil anzunehmen und den Tom-Teil wieder den Fluss hinaufzuschicken, wo er hingehört.[30]

Unser Schulsystem heute bringt, wie sich zeigt, Toms hervor. Wir vermehren die kognitiven Fähigkeiten der Schüler, zwingen sie aber in ein verbittertes Rennen an die Spitze, das zu einer Epidemie an Depressionen führt. Tatsächlich aber sollten wir Hucks heranziehen, Kinder, die sich engagieren. Benny Thai hatte recht. Wir müssen unserem Nachwuchs beibringen, zwei widerstreitende Ideen im Kopf zu behalten. Einerseits gibt es Expertise und Wissen. Der Lehrer weiß *tatsächlich* mehr über einige Dinge als der Schüler. Die meisten Quellen sind vertrauenswürdig. Es lohnt sich, für eine Prüfung sein Bestes zu geben.

Andererseits muss man lernen, infrage zu stellen, was der Lehrer sagt, kritisch über das nachzudenken, was man online oder in Büchern liest. Und man muss seine eigenen Meinungen und Überzeugungen hinterfragen. Das ist das Erbe von Daniel Kahneman. Das größte Geschenk von *Philosophy for Children* ist, dass es Kinder dazu bringt, über das Denken nachzudenken. Metakognition, die wissenschaftliche Bezeichnung dafür, verbessert nicht nur die Noten von Schülern[31], sondern machte sie ein bisschen mehr wie Huck und weniger wie Tom.

»Statt uns nur auf den Notendurchschnitt zu konzentrieren – warum kümmern wir uns nicht um die Stadt, in der wir leben und die wir lieben?«, hatte Wong mich gefragt.[32] Wir müssen bauen. Saunders fasste es am besten in Worte: »Hab keine Angst, verwirrt zu sein«, schrieb er. Diese Einstellung bringt Menschen dazu, gemeinsam nachzudenken. Sie bringt Toleranz hervor und fördert Verbindungen. Alle Antworten zu haben bedeutet, einen wesentlichen Teil des Menschseins zu verleugnen. Wenn es stattdessen immer etwas zu lernen gibt, gibt es immer einen Grund, auf andere zuzugehen. Wenn unsere Kinder uns wirklich am Herzen lägen, würden unsere Schulen *das* am meisten beherzigen. »Versuche, ständig verwirrt zu bleiben«, schrieb Saunders, »alles ist möglich. Bleibe offen, für immer, so offen, dass es wehtut, und dann öffne dich noch ein bisschen mehr, bis zu dem Tag, an dem du stirbst, Welt ohne Ende, Amen.«[33] Amen.

Teil 4

Coda

10 Besser scheitern

Open Source

Bildung ist der Reisepass in die Zukunft,
denn das Morgen gehört denen,
die sich heute darauf vorbereiten.
Malcolm X

Zurück in die Zukunft

Ein braun gebrannter Mitarbeiter im weißen Polohemd befestigte Lichterketten um den Pool des Pearl Hotels in der Rosecrans Street, wo am Abend *Zurück in die Zukunft* gezeigt werden soll. Das Gebäude erstrahlt mit seinen Holzvertäfelungen, unverputzten Ziegelsäulen und einer hellen Granit-Arbeitsfläche im passenden Understatement. Doch wir befinden uns nicht in den Fünfzigerjahren. Es ist der 21. Oktober 2015 – der Tag, an dem Marty und Doc bei ihrer utopischen Mission, aus dem fernen 1989 gelandet waren, um den Lauf der Geschichte zu verändern. »Du meinst, *wir sind in der Zukunft?*«, staunte Michael J. Fox im Film. Mittlerweile sind wir das tatsächlich, wenn auch ohne Hoverboards und selbstschnürende Turnschuhe. Ich würde diese Party allerdings verpassen, da ich meine eigene Mission zu vollenden hatte. Mittlerweile war ich wieder dort angekommen, wo ich gestartet war: in Kalifornien.

Aus Hongkong war ich in der festen Überzeugung abgereist, dass unsere Schulen nach mehr streben müssen. Seit hundert Jahren arbeiten wir daran, das alte preußische Modell zu modernisieren, das Bildungssysteme in aller Welt geprägt hat und das in Schanghai beinahe zur Perfektion getrieben wird. Doch die Welt hat sich verändert, und wir haben neue Erkenntnisse gewonnen. Inzwischen wissen wir, dass *alle* Kinder zum Lernen geboren sind und dass wir unser Potenzial nicht nur entfalten können, indem wir in Prüfungen brillieren. Auf meinen Reisen habe ich Schulen kennengelernt, die in allen Bereichen des menschlichen Lernens das Beste herausbilden wollen, die über das Potenzial des menschlichen Intellekts ganz neu denken und tatsächlich die Kreativität fördern und sich für den Erfolg und das Wohlergehen jedes Einzelnen einsetzen. Als letzte Station meiner Reise suchte ich nach einer Schule oder einem Bildungssystem, wo die gesamte Palette dieser Lernkompetenzen gepflegt wurde. Gab es eine Möglichkeit, einen individualisierten Bildungsansatz auf die breite Masse zu übertragen, damit alle Kinder ihr Potenzial ausschöpfen können? Ich nahm an, dass die Antwort, wenn überhaupt, dann hier zu finden war, an einem schmalen Küstenstreifen am Pazifik, von wo die Winde der Digitalisierung, Automatisierung und globalen Vernetzung in alle Welt hinauswehen.

Außerdem hatte ich nichts gegen 365 Tage Sonnenschein im Jahr einzuwenden, die die Bewohner von San Diego genießen durften.

»So ist das Wetter hier *jeden verdammten Tag*«, meinte ein paar Stunden später Larry Rosenstock grinsend, deutete auf die leuchtenden Sonnenstrahlen und verlieh jedem Wort mit einer kurzen Pause Nachdruck. Wir saßen an einem runden Tisch in seinem Büro – die Regale hinter ihm waren voll mit Fotos von exotischen Reisen, und auf seinem Kaffeebecher stand das Motto: »Cultivating Creative Noncompliance« (etwa: kreativen Nonkonformismus kultivieren). Er redete schnell, unverblümt und scherte sich nicht um Konventionen. *Larry David meets Werner Herzog,* kritzelte ich in mein Notizbuch. »Seit 1977 hat das Wetter nur zweimal das sonntägliche Golf verhindert«, berichtete er. Mit den Neon-Schnürsenkeln in seinen Asics und dem grauen Langarmshirt sah er tatsächlich aus, als würde er gerade vom Golfplatz kommen. Nach einer Kindheit an spießigen US-Privatschulen hatte er sein ganzes Leben hart daran gearbeitet, keinen Anzug tragen zu müssen und genauso viel Energie in innovative Schulkonzepte investiert, damit andere nicht das gleiche Schicksal erleiden müssten wie er selbst. Rosenstock ist CEO und Gründer von High Tech High, einem südkalifornischen Netzwerk von sogenannten Charter-Schulen, das zu Beginn des neuen Jahrtausends ins Leben gerufen wurde, um die nächste Generation auf die Welt von morgen vorzubereiten. Charter-Schulen werden durch Steuergelder finanziert, jedoch von unabhängigen Betreibern geführt.

Ich war hergekommen, weil es offensichtlich gut funktionierte. Obwohl die Aufnahme im Losverfahren nach Postleitzahl erfolgte und die Schülerschaft demzufolge recht divers strukturiert war, schafften es *alle* Schüler aufs College. Ein Viertel von ihnen schloss daran ein Studium in naturwissenschaftlichen oder technischen Bereichen an – eine Quote weit über dem Durchschnitt. Außerdem hatte ich gehört, dass dieser modernen Utopie das weniger durch den Einsatz von Hightech gelang, sondern vielmehr durch die Erschließung von Potenzial, durch gutes Handwerk und Sinn für Gemeinschaft. Hier in den weitläufigen Vororten von San Diego mit den Neo-Haciendas und imitierten Lehmmauern existierte offensichtlich doch etwas ganz Reales. High Tech High ist ein Ort des Gemeinwesens von jungen Freigeistern, der allmählich über sich hinauswächst und die Umgebung zu verändern beginnt.

Die Schulen befinden sich in einer ehemaligen militärischen Trainingseinrichtung, die die Verantwortlichen von der US-Navy gekauft haben. Nicht weit entfernt wehte ein Sternenbanner über dem Marinestützpunkt, an dem die Pazifikflotte ansässig ist.

»Ich habe zwei Leitsätze«, sagte Rosenstock. »Der erste besteht darin, unsere Schüler so gut auszubilden, wie es uns nur möglich ist. Und der zweite lautet, die Welt zu verändern.« Das war sein voller Ernst. »Einigen von diesen Kids wird das hoffentlich gelingen.«

Zuvor hatte mich ein Zwölftklässler namens Coleman herumgeführt. Mit seiner Funktionskleidung in Tarnoptik, Bürstenhaarschnitt und zwei funkelnden Ohrsteckern war er der Prototyp der Schüler, die zwischen den Klassen herumwanderten und allesamt aussahen wie Figuren aus dem Film *Hackers – im Netz des FBI*. Dabei interessierte sich Coleman gar nicht besonders für Technik. Er stand kurz vor seinem Abschluss und wollte anschließend eine Ausbildung an einer Kochschule in New York machen. Seine Spezialität waren Cupcakes, und er träumte davon, eines Tages eine eigene Bäckerei zu eröffnen. Die Schule basierte auf Prinzipien wie Erforschung und Handwerk sowie Lernen durch Praxis. Die Schüler werden dazu angehalten, ihre Interessen zu pflegen und sich dabei praktisch zu betätigen. Vor Gründung von High Tech High arbeitete Rosenstock beim US-Bildungsministerium und analysierte Spitzenschulen für das Projekt New Urban High School.[1] Drei der dabei ermittelten Faktoren für zukünftigen Erfolg bildeten das Herzstück der High Tech High: persönlicher Kontakt, Verbindung zur Erwachsenenwelt und gemeinsames intellektuelles Streben.[2] Bildung bestand hier darin, Denken, Handeln und Engagement zu erlernen.

Coleman zeigte mir in einem Lichthof mit gewölbter Decke ein Projekt zum Vietnamkrieg. Schüler der neunten

Klasse hatten in der Umgebung der Schule Veteranen interviewt. Dabei war ein vielstimmiges mündliches Geschichtszeugnis entstanden, das im örtlichen Museum gezeigt wurde. Daneben stand ein umgewandelter Zigarettenautomat, an dem man für fünf Dollar künstlerische Arbeiten der Schüler erwerben konnte. Während wir das alles bewunderten, entdeckte ich eine Gruppe von Jugendlichen, die auf dem Schulhof Raketen in beträchtliche Höhen schossen. Die Hälfte der Unterrichtszeit verbrachten sie mit solchen fächerübergreifenden, realitätsnahen Projekten, die auf mich wirkten, als machten sie richtig Spaß. Colemans Klasse widmete sich gerade einem Vorhaben mit dem Titel »Coding Structures, Decoding Identities« (Strukturen codieren, Identitäten decodieren). Dabei gab es einen geisteswissenschaftlichen Bezug (er schrieb einen Essay über Fotografie, konkret über das Werk eines brasilianischen Künstlers, der Installationen aus Abfall schuf und diese aufnahm), einen mathematischen (er erkundete den Goldenen Schnitt in der plastischen Chirurgie und im Pflanzenreich) sowie einen multimedialen (er konstruierte und programmierte ein computergesteuertes Spektraldisplay). Die andere Hälfte der Unterrichtszeit diente dazu, die Schüler auf ihre College-Zulassungsprüfungen vorzubereiten. Zwei Zitate an der Wand fassten die Lernphilosophie in Worte.

> *Der aufregendste Ausruf in der Wissenschaft ist nicht »Heureka«, sondern »Das ist aber komisch«.*
> Isaac Asimov[3]

> *Erfolg ist die Fähigkeit, von einem Misserfolg zum nächsten zu stolpern, ohne die Begeisterung zu verlieren.*
> Winston Churchill[4]

Coleman ging zurück in seine Klasse, und ich konnte allein noch ein wenig das Gelände erkunden – für eine Schule eine geradezu unerhörte Freiheit. Normalerweise wurde ich von einem Lehrer und gelegentlich sogar von örtlichen Beamten, Behördenvertretern, Dozenten und Ausbildern begleitet. Als ich selbst noch an der Schule unterrichtete, hatten insgesamt nie mehr als vier Erwachsene in meinem Unterricht hospitiert, obwohl ich überhaupt nicht zurechtkam. Schulen waren üblicherweise geschlossene, geradezu geheim anmutende Systeme, denen jegliche Transparenz fehlte, als ob wir uns dafür schämten. Bei der High Tech High war das völlig anders. Hier wurde quasi öffentlich unterrichtet. Man war angehalten, vor dem Eintreten *nicht* anzuklopfen – um den Lernfluss nicht zu stören. Stattdessen ging man leise hinein, suchte sich einen Platz und schaute einfach zu. Lehrer und Schüler waren die Anwesenheit von Fremden genauso gewohnt wie Ärzte und Patienten in Lehrkrankenhäusern. Pro Jahr kamen rund 5000 Besucher. So lernte man hier.

»Man kann sagen, wir sind Open Source, ein quelloffenes System erläuterte Rosenstock. Ganz offensichtlich galt dies sowohl für Schüler als auch für Gäste.

Ein vietnamesisch-amerikanisches Mädchen aus der siebten Klasse gab gerade einem weißen Surferboy mit langen, blonden Haaren Feedback, wobei immer wieder Wörter wie *Alter!* oder *woah!* fielen. Ein Schüler mit afroamerikanischem Hintergrund im blauen, schuleigenen Hoodie berichtete, dass sie gerade ein Gruppenritual absolviert hatten, genannt »the Walk«. Wenn in der siebten Klasse 120 Schüler im Alter von zwölf Jahren neu an die High Tech High kommen, werden sie allesamt per Bus zum Border Field State Park gebracht. Dort besichtigen sie die hohen Eisengitter, die bis hinunter zum Strand verlaufen und die Grenze zwischen den USA und Mexiko markieren. Anschließend machen sie sich zu einem dreitägigen

Fußmarsch über knapp vierzig Kilometer zurück zur Schule auf. Unterwegs übernachten die Schüler mit ihren Lehrern im Freien, verankern sich in ihrer Gemeinschaft und vertiefen ihren Sinn dafür, wo sie herkommen. Rund um diese Wanderung haben die Lehrer ein Projekt entwickelt, wozu unter anderem das Zeichnen von Comics gehört, in denen die Schüler die »Dualitäten« verarbeiten, die ihnen unterwegs begegnen. Durch die Reflexion von Extremen wie Immobilienbesitz versus Obdachlosigkeit oder Technologie versus Natur sollen die Siebtklässler sich als verantwortungsvolle Bürger ihres Landes begreifen.

Der Surferboy bekam vom BWoah-Mädchen für seinen ersten Entwurf ein doppeltes *Wow* (farbige Gestaltung, übersichtlich) und außerdem einen Wunsch (Rechtschreibung!) mit auf den Weg.

Obwohl das Schuljahr erst ein paar Tage alt war, entwickelten sie bereits ein starkes Gemeinschaftsgefühl.

»Justin interessiert mich nicht, Punkt«, sagte der Junge im blauen Hoodie, als er nebenbei ein Gespräch über Bieber mitbekam. Er kämpfte mit seinem Laptop.

»Das ist kein *richtiges* Zitat«, merkte das Woah-Mädchen außerdem an, während sie weiter die Gliederung des Surferboys durchgingen. Ihr Umgang miteinander war so kooperativ wie sonst nur bei sehr kleinen Kindern oder äußerst geschulten Erwachsenen.

»Du hängst ja *so was von* hinterher«, schaltete sich ein Mädchen in Flipflops ein, »das war doch schon vor zwei Wochen dran.« Nur nicht hinter dem Busch halten.

»Wieso zickt denn dieser Computer so rum?«, stöhnte der Junge im blauen Hoodie und ließ seinen Kopf theatralisch auf den Tisch knallen.

Die Lehrerin bemerkte, dass er Schwierigkeiten hatte, und ging zu ihm. Ob er zurechtkäme, erkundigte sie sich. Was er denn bei Google eingegeben habe? Ihre Fragen hielten ihn dazu an, darüber nachzudenken, worin genau sein Problem bestand. »Vielleicht müssen wir noch etwas hinzufügen. Was ist denn ein anderes Wort für kümmern?« Ihm fiel keins ein. Was können wir machen, wenn wir ein Synonym suchen? Er begann zu tippen. »Richtig, der Thesaurus. Wenn du ihn aufgerufen hast, tippst du *kümmern* ein und schaust, was dir angezeigt wird.« Ich musste an Daisy Christodoulou denken, die beste Studentin Großbritanniens, die fest davon überzeugt war, dass wir uns weiterhin Lernstoff aneignen müssen. Ich war mir sicher, sie hatte recht, weil es wichtig war für die Entwicklung unserer Denkfähigkeit. Und *trotzdem* würden diese Jugendlichen immer auf Google oder Ähnliches zurückgreifen. Der Junge im blauen Hoodie lernte gerade, wie das am besten gelang.

»Wir sind ständig von Technik umgeben«, seufzte ein schmächtiger Junge im grauen T-Shirt. Wehmütig dachte er an die Berge an der Grenze zurück.

Zusätzlich zu den Inhalten im Fach Sozialkunde lieferte die Wanderung Material für demografische Statistiken im Matheunterricht, während im Kreativkurs nebenan kleine Schülerteams mit Hilfe eines CAD-Programms dreidimensionale topografische Karten der Region anfertigten, durch die sie gewandert waren. Die einzelnen Teams waren für unterschiedliche Quadranten zuständig, die sie zunächst virtuell gestalteten und anschließend mit dem Laserschneider aus Sperrholz fertigten. Die Einzelteile wurden dann wie ein Puzzle zu einem Modell zusammengesetzt, ungefähr so groß wie ein privater Swimmingpool. Die Einleitung des Lehrers für diese Stunde hörte sich an wie das Kreativ-Briefing in einem Designbüro. Auf die Frage eines Mädchens mit weißblonden Haaren, ob die Teile nach dem Schneiden nicht durchfallen würden, erklärte er, dass sie für alle Erhebungen eine separate Schicht für jede Kontur herstellen mussten, die dann übereinandergelegt wurden.

»Ahh!«, antwortete sie.

»Genauso muss das beim Lernen sein«, merkte er an, »dass man ›Ahh!‹ sagt.«

»Oder ›*Great Scott!*‹«, warf ein Junge im Kostüm à la *Zurück in die Zukunft* mit selbst gebautem Hoverboard unter dem Arm ein.

»Ja, oder ›Great Scott!‹«, bestätigte der Lehrer lächelnd.

Nachdem die Aufgabenstellung beendet war, fingen alle an zu arbeiten, nur gelegentlich unterbrochen durch eine »Gruppenbesprechung«. Es war beeindruckend zu sehen, wie unbeschwert diese Kinder, deren Familien von den verschiedensten Kontinenten stammten, bei der Sache waren. Die Standards waren so hoch, dass sie damit gut und gern in der Arbeitswelt bestehen könnten. Mit Bedauern dachte ich an meine eigene lebensferne und von Theorie geprägte Schulzeit zurück. Die Schüler hatten hier so viel *Freude,* sie lernten zu denken, zu handeln und sich zu engagieren. Sollte es denn nicht in allen Schulen so sein? Damit könnten wir das Lernen in der frühen Kindheit erheblich verbessern und die Grundschulbildung ankurbeln. Wenn das gelingen würde, würden sicher 99 Prozent der Kinder bis zum Alter von zwölf Jahren hervorragende Leistungen beim Lesen, Schreiben und Rechnen erbringen. (Heute gilt das in Industrieländern etwa für die Hälfte und in Entwicklungsländern lediglich für ein Fünftel.) Wenn dies mehr Schulen gelingen würde, könnten sie *wirklich* die Welt verändern.

»Die Welt verändert sich und die Schulen nicht«, sagte Rosenstock. Die Kernfrage lautete seiner Ansicht nach, ob wir eine Lernrevolution von unten gezielt anstoßen müssen oder ob »der globale Wandel dafür schon genügend Impulse liefert«.

Was Letzteres betraf, so war er nicht besonders optimistisch. Pädagogik erforderte einen so langen Atem wie kaum etwas anderes, doch die Abläufe in der Politik unterlaufen visionäres Denken und Kooperationsbestrebungen, die jedoch unerlässlich sind, um einen Konsens zu erzielen und gemeinsam an der konkreten Umsetzung zu arbeiten. »Alle vier Jahre haben wir einen neuen Präsidenten. Schon zwei Jahre vor der Wahl geht es in der Presse fast nur noch um die Frage, wer dieses Amt als Nächstes bekleiden wird. Das bedeutet, ich bin mein halbes Leben auf diesem Planeten von der Frage umgeben, wer der nächste Präsident sein wird.« Im Hinblick auf die Zukunft ist es jedoch unverzichtbar, selbst aktiv zu werden, eine neue Generation anzuerkennen und *diese* zu ermutigen, die Welt zu verändern. Die bedeutende amerikanische Bürgerrechtlerin Angela Davis sagte einmal, dass wir heute nicht für unsere eigene Zukunft kämpfen, sondern für die unserer Enkel.[5] High Tech High ist mit der starken Ausrichtung auf Erkundung, Gemeinschaft und Kooperation auf dem besten Weg, die Saat für eine Welt zu legen, wie wir sie brauchen. Inspiriert wurde dieses Konzept von großen Denkern der Vergangenheit wie etwa Sokrates.

»Wissen eignet man sich nicht im Alleingang an«, erklärte Rosenstock, »sondern gemeinsam.«

Seiner Ansicht nach beginnt Lernen damit, dass wir uns mit den Geschichten und dem Wissen auseinandersetzen, das uns miteinander verbindet, wie es E. D. Hirsch formulierte. Darüber hinaus müssen wir lernen zusammenzuarbeiten, um dieses Wissen anzuwenden. Schule muss uns den Weg zu diesen beiden Zielen weisen. »Man kann guten Unterricht machen, gute Ergebnisse erzielen und den Kindern hilfreiche Antworten geben«, fuhr er fort, »aber das genügt nicht.« Er war der Ansicht, dass die Schule große Defizite im Hinblick darauf aufweist, wie sich das Zusammenleben gestalten lässt. »Stellen wir uns zwei Zweitklässler vor, die sich mit dem Bürgerkrieg beschäftigen«, sagte er. »Ein weißes Kind sagt zu einem schwarzen: ›Ein Glück, dass es so ausgegangen ist, denn sonst würdest du mir jetzt gehören.‹ Was tun Sie in diesem Fall als Lehrer? Oder in der dritten Klasse sagt ein Mädchen: ›Ich habe zwei Mütter.‹« Einmal kamen die Mütter von zwei Transgender-Kindern, die sich als Mädchen fühlten, zu Rosenstock. Ihnen war unwohl dabei, dass die Kinder die allgemeinen Toiletten benutzen sollten, und sie wünschten sich, dass sie eine eigene zur Verfügung hätten. Aus Sorge vor Stigmatisierung räumte er den Mädchen die Möglichkeit ein, die private Toilette zu benutzen, wenn sie sich unwohl fühlten. »*Das haben sie kein einziges Mal getan*«, ergänzte er. »Den Mädchen war das völlig egal.«

Es ist kompliziert. Natürlich gibt es Dinge, die wir unseren Kindern unbedingt beibringen müssen. Lesen und Schreiben. Die Regeln der Mathematik. Die Anwendung eines Laserschneiders. Fakten aus unserer gemeinsamen Geschichte. Es wäre unglaubliche Zeitverschwendung, wenn jede Generation diese Inhalte neu für sich »erschließen« müsste. Das ist der Kern von Kultur und Michael Tomasellos kulturellem Wagenheber-Effekt. Doch darüber hinaus gibt es ganz offensichtlich noch eine Menge anderer Aspekte, mit denen sich Kinder auseinandersetzen sollten. Beispielsweise *was* man lesen und schreiben soll. *Wo* man Mathematik anwendet. Wie man Geschichte *interpretiert*. *Wofür* wir die neueste Technik anwenden. Die beste Art zu *leben*. An diesen Stellen ist Wissen nicht in Stein gemeißelt, das wäre auch völlig unmöglich. Wir müssen dringend anfangen, über dieses Dilemma der Schule zu diskutieren. Auswendiglernen fördert durchaus die kognitiven Fähigkeiten, doch das *Medium* derartigen Lernens vermittelt die implizite Botschaft von einer statischen, unveränderlichen Welt. Die Schüler der High Tech High bereiteten sich auf Unsicherheit und Veränderung vor.

»Wir haben hier nur zwei Regeln«, verkündete Rosenstock lachend. Die erste heißt »keine Rollschuhe« und die zweite: keine Gespräche mit Journalisten. Er wollte nicht, dass die Kinder etwas taten, *weil sie dazu aufgefordert wurden.* Vielmehr wünschte er sich, dass sie Verantwortung übernehmen und Fragen stellen, so wie die Schüler in Finnland oder an der School 21. Es gibt keine Stundenklingel, keine Regeln und keine Lautsprecheranlage. Die Schule gehört den Schülern, und so fühlte es sich auch an. »Gruppendruck wird vielfach unterschätzt. Das ist keineswegs nur ein negativer Einfluss, sondern ein ausgesprochen positiver.« Die Schüler bekommen zudem keine Zensuren. Projekte werden lediglich mit Eins oder Null bewertet. Es werden keinerlei Daten über die Leistung der Schüler und ihren Hintergrund erhoben, und auch Vergleiche finden nicht statt. Stattdessen achten Lehrer und Schüler aufeinander. Und trotzdem schaffen es *alle* aufs College. Rosenstock vollzog eine Abkehr vom wirtschaftsorientierten Modell – »mit der unsinnigen Englisch-, Geschichte-, Mathe-, und Naturwissenschaften-Einteilung, die 1896 von der Industrie festgelegt wurde, um das Lernen zu standardisieren« – zugunsten einer früheren menschlichen Organisationsform des Gemeinwesens.

Das wirtschaftsorientierte Modell, das zu einem rasanten Anstieg der Alphabetisierung geführt hat, brachte jedoch auch Wettbewerb, Stress und einen verengten Fokus mit sich. Steven Pinker vertrat die Auffassung, dass wir schlicht nach einer Vermehrung des Menschheitswissens streben sollten. Schließlich seien Gesellschaften mit besonders hohem Lernniveau – gemessen anhand der Raten von Alphabetisierung, Rechenkenntnissen und Universitätsabschlüssen – die gesündesten, wohlhabendsten und friedlichsten. Dies war zwar einerseits richtig, aber andererseits musste man auch bedenken, dass frühere Generationen gelegentlich nichts ahnend in Krisen geraten waren, weil sie nicht rechtzeitig auf Signale reagiert hatten, die auf nötige Veränderungen hingedeutet hatten. In Banken oder staatlichen Behörden arbeiteten unzählige hochgebildete Menschen, die ihre eigenen Interessen über die anderer stellten oder – im Fall von Ölfirmen und Klimawandel – sogar gegen die langfristigen Bedürfnisse der Welt. Genau wie Technologie ist Lernen nicht nur ein Mittel, um Gutes zu bewirken, sondern kann auch für ausbeuterische Zwecke eingesetzt werden.

Neu denken, es besser machen und engagiert bleiben sind die Grundlagen für ein menschlicheres Schulwesen, so wie Rosenstock es an der High Tech High praktiziert. Obwohl wir mit unseren Erkenntnissen über Systeme noch ganz am Anfang stehen, habe ich bereits von Untersuchungen gelesen, die Aufschluss darüber geben. Wenn wir zum Lernen geboren sind und unsere Fähigkeit zu lehren und zu kooperieren über Jahrtausende hinweg vervollkommnet haben, wäre es dann nicht besser, statt uns so lange zu verbiegen, bis wir ins System passen, das System an *uns* auszurichten?

Mehrwert erzeugen

Im Jahr 1993 hatte ein von Arbeitslosigkeit bedrohter britischer Physiker einen ganz ähnlichen Verdacht in Bezug auf unsere Städte. Nachdem die Mittel gestrichen wurden, um im texanischen Waxahachie einen milliardenschweren, achtzig Kilometer langen Teilchenbeschleuniger namens Desertron zu bauen, erkannte Geoffrey West, woher der Wind wehte, und schwenkte mit seinen Forschungen von der Partikelphysik auf den Menschen um. Weltweit nimmt die Urbanisierung in rasanter Geschwindigkeit zu, und man geht davon aus, dass bis zum Jahr 2050 drei Viertel der elf Milliarden Einwohner unseres Planeten sich in immer dichter besiedelten Städten ballen werden. »Wir betrachten Städte immer in Bezug auf ihre kleinteiligen lokalen Gegebenheiten, wie Restaurants, Museen und das Wetter«, sagte er gegenüber der *New York Times*.[6] Doch sein an der Stanford University und im Los Alamos National Laboratory geschulter analytischer Verstand erkannte hier noch ein ganz anderes Potenzial. Ist es denkbar, dass alle Städte von bestimmten verborgenen Gesetzen geprägt wurden?

In Zusammenarbeit mit dem ebenfalls vormaligen Physiker Luís Bettencourt begann West mit seinen Forschungen zu natürlichen Systemen am Santa Fe Institute, einem Labor für Grundlagenforschung an der Grenze zu Texas. Er wollte die Gesetzmäßigkeiten verstehen, die der Skalierung von biologischem Leben zugrunde liegen, oder, anders gesagt, »wie Systeme reagieren, wenn sich ihre Größe verändert«. Trotz der immensen Vielfalt und Komplexität der Natur stellte West fest, dass das Wachstum aller lebenden Organismen »in sämtlichen Dimensionen – von Zellen bis hin zu Ökosystemen – bemerkenswert einfach und systematisch« erfolgt. Daraus leitete er ein *Potenzgesetz* ab: Wenn sich die Größe eines Organismus verdoppelt, so bedeutet dies nicht, dass sich dessen Energieverbrauch ebenfalls verdoppelt, sondern dieser erhöht sich lediglich um 75 Prozent. Einfacher formuliert, heißt das: Je größer und komplexer ein lebendes System wird, *desto energieeffizienter ist es*.[7] Wirtschaftlichkeit durch große Serien (Degressionsgewinn) ist also in der Natur nachweislich vorhanden. Gilt dies möglicherweise auch für menschliche Systeme?

Ausgehend von dieser Frage, wurde West bewusst, dass das Erscheinungsbild von Städten durchaus mit Organismen vergleichbar ist. Das weitverzweigte Straßennetz ähnelt Blattadern oder unserem zentralen Nervensystem. Ausgehend von einer Reihe von Fragen – Was bedeutet es für die Produktivität, wenn Städte größer werden? Erhöhen sich die Gewinne von Unternehmen analog zu ihrem Wachstum? – begann er mit der Datenrecherche, um seine These zu überprüfen, der zufolge Städte wie Lebewesen beschaffen sind. Er durchforstete das Internet und Bibliotheken, stöberte in ungelesenen demografischen Untersuchungen über mittelgroße chinesische Metropolen oder die Feinheiten der regionalen Infrastruktur in Deutschland. Zwei Jahre später hatten Bettencourt und er die Antwort gefunden. Städte unterliegen *tatsächlich* bestimmten Gesetzmäßigkeiten. Diese Gesetze sind sogar so berechenbar, dass die Forscher anhand der Bevölkerungszahl einer Stadt – zum Beispiel 200 000 oder 2 Millionen – mit einer Genauigkeit von 85 Prozent nicht nur das Durchschnittseinkommen der Einwohner vorhersagen können, sondern auch die Gesamtfläche von Straßen und sogar die Geschwindigkeit der Fußgänger auf den Gehwegen. Und dabei spielt es keine Rolle, ob sich die Stadt in Sichuan, Schottland oder South Carolina befindet.[8]

Das von West und Bettencourt ermittelte Gesetz besagt, dass in einer Stadt, deren Größe sich verdoppelt, die Produktivität pro Kopf um 15 Prozent zunimmt. Das heißt, die Einwohner werden durchschnittlich ein wenig wohlhabender, produktiver und kreativer. »Diese bemerkenswerte Formel ist der Grund, warum es so viele Menschen in Großstädte zieht«, erläuterte er. »Siedelt man ein und dieselbe Person in eine doppelt so große Stadt um, dann tut sie plötzlich 15 Prozent mehr von all den Dingen, die wir messen können.«[9] Auch die Anzahl von Patenten pro Einwohner steigt nach den gleichen Gesetzmäßigkeiten – aber als Kehrseite auch die Verbrechens- und Krankheitsraten. Darüber hinaus verringert sich der Bedarf an Energie, Infrastruktur und anderen Ressourcen, der in Großstädten benötigt wird, um diesen Leistungszuwachs zu erzielen, um 15 Prozent. Obwohl Städte organisch, führungslos, relativ ungeplant und kaum verwaltet sind, erreichen sie großartige Werte bei der Wirtschaftlichkeit. Während in der Natur der Grundsatz gilt, dass Wachstum das Tempo verringert (Giraffen staksen, Mäuse huschen), geht es in Städten immer schneller zu. West ist der Ansicht, dass dies *soziale* Gründe hat. Städte verbinden Menschen. Interaktion und Kooperation fördern Lernen und Innovation. Genau wie High Tech High sind es quelloffene Systeme.

»Die Stadt lebt von der Freiheit«, sagte er.[10] Beflügelt durch ihre Erkenntnis, entschlossen sich West und Bettencourt, noch andere menschliche Systeme zu untersuchen, und wandten sich als Nächstes der Wirtschaft zu. Doch als sie begannen, die Daten von 23 000 Unternehmen auszuwerten, machten sie eine verblüffende Entdeckung. Sobald Unternehmen größer wurden, trat der gegenteilige Effekt wie bei Städten ein: Der Gewinn pro Mitarbeiter *verringerte* sich. West stellte dazu die Hypothese auf, dass mit dem Wachstum der Unternehmen auch die Bürokratie zunahm und die Effizienz hemmte, statt sie anzukurbeln. Noch dramatischer war, dass Unternehmen häufig nach einer typischen Lebensdauer von lediglich ca. fünfzig Jahren starben. Die Ursache sah er darin, dass die Unternehmen mit sinkendem Gewinn als Erstes die Gelder für Forschung und Entwicklung kürzten. »Diese Denkweise bricht ihnen das Genick«, schrieb er. Während Städte wesentlich organischer und daher produktiver sind, gehen Unternehmen zugrunde, weil künstlich geschaffene Strukturen das Lernen verhindern.

Beim Lesen von Wests Forschungsergebnissen merkte ich sofort, dass sie auch für unser Schulwesen relevant waren. Alle Fortschritte auf dem Gebiet des Lernens im 20. Jahrhundert beruhten auf einem wirtschaftsorientierten Modell. Jahrzehntelang orientierten sich Regierungen hinsichtlich des Schulsystems an der Privatwirtschaft, richteten ihr Hauptaugenmerk auf Zielvorgaben und Messbarkeit und machten sich dadurch zu Sklaven der Datenlage. Die Einführung dieses Modells fiel mit einer weltweiten Zunahme der Alphabetisierung und mathematischer Fähigkeiten zusammen. Dennoch legen Wests Forschungsergebnisse nahe, dass dieses Paradigma auch einen negativen Einfluss darauf hat, wie – und wie viel – unsere Kinder lernen. Vielleicht wirkte sich die Managementtheorie, ungeachtet aller verbesserten Testergebnisse, auch hemmend auf die Systeme zum Lernen, Handeln und Engagement aus, die wir eigentlich brauchen.[11] Ist für uns stattdessen ein System vorstellbar, das unsere ureigene Fähigkeit stärkt, die menschliche Gemeinschaft optimal auszunutzen? Wenn wir ganz neu denken, es besser machen und engagierter sind, können wir einen Ansatz entwickeln, der menschliche Systeme stärkt, statt sie zu untergraben.

In Boston besuchte ich Mike Goldstein. Er war der Gründer von Match Education, einer unglaublich erfolgreichen Charter-Schule, kombiniert mit einem Netzwerk für Lehrerfortbildung in Massachusetts. Er nahm gerade ein Sabbatical – in seinem LinkedIn-Profil stand »Amateur Dad« – und sein Wohnzimmer sah aus wie ein Abenteuerspielplatz. Vor seiner Auszeit war er drei Jahre als wissenschaftlicher Leiter bei Bridge International tätig, einem Netzwerk von 500 privaten Grundschulen und Kindergärten in Kenia, Uganda, Liberia, Nigeria und Indien, wo mittlerweile 250 000 Kinder für ein Schulgeld von monatlich nur fünf Dollar unterrichtet werden. Bridge hatte das wirtschaftliche Modell perfektioniert und erzielte große Erfolge bei der Alphabetisierung. Die Schüler zeigten – bei geringen Kosten und in beträchtlichem Maßstab – bessere Leistungen im Lesen, Schreiben und Rechnen, als ihnen dies an anderen Schulen jener Länder gelungen wäre.[12] Doch Kritiker gaben zugleich zu bedenken, dass es dort zu techniklastig zuginge, weil Lehrer vorgefertigte Unterrichtsinhalte von zuvor bespielten Tablets ablasen und die Kinder viele Aufgaben an digitalen Endgeräten erledigten, sodass man Roboterlehrern schon sehr nahe kam.[13]

Man müsse die Welt so nehmen, wie sie ist, so Goldstein. Schulen wie High Tech High oder Hiidenkiven funktionieren deshalb so gut, weil sie über exzellente Lehrer verfügen. Doch da dort nur außergewöhnliche Leute tätig sind, lassen sich solche Schulen nicht ohne Weiteres vermehren. Bridge hatte sich darauf eingestellt. In Kenia war die Anzahl von gut ausgebildeten Menschen äußerst überschaubar. Es gab nicht endlos viel geeignetes Personal. Also musste man Kompromisse eingehen. »Wenn man in Richtung Wachstum orientiert ist«, sagte er, »muss man darauf achten, dass man Systeme nutzt, die auch für mittelmäßige Lehrer funktionieren, die voraussichtlich zahlreicher zur Verfügung stehen.« In einem mittlerweile berühmten Essay über die *Cheesecake Factory* widmete sich der Autor Atul Gawande der Frage, welche Voraussetzungen gegeben sein müssen, um in sämtlichen Filialen einer überregionalen Restaurantkette im gehobenen Segment gleichbleibend hohe Qualität zu erzielen – und ob das Gesundheitswesen daraus etwas lernen kann.[14] Goldstein übertrug diesen Ansatz auf die Schule. »Planen Sie ein wirklich exklusives Restaurant, oder wollen Sie ein Lokal eröffnen, das mit dem aktuellen Arbeitsmarkt vereinbar ist und den Gästen ein angenehmes Erlebnis beschert?«, fragte er.

Goldstein zufolge hatte beides seine Berechtigung. »Ich bin froh, dass es Läden wie Starbucks gibt«, sagte er. »Und genauso froh bin ich über kleine familiengeführte Cafés mit individuellem Touch.« Für mich jedoch bestand das Problem mit der Starbucks-Pädagogik darin, dass die Menschen, die das System prägten – also die Lehrer und Schulleiter –, lediglich ein Mittel zum Zweck für den

Lernerfolg der Schüler waren und damit die Rolle von Zahnrädchen in der Lernmaschine spielten. Es impliziert, dass unser Platz in einer Hierarchie in Stein gemeißelt ist, unsere menschlichen Fähigkeiten beschränkt sind und wir sie bestenfalls für eine einzige, sich unaufhörlich wiederholende Arbeitsroutine einsetzen können. Ist das nicht genau jene Denkweise, die dazu führte, dass unsere Schulmodelle sich seit anderthalb Jahrhunderten nicht verändert hatten? Das Familien-Café-Modell dagegen ist anders. Es basiert auf der Idee des Handwerks. Man kann experimentieren und von der Speisekarte abweichen. Die Mitarbeiter lernen etwas über Kaffee, Kochen und Service oder können sogar mit ins Geschäft einsteigen. Doch es gibt auch Risiken. Für jedes neue Lokal, in dem sich um die Mittagszeit die Hipster drängen, muss ein anderes schließen und seine Espressomaschine auf eBay zu Kleingeld machen.

Mir wurde bewusst, dass mir in den Schulen, die ich bisher besucht hatte, im Prinzip zwei ganz unterschiedliche Herangehensweisen begegnet waren. KSA und KIPP arbeiten mit Kindern, die große Defizite haben, weshalb dort der Fokus auf der sozialen Mobilität liegt und man systematisch versucht, die Leistung zu steigern und dazu jede Sekunde zu nutzen. Ganz ähnlich wie Unternehmen richten sie ihr Augenmerk stärker auf die Produktivität. High Tech High oder Schule 21 setzen hingegen bei der Rückständigkeit des Schulwesens an und investieren alle Ressourcen in ihre Vorstellung von der Bildung der Zukunft. Sie sind erheblich flacher und weniger hierarchisch organisiert und daher am ehesten mit Städten vergleichbar. Beide Varianten haben große Stärken, und ich fragte mich, wie es gelingen könnte, das Beste aus beiden Ansätzen zu einem ganz neuen Modell zu kombinieren – wo die Systematik genauso ihren Platz hat wie die Ausrichtung am Menschen? Ich hatte von einem Netzwerk von Schulen in der kalifornischen Bay Area gehört, wo Unterricht und Lernen genau auf diese Weise innovativ gestaltet wird – mit ausgezeichneten Ergebnissen für die Schüler. Ich machte mich auf den Weg, um es mir genauer anzusehen.

Das System formt nicht uns, sondern wir formen das System

In einem Starbucks-Café in der Serramonte Avenue von Daly City suchten zwei ehemalige Polizisten Zuflucht vor einem sintflutartigen Regenguss. In der gesamten Bay Area galt für die nächsten drei Tage eine Unwetterwarnung, und es schüttete unaufhörlich. Ein junger Mann mit Igelfrisur hatte gerade seine Kündigung wegen Fehlverhaltens bekommen. Er musste gehen. Das neue Management habe überhaupt keine Ahnung, sei nur auf Zahlen und Standardabläufe bedacht. Während er seinen Frust an der Bar ertränkte, riet ihm sein bereits pensionierter Kollege, eine *Umschulung* zu machen und sich dann einen *neuen Job* zu suchen. Er habe gehört, dass Ford Leute einstellen wolle und GMC ebenfalls. Aber was sollte ein arbeitsloser Vierzigjähriger tun? In seiner Jugend gab es genügend Stellen, und in Sachen Schule musste er sich keine Sorgen machen. Heute legen fahrerlose Lkws nur ein kleines Stück südöstlich von hier Tausende Testkilometer auf den nassen Straßen des Silicon Valley zurück. Lernen hat oberste Priorität, denn es ist unsere einzige unerschöpfliche Ressource.

Als ich vom Parkplatz fuhr, hörte ich im Radio die US-Bildungsministerin Betsy DeVos, die vehement dafür plädierte, dass Schulen nicht für Lehrer gemacht seien, sondern für *Eltern*. Doch das stimmt nicht. Schulen gehen uns alle an und formen unsere gemeinsame Zukunft. Und vor allem sind sie für *Kinder* gemacht.

Auf einer Felsnase hoch über dem Highway 280 befindet sich eine Schule ansässig, die ihre Aufgabe sehr ernst nimmt, die nächste Generation auszubilden. Dabei wirkt die Summit Shasta Highschool auf den ersten Blick eher unansehnlich. Zwei Reihen von in die Jahre gekommenen Behelfshütten erstrecken sich zu beiden Seiten eines Asphaltstreifens – eigentlich nicht mehr als ein paar Baracken auf einem Parkplatz. Ein dahinter gelegenes Fortbildungszentrum für Erwachsene sah beinahe aus wie eine Strafanstalt und versperrte den Blick auf eine große Wiese, auf der eines Tages der neue Schulcampus gebaut werden sollte. »Mittlerweile haben sie es immerhin geschafft, das Gras zu mähen«, erzählte ein Lehrer. Die tief hängenden grauen Wolken lichteten sich ab und zu, sodass man ringsum die Bäume und dahinter den Pazifik sehen konnte. Es wirkte wie eine Szene aus dem Roman *Ready Player One* von Ernest Cline – Steampunk-Amerika voller Zocker, suspekter Nebenjobs und dem Verfall der Städte, bei Nieselregen gefilmt.[15] Doch hier herrschte buntes Leben. Alle Barackentüren waren in leuchtenden Farben gestrichen. Ein Trupp kalifornischer Teenager bahnte sich grüppchenweise einen Weg zwischen Pfützen hindurch, mit durchweichten Sneakern, langen Haaren und regennassen Hoodies, aber dennoch vor Gesundheit strotzend.

In der elften Klasse war Mr Daveys Naturwissenschaftsunterricht schon in vollem Gange. Eine Wand der Hütte war mit einer riesigen Abbildung bedeckt, die den Kohlendioxidgehalt der Atmosphäre seit 1959 zeigte. Die Schüler hatten sie in der Vorwoche gestaltet – als erste Aktion des Widerstands gegen eine Regierung, die den Klimawandel leugnete. Nicolas erklärte, dass Umweltfragen ein großes Thema für sie seien. Bei ihrem vorigen Projekt zum Thema Wasserknappheit hatten sie mit Methoden zur Wasseraufbereitung experimentiert. Nun stand die Frage »Was ist Biodiesel?« in dicken, blauen Filzstift-

Lettern im Raum und daneben »Wie kann mein Team den Biodiesel mit dem höchsten Brennwert herstellen?« und »Warum ist Biodiesel wichtig?«. Dreißig Teenager saßen still tippend vor ihren Computern und versuchten ein Problem zu lösen, was ihre Welt ein Stück besser machen würde. Wegen dieser Laptops und dieser Ausrichtung war ich auf Summit aufmerksam geworden. Die Anfänge dieser Schule lagen zwei Jahrzehnte zurück, als eine außergewöhnliche Lehrerin aus Kalifornien begann, sich Sorgen um unsere Kinder zu machen.

Am Anfang ihrer pädagogischen Laufbahn war Diane Tavenner reichlich verunsichert. »Es war für mich so offensichtlich, dass vieles von dem was wir tun, strukturell falsch ist. Wir bereiten Menschen so vor, dass Scheitern unausweichlich ist«, erzählte sie mir. Wenn sie nachfragte, *warum,* bekam sie immer nur zur Antwort, dass es eben immer schon so gewesen sei. »Wortwörtlich«, fügte sie hinzu. Trotzdem stellte sie weiterhin Fragen. Das System schien ganz offensichtlich lernresistent zu sein. Aber Tavenner hatte eine ganz andere Einstellung. »Mein Denken war am Anfang ganz kindlich-naiv«, berichtete sie. Diese Sichtweise prägte ihr gesamtes Leben und ihre Karriere. Heute ist sie CEO und Gründerin von Summit Public Schools und außerdem eine Revolutionärin des Lernens. Die blonde gebürtige Kalifornierin ist von einer bestechenden Intelligenz und liebt lange Spaziergänge mit ihrer Familie samt einem schwarzen Labrador und findet gelegentlich etwas Zeit, um Bücher über soziale Gerechtigkeit zu lesen, wie *Hillbilly-Elegie: Die Geschichte meiner Familie und einer Gesellschaft in der Krise* und *The Warmth of Other Suns* von Isabel Wilkerson über Migration in den USA. Tavenner hatte sich als Lehrerin im staatlichen Schulsystem von Los Angeles hochgearbeitet, war dann nach Stanford gegangen und setzte sich dort zehn Jahre lang mit den neuesten pädagogischen Erkenntnissen auseinander. Ihr großer Wissensdurst hat seine Wurzeln bereits in ihrer Kindheit.

Damals war Tavenner nicht sicher gewesen, ob sie überhaupt je das Erwachsenenalter erreichen würde. Falls doch, war sie sich jedoch völlig sicher, dass sie nicht Lehrerin werden würde. »Ich habe nicht damit gerechnet, dass ich lange leben werde«, gab sie zu. »Diese Vorstellung ist bei Kindern recht verbreitet, die in Armut und unter traumatischen Umständen aufwachsen.« Ihr alkoholabhängiger Vater war gewalttätig, und ihr Zuhause in der ländlichen Kleinstadt Lake Tahoe – wo ihre Mutter an einer informellen Vorschule unterrichtete – erlebte sie als beängstigend. Falls sie es schaffen würde, auszubrechen, wusste sie nur eines: dass sie nicht so werden wollte wie ihre Eltern. Ihr einziger Zufluchtsort war die Dorfschule, »der wahrscheinlich sicherste Ort, den ich kannte«. Durch glückliche Umstände ging es dort sehr experimentell, offen und progressiv zu – ohne Klassenzimmer und mit nur einem einzigen Schulsaal. Sie erinnerte sich jedoch, dass die Lehrer irgendwann begannen, ihre Bereiche durch Wände abzutrennen. Daraus lernte sie, dass es gar nicht so einfach war, Wandel herbeizuführen. Als sie auf eine örtliche Highschool wechselte, erkannte sie schon bald, wie schwer es ihre Mitschüler einmal haben würden.

»Eine sehr kleine Gruppe von Schülern war auf dem Weg Richtung College«, sagte sie. »Alle anderen nicht.« Es war ein verknöchertes, gleichförmiges, »industrielles« System, das den meisten Kindern nicht gerecht wurde.

Sie forschte unaufhörlich weiter, bis ihr eines Tages eine Erkenntnis kam. Das System war nicht nach dem bestmöglichen Weg des Lernens gestaltet, sondern so, dass es möglichst effizient betrieben werden konnte. Das war für sie eine Offenbarung. »Eins der wichtigsten Merkmale des industriellen Modells besteht darin, dass *Zeit* die feste

Variable ist«, erklärte sie mir. Traditionell absolvieren alle Kinder denselben Lernstoff in derselben Geschwindigkeit und nach denselben Regeln – ganz im Sinne des Durchschnittsmenschen nach Adolphe Quetelet. Das könne durchaus sinnvoll sein, wenn das Ziel vor allem darin besteht, »eine Umgebung zu verwalten und zu steuern«, doch für Tavenner war das eindeutig die falsche Prämisse, so Tavenner. Vielmehr müsse das *Lernen* die feste Variable sein. »Wenn allen Kindern«, erläuterte Tavenner, »flexible Bearbeitungszeiten und auf ihre Bedürfnisse abgestimmte Methoden zuteilwerden, können sie alle die gleiche gute Leistung erbringen.«[16] Genau das, was auch die 2 Sigma-Studie von Benjamin Bloom besagte: Mit Eins-zu-eins-Betreuung können *alle* Kinder Meisterleistungen erzielen. Sämtliche Forschungsergebnisse – von Steven Pinker über James Heckman bis Todd Rose – bestätigen, dass dies ein lohnenswertes Ziel ist. Die Frage bleibt nur, wie sich individuell zugeschnittener Unterricht systematisch im großen Maßstab umsetzen lässt.

Das Problem ist gewissermaßen ein Fall für Einstein. Wie schafft man es, bei Klassenstärken von dreißig Schülern und ohne zusätzliche finanzielle Mittel die *Zeit* zu variieren?

Ein Teil der Antwort steckte in diesen Laptops. Wenn Schüler in der sechsten oder neunten Klasse neu an die Summit-Schule kamen, erhielten sie Zugang zu allem, was sie in ihrer gesamten Schullaufbahn behandeln würden – und zwar über eine sogenannte Personalized Learning Platform, kurz PLP. Im Biologieunterricht zeigte mir Nicolas, wie sie funktionierte. Er öffnete auf seinem Chromebook eine recht schlicht gestaltete Übersichtsseite, auf der es am linken Bildschirmrand eine Reihe von Schaltflächen gab: »Aktuell«, »Dieses Jahr«, »Lern-Kontinuum« und »Zensuren«. Er klickte auf »Aktuell«, woraufhin die Fächer, mit denen er sich in diesem Semester beschäftigte – AP Mathematik, AP Englisch. Spanisch 3, Chemie – angezeigt wurden. AP stand für Advanced Placement, also für Kurse auf Collegeniveau. Für jedes Fach gab es eine Hauptaufgabe mit festem Abgabetermin, mehrere praktische Übungen, die man anklicken und selbstständig erledigen konnte, sowie einen Bereich namens »Power Focus Area« mit Schaltflächen in Grün oder Orange. Dort wurde zusammengefasst, wie weit der Betreffende mit der Bearbeitung des Kursinhalts bereits war. Als er »Dieses Jahr« anklickte, erschien eine Zeitleiste mit mehreren großen blauen Kästchen für die einzelnen Projekte. Darunter gab es eine Reihe von kleineren grünen Kästchen für die Übungen im Selbststudium. Alle Module waren jederzeit für ihn zugänglich, sodass er die Lerninhalte selbst abarbeiten und die zugehörigen Onlinetests absolvieren konnte, sobald er sich dazu imstande fühlte.

Eine ominöse vertikale blaue Linie zeigte Nicolas an, welchen Stand er mittlerweile erreicht haben müsste. Er war weit voraus.

War dies möglicherweise das Ende des Lernens mit menschlichen Lehrern? Ich stellte mir vor, wie die Schüler einsam und allein zu Hause vor ihrem Monitor saßen und sich mühsam die Lerninhalte erschlossen, die sie selbst auswählten. Das sah Tavenner allerdings anders. Konzentrierte man sich nur auf die technische Ausstattung der Schule, verkannte man das eigentliche Anliegen von Summit. »Es ist ein wesentliches Element, aber nicht das wichtigste«, betonte sie. Vielmehr gehe es insbesondere um menschliche Eigenschaften. »In unseren Schulen spielt das Fördern und Stärken von Beziehungen eine entscheidende, konzeptionelle Rolle, ein Aspekt, der in Schulen nach dem industriellen Modell schmerzlich fehlt.« Aber das war längst noch nicht alles. Summit teilte das Schuljahr in vier achtwöchige Semester ein. Sechs Wochen davon entfielen auf Lernprojekte, PLP-Zeit sowie zusätzliche Stunden in Mathematik und Sprachen. In den übrigen beiden fanden sogenannte Expeditionen statt, in denen sich die Schüler für Yoga, Theater, Kunst, Film, Informatik, Webdesign, Exkursionen und Praktika einschreiben konnten. Summit hatte sich intensiv damit auseinandergesetzt, was wichtig war, um im College und darüber hinaus erfolgreich zu bestehen. Die Schüler erzielten ausgezeichnete schulische Leistungen – 96 Prozent der Absolventen begannen anschließend ein vierjähriges College-Studium –, und gleichzeitig hatten sie die Chance herauszufinden, was sie interessierte und worin ihre Neigungen bestanden. Nicolas programmierte gern und spielte in der Basketballmannschaft. Außerdem erzählte er begeistert vom guten Verhältnis, das er zu den anderen Schülern an seiner Schule hatte. Ich machte mich auf den Weg zu einer Englischstunde in der zwölften Klasse.

Als ich in dem mobilen Container ankam, wo es neunzig Minuten um Shakespeare gehen sollte, musste ich mich zwingen, nicht die ganze Zeit die Lehrerin Ms Watts anzustarren, deren anarchistische Tattoos darauf schließen ließen, dass sie es ernst meinte. Die Klasse beschäftigte sich mit *Othello*, und die Jugendlichen bekamen eine Stunde Zeit, um an einer von sechs vorbereiteten Gruppenaufgaben zu arbeiten. Ich nahm neben dem Bücherregal Platz, in dem die übliche US-Schullektüre stand: *1984* von Orwell, *Okonkwo oder Das Alte stürzt* von Chinua Achebe, *Schall und Wahn* von Faulkner, *Vor ihren Augen sahen sie Gott* von Zora Neale Hurston. Neben mir saß eine Gruppe von fünf Schülern mit asiatischem Hintergrund in Sportkleidung, die Wortführerinnen waren Jen und Pam. Sie hatten sich entschlossen, eine moderne Version von Akt eins, Szene drei zu schreiben, obwohl nicht ganz klar war, ob alle das Stück gelesen hatten. »Ich leg eine Datei dazu an«, verkündete Jen und klappte ihr Chromebook auf, das mit Aufklebern eines Computerklubs übersät war. *Hack to the Future! Empire Strikes Hack! Jurassic Hack!*

Hier im Silicon Valley lernte man Programmieren quasi so wie anderswo das Lesen.

»Die einzelnen Figuren kriegen unterschiedliche Farben«, ergänzte Pam. Das leere Google-Dokument begann sich mit Sätzen in fünf verschiedenen Schriftfarben zu füllen, während alle gleichzeitig daran schrieben. Sie beherrschten das ausgezeichnet. In der gewählten Szene wurde Othello, nachdem er Desdemona verführt hatte, von Brabantio verhöhnt. Das Fünferteam entschied sich als Setting für Basketball und NBA und bestimmte in Windeseile die Charaktere.

»Was haltet ihr von Des? Oder Destiny?«, schlug Alex vor, weil er fand, dass Desdemona umbenannt werden sollte. Außerdem bekamen die Basketballer Steph Curry und LeBron James eine Rolle sowie der R&B-Sänger Usher.

Mir fiel auf, dass jemand aus der Runde notiert hatte: »Ich hab sie angetindert!« Was sollte das denn heißen?

Pam lachte und steckte die anderen sofort damit an. Sie versicherten mir, dass es nicht anzüglich sei, sondern lediglich bedeute, mit jemandem über soziale Medien zu flirten.

»Wo kommt denn Usher auf einmal her?«, fragte Gaby.

»Hab sie angetindert! Wieunfassbarwitzigistdasdenn!«

Das Autorenteam bekam einen hysterischen Lachanfall, sammelte sich dann jedoch schnell wieder. Zügig schrieben sie weiter, nur gelegentlich unterbrochen von kurzem Kichern über eine witzige Idee oder wenn sie eine Zeile noch einmal neu formulierten. Das war völlig neu für mich. Und zwar nicht unbedingt, weil das Ergebnis besonders bemerkenswert ausfiel (obwohl es definitiv witziger und origineller war als alles, was ich mit sechzehn verfasst habe). Aber es beeindruckte mich, wie gelassen sie arbeiteten. Es ist nicht ganz einfach, Kreativität oder Kooperation zu bewerten, aber diese fünf besaßen mehr davon als alle anderen Schüler, die ich bisher erlebt hatte. Ganz entspannt entwickelten sie Ideen, dachten divergent und überarbeiteten den produzierten Text anschließend mit handwerklichem Können. Außerdem geschah dies gemeinsam, wodurch sie wechselseitig ihre Fähigkeiten multiplizierten. Es bestand kein Zweifel daran, dass sie neu dachten, es besser machten *und* engagiert waren. Innerhalb von fünfzehn Minuten füllten sie zwei Seiten und vollendeten ihr Manuskript. Kurz vor Ende der Bearbeitungszeit waren sie fertig. Ob Autorenteams im nahen Hollywood ähnlich arbeiteten?

»Schickt mir den Link zu eurem Text«, forderte Ms Watts sie auf. Ich war ein wenig ehrfürchtig. Innerhalb von einer Stunde hatten fünf Zwölftklässler eine Themeneinführung erhalten, Teams zusammengestellt, einen kurzen Text durchgelesen und dann gemeinsam ein fantasievolles und *witziges* zweiseitiges Manuskript verfasst. Ich musste an die endlosen Büro-Meetings denken, die so oft ergebnislos verliefen, an die zahllosen Entwürfe und Neuentwürfe, die immer wieder per Mail an Manager und Entscheidungsträger verschickt wurden. Diese Jugendlichen besaßen ganz handfeste alltagstaugliche Fähigkeiten. Ihre Chancen für die Jobs der Zukunft standen ausgezeichnet. Außerdem waren sie bestens vorbereitet, wenn irgendwann die Roboter kamen und wir nicht mehr arbeiten mussten. Diese fünf Jugendlichen waren hervorragend für Herausforderungen gerüstet, und um sich auf neue Situationen einzustellen. Und das Beste daran war, dass sie kollegial handelten und Spaß dabei hatten.

»Wohlan, wenn sie ihm denn gestattet, angetindert zu werden, dann halte ich mein Spiel zurück!« Die Gruppe bog sich vor Lachen.

An der Wand stand ein Zitat von C. S. Lewis: »Wir lesen, um zu wissen, dass wir nicht allein sind.« Ich verstand genau, was er meinte. Sokrates sah im Lesen das, was für uns heute unsere Smartphones sind. Man erhielt Zugang zu einer neuen, virtuellen Welt, entfremdete sich jedoch von den Menschen. Es musste uns gelingen, eine Balance zwischen Gift und Heilmittel zu finden. In der Summit Highschool verbringen die Schüler sechzehn Stunden pro Woche mit der Personalized Learning Platform PLP. Sie sitzen vor ihrem Monitor, lesen, schauen, schreiben und absolvieren Tests zu den einzelnen Stoffgebieten in ihrem eigenen Tempo. Ihre Lehrbücher sind quelloffen und werden von den Lehrern immer auf dem neuesten Stand gehalten, angepasst und durch neue Projekte ergänzt.

Nichts war veraltet oder überholt, und das machte dieses System besonders schön und bemerkenswert. Darüber hinaus arbeiteten die Schüler in Projektteams, überlegten gemeinsam und halfen sich gegenseitig. Sie praktizierten damit Unabhängigkeit und lernten, Verantwortung zu übernehmen. »Wörter sind … unsere wohl unerschöpflichste Quelle der Magie«, stand auf einem anderen Plakat. Dieses Harry-Potter-Zitat über die Kraft der Poesie erinnert uns daran, dass wir unweigerlich Menschen sind und bleiben. »Sie können Schmerz sowohl zufügen als auch lindern«.[17]

Diese Menschlichkeit hob Tavenner in unserem Gespräch besonders hervor. Summit existierte seit 2003, als sie die erste Schule in Redwood City in der Nähe von Palo Alto gegründet hatte. Diese war zwar sofort ein Erfolg, doch 2011 machte sie eine ähnliche Erfahrung wie Dave Levin an der KIPP Academy. Obwohl es 96 Prozent ihrer Schüler aufs College schafften, gelang nur 55 Prozent von ihnen ein Abschluss innerhalb der Regelstudienzeit. Das war ein herber Rückschlag für sie und veranlasste sie, ihr

Konzept komplett zu überdenken. »Wir hatten eine Lernumgebung geschaffen, in der es zwar hohe Anforderungen gab, aber auch ein hohes Maß an Unterstützung für die Schüler«, erklärte sie. Nachdem sie die Schule verließen, war dieses Netzwerk nicht mehr vorhanden, und ihnen fehlten die Voraussetzungen, neue Herausforderungen zu meistern«, so Tavenner weiter. »Solche Kompetenzen entwickeln sich nur durch jahrelange Übung«, sagte Tavenner. Sie fing noch einmal ganz von vorn an und musste dabei feststellen, dass Schüler in einem Umfeld, in dem es vor allem um die Einhaltung von Regeln ging, keine Chance hatten, beispielsweise Unabhängigkeit oder Urteilsvermögen zu erlernen. Alles musste sich ändern.

»Ein solches Projekt kann man nicht mal schnell im Abschlussjahr machen, und ›zack!‹ hat man es drauf«, betonte sie. In Schanghai hatte ich erlebt, wie die politischen Entscheidungsträger mit einem hocheffizienten, aber autoritären System zu kämpfen hatten. In Finnland lief alles viel natürlicher ab. »Wenn man diese Erkenntnis erst einmal gewonnen hat und sich ihr stellt, dann ändert sich *alles*. Das ist wirklich interessant«, fuhr sie fort. »Man muss sämtliche Aspekte im Schulbetrieb überdenken, denn normalerweise orientiert sich alles an den Erwachsenen, die das gesamte System lenken und verwalten.« Das deckte sich mit den Untersuchungen von Geoffrey West hinsichtlich der Unternehmen. Summit entschied sich stattdessen dafür, die Schüler mit den entsprechenden Fähigkeiten auszustatten, damit sie aus sich selbst heraus erfolgreich sein konnten. Infolgedessen spielten von nun an die Beschäftigung mit Denkgewohnheiten eine genauso große Rolle wie die Entwicklung kognitiver Fähigkeiten durch zusätzlichen Unterricht in Mathematik und Englisch, um das hohe Niveau der Schüler aufrechtzuerhalten. Dies wurde unterstützt von technischen Lösungen, die es den Kindern ermöglichten, in ihrem eigenen Tempo zu arbeiten, und eine Zeitersparnis für die Lehrer mit sich brachte.

Den ersten Informatiker stellte Tavenner bei Summit erst 2013 ein. Er sorgte lediglich dafür, das System notdürftig »zusammenzuflicken«, damit es weiterhin nutzbar war. Dann kam Priscilla Chan zu Besuch und später auch Mark Zuckerberg. Den beiden IT-Giganten gefiel, was sie vor Ort erlebten, und Mark Zuckerberg stellte dem Summit-IT-Fachmann umgehend ein Team von Facebook-Programmierern an die Seite, um ihn dabei zu unterstützen, sein System zu perfektionieren. Auf diese Weise entstand PLP, alsbald gefolgt von Basecamp, eine von Summit entwickelte Plattform, um PLP allgemein zugänglich zu machen – kostenlos und ohne Beschränkungen. Tavenner bezeichnete es als »das Betriebssystem für die Schulen der Zukunft«. Mit Unterstützung von Mr und Ms Facebook standen die Chancen dafür durchaus gut. Basecamp wird bereits in Hunderten von Schulen in den gesamten USA genutzt.

Ich betrachtete die fleckigen und zum Teil fehlenden Deckenplatten, die einfachen Chromebooks und die Pfützen auf dem Asphaltstreifen, und mir war klar, dass dieses Modell nahezu überall einsetzbar war. Man braucht dafür Lehrer, junge Menschen und Laptops. Am schwierigsten zu finden sind die Lehrer. Auch sie können sich im System von Summit weiterentwickeln. Die Kapazitäten, die durch das PLP-Lernen und die Expeditionen eingespart werden, dienen dazu, den Lehrern fünfzig Tage für berufliche Weiterbildung und Teamarbeit einzuräumen – *jedes Jahr!* Das ist anderenorts undenkbar. Summit kreiert eine hilfreiche Infrastruktur auf Basis *menschlicher* Systeme. »Ich habe enormes Vertrauen in Lehrer und Schulleiter«, sagte Tavenner. Man muss die Betreffenden lediglich davon befreien, nur dem System zu dienen. Sie dürfen nicht das Gefühl haben, sie müssen gegen den Strom schwimmen oder gegen Widerstände ankämpfen. Es ist wichtig, Lehrern dazu zu verhelfen, selbst Lernexperten zu werden. Außerdem sollen professionelle Netzwerke gefördert und der Multiplikatoreffekt von Städten ausgenutzt werden. Das Lernen steckt in uns. Wir alle sind zum Lernen geboren – auch Lehrer.

In den Anfangszeiten gab es bei Summit immer wieder finanzielle Engpässe. An einem Tiefpunkt angekommen, berief Tavenner eine Versammlung aller Schüler und ihrer Familien ein, um im Rahmen einer öffentlichen Anhörung die Schließung der Schule zu verhindern. Sie teilte den Anwesenden mit, sie habe sie enttäuscht und könne ihr Versprechen nicht halten. Mit einem Zittern in der Stimme erinnerte sie sich an jenen Tag. »Da stand plötzlich ein Schüler auf und sagte: ›Wissen Sie, machen Sie sich keine Sorgen, Ms Tavenner. Diese Schule ist nicht an einen festen Ort gebunden. Sie lebt von Beziehungen. Und es ist mir völlig egal, ob das Ganze im Park oder auf einem Parkplatz stattfindet, wir werden Ihnen folgen. Das ist unsere Gemeinschaft. Wir gehören zusammen.‹« In diesem Moment hatte sie gewusst, dass Summit ein Erfolg war. »Damals habe ich begriffen«, sagte sie, »und das glaube ich heute noch, dass unsere konventionellen Schulen viel zu *unpersönlich* sind. Sie sind kein Ort, an dem sich die Kinder geliebt oder angenommen fühlen. Und sie sind ja nicht dumm. Sie wissen genau, dass wir sie nicht ausreichend auf die Welt vorbereiten, in die sie hinausgehen werden. Aber weil wir dazu eigentlich *durchaus* in der Lage sind, ist es möglicherweise kein Beinbruch, wenn sie vielleicht buchstäblich in einer Garage lernen müssen.«

Die Schüler hier wussten genau, dass der Mensch im Mittelpunkt steht, und es war ihnen wichtig, dass andere sich dafür einsetzen. Lernen geschieht aus dem Multiplikatoreffekt menschlicher Gemeinschaft heraus. Genau wie in Städten. Und übrigens auch im menschlichen Bewusstsein.

Lernmaschinen neu denken

Wests Stadtforschung reflektierte neue Erkenntnisse der künstlichen Intelligenz. In den Vierzigerjahren fragte Alan Turing, was passieren würde, wenn eine Maschine nicht anhand von bestimmten, zu befolgenden Regeln lernen würde, sondern auf Basis sensorischer Hinweise und intellektueller Nachforschung, genau wie unser menschliches Gehirn.[18] Siebzig Jahre lang hatten Wissenschaftler seinen Vorschlag ignoriert und Computer ausschließlich so programmiert, dass sie bestimmte Regeln befolgten. *Wenn A, dann B. Wenn X, dann Y. Wenn dies, dann das.* Jedem Element eines Computersystems ist eine bestimmte Funktion zugeordnet, die es ständig zu wiederholen hat. Dieses schlichte Befolgen von Regeln konnte sich allerdings als recht eindrucksvoll erweisen und reichte aus, um Schachspiele zu gewinnen, Ken Jennings bei *Jeopardy!* zu besiegen oder Röntgenbilder zuverlässiger auszuwerten als entsprechende Fachleute. Trotzdem war es im Grunde eine Mogelpackung. Die Maschinen waren nicht intelligenter als Digitalwecker, wie Garri Kasparow nach seiner Niederlage gegen Deep Blue betonte. Sie imitierten lediglich Aspekte von Intelligenz, waren jedoch nicht zu komplexen Gedankengängen imstande. Experten bezeichnen dies als »schwache« beziehungsweise »top-down«-KI. Das »bottom-up«-Gegenstück künstlicher Intelligenz galt als nicht realisierbar.

Im November 2016 stellte der japanische Professor für Mensch-Computer-Interaktion Jun Rekimoto fest, dass die Qualität von Google Translate schlagartig über Nacht einen Sprung gemacht hatte. Es klang jetzt nicht mehr nach radebrechenden Touristen, sondern eher wie Übersetzungspoesie. Er beschloss dies zu überprüfen, indem er eine japanische Übersetzung von Ernest Hemingways Kurzgeschichte *Schnee auf dem Kilimandscharo* eingab. Er rechnete damit, als Ergebnis den gewohnten Kauderwelsch zu erhalten. Stattdessen bekam er als Resultat einen fast literarischen Text zu lesen.[19]

Seit Turings Fragestellung waren immer wieder die Grenzen der »starken« Künstlichen Intelligenz ausgelotet worden – und hiermit erlebte sie ihren Durchbruch.

Die neue Leistungsfähigkeit von Google Translate fußt auf dem Konzept der neuronalen Netzwerke, das von Turing, dem Kryptoanalytiker aus Cambridge, selbst stammt.

Das neuronale Netz ist ähnlich wie das menschliche Gehirn strukturiert und von *natürlichen* Systemen inspiriert. In einem hervorragenden Artikel für die *New York Times* vergleicht Gideon Lewis-Kraus das Lernen durch ein neuronales Netz mit der Evolution, im Gegensatz zur Funktionsweise von schwacher KI, die eher der Schöpfung ähnelt. Er schreibt, dass die synaptischen Verbindungen im Gehirn zwischen Neuronenpaaren stärker oder schwächer werden, je nach den Ergebnissen von Versuch und Irrtum entsprechend den individuellen Lebenserfahrungen eines Menschen. Ein künstliches neuronales Netzwerk funktioniere ganz ähnlich, weil die numerischen Beziehungen zwischen künstlichen Neuronen allmählich und ganz gezielt verändert werden, ebenfalls auf Grundlage von Versuch und Irrtum.[20] Wenn die künstliche Intelligenz gelegentlich mit einem Unternehmen verglichen wird, dann funktioniert das neuronale Netz wie eine Stadt.

Ich erkannte darin eine Analogie darauf, wie wir unser grenzenloses Lernpotenzial freisetzen können. Wäre es möglich, starke Lernsysteme auf Grundlage eines Bottom-up-Modells zu entwickeln?

Ehe ich mich zur letzten Etappe meiner Reise aufmachte, besuchte ich die weltweit führende Bildungsexpertin Wendy Kopp. Sechs Jahre zuvor hatte ich dem Schuldienst den Rücken gekehrt und angefangen, für ein globales Netzwerk von Organisationen namens *Teach for All* zu arbeiten. Es war zehn Jahre zuvor gegründet worden, um die Führungskompetenz von Lehrern, Kindern, Eltern, Schulleitern und politischen Entscheidungsträgern zu mobilisieren, damit jeder von ihnen bessere Lernbedingungen in seinem Umfeld schaffen konnte. Kopp war als CEO tätig und meine Chefin. Bereits während ihres Studiums sorgte sie sich zunehmend über die ungleichen Bildungschancen in ihrem Land und nahm wahr, dass sehr viele Menschen großes Interesse daran hatten, sich einzubringen und etwas zu verändern, so berichtete sie mir. »Und wie könnte man sich besser einbringen, als durch Unterricht in unterversorgten Regionen?« Nach ihrem Abschluss initiierte sie daher *Teach for America*, eine gemeinnützige Organisation mit dem Ziel, die künftigen Führungskräfte des Landes anzuwerben, zu schulen und zu mobilisieren, um eine Bewegung für mehr Gerechtigkeit im Bildungssektor zu starten.

Drei Jahrzehnte lang arbeitete Kopp unermüdlich daran, das Lernen für die ärmsten Kinder zu reformieren, zunächst in den USA und in jüngster Zeit auch weltweit.

Nachdem sie sich zunächst auf das Bestreben konzentrierte, ähnlich wie Mike Goldstein die Leistungskluft zu schließen, begeisterte sie sich zunehmend für die Idee von gemeinsamer Führung (collective leadership). Dabei arbeitete ihre Organisation Hand in Hand mit Kommunen, um gemeinsam neue Bildungskonzepte für die Kinder des 21. Jahrhunderts zu erschließen. Im Laufe ihrer Karriere hatte sie erlebt, wie die Bildungsverantwortlichen immer wieder neue Maßnahmen ergriffen und anschließend wieder verwarfen, von Bildungsgutscheinen über Qualitätsinitiativen für Lehrer bis hin zu Lehrplanreformen. »Man könnte jedes Jahr nach dem entsprechenden Lösungsansatz benennen, der gerade in aller Munde war und aktuell als Wunderwaffe galt«, sagte sie. »Derzeit sind wir wieder einmal beim projektbezogenen Lernen angekommen.« Kopp war schon vor langer Zeit zu dem Schluss gelangt, dass es weder Wunderwaffen gab noch einzelne Superhelden, die einfliegen und das System retten konnten.

Das waren die Grenzen des »Top-down«-Modells. Es ist ja keineswegs so, dass der Kaffee bei Starbucks schlecht schmeckt (während der Arbeit an diesem Buch habe ich ihn reichlich genossen), aber es erfordert einen Howard Schultz, der den Ton angibt. Dieses System funktionierte am besten, wenn alle Beteiligten einfach das taten, was ihnen eine einzelne Leitfigur sagte. Das war jedoch ein völlig überkommener Ansatz aus einer ganz anderen Zeit. Die bekannte Wissenschaftlerin und Politikexpertin Anne-Marie Slaughter schrieb vor Kurzem, die Idee des einen »Anführers der freien Welt« werde sich schon sehr bald als heillos veraltet erweisen. Stattdessen plädierte sie dafür, dass wir uns eine andere Form von Leadership zu eigen machten, nämlich eine, die – an neuronale Netze angelehnt – Gruppen dazu ermutigt, kollektive Verantwortung für die Lösung spezifischer Probleme zu übernehmen und sie dann umzusetzen.[21] Das System sei keine abstrakte Größe, irgendwo da draußen. Vielmehr seien *wir* diejenige, die das System geschaffen hatten. Menschliche Entwicklung hänge somit davon ab, dass *jeder Einzelne von uns* dazu fähig ist, neu zu denken, es besser zu machen und sich zu engagieren. Wenn wir uns auf eine einzelne Leitfigur verließen, könnten wir dieses Potenzial niemals vollständig entfalten.

»Wir sollten zusammenarbeiten, um das System neu zu erfinden«, erklärte Wendy, »wir alle.« Das bedeute, die kollektive Kraft der Menschen freizusetzen, um zu entscheiden, was in ihrem jeweiligen Kontext am besten funktioniert. Zunächst ging es darum, an verschiedenen Orten divers zusammengesetzte Gruppen aus allen sozialen Schichten einzuberufen und eine einfache Frage zu stellen: »Was wünschen Sie sich für Ihre Kinder?« Wendy erklärte: »Unser System basiert darauf, dass sich Leute *vor 200 Jahren* diese Frage gestellt haben.«

So wie die schwache, künstliche Intelligenz nur eine blasse Imitation der starken ist, gilt das auch für unsere Bildungssysteme. Es ist nicht sinnvoll, wenn ein einzelner führender Kopf oder eine Gruppe von politischen Entscheidungsträgern oder Wissenschaftlern Handlungsanweisungen herausgibt, die jedermann zu befolgen hat. Bei einem Thema, das so komplex ist wie die menschliche Entwicklung, ist kaum anzunehmen, dass ein solcher Ansatz geeignet ist. Jeglicher Handlungskompetenz beraubt, tun die Beteiligten dann nichts anderes als Befehle auszuführen, verlieren dabei ihre Motivation und verpassen die Chance zu lernen und zu wachsen. Die Erfahrung zeigt, dass es viel sinnvoller ist, alle Beteiligten einzubeziehen – Kinder, Eltern, Lehrer, politische Entscheidungsträger – und gemeinsam nach Lösungen zu suchen, um das Lernen für alle zu verbessern und verschiedene Strategien zu testen, die zu positiven Ergebnissen für unsere Kinder führen. Auf Grundlage dieser Erfahrungen sollten wir Entscheidungen darüber treffen, was und wie wir lehren wollen. Unsere Bildungssysteme müssen zu selbstlernenden Systemen werden.

»*Das* kann uns wirklich verbinden«, fuhr Wendy fort. »Wir müssen unbedingt zusammenarbeiten und Ziele verfolgen, die weit über die Interessen Einzelner hinausgehen.«

Wir sind geboren, um gemeinsam zu lernen. Auf Grundlage dieser Einsicht müssen wir unsere Systeme neu gestalten – bottom-up, von unten nach oben – nach dem Vorbild von Städten und neuronalen Netzen, wo die Kraft des Ganzen daraus resultierte, dass alle Einzelelemente ihr volles kooperatives Potenzial entfalten können. Wirklich überzeugende Bildungssysteme sind quelloffen.

Die Zukunft des Lernens ist aus dem Blick geraten

Auf dem Gelände der High Tech High schlenderte ich durch die Feuerschutztür einer langen, tristen Halle. Dieses fensterlose, ehemalige Militärgebäude gehörte nun zu den Räumlichkeiten der Schule. Die Hälfte des Innenraums nahmen über zwei Etagen Klassenzimmer mit gläsernen Wänden ein. Mir gegenüber befand sich ein schwarzer Vorhang, der sich über die gesamte Länge der Halle zog, sodass man sich wie hinter einer Bühne fühlte. An der Wand war eine gigantische mechanische Skulptur befestigt, die aus dreißig miteinander verbundenen Fahrradfelgen bestand, die man mit einer Kurbel in Bewegung setzen konnte. In einer großen Vitrine befanden sich detailgenaue Modelle der unmöglichen Figuren und Endlostreppen von Escher. In einer Nische bauten Schüler gerade Treppen und geodätische Kuppeln aus Kiefernholz. Durch Oberlichter schien die Sonne herein und ließ die lebensgroßen Porträts, die an Seilen von der Decke herabhingen, erstrahlen. Es roch nach Sommer und Sägemehl. Auf einem Schild stand in schicker Schrift *The Garden of Earthly Delight* (Garten der irdischen Freuden).

Im ersten Atrium waren Zack und Ava damit beschäftigt, wild auf der Fernbedienung einer selbst gebauten Drohne herumzudrücken. Nach und nach setzten sich vier der Rotoren in Bewegung und surrten verhalten. Bis die Konstruktion tatsächlich fliegen konnte, würde es wohl noch dauern. Eine Niete löste sich, und ein Propeller schepperte über dem Boden. Energydrinks und ein angebissener Rosinenbagel in einem Becher Frischkäse deuteten darauf hin, dass es ein langer Tag gewesen war. Zack raufte sich seine wilde Lockenmähne. »Bis Freitag muss es funktionieren«, sagte er. Er lernte gerade etwas über Drohnen und über Termindruck. Nebenan war eine andere Gruppe schon etwas weiter mit den Vorbereitungen für einen Testflug. Dieses Semester widmeten die Zwölftklässler die Hälfte ihrer Unterrichtszeit einem umweltwissenschaftlichen Projekt; in der anderen Hälfte beschäftigten sie sich mit Sozialkunde und Mathematik in Vorbereitung auf die SAT-Prüfungen für die Hochschulreife.

Mitten im Chaos der beiden Drohnenbauteams saß Zoe mit Kopfhörern und tippte. Sie hatte vor, an einem geisteswissenschaftlichen College in New York Theater zu studieren. Bei diesem Projekt war es ihre Aufgabe, das Drehbuch für eine Making-of-Doku zu schreiben. Emir und Jim, zwei weitere Dokumentarfilmer, sichteten an ihren Laptops gerade Material, das sie zuvor aufgenommen hatten. Draußen trainierte Drohnenpilot Amachai. Eine Gruppe von Schülern in Laborkitteln untersuchte Saatgut. Sie hatten mehrere Tabletts mit Erde vorbereitet und testeten unterschiedliche Saatbomben aus Lehm, Erde und biologisch abbaubarem Plastik. Diese sollten später mithilfe der Drohnen verteilt werden, erklärte Jim. Wenn sie fertig waren, würde das Projektteam mit Kameras ausgestattete Drohnen über dem Cabrillo Monument National Park aufsteigen lassen, um Ausschau nach etwaigen Frühwarnzeichen für Wüstenbildung zu halten. Sofern sie Stellen entdeckten, an denen die übliche Flora und Fauna bereits Defizite aufwiesen, wollten sie die Drohnen ein zweites Mal zum Einsatz bringen und dort Saatgut abwerfen. Dazu war eine viertägige Wanderung in unwegsamem Gelände erforderlich, die von der Filmcrew dokumentiert werden sollte.

»Das wird *genial*«, sagte Jim, »wir müssen sogar draußen kacken.«

Die Essays, die ich in der Oberstufe über *Das wüste Land* und *Cyrano de Bergerac* geschrieben habe, waren mir immer wahnsinnig wichtig gewesen, aber diese Schulprojekte hatten viel mehr Bezug zur echten Welt. Ein Stück entfernt, startete der Lehrer Jeff Robin, liebevoll »the Lunatic« (der Irre) genannt, seine neueste Spotify-Playlist, ein lautes Gitarrenriff ertönte. Die interdisziplinäre Zusammenarbeit war in unserem auf Kooperation ausgerichteten Zeitalter besonders wichtig, doch häufig fehlte die Verbindung zwischen den unterschiedlichen Fachgebieten. Die Sechzehn- und Siebzehnjährigen experimentierten an der High Tech High den halben Schultag mit Umweltaktivitäten, die letztendlich globale Koordination erforderten. Doch dabei malten sie nicht nur fantasievolle Plakate oder schrieben Aufsätze, sondern starteten ganz reale Aktionen. Ein lasergeschnittenes Holzbrett fasste das Ethos dahinter zusammen:

> *Der Denker sieht in seinen eignen Handlungen Versuche und Fragen, irgendworüber Aufschluss zu erhalten: Erfolg und Misserfolg sind ihm zu allererst Antworten.*
> Friedrich Nietzsche

Hier ging es auch nicht um Computer. »Der Name ist ein bisschen irreführend«, gab Rosenstock später in seinem Büro zu. Ein Wissenschaftler, den *National Geographic* zum »Explorer of the Year« gekürt hatte, war gerade von einer Forschungsreise zum Grab Dschinghis Khans zurückgekehrt, und lief an mir vorbei. »Nichts ist wirklich neu«, ergänzte Rosenstock. »Die Technik ist nur ein Werkzeug.« Der Name ließ darauf schließen, dass es vor allem um iPads ging, aber wenn man die Schule besuchte, wurde schnell klar, dass Lehrer die wichtigste Rolle spielten. »Alles passiert in Teams«, erklärte er. »Teams und immer wieder Teams.« Hier geschah nichts verschämt hinter verschlossenen Türen oder in »autonomer Isolation«, sondern es ging um Teamwork, enge Gemeinschaft, offene Türen und »berufliche Weiterentwicklung ohne Ende«. Rosenstock kümmerte sich intensiv darum, dass seine Mitarbeiter erfolgreich waren. Sie hielten ihre Besprechungen nicht nachmittags ab, sondern morgens. »Kollegen, die nach dem Unterricht zusammensitzen, reden darüber, was Billy heute wieder falsch gemacht hat. Kollegen, die sich morgens treffen, besprechen, was sie im nächsten Jahr vorhaben.« Die Schule hatte einen so guten Ruf, dass sie sich mittlerweile besonders begabte Lehrer aussuchen konnte, denn pro Jahr trafen 1800 Online-Bewerbungen für offene Stellen ein. »Ein gigantisches Chaos«, fügte er hinzu.

High Tech High organisierte ein eigenes Ausbildungsprogramm für Lehrer. Zusammen mit seinem früheren Harvard-Kollegen Rob Riordan hatte Rosenstock festgestellt, dass von den 1400 pädagogischen Hochschulen in den USA – wo sämtliche Lehrer des Landes ausgebildet wurden – *keine einzige* einen direkten Bezug zur Schule hatte. »Das ist in etwa so, als ob man Medizin studiert und nie eine Leiche zu sehen kriegt.«

Also nahmen sie es selbst in die Hand. Wieder erfolgte das Ganze durch *Learning by Doing*. Die Lehrer wählten eine Fragestellung aus, entwarfen anhand neuester Erkenntnisse die Unterrichtsplanung und setzten diese um. Es war echtes Handwerk. Sie setzten auf sozial konstruiertes Wissen – Freire und Sokrates – und zudem auf bewusstes Üben (deliberate practice). Draußen war ich zufällig einem der Dozenten begegnet, der mir erzählt hatte, dass sein früherer Klavierlehrer, ein Jazzpianist, immer gesagt habe, dass fünf Minuten richtiges Üben pro Tag viel mehr bringe, als stundenlanges halbherziges Üben mit eingeschränkter Aufmerksamkeit.

Die Kultur des schulischen Lernens verbreitete sich.

War dies die Schule der Zukunft? Rosenstock beantwortete meine Frage mit einer Parabel. Am Ende des Projektes New Urban High School hielt er einen Vortrag bei einer Zusammenkunft der Gouverneure sämtlicher US-Bundesstaaten. Statt die ideale Schule zu beschreiben, erzählte er ihnen von einem Film. *Chan is Missing* ist ein Arthaus-Film aus den Achtzigerjahren, der mit minimalem Budget in San Francisco gedreht wurde. Darin ging es um zwei heruntergekommene Taxifahrer, die nach einem alten Mann namens Chan suchten, dem sie Geld für eine Taxilizenz geliehen hatten. Ein Wochenende lang unternehmen die beiden Protagonisten eine Irrfahrt durch das Chinatown-Viertel der Stadt und begegnen dabei einer Vielzahl von Einheimischen in den lebendig und fantasievoll dargestellten Badehäusern, Teegeschäften und Restaurants des Stadtteils. Von allen bekommen sie ganz persönliche und teilweise völlig widersprüchliche Berichte über Chan und dessen Geschichte zu hören. »Wer ist Chan?«, fragen wir uns bis zum Schluss. Der Film endet mit einer Szene, in der die Tochter des alten Mannes den Taxifahrern das Geld zurückbringt und ihnen ein Foto überreicht, Chans Gesicht ist allerdings nicht zu erkennen, weil ihr Daumen es verdeckt.

Ich dachte über meine Reise nach. High Tech High und Summit waren ebenso wenig *die* Schule der Zukunft wie Hiidenkiven Peruskoulu, Wanghangdu Road Primary, 42 oder die King Solomon Academy. Weder Larry Rosenstock und Diane Tavenner, noch Daisy Christodoulou, Kathy Hirsh-Pasek, Andreas Schleicher oder Joshua Wong hatten den Stein der Weisen gefunden. Die perfekte Schule oder das ideale Bildungssystem war in etwa so schwer zu fassen wie der unsichtbare Chan. Aber auf die Suche danach kam es an. Im Film bekam man allmählich ein Bild von Chan durch das, was die Leute über ihn berichteten. Auf allen Stationen meiner Reise hatte ich Menschen und Orte kennengelernt, die Kindern zur bestmöglichen Entfaltung ihres Potenzials verhelfen wollten. Sie unterschieden sich von anderen durch ihre Einstellung zum Lernen an sich. Alle meine Ansprechpartner hatten neu darüber nachgedacht, ausprobiert, reflektiert und ständig dazugelernt, wie man Kindern am besten weiterhelfen kann. Eine noch größere Rolle als ihre jeweilige Philosophie spielte dabei ihr engagiertes Streben. Wie Wendy gesagt hatte: Je mehr alle Beteiligten – Kinder, Eltern, Lehrer, Schulleiter – bei dieser Art des Lernens an einem Strang ziehen, desto stärker multipliziert sich der Effekt.

Ich war zu meiner Reise mit der Hoffnung aufgebrochen, dass ich herausfinde, wie man die Schule verändern kann. Jetzt erkannte ich, dass wir bei uns selbst beginnen müssen.

Denn wir sind zum Lernen geboren. Wenn wir das Denken den Maschinen überlassen, beschneiden wir die Kapazitäten unseres Gehirns. Wenn wir in unseren Bildungseinrichtungen vor allem Wert auf Autorität und Hierarchie legen, verschenken wir den Einfallsreichtum und das Potenzial für kontinuierliches Wachstum aller Beteiligten. Beim Lernen geht es um Wissen, Handeln und Sein. Paradoxerweise muss man zuerst erklärt bekommen, wie es geht, ansonsten klappt es nicht mit dem Denken, und man findet keinen gemeinsamen Nenner. Allerdings genügt es nicht, wenn man das alles nur *gesagt* bekommt. Dadurch entwickelt niemand den Enthusiasmus, unsere Weisheit zu vermehren, unsere Kultur voranzubringen oder Visionen zur Lösung unserer drängendsten Probleme zu entwickeln. Um das zu erreichen, muss man experimentieren, ausprobieren und vor allem auch: scheitern. Wir müssen *gemeinsam* denken. Lernen heißt Mensch zu sein. Sich irren ebenfalls. Im Computerzeitalter geht es häufig darum, sämtliche Risiken aus unserem Leben zu verbannen und Uniformität zu erzeugen. Aber wir brauchen Risiken. Denn Risiko bedeutet möglicherweise auch scheitern. Wir müssen gemeinsam scheitern, besser scheitern. Daraus lernen wir am allerbesten. Und es gibt nur einen einzigen Ort auf der Welt, wo wir das gefahrlos tun können.

Ich verließ die High Tech High durch das Eingangstor in Richtung des Ozeans, der unendlich blau und weit in der Abendsonne glitzerte.

Bei meiner Suche nach der Zukunft des Lernens hatte ich einen Einblick in Künstliche Intelligenz, Neurowissenschaft, frühkindliche Entwicklung, Kreativität, Charakter, lebenslanges Lernen, Pädagogik und Demokratie erhalten und konnte mir ein klitzekleines Bild davon machen, was uns erwartet und wie enorm wichtig das Lernen ist. Während ich in der hereinbrechenden Dämmerung auf den Pazifik hinausschaute, begriff ich plötzlich, dass ich die ganze Zeit mit dem Daumen die naheliegendste Antwort verdeckt hatte. Die *Schule selbst* ist die großartigste und bedeutendste Erfindung der Menschheit, ein Ort, an dem wir das wertvollste Erbe unserer Spezies bewahren und weiterentwickeln können. *Sie* ist das Mittel, mit dessen Hilfe wir Fortschritte in Kultur und Technologie erzielen können, der Treibstoff unserer Gesellschaft. Wir müssen an unsere Erfolge anknüpfen und Ziele und Aufgaben für die nächste Generation neu definieren, indem wir neu denken, es besser machen und uns engagieren. Im antiken Athen war die Schule adligen jungen Männern vorbehalten und zu Shakespeares Zeiten den Söhnen der Handschuhmacher. Heute hat jedes Kind – weltweit über eine Milliarde – Zugang zu Bildung, auch wenn viele von ihnen trotzdem nicht lernen. Doch wir *sind* auf einem guten Weg. Wir wissen inzwischen, was die Voraussetzungen für gutes Lernen sind. Es gibt einen Silberstreif am Horizont. Im Zentrum der Schule muss der Mensch stehen, nicht die Technik. Solidarität sollte das oberste Gebot sein, nicht Wettbewerb. Neben Leistung müssen auch Intellekt und Ethik entwickelt werden. Politik ist genauso wichtig wie Wirtschaft. Im Zeitalter des Internet ist *dies* – das Lernen – tatsächlich für jedermann zugänglich.

Nachwort

Eine Lernrevolution

Wenn du nicht lernst,
vergeudest du deine Zeit
Pharell Williams[1]

Bildung ist die Patentlösung

Ich weiß nicht mehr, wie oft ich in den letzten zehn Jahren gesagt bekommen habe, Bildung sei *die* Lösung. Was können wir gegen die Armut tun? Bildung. Wie können wir Gleichstellung von Mann und Frau bewerkstelligen? Bildung. Die Lösung für die Bevölkerungsexplosion? Bildung. Roboter gefährden unsere Arbeitsplätze? Bildung. Kriege, die immer mehr Menschen in die Flucht treiben? Bildung. Der Klimawandel als Bedrohung unseres Planeten? Bildung. Bildung ist unser Allheilmittel, das Geheimnis von Gesundheit, Glück und weltweiter Zusammenarbeit.

Sollten Sie nun auf ein »Aber« warten – es gibt keines. Bildung *ist* die Lösung. Man kann Schulen nicht für die Übel unserer Gesellschaften verantwortlich machen – wir müssen Reichtum neu verteilen, Armut an den Wurzeln anpacken, eine gerechtere, ethischere und nachhaltigere Welt schaffen, die Gedanken verändern, die unsere Taten beherrschen – aber das sind die Lösungen. Wir brauchen Kreativität, Mitgefühl und Zusammenarbeit, um diese

Herausforderungen anzugehen. Das bedeutet, dass wir das Potenzial des Menschen mehr nutzen und dafür sorgen müssen, dass künftige Bürger eher in der Lage sind als wir, eine bessere Welt für alle zu gestalten. Lernen und Bildung ist die Aufgabe unserer Generation. Wie Aaron Sorkin in der TV-Serie *The West Wing – Im Zentrum der Macht* schrieb:

> Bildung ist *die* Lösung. Bildung ist alles. Wir brauchen keine kleinen Veränderungen; wir brauchen gigantische, monumentale Veränderungen. Schulen sollten Paläste sein. Der Wettbewerb um die besten Lehrer sollte hart umkämpft sein. Sie sollten ein sechsstelliges Jahreseinkommen haben. Schulen sollten unglaublich teuer für den Staat und völlig kostenlos für seine Bürger sein, genau wie die nationale Verteidigung.[2]

Er hat recht. Alle Indikatoren von Wohlstand und Lebensqualität zeigen, dass Bildung *wirklich* unsere beste Investition ist. Finnland, Südkorea und Singapur haben das anschaulich demonstriert. Jedes dieser Länder hat in der Zeit eines halben Menschenlebens einen von der Schule ausgehenden sozialen Wandel vollzogen und sich in den Bereichen Technologie, Denken und globale Macht an die Weltspitze gestellt. Aus der Geschichte kennen wir Ähnliches. Die Erfindung von Grammar Schools im 16. Jahrhundert in England bescherte uns Shakespeare und die Englische Renaissance. Platons Akademie gab dem Westen ein stabiles philosophisches Gerüst. Wir lernen, also machen wir Fortschritte.

Ich bin davon überzeugt, dass wir uns an der Schwelle zu einer neuen Renaissance befinden. Und die ist auch nötig. Von über einer Milliarde Schulkindern weltweit fallen 600 Millionen immer weiter zurück.[3] Unsere Systeme sträuben sich gegen Veränderung, zementieren Ungleichheit und Armut und unterminieren Lebensqualität. Sie zu aktualisieren wird eine gewaltige Anstrengung. Doch in einer globalisierten Welt, in der alle Ressourcen knapp werden, ist eine Lernrevolution unsere einzige Chance auf Erfolg als Spezies. Angesichts der Verminderung von Land, Nahrungsmitteln und Brennstoffen sind unsere menschlichen Fähigkeiten zu denken, zu handeln und uns zu engagieren die einzigen unerschöpflichen Ressourcen. Wir müssen sie voll und ganz zur Geltung bringen. »Planst du für ein Jahr, so säe Reis«, sagte Konfuzius. »Planst du für zehn Jahre, pflanze Bäume. Planst du für hundert Jahre, so *erziehe Kinder*.«[4] Wir wissen jetzt, dass wir alle dazu geboren sind zu lernen.

Aber was genau *sollen* wir heute lernen? Was ist nötig, um unser Potenzial umzusetzen, um Schule als unsere größte Errungenschaft anzuerkennen und Unterrichten als unsere beste Leistung? Wie sollen wir für zukünftige Generationen Erfolg definieren? Wie wird es aussehen, wenn wir unsere Schulsysteme darauf ausrichten, wie wir lernen, statt darauf, wie wir Schulen leiten?[5] Technologische und wissenschaftliche Revolutionen haben unsere Welt seit der Zeit Platons verändert. Unsere Reise hat gezeigt, dass wir mithilfe unserer jüngsten Vorstöße unsere Werte überdenken, unser Bildungssystem neu aufstellen und eine Revolution des Lernens vorantreiben können. Wir müssen damit beginnen, Theorien zu hinterfragen, die uns an die Vergangenheit fesseln, und die Geschichten, die wir erzählen, neu zu schreiben. Die Revolution beginnt genau hier, mit einem Manifest.

1. Lebenslang lernen

Es beginnt mit Lernen. Bildung hieß früher die Übermittlung des gesamten Wissens der Menschheit von einer Generation zur nächsten. Aber heute entwickeln sich die

Institutionen zu langsam, um mit dem Zuwachs an Wissen Schritt halten zu können. Es ist nicht mehr sinnvoll, einem Menschen am Anfang seines Lebenswegs Wissen einzutrichtern. Wir Oldtimer verfügen ohnehin nicht mehr über alle Antworten. In der Hochschule 42 gab Nicolas Sadirac, ein französischer Technologie-Experte, zu, dass Schüler an seiner Schule heute Dinge mit Computern anstellen konnten, die er nicht verstehen konnte. Statt Kindern also Wissen beizubringen, müssen wir ihnen beibringen, wie man *lernt*.

Das ist unsere Bestimmung. Das Geniale an unserem menschlichen Geist ist, dass er unendlich anpassungsfähig und wesentlich mächtiger ist, als wir glauben. Lernen ist unsere Superkraft, aber statt unser angeborenes Potenzial zu entfalten, beschneiden unsere Bildungsmodelle es viel zu oft. Sie behandeln unseren Geist wie Computer, in die man Informationen einspeist, und reduzieren das Lernen auf Inputs und Outputs. Die menschliche Intelligenz ist aber nicht starr sondern lebendig und in ständigem Wandel. Wir müssen lernen, dieses evolutionäre Erbe unser ganzes Leben lang vor uns her zu tragen und unsere kognitiven Stärken zu mehren.

Selbstmotivation ist der Schlüssel, wie wir an Ifrah Khan und Lilas Merbouche sehen konnten, aber zu häufig ersticken wir diese. Jedes Kind besitzt eine angeborene Neugier und eine einzigartige Persönlichkeit. Wie Pekka Peura sagte, müssen wir uns von dem Gedanken verabschieden, Bildung bedeute das Ablegen von standardisierten Prüfungen. Die Fähigkeit von Kindern zu staunen, zu fantasieren, sich auszudrücken, zu analysieren, zu kritisieren und zu hinterfragen, zu forschen wie Wissenschaftler oder einfach zu lernen weil sie gerne lernen, muss im Zentrum unserer Bemühungen stehen.

»Jemandem früh eine Sache beizubringen, die er ein Leben lang ausüben soll, ist nicht die Lösung«, erklärte

Andreas Schleicher. Zukünftige Generationen haben ein langes, unsicheres Leben mit verschiedenen beruflichen Tätigkeiten vor sich. Wenn sie dafür ausgerüstet sind, lebenslang zu lernen, können sie dem voller Selbstvertrauen begegnen. Wir können dafür sorgen, dass sie verschiedene Möglichkeiten ausloten, Sinn für sich finden, in einem bestimmten Bereich wachsende Fachkompetenz erlangen und mit Teamarbeit lernen können. Wie George Saunders mahnt: »Bleibe so offen, dass es wehtut.«[6]

2. Kritisch denken

Das bedeutet nicht, das Wissen aufzugeben. Shakespeares Sprache, Newtons Physik, Euklids Geometrie und historische Fakten bleiben die Basis unserer westlichen Kultur, das Fundament, auf das wir unsere kognitiven Fähigkeiten stellen und mit dem wir uns in der menschlichen Welt verwurzeln. Aber dieses Wissen eignet man sich nicht an, um bei *Jeopardy!* oder *Wer wird Millionär?* zu gewinnen, sondern um das Fundament für das Denken zu legen.

Die Fähigkeit, kritisch zu denken, ist wichtiger denn je. Einzelpersonen und Organisationen haben es darauf abgesehen, unseren Geist zu kapern und uns auf subtile Weise dazu zu bringen, die Ziele eines anderen zu verwirklichen. YouTube und Instagram binden unsere Aufmerksamkeit. Werbung ist darauf aus, unser Verhalten zu formen. Fehlinformationen erodieren die gemeinsame Kultur. Auf welche Art sollen wir dann lernen, wie David Foster Wallace es formulierte, »wie man über das Wie und Was des eigenen Denkens eine gewisse Kontrolle ausübt«?

Es gibt keine Abkürzungen. Ifrahs Erfahrung an der KSA zeigt, dass ein beständiger Kampf ein wesentlicher Teil dieses Prozesses ist. Wenn es sich einfach anfühlt, vermeiden wir echtes Denken. So können wir die Probe aufs

Exempel machen. Im Unterricht müssen unsere Kinder die forschende, zweifelnde Position des Wissenschaftlers einnehmen. Lehrer, so sagte mir Benny Thai, können Schülern diese Fähigkeit anerziehen, indem sie sie ermutigen, ihren eigenen Unterricht zu hinterfragen und die Ansichten ihrer Mitschüler in Zweifel zu ziehen.

Mr Hartley nahm bei dem Philosophiekurs für Grundschulkinder an der Gallions Primary School diese Rolle ein, indem er die kleinen Schüler dazu brachte, die Ursprünge ihrer Meinungen zu untersuchen und als Gruppe gemeinsame Bezugspunkte zu schaffen. Öffentliche Diskussionen und Debatten sind eine Möglichkeit, unserer eigenen Voreingenommenheit und der geistigen Manipulation durch andere die Stirn zu bieten. Schulen sind das Gegengift für die Filterblasen mit ihrem Echokammer-Effekt im Internet. Erziehen wir unsere Kinder so, dass sie nicht hinters Licht geführt werden können.

3. Kreativ werden

Kinder werden frei geboren, stecken aber überall in Schulen. An der Walworth Academy konzentrierte ich mich so sehr auf Benotung und Verhalten, dass ich überhaupt nicht darüber nachdachte, wie ich die Fantasie meiner Schüler anregen, ihre Interessen wecken oder ihre kreativen Fähigkeiten fördern könnte. Mein eigener, eng gefasster akademischer Erfolg machte mich blind dafür, wie wichtig es ist, es besser zu machen oder die Regeln zu brechen. Vergessen wir Fügsamkeit und unterrichten stattdessen Kreativität.

Das Handwerk rückt dabei wieder ins Zentrum des Lernens. An der Hiidenkiven Peruskoulu, School 21 oder dem MIT Media Lab, wo das der Fall ist, heißt das, dass die Kinder mehr Raum zum Spielen, mehr Freiheit zum Ausprobieren und Scheitern haben und viele Gelegenheiten bekommen, um ihre Leidenschaft zu finden. Die meisten von uns haben Schulen besucht, in denen wir Kunstwerke schufen, bei Theaterstücken mitwirkten, naturwissenschaftliche Experimente durchführten und unsere Neugier ausleben konnten. Aber heute fehlt es unseren Kindern viel zu oft an solchen Erfahrungen.

Wir können es uns nicht leisten, so viel Potenzial zu verlieren. Der kreative Sektor gehört nicht nur zu den am schnellsten wachsenden Wirtschaftszweigen, in Zeiten von Bevölkerungszunahme, Ressourcenverknappung und einem Mangel an Ideen brauchen wir Kreativität, um als Spezies neue, große Entwürfe zu denken und es mit den großen Herausforderungen von Überkonsum, Klimawandel und Umweltzerstörung aufzunehmen und es besser zu machen.

Diese Kreativität kann in jedem Medium entwickelt werden, ob nun durch Schreiben, Kunst, Musik, Theater, Mathematik, Wissenschaft, Programmieren oder Sport. Sie ist entscheidend, nicht nur eine nette Beigabe. Mit den Methoden, die die Kinder bei diesen Versuchen entwickeln, können sie Sinn finden und haben ihr Leben lang Zugang zu dem grundmenschlichen Wesenszug der Selbstentfaltung. Wenn die Beherrschung von Grundfächern bedeutet, dass wir keine Zeit für Kunst, Fantasie und Kreativität in der Schule haben, müssen wir dafür sorgen, dass sie anderswo verfügbar werden. Kinder dafür zu begeistern könnte die Welt verändern, ihre berufliche Laufbahn beeinflussen oder ihnen einfach einen Ort bieten, an dem sie Sinn und Freude erleben. Das ist auch in Ordnung.

4. Persönlichkeit entwickeln

Um eine gesunde Gesellschaft zu errichten, müssen wir dafür sorgen, dass unsere Kinder wohlgenährt sind, sowohl körperlich als auch geistig. Doch heute ist unser Nachwuchs von einer Krise der psychischen Gesundheit bedroht. Eines von vier Mädchen in Großbritannien ist im Alter von vierzehn Jahren bereits klinisch depressiv.[7] Weltweit leiden 450 Millionen Menschen unter psychischen Störungen.[8] Bildung ist ein zutiefst menschliches Unterfangen. Zusammen mit der intellektuellen und praktischen Entwicklung müssen wir auch die emotionale Entwicklung unserer Kinder ernst nehmen. Welche Botschaft vermitteln wir ihnen, wenn Wohlbefinden keine Priorität hat? Was sagt das über die Gesellschaft aus, für die wir uns selbst entschieden haben?

Kinder können Resilienz erlernen. Angela Duckworths Forschung und die Beispiele von KSA, KIPP oder Korea zeigen, dass Kinder entgegen aller Wahrscheinlichkeiten erfolgreich werden und es ihr gesamtes Leben bleiben können. Für diesen Ansatz braucht man strenge Liebe, sehr hohe Erwartungen und eine Kultur, die keine Ausreden gelten lässt. Außerdem müssen vertrauens- und liebevolle Beziehungen zwischen den Mitgliedern einer Gemeinschaft geschaffen werden. Kinder, die eine sichere Bindung zu anderen haben, können es besser mit den Herausforderungen des Lebens aufnehmen.

Sich als Teil einer Gemeinschaft zu fühlen ist entscheidend für das Wohlbefinden und die psychische Gesundheit von Kindern. Wenn wir eine gesündere Gesellschaft wollen, müssen wir Kindern helfen, die Kräfte zu entdecken, die ihre Identität und ihr Verhalten formen. Jungen und Mädchen können gleichermaßen emotionale Intelligenz entwickeln, Teile ihrer Geschlechterrollen als Konstrukte erkennen und sich von schädlichen Erwartungen lösen, die sie bezüglich Schönheit, Mut, Intelligenz, Führungsqualitäten, Humor und Liebe verinnerlicht haben. Schulen sollten einen sicheren Raum bieten, um neue Meinungen zu erproben, verschiedene Identitäten zu testen und lieben zu lernen.

Achtsamkeit eröffnet uns einen Weg, um diese Ziele zu verwirklichen. An der Breakthrough Magnet konnte ich mich davon überzeugen, welche Kraft freigesetzt wird, wenn man Wohlbefinden ins Zentrum des Bildungsauftrags stellt. Kinder lernten dort nicht nur zu denken und zu handeln, sondern auch zu fühlen. In Achtsamkeitsstunden lernten Schüler und Lehrer, auf ihre Gefühle zu hören. Mithilfe von erprobten psychologischen Techniken wurde ihnen beigebracht, wie man eine glückliche, liebevolle Gemeinschaft aufbaut.

Psychische Gesundheit und lebenslanges Wohlbefinden sollen im Zentrum unserer Revolution des Lernens stehen. Selbst wenn wir unsere Kinder auf das Rennen an die Spitze vorbereiten, können wir mehr dazu beitragen, ihnen zu Zufriedenheit zu verhelfen und dafür zu sorgen, dass Selbstachtung nicht für sinnlosen Wettbewerb geopfert wird. An der KIPP Infinity scheute sich Jeff Li nicht, mir – oder seinen Schülern – zu sagen, dass er sie lieb hatte. Das sollte zur Norm werden.

5. Früh beginnen

Als Kindergartenkind, Schüler und Student war ich immer davon überzeugt, dass Lernen wichtiger wird, je älter man ist. Damit lag ich völlig daneben. Erzieherinnen am Perry Preschool Program in Michigan in den 1960er-Jahren hatten in einer Stunde mehr Einfluss auf die künftigen Chancen der Kleinkinder als Grundschul- und Sekundarschullehrer später in wochenlangem Unterricht. Diese Erkenntnis muss unsere Bildungssysteme bestimmen.

Laut unseren alten Hierarchien stehen Universitätsprofessoren über Hochschuldozenten, die wiederum Lehrer übertrumpfen. Gymnasium schlägt Realschule, Realschule sticht Grundschule. Ganz unten, nach den Mensa-Mitarbeitern und den Hausmeistern kommt der mütterliche Kader an Kita-Erzieherinnen oder Tagesmüttern. Das ist falsch gedacht, da es die Rollen nach der Komplexität des Stoffes ordnet, der den Kindern zu vermitteln ist, statt nach der Komplexität der Entwicklung von Kindern. Das ist veraltet und sollte umgekehrt werden.

An der Pen Green erlebte ich einen neuen Ansatz. Werdende Mütter besuchten Pränatal-Kurse und kamen auch nach der Geburt der Kinder weiterhin. Sobald sie ein Jahr alt waren, konnten die Babys halbe Tage in der Krippe verbringen, wo sie von hoch qualifizierten Erziehern genau auf ihre Entwicklungsbedürfnisse ausgerichtet gefördert wurden. Angeschlossen an Pen Green war ein weltführendes Forschungszentrum. Die Experten wurden nicht von überall auf der Welt eingeflogen, meist handelte es sich um Mütter aus Corby, die ihren Abschluss oder ihre Promotion beendeten. Und dabei ist Corby eine der ärmsten Städte Großbritanniens mit schlechtem Bildungsstand.

Stellen wir uns ein System vor, in dem die Umgebung der jüngsten Lernenden auf die Maximierung ihres lebenslangen Erfolgs ausgerichtet ist und das darüber hinaus bedürftige Mütter und Väter unterstützt. Derzeit lassen wir uns diese Dienste nur wenig kosten, doch die Förderung eines Kindes in diesem Alter, bringt sein ganzes Leben lang die höchste Rendite.

6. Zusammenarbeit fördern

Junge Menschen haben heute ein größeres soziales Bewusstsein, sind altruistischer und leben untadliger als ihre Vorfahren. Die Generation Ich weicht der Generation

Wir. Doch mit dem Schulbeginn – und häufig noch früher – treiben wir unsere Kinder zu einem brutalen Wettrennen an die Spitze an, sagen ihnen, sie müssen bestimmten Standards entsprechen, und sortieren und selektieren sie dann. Das passte ins Preußen des 18. Jahrhunderts. Es passt in die Unternehmenswelt von heute. Aber die Welt hat sich weitergedreht.

Hierarchie ist nicht mehr der beste Ansatz. Die Welt ist zu komplex. Situationen ändern sich zu schnell. Stattdessen sollten wir unseren Kindern Teamwork beibringen und wie sie eine Gemeinschaft aufbauen. In diesen menschlichen Systemen spielt jede Person eine wichtige Rolle für den Erfolg der Gruppe, und wir müssen das Potenzial jedes einzelnen vergrößern und lernen zusammenzuarbeiten. Statt der Frage »Wer ist der Beste?«, müssen wir herausfinden, was wir uns gegenseitig zu bieten haben und wie wir erfolgreich zusammenarbeiten können.

Lernen ist inklusiv und demokratisch, wenn es rund um die Themen Team und Gemeinschaft organisiert ist. Statt Kinder gegeneinander antreten zu lassen, um ein einheitliches Erfolgskriterium zu erschaffen, sollten wir viel persönlicher auf Individuen eingehen, sie in ihrem eigenen Tempo arbeiten lassen und dafür sorgen, dass jeder lernt. Pekka Peura hat das in Martinlaakso getan. Todd Rose spricht sich dafür in *The End of Average* aus. Dadurch lassen wir allen, die zu kämpfen haben oder besonderer Förderung bedürfen, mehr Ressourcen zukommen. Das sollten wir mit Freude tun.

Es kann keine Ausrede dafür sein, Erwartungen zu senken. Das Rennen an die Spitze hat das Bildungsniveau gesteigert, neue Modelle zur Leistungssteigerung geschaffen. Die besten von ihnen müssen wir nutzen und mit ihnen die Lücken in Bildungsniveaus schließen, statt sie noch weiter aufzureißen. Gerechtere Gesellschaften sind auch gesünder, glücklicher und bringen in beinahe jeder

Hinsicht bessere Leistung. Das heißt aber nicht, dass in solchen Gesellschaften alle gleich sind.[9]

7. Unterrichten üben

Bei einem Vortrag sagte Georges Haddad, Direktor der Sorbonne, Frankreichs prestigeträchtigster Universität, vor Kurzem etwas Überraschendes. Der studierte Physiker und grauhaarige französische Akademiker hielt eine leidenschaftliche Rede über junge Menschen. »Eine Gesellschaft, die ihre Lehrer nicht liebt«, so schloss er, »liebt ihre Kinder nicht.« Welche Gesellschaft würde schon sagen, dass ihr ihre Kinder egal sind?

In fünfzig Jahren werden wir Lehrer wie Ärzte behandeln. Sie werden trainieren wie Sportler und forschen wie Wissenschaftler. Sie werden Meister des Lernens sein, eine Rolle, zu der jeder aufblicken wird. In einer Zukunft, die von der Arbeit bestimmt wird, die Menschen füreinander tun, wird das Unterrichten unsere höchste Kunst sein. Das gilt bereits in den besten Schulen und Bildungssystemen der Welt. In Finnland und Singapur sind Lehrer stolz, autonom und gut ausgebildet, sie sind Meister einer Zunft des Lernens. Auch in der School 21 und High Tech High, Summit und der King Solomon Academy ist das der Fall.

Wir haben noch einen weiten Weg vor uns bis zu diesem Ziel. Weltweit wenden sich Lehrkräfte von ihrem Beruf ab, sind überarbeitet und erfahren nicht genügend Wertschätzung. Beinahe 500 000 qualifizierte Lehrer haben in Großbritannien ihrem Beruf den Rücken gekehrt und in anderen Sektoren Arbeit gesucht. Um globale Entwicklungsziele zu erreichen, brauchen wir bis 2030 weltweit neunundsechzig Millionen neue Lehrer,[10] eine Verdopplung der aktuellen Zahlen. Beinahe 1,5 Milliarden Kinder gehen dann zur Schule. Wenn die Wirtschaftswissenschaftler Osborne und Frey mit ihrer Vorhersage recht haben, welche Berufe bis dahin automatisiert sein werden, ist Unterrichten einer der Bereiche, in denen wir einen enormen Wert und ein bereicherndes Arbeitsfeld schaffen können.

An der Walworth Academy erlebte ich, dass Unterrichten eine ausgeklügelte Fähigkeit sein kann. Mr Jahans und Ms Toworfe brachten die Schüler zum Denken, weckten ihre intrinsische Motivation, inspirierten sie zu größeren Leistungen, als sie selbst es für möglich hielten. Ebenso Pekka Peura in Helsinki, Adie Capaldi in New York und unzählige andere Lehrer, die ich auf meiner Reise getroffen habe. Das war keine Zauberei. Sie beherrschten die Wissenschaft kognitiver Entwicklung, die Praxis der Gemeinschaftsbildung, die Psychologie der Motivation und ihr Fachwissen perfekt. So eine Fachkompetenz kann man sich erarbeiten.

Wenn wir unsere Lehrer optimal einsetzen wollen, müssen wir ihnen vertrauen, sie gut ausbilden, ihnen Autonomie geben, sie von Verwaltungsaufgaben befreien und ihnen Verantwortung übertragen. Brent Maddin überlegte sich verschiedene Rollen, die Lehrer in der Zukunft spielen könnten. Fachexperten könnten Schüler unterrichten, während sie parallel aktuelle Forschung in ihrem Fach betreiben. Lernberater könnten die Motivation der Schüler fördern sowie ihre Fähigkeit, effektiv mit Mitschülern zu arbeiten. Datenanalytiker könnten effizienter die Lücken im Lernfortschritt der Schüler aufdecken. Wir können unseren Lehrern vertrauen, dass sie dieser Herausforderung gewachsen sind.

8. Technologie klug zum Einsatz bringen

Roboterlehrer sind noch nicht in Sicht. Im Silicon Valley hatte ich erwartet, einen Blick auf ein Gerät zu werfen, das das Lernen für immer verändern würde. Aber auch wenn Technologie die Welt verändert, sind die repetitiven, regelbestimmten Routineaufgaben, die Computer bisher beherrschen, das Gegenteil von dem, was wir im Unterricht brauchen. Lernen kann nicht wie Angry Birds funktionieren.

Technologie ist nur ein Werkzeug. Für die Bildung nutzen wir sie am besten, wenn wir sie für menschliche Zwecke einsetzen. Mit der 42 sah ich eine Schule ohne Lehrer, in der Software alles bestimmt. Mitch Resnick am MIT hatte Scratch entwickelt, eine lehrerlose Online-Lerngemeinschaft. An den Summit Public Schools hatten die Schüler einen ganzen Tag pro Woche, an dem sie alleine an einem Laptop die Aufgaben ihrer personalisierten Lernplattform bearbeiten. Diese Innovationen sorgen für Effizienz, da das Lernen für jeden Schüler maßgeschneidert war und dadurch Lehrerzeit sparte. Sie werden sich ausbreiten.

Miteinander verbundene Computer können Bildung auch zu Gemeinden ohne Schulen bringen. Pratham, eine indische NGO zur Alphabetisierung von drei Millionen Kindern in Uttar Pradesh, experimentiert mit Tablet-unterstützten nachschulischen Lerngruppen, mit denen die Englischkenntnisse der Kinder erwiesenermaßen weiterentwickelt werden. Bridge International Academies unterrichtet – nicht ganz unumstritten – mittlerweile mehr als 200 000 Kinder in Ostafrika und Indien mit vorinstallierten Lehrer- und Schülertablets.

Mensch plus Maschine plus verbesserter Prozess ist die richtige Kombination. Es muss eines unserer Ziele sein, dass unsere Kinder den Umgang mit den heutigen Hilfsmitteln lernen. Das heißt, dass sie mit Tablets experimentieren, Aktivitäten auf dem Smartphone testen. Das heißt auch, dass sie diese Hilfsmittel verstehen. So, wie jedes Kind lesen, schreiben, rechnen und wissenschaftlich denken lernt, sollte es auch Grundkenntnisse des Programmierens lernen. Wir müssen uns vor der Verdummung in Acht nehmen, wenn wir das Denken den Maschinen überlassen.

Letztlich werden die meisten Jobs in der Zukunft keine besonderen technischen Kenntnisse erfordern, genau wie wir dafür auch nur Grundkenntnisse im Lesen oder Multiplizieren brauchen. Und wenn Roboter tatsächlich unsere Jobs übernehmen, werden unsere menschlichen Qualitäten umso wichtiger. Wir werden uns gegenseitig von Nutzen sein, von der Ernährung bis hin zu intellektuellen, spirituellen oder körperlichen Bedürfnissen. Der gravierendste Einfluss von Technologie auf das Lernen könnte also paradoxerweise darin bestehen, dass sie uns zum Menschlichen hindrängt. Bereiten wir unsere Kinder darauf vor.

9. Die Zukunft gestalten

Warten wir nicht auf die Zukunft, sondern erziehen wir unsere Kinder dazu, sie zu gestalten. Roboter könnten alle Jobs wegnehmen. Superreiche Tech-Lords könnten sich allen Reichtum unter den Nagel reißen. Das Klima könnte sich unumkehrbar verändern. Die Weltbevölkerung könnte unkontrolliert anwachsen. Wir können abwarten und schauen, was passiert, auf einen Führer hoffen, der uns rettet – oder wie Joshua Wong, Lilas Merbouche und Da'jia Cornick lernen, zusammenzuarbeiten und mit Fantasie das zu gestalten, was wir sehen wollen.

Dazu müssen wir die nächste Generation erziehen. Am Eton College, der namhaftesten Schule Großbritanniens, die allein siebzehn britische Premierminister besucht haben, hörte ich von einer Biologielehrerin, die als Klimaschutzaktivistin unbedingt an dieser Schule unterrichten wollte. Ihre Begründung war einfach. Auf diese Weise konnte sie in ihrem Rahmen am meisten zur Rettung unseres Planeten beitragen. In ihrem Unterricht saßen künftige Parlamentsmitglieder, Richter, Zeitungsredakteure, Geschäftsführer und Diplomaten. Unter ihrer Anleitung würden sie alle die Schule als Klimaaktivisten verlassen. Will man die Welt verändern, beginnt man am besten in der Schule.

Statt sich auf eine unvorhersehbare Zukunft vorzubereiten, können unsere Kinder sie gestalten. Was ist dafür nötig? An einer Schule in Mumbai lernte ich sechs angehende Studenten kennen, die in Slums aufgewachsen, nun aber an angesehenen Universitäten angenommen waren. Sie wollten später in ihre Gemeinden zurückkehren und dort unterrichten und Unternehmen gründen. An der School 21 in London verlangte man von den Schülern, sich nicht für den Rest ihres Lebens vorzubereiten, sondern bereits heute die Welt um sie herum positiv zu beeinflussen. Zwölf Teenager einer Organisation namens The Intersection in Baltimore führten eine Kampagne zur Wahl eines pro-Dreamer Politikers.

Die Kids von heute können auf der Unsicherheit unserer Zeit wie auf einer Welle reiten. Wenn wir ihnen das richtige Wissen, die richtigen Fähigkeiten und Haltungen an die Hand geben, werden sie gemeinsam herausfinden, wie sie eine bessere Zukunft für alle gestalten können. Bildung ist nicht der einsame Akt, die eigenen Fähigkeiten zu entwickeln, sondern eine gemeinsame Bemühung, unsere Gesellschaft voranzubringen.

Wir sind das System

Auch wenn Bildung die Wunderwaffe ist, gibt es keine Patentlösung für das Lernen selbst. Überall auf der Welt habe ich Ausschau gehalten nach *der* Technologie oder Innovation, die das Lernen völlig verändert. Stattdessen habe ich herausgefunden, dass die Zukunft des Lernens in uns selbst liegt. Das ist unser Anliegen. »Die wichtigste

Infrastruktur, die wir haben, sind gebildete Menschen«, sagte Amel Karboul, Sprecherin der Education Commission, einem UN-Organ zur Verbesserung der Bildung weltweit.[11] Diese Infrastruktur zu stärken ist sowohl das Mittel als auch das Ziel unserer Mission.

Das »System« ist nicht irgendwo dort drüben. Das System sind wir, die zwischenmenschlichen Beziehungen. Jeder hat eine Rolle darin und die Macht, es positiv oder negativ zu beeinflussen. Wenn wir alle von Natur aus fähig sind zu lernen und uns anzupassen, müssen die Dinge nicht für immer so bleiben, wie sie heute sind. Wir können und müssen eine gemeinsame Entscheidung treffen, was wir für unsere Kinder wollen. Schaffen wir das als Familien, Schulen oder Gemeinden, können wir die Ziele unserer Bildungssysteme verändern und auch, wie sie verfolgt werden.

Wenn wir heute in unserer globalen Mission größere Weitsicht haben, liegt das daran, dass wir schon auf den Schultern von Riesen stehen. Der gute alte Newton. Selbst ein wahnsinniger Egoist wie er konnte zugeben, dass er es nicht alleine geschafft hat. Wollen wir weiter Fortschritte machen, müssen wir zusammenarbeiten, Wissen für alle verfügbar machen, daran glauben, dass wir die kollektive Intelligenz – und Solidarität – haben, die Probleme der Welt zu lösen. Eine derart komplexe Aufgabe bedarf unserer kollektiven Führung.

Zuerst müssen wir gemeinsam einen neuen Entwurf für ein lebenslanges Lernen entwickeln, von Geburt bis zum Tod, und wir müssen unsere Fähigkeit, neu zu denken, uns zu verbessern und uns zu engagieren weiterentwickeln. Bald werden wir es zu schätzen wissen, wie lernfähig wir sind, und in der Lebensmitte Programmieren oder Datenanalyse lernen, oder frühkindliche Erzieher oder Psychotherapeut werden. Wir werden Kunstunterricht oder Sportkurse besuchen, wann immer wir sie brauchen, unseren Platz in der Welt kennen, und Zufriedenheit über Wettbewerb stellen. Selbst Wirtschaftswissenschaftler stimmen überein, dass Bildung eine Rendite garantiert. Worauf warten wir noch?

Danksagung

Wenn es ein Dorf braucht, um ein Kind zu erziehen, dann hat eine Kleinstadt bei diesem Buch mitgeholfen. Hunderte Seiten wären nötig, um jeder mitwirkenden Person adäquat zu danken. Stattdessen möchte ich dieses Buch all den Kindern, Lehrern und den anderen wundervollen Menschen überall auf der Welt widmen, die mich in ihren Klassen, Schulen, Wohnungen und Arbeitsstätten willkommen geheißen haben, mich mit Herzenswärme begrüßten, geduldig meine Fragen beantworteten und freimütig ihre Erfahrungen mit mir teilten. Jede noch so kleine, freundliche Geste, jeden hilfreichen Kontakt und jeden reflektierten Kommentar weiß ich zu schätzen. Immer öfter wird die Sorge laut, dass die Welt so harsch und gespalten ist. Meine Erfahrung besagt das Gegenteil. Ich bin voller Hoffnung angesichts der Großzügigkeit, Freundlichkeit und Gastfreundschaft, mit der mir Menschen überall begegnet sind. Dieses Buch ist für euch.

Einige Menschen waren besonders liebenswürdig, öffneten mir ihre Türen weit, nahmen endlose E-Mail-Konversationen auf sich und schenkten mir großzügig ihre Zeit und ihre Geschichten. Namentlich bedanken möchte ich mich dafür bei Max Haimendorf und Ifrah Khan am KSA, Debbie Penglis, Hannah Barnet und Oli de Botton an School 21, Margy Whalley, Angela Prodger und Rebecca Elliott an Pen Green, Ger Graus an KidZania, Lisa Naylor von P4C, Sugata Mitra, Iroise Dumontheil und Daisy Christodoulou für Interviews, Jacob, Sofia, Tor, Eleanor und Dominik Havsteen-Franklin für einen großartigen Tag, Sarah-Jayne Blakemore, Toby Greany und Susan Douglas für hilfreiche Beziehungen und Joe Kirby für eine Führung durch die Michaela School. Dank schulde ich insbesondere Jonnie Noakes am Eton College: Er beherbergte mich bei verschiedenen Besuchen, die mein Denken stark prägten.

In den USA gilt mein Dank Brett Schilke an der Singularity University, Philipp Schmidt, Mitch Resnick, Kim Smith und Deb Roy am MIT Media Lab, Diane Tavenner und Sam Strasser an den Summit Public Schools, Larry Rosenstock an der High Tech High, Kelly Willis und Matthew Needleman an der Melrose Elementary, Preston Smith bei Rocketship, Peter Croncota, Adie Capaldi, Jeff Li, Dominique Mejia, Allison Holley, Gerard Griffith und dem restlichen Team an KIPP Infinity dafür, dass sie mir das Gefühl gaben, zur Familie zu gehören, Angela Duckworth, Donald Kamentz, Chad Spurgeon, Sean Talamas und Emily Aisenbrey am Character Lab für ihre Zeit und Erkenntnisse, Brent Maddin und Jamey Verrilli am Relay GSE, den Schülern und dem Kollegium der North Star Academy, Christina Hinton in Harvard, B. J. Fogg in Stanford, Naya Bloom und Drew Furedi für die Beziehungen in Los Angeles und dem Team an der Temple University, Yu Chen, Ying Lin, Jelani Medford, Haley Weaver, Rufan Luo, Brenna Hassinger-Das, Brianna McMillan. Besonderer Dank gebührt schließlich Kathy Hirsh-Pasek, die mich zu sich nach Hause eingeladen hat.

Auch in anderen Teilen Europas durfte ich von der Freundlichkeit vieler wunderbarer Menschen profitieren. In Finnland, Anni Rautianen und Saku Tuominen an der HundrED, Mervi Kumpulainen und Ilppo Kivivuori an der Hiidenkiven School, Pekka Peura in Martinlaakso, Jenna Lähdemäki an der Sitra, Olli Vesterinen am Ministerium, Aleksi Neuvonen bei Demos, und das Team von TET 4.0 und MeHackit. In den Niederlanden gilt mein großer Dank Christof van Nimwegen. In Paris bedanke ich mich vielmals bei Andreas Schleicher am OECD, Nicolas Sadirac, Fabienne Haas, Lilas Merbouche und Thomas Guillot an der 42 und Francois Taddei am CRI.

Ebenso überwältigt war ich von der Großzügigkeit der Kollegen in Asien. Herzlichen Dank an Jessica Kehayes und Mingxuan Zhu von der Asia Society, Mingxuan Zhang und Yong Zhao, die viel zum Verständnis beigetragen haben, Sophie Chen für viele Kontakte. In Schanghai gilt mein besonderer Dank Zhang Mingsheng, Stella Shi, Xu Yijie, Xu JinJie und Hailing He, sowie den Schülern und Lehrern an der YuCai High und der Wanhangdu Road Primary. Danke auch an Orestes Za an der Peking University Future School, dem Pi-Top Team von Jesse Lozano und Ryan Dunwoody, die ich in Peking traf. In Hong Kong geht mein großer Dank an Joshua Wong und Benny Thai, Lernende im wahrsten Sinne des Wortes, sowie an Arnett Edwards an der UWC und Aisha Spears. In Südkorea waren die Ashoka und Future Class Networks unvergleichlich großzügige Gastgeber, die Besuche und Essensverabredungen organisierten. Vielen Dank an Seung-Bin Lee, Gwangho Kim, Yumi Jeung und Chanpil Jung an der FCN. Bei Ashoka haben Hae-Young Lee, Bo-Kyeong Kwon, Yujin Noh und Jinyee Ryu unglaublich viel für mich getan, ebenso wie Alex Lim, Jinu Baek, Seon Yeong Lee, In-Soo Song und natürlich Ju-Ho Lee.

Auch andere, die in diesem Buch nicht namentlich genannt wurden, haben mir sehr geholfen. In Indien brachten mir Renuka Gupta am Pardada Pardadi und Rukmini Banerji an der Pratham unendlich viel Geduld und Unterstützung entgegen, selbst als ich sie aufgrund eines Problems mit dem Visum doch nicht besuchen konnte. In Mumbai nahm mich das FSG-Team um Samantha King, Gauri Kirtane und Priyamvada Tiwari zu Zentren für frühkindliche Entwicklung mit, die in der Endversion dieses Buches nicht zur Sprache kamen. In Singapur ließ David Hung mich an seiner enormen Fachkompetenz teilhaben, während Audrey Jarre und Svenia Busson mit Kontakten weiterhalfen, genau wie Polly Ackhurst an der UWC und Viliana Dzartova bei Ashoka.

Wenn ich dahin zurückgehe, wo alles begann, möchte ich auch meinen eigenen Lehrern danken, und mit ihnen all denen, die diese wichtige Arbeit tun. Danken will ich auch den Schülern und dem Kollegium der Walworth Academy, die geduldig und mit dem nötigen Sinn für Humor meine ersten Fehlversuche ertrugen, besonders Faye Kupakuwana, Patricia Toworfe, Mike Higgins und David Jahans im Fachbereich Englisch. Danke auch den Schülern von 10X4 und 10Y1, dass sie meine Karriere und dieses Buch inspirierten und dem Debattier-Team für die Hochgefühle. Außerdem bedanke ich mich bei Brett Wigdortz, ohne den es Teach First nicht gäbe, und bei meiner Freundin Juliet Cook, die mich überzeugte, dass Unterrichten das Richtige ist, und mich zum Schreiben des Buches ermutigte. Dank gebührt auch meinen Kollegen bei Teach For All, dafür, dass sie für mich einsprangen, besonders Felicia Cuesta, Kyle Conley, Lucy Ashman und Isy Faingold. Ich danke Steven Farr für viele hilfreiche Gedanken und Kontakte und natürlich Leigh Kincaid, die vom ersten Tag an mit mir zusammenarbeitete und mir den Rücken stärkte. Auch Wendy Kopp, schulde ich großen Dank: Ohne sie hätte ich es überhaupt nicht bis zum Unterrichten geschafft, hätte die Freiheit zum Schreiben nicht gehabt und hätte nicht so herausragende Menschen überall auf der Welt überzeugen können, mit mir zu reden.

Zu denen, die mein Denken mit geprägt haben, gehören Orazio Cappello, Jacob Kestner, Ed Vainker, Rowland Manthorpe, Ed Fornieles und Artur Taevere. Danke für die vielen inspirierenden Gespräche. Ich bedanke mich auch bei Ness Whyte und Bertie Troughton für die Titel (halten Sie 2019 Ausschau nach *School Runnings* und *Discipline, Discipline, Discipline*) und Eleanor O'Keeffe und John Gordon für die Unterstützung beim Marketing. Mein ewiger Dank gilt auch meinen Spitzenlesern Cordelia Jenkins, Matt Lloyd-Rose, Orazio Cappello, Archie Bland, Amol Rajan, Zack Simons, Katie O'Mahoney und Rosie Boycott. Sie alle schenkten mir wertvolle Erkenntnisse, solide Ratschläge und ehrliches Lob für meine Ideen und das, was ich geschrieben habe. Eine größere Liebenswürdigkeit hätte ich mir gar nicht wünschen können. Der Text ist dank ihnen besser geworden, sämtliche Schwächen oder Fehler gehen einzig und allein auf mich zurück.

Dieses Buch wurde von Atul Gawande inspiriert. Nach einem Vortrag über Sterblichkeit vor drei Jahren in London erzählte ich Bea Hemming, dass ich mir wünschte, es gäbe ein ähnliches Buch über Bildung. Ein Jahr später gab sie mir, nachdem sie meinen Entwurf gelesen hatte, einen Vertrag bei W&N. Den Vertrauensvorschuss, den sie mir damit gab, werde ich nie vergessen. Ich möchte mich auch bei dem restlichen Team für ihren Esprit, ihre Geduld und ihre zielsichere Unterstützung bedanken: Alan Samson, Holly Harley, Cait Davies und Elizabeth Allen. Ein herzliches Dankeschön auch dem wunderbaren Team bei L&R, Felicity Rubinstein, Sarah Lutyens, Juliet Mahony und allen anderen, dafür, dass sie bereits früh in meinen Entwürfen Potenzial sahen und mich darin unterstützten, daraus ein Buch zu machen.

Die unvergleichliche Jenny Lord war während dieser gesamten Zeit meine Lektorin. Sie war mir eine unglaubliche Mentorin, die sich geduldig durch viele Entwürfe gearbeitet hat und immer die richtigen Worte für mich fand, ob hinterfragende oder ermutigende, und die es schaffte, mir am Ende ein passables Buch abzuringen. Ich kann gar nicht in Worte fassen, wie dankbar ich ihr dafür bin. Zudem hatte ich das große Glück, in den letzten Jahren meine enge Freundin Jane Finigan als Agentin zu haben. Ohne ihre Unterstützung in der frühen Phase und ohne ihre unermüdliche Ermutigung vom ersten Tag an hätte ich weder das Selbstvertrauen noch die Möglichkeit gehabt, dieses Vorhaben zu Ende zu bringen. Das bedeutet mir sehr viel.

Noch weniger hätte ich dieses Buch ohne die Unterstützung von Familie und Freunden fertigstellen können. Danke euch allen, dass ihr mich nicht fallen gelassen habt, als ich zwei Jahre lang für dieses Buch abgetaucht bin. Besonders danke ich Rosie Boycott und Charlie Howard, die mich bei sich aufgenommen haben, Ellis und Ippolita, die mir gezeigt haben, wie Kinder aussehen, die gerne lernen, und meinen Brüdern Jack, Rory und Max, die mich nie vergessen ließen, was ich alles verpasste, und geduldig mit mir waren, während ich es verpasste. Dank gebührt auch meinen Eltern Mick und Shona Beard. Mein Vater ist schon mein ganzes Leben lang mein Vorbild und hat mir gezeigt, was es bedeutet, hart für das zu arbeiten, was man gerne tut, und zugleich immer Zeit für andere zu haben. Seine Gedanken zu frühen Entwürfen waren eine wichtige Triebfeder. Meine Mutter war meine erste Lehrerin und ist noch immer meine wichtigste. Ich habe ihr zu verdanken, dass ich weiß, wo ich hingehöre. Sie gab mir die lebenslange Freude am Lesen mit auf den Weg, spornte mich in den langen Monaten des Schreibens an und kümmerte sich um mein Wohlergehen. Auch sie ist von Beruf Lehrerin und war der Grund, weshalb ich Lehrer wurde.

Zu guter Letzt danke ich Daisy, der ich alles zu verdanken habe. Du hast dies ermöglicht, indem du mich ausgehalten hast, wenn ich da war und wenn ich nicht da war. Deine Erkenntnisse haben mein Denken geprägt, deine Anmerkungen mein Schreiben verbessert, und deine Existenz gibt mir alles Glück, das ich brauche. Du hast mir die Inspiration gegeben zu schreiben, die Freiheit, es tatsächlich anzugehen, und die Unterstützung, es zu Ende zu bringen. Danke für alles.

Literaturhinweise

Dies sind einige der Bücher, die mein Denken geprägt und meine Theorien auf verschiedene Weise beeinflusst haben. Ich empfehle sie alle wärmstens.

Über den Geist

Sarah-Jayne Blakemore, Uta Frith: *Wie wir lernen: Was die Hirnforschung darüber weiß*. München, Deutsche Verlags-Anstalt 2006 (2005).

Sandra Blakeslee, V. S. Ramachandran: Phantoms in the Brain: Probing the Mysteries of the Human Mind, New York 1998.

Daniel C. Dennett: Von den Bakterien zu Bach – und zurück: Die Evolution des Geistes. Berlin, Suhrkamp 2018 (2017).

Daniel Kahneman: *Schnelles Denken, Langsames Denken*. München, Siedler 2012 (2011).

Michio Kaku: Die Physik des Bewusstseins: Über die Zukunft des Geistes. Reinbeck, Rowohlt 2015 (2014).

Steven Pinker: Language, Cognition and Human Nature: Selected Articles, Oxford 2013.

V. S. Ramachandran: The Tell-Tale Brain: Unlocking the Mystery of Human Nature, 2011.

Steven Sloman, Phillip Fernbach: *The Knowledge Illusion: Why We Never Think Alone*, New York 2017.

Michael Tomasello: Die kulturelle Entwicklung des menschlichen Denkens: Zur Evolution der Kognition. Berlin, Suhrkamp 2002 (1999).

Über die Zukunft

Eric Brynjolfsson, Andrew McAfee: The Second Machine Age: Wie die nächste digitale Revolution unser aller Leben verändern wird. Kulmbach, Börsenmedien AG 2014.

Yuval Harari: *Eine kurze Geschichte der Menschheit.* München, DVA 2013.

Yuval Harari: *Homo Deus: Eine Geschichte von Morgen.* München, C. H. Beck 2018 (2017).

Ray Kurzweil, *Menschheit 2.0: Die Singularität naht.* Berlin: Lola Books 2013 (2005).

Timothy Morton: Humankind: Solidarity with Nonhuman People, 2017.

Kentaro Toyama: Geek Heresy: Rescuing Social Change from the Cult of Technology, 2015.

George Zakardakis: In Our Own Image: Will Artificial Intelligence Save Or Destroy Us?, 2015.

Über Lernen und Schulen

Daisy Christodoulou: *Seven Myths about Education*, 2013.

Guy Claxton: What's the Point of School?: Rediscovering the Heart of Education, 2008.

Kathy Hirsh-Pasek, Roberta Michnick Golinkoff: Becoming Brilliant: What Science Tells us About Raising Successful Children, 2016.

Richard Hoggart: *The Uses of Literacy*, 1957.

Maria Montessori: *Gesammelte Werke: Die Entdeckung des Kindes*. Freiburg, Herder 2010 (1909).

Jean Piaget: Le Langage et la pensée chez l'enfant, Paris 1923.

Ken Robinson: Out of Our Minds: Learning to be Creative, 2001.

L. S. Vygotsky: *Mind in Society*, 1978.
Dan Willingham: Why Don't Students Like School?: A Cognitive Scientist Answers Questions about How the Mind Works and What It Means for the Classroom, 2009.

Über den Unterschied

Todd Rose: The End of Average: How We Succeed in a World That Values Sameness, Penguin 2016.
Steve Silberman: Geniale Störung: Die geheime Geschichte des Autismus und warum wir Menschen brauchen, die anders denken. Hamburg, DuMont 2017 (2015).
Andrew Solomon: *Weit vom Stamm: Wenn Kinder ganz anders als ihre Eltern sind*. Frankfurt am Main, S. Fischer Verlag 2013 (2012).

Über Leistung

Mihaly Czsikszentmihalyi: FLOW und Kreativität: Wie Sie Ihre Grenzen überwinden und das Unmögliche schaffen. Stuttgart, Klett-Cotta 2018 (1990).
Angela Duckworth: GRIT – Die neue Formel zum Erfolg: Mit Begeisterung und Ausdauer ans Ziel. Gütersloh, Bertelsmann 2017 (2016).
Malcolm Gladwell: Überflieger: Warum manche Menschen erfolgreich sind – und andere nicht. München, Piper 2010 (2008).
Adam Grant: Nonkonformisten: Warum Originalität die Welt bewegt. München, Droemer 2016 (2016).
Richard Sennett: *Handwerk*. Berlin, Berlin Verlag 2008 (2008).
Paul Tough: Die Chancen unserer Kinder: Warum Charakter wichtiger ist als Intelligenz. Stuttgart, Klett-Cotta 2013 (2012).

Über internationale Beispiele

Graham Brown-Martin: *Learning Reimagined*, 2014.

Lenora Chu: Little Soldiers: An American Boy, A Chinese School and the Global Race to Achieve, 2017.

Lucy Crehan: Cleverlands: The Secrets Behind the Success of the World's Education Superpowers, 2016.

Jay Matthews: Work Hard, Be Nice: How Two Inspired Teachers Created the Most Promising Schools in America, 2009.

Pak Tee Ng: Learning from Singapore: The Power of Paradoxes, 2017.

Lant Pritchett: The Rebirth of Education: Schooling Ain't Learning, 2013.

Fernando Reimers: Empowering Global Citizens: A World Course, 2016.

Amanda Ripley: The Smartest Kids in the World: And How They Got That Way, 2013.

Pasi Sahlberg: Finnish Lessons 2.0: What Can the World Learn from Educational Change in Finland?, 2004.

Fenton Whelan: Lessons Learned: How Good Policies Produce Better Schools, 2009.

Yong Zhao: Who's Afraid of the Big Bad Dragon: Why China Has the Best (and Worst) Education System in the World, 2015.

Über Technologie

Edward Bernays: *Propaganda: Die Kunst der Public Relations*. Berlin, orange press 2011 (1928).

Nicholas Carr: Wer bin ich, wenn ich online bin ... und was macht mein Gehirn so lange? – Wie das Internet unser Denken verändert. München, Karl Blessing Verlag 2010 (2010).

Andy Clark: Natural Born Cyborgs: Minds, Technologies and the Future of Human Intelligence, 2004.
Kenneth Cukier, Viktor Mayer-Schönberger: *Big Data: Die Revolution, die unser Leben verändern wird.* München, Redline Verlag 2013 (2013).
Natasha Dow-Schull: Addiction by Design: Machine Gambling in Las Vegas, 2014.
Bernard Stiegler: Taking Care of the Youth and the Generations, 2010.
Tim Wu: The Attention Merchants: The Epic Scramble to Get Inside Our Heads, 2016.

Über Gleichberechtigung und Demokratie

Saul Alinsky: *Rules for Radicals*, 1971.
Laura Bates: *Girl Up*, 2016.
Atul Gawande: *Über Leben und Tod: Für eine bessere Medizin.* München, btb 2010 (2007).
Atul Gawande: Sterblich sein: Was am Ende wirklich zählt. Über Würde, Autonomie und eine angemessene medizinische Versorgung: Frankfurt am Main, S. Fischer Verlag 2017 (2014).
Lynsey Hanley: Respectable: The Experience of Class, 2017.
Robert Putnam: Our Kids: The American Dream in Crisis, 2015.
Diane Reay: Miseducation: Inequality, Education and the Working Classes, 2017.
George Saunders: *The Brain-Dead Megafone: Essays.* New York, Riverhead, 2007.
Richard G. Wilson, Kate Pickett: The Spirit Level: Why More Equal Societies Always Do Better, 2009.

Anmerkungen

Motto

Dieses Zitat stammt aus Flauberts Gesammelten Schriften. Im Original heißt es: »La vie doit être une éducation incessante ; il faut tout apprendre, depuis parler jusqu'à mourir.«

Einführung

1 Pausanias, *Beschreibung Griechenlands* 1, 30, 2.
2 Das Höhlengleichnis ist in Platons *Politeia* als Dialog zwischen Sokrates, Platons Lehrer, und seinem Bruder Glaukon gestaltet. Vorgetragen wird es von Platon, der damit »unsere menschliche Natur in Bezug auf Bildung und Unbildung« illustrieren möchte.
3 Bei einem Besuch im Jahr 1997 nannte Tony Blair die Einwohner von Aylesbury Estate die »vergessenen Menschen« – woraufhin er sie prompt selbst vergaß.
4 In den letzten zehn Jahren hat sich die Walworth Academy ziemlich verändert. 2008 lag sie im britischen Schulvergleich für das GCSE (Abschluss der Sekundarschule) einschließlich Englisch und Mathe in den untersten zwölf Prozent. Heute gilt sie als gute Schule, die Schülerleistungen liegen im Landesdurchschnitt. Für benachteiligte Schüler gehört sie zu den drei besten britischen Schulen im Leistungsbereich und gehört zu den besten 20 Prozent für Leistungsfortschritt.
5 Es gibt keine statistischen Quellen über die Lehrer weltweit. In Großbritannien unterrichtet heute etwa einer von hundert Erwachsenen. Der Weltdurchschnitt liegt wahrscheinlich niedriger, meine Schätzung ist also vielleicht etwas zu hoch. Einer UNESCO-Schätzung zufolge werden jedoch bis 2040 *zusätzlich* 65 Millionen Lehrer gebraucht, um eine hochwertige Bildung für all die jungen Menschen zu garantieren, die in den nächsten zwanzig Jahren geboren werden. Wenn auch nur jeder tausendste von ihnen dieses Buch kaufen würde, wäre mein Verlag schon hoch beglückt.
6 UNESCO Institute for Statistics, *More Than Half of Children and Adolescents Are Not Learning Worldwide*, Fact Sheet No. 46, Sep-

tember 2017, http://uis.unesco.org/sites/default/files/documents/fs46-more-than-half-children-not-learning-en-2017.pdf.

Teil 1: Neu Denken

Kapitel 1: Künstliche Intelligenz

1 www.brettschilke.com
2 Homepage der Singularity University, Menüpunkt ›About‹, https://su.org/about.
3 Ray Kurzweil: *Menschheit 2.0: die Singularität naht*. Berlin, Lola Books 2013 (Orig. 2006), S. 10.
4 Carl Benedikt Frey und Michael A. Osborne: »The Future of Employment: How Susceptible are Jobs to Computerisation?«, September 2013, Oxford Martin Report, http://www.oxfordmartin.ox.ac.uk/downloads/academic/The_Future_of_Employment.pdf.
5 Thomas Edison, zit. n. Larry Cuban: *Teachers and Machines: The Classroom Use of Technology Since 1920*. New York, Teachers College Press 1986, S. 9.
6 Diese Bemerkung stammt aus einer Rede von Präsident Lyndon Johnson im Oktober 1966 über den Erfolg eines Projekts, bei dem Schulfilme den Lernprozess von Kindern auf Amerikanisch-Samoa erfolgreich beschleunigt haben. »Sie haben erkannt, dass Bildung die Gezeitenkraft unseres Jahrhunderts ist, die alles andere vor sich hertreibt«, sagte er, »und wie ich höre, weist das schulische Pilotprojekt, das Sie gestartet haben, vielleicht die Richtung auf, in der das Lernen im pazifischen Raum und in Südostasien seinen Durchbruch erleben kann.«
7 Hubert Dreyfus: *Die Grenzen künstlicher Intelligenz: Was Computer nicht können*. Königstein, Athenäum 1985 (Orig. 1979), englisch unter https://archive.org/stream/whatcomputerscan017504mbp/whatcomputerscan017504mbp_djvu.txt, S. XXXI.
8 In der zweiten Partie machte Deep Blue einen überraschenden Zug, hinter dem Kasparow menschliche Hilfe vermutete, was gegen die Spielregeln verstoßen hätte. Dass IBM anfangs keine Einsicht in die Computerprotokolle gab, nährte den Verdacht noch. Bewiesen wurde nie etwas, aber der Vorwurf rief doch deutlich in Erinnerung, dass selbst die leistungsstärksten Computer von menschlichen Ingenieuren gebaut und programmiert wurden.
9 Großartig erzählen die Geschichte *Mensch gegen Schachcomputer* und die Geschichte der KI insgesamt Erik Brynjolfsson und Andrew McAfee: *Race against the machine: Wie die digitale Revolution dem Fortschritt Beine macht*. Kulmbach, Plassen 2014 (Orig. 2011).

10 Gary Kasparov, »The Chess Master and the Computer«, in: *New York Review of Books,* 11. Februar 2010, http://www.nybooks.com/articles/2010/02/11/the-chess-master-and-the-computer/.

11 11 Ken Jennings, »My Puny Human Brain«, in: *Slate*, Februar 2011, www.slate.com/articles/arts/culturebox/2011/02/my_puny_human_brain.html.

12 Dr. Seuss: *Der Lorax*. München, Kunstmann 2012 (Orig. 1971).

13 Dieses Zitat wird zwar häufig Henry Ford zugeschrieben, aber dass er es wirklich gesagt hat, ist nicht belegt. Laut quoteinvestigator.com steht die erste bekannte Zuweisung in einer Ausgabe von *Reader's Digest* von 1947, die das Zitat freistehend und ohne Angabe eines Autors wie folgt wiedergibt: »*Whether you believe you can do a thing or not, you are right.*«

14 Vgl. Fußnote 10

15 Sugata Mitra: »Eine Schule in der Cloud«, TED-Talk 3. Mai 2013, https://www.ted.com/talks/sugata_mitra_build_a_school_in_the_cloud?language=de.

16 Ebenda.

17 *Los Angeles Times,* etwa unter http://www.latimes.com/local/lanow/la-me-ln-la-unified-ipad-settlement-20150925-story.html. Es ist festzuhalten, dass der damalige Leiter der Schulbehörde erklärte: »Es ist nichts Unangemessenes passiert«, und Pearson zufolge verlief die Ausschreibung unabhängig und nach ihrem Verständnis offen und unter gleichen Wettbewerbsbedingungen.

18 »Let Them Eat Tablets«, http://www.economist.com/node/21556940.

19 Organization for Economic Cooperation and Development, »Students, Computers and Learning«, Paris: 2015.

20 Siehe etwa Jane Wakefield, »Foxconn replaces 60,000 factory workers with robots«, 25. Mai 2016, http://www.bbc.com/news/technology-36376966.

21 Gary Kasparov, http://www.nybooks.com/articles/2010/02/11/the-chess-master-and-the-computer/.

22 John Lanchester: »The Robots are Coming and They're Going to Eat All the Jobs«, in: *London Review of Books,* Bd. 37, Nr. 5, 5. März 2015, S. 3–8.

23 Erik Brynjolfsson und Andrew McAfee erklären in *Race against the Machine: Wie die digitale Revolution dem Fortschritt Beine macht,* das Paradox des Fortschritts der Robotik.

24 Philip K. Dick: »Der Minderheiten-Bericht« in: *Sämtliche 118 SF-Geschichten in fünf Bänden*. Bd. 4: *Zur Zeit des Perky Pat*. Frankfurt, Haffmans 2008 (Orig. als *Minority Report* 1956). Eigentlich traurig, dass ich statt des Science-Fiction-Autors hier Tom Cruise genannt habe.

25 Andrew Griffiths, »How Paro the robot seal is being used to help UK dementia patients«, in: *Guardian,* 8. Juli 2014.

26 Die Unschooling-Bewegung ist die neueste Version des Hausunterrichts, die weltweit immer beliebter wird, insbesondere bei den Alleswissern im Silicon Valley.

27 Mehr Informationen zur AltSchool geben etwa »Inside the School Silicon Valley Thinks Will Save Education«, in: *Wired,* 4. Mai 2015, oder »AltSchool's Disrupted Education«, in: *New Yorker,* 7. März 2016.

28 Während meines Aufenthalts im Silicon Valley verbrachte ich einen Tag an der AltSchool. Nachdem ich in *Wired* und im *New Yorker* überschwängliche Berichte gelesen hatte, erwartete ich wer weiß welche Wunder und war von der Realität ein wenig enttäuscht. Ja, das Modell einer Ladenfront-Schule mit Software-Team im Hinterzimmer war sexy und aufregend – ein Entwickler raste auf dem Elektroroller durchs Büro –, aber das Klassenzimmer war, nun ja, wie jedes andere ordentliche Klassenzimmer. Dort lernten die Kinder vermögender Familien aus San Francisco, die in jeder Lernumgebung hervorragende Leistungen erbringen würden und sich betont individualistisch gaben, wie bei *X-Men: Erste Entscheidung,* nur ohne die Superkräfte.

29 Robert D. Putnam: *Our Kids: The American Dream in Crisis*. New York, Simon & Schuster 2015.

Kapitel 2: Geboren, um zu lernen

1 Jonathon Roy, »The Power of Babble«, in: *Wired,* 1. April 2007, https://www.wired.com/2007/04/truman/.

2 Ibid.

3 Ibid.

4 Aus Deb Roy et al.: »The Human Speechome Project«, präsentiert auf der 28. Jahrestagung der Cognitive Science Society, Juli 2006, https://www.media.mit.edu/cogmac/publications/cogsci06.pdf.

5 Betty Hart und Todd R. Risley: »The Early Catastrophe: The 30 Million Word Gap«, in: *American Educator*, Bd. 27, Nr. 1 (Frühjahr 2003), S. 4–9, https://www.aft.org/sites/default/files/periodicals/TheEarlyCatastrophe.pdf.

6 Ibid.

7 Anne Fernald, Virginia A. Marchman und Adriana Weisleder: »SES differences in language processing skill and vocabulary are evident at 18 months«, in: *Dev Sci* 16, S. 234–248, 2013.

8 Roberta Michnick Golinkoff und Kathy Hirsh-Pasek: *Becoming Brilliant: What Science Tells Us About Raising Successful Children*. Washington, American Psychological Association 2016, S. 8.

9 J.R. Saffran, R.N. Aslin und E.L. Newport, »Statistical Learning by 8-Month-Old Infants«, in: *Science*, Bd. 274, Nr. 5294 (1996), S. 1926–1928.
10 Alison Gopnik, Andrew N. Meltzoff und Patricia K. Kuhl: *The Scientist in the Crib: Minds, Brains, and How Children Learn.* New York, William Morrow & Co. 1999. In Großbritannien erschienen als *How Babies Think: The Science of Childhood*. London, Weidenfeld & Nicolson 1999.
11 Eino Partanen, Teija Kujala, Risto Näätänen, Auli Liitola, Anke Sambeth und Minna Huotilainen: »Learning-induced neural plasticity of speech processing before birth«, in: PNAS 2013, 110 (37), S. 15145–15150.
12 Michael Tomasello: *Die kulturelle Entwicklung des menschlichen Denkens: zur Evolution der Kognition.* Frankfurt, Suhrkamp 2002 (Orig. 1999), S. 12–24.
13 Eine sehr lesbare Einführung in die Geschichte unserer kognitiven Revolution gibt Yuval Harari: *Eine kurze Geschichte der Menschheit.* München, DVA 2013 (Orig. 2013).
14 Michael Tomasello, op. cit., S. 16 und S. 19.
15 Ibid., S. 25–76.
16 Nathalie Coronado: »The critical period hypothesis on language acquisition studied through feral children«, in: *News Activist,* 19. November 2013, http://www.newsactivist.com/en/articles/knowledge-media/critical-period-hypothesis-language-acquisition-studied-through-feral.
17 Harry F. Harlow: »The nature of love«, in: *American Psychologist 13*, 673–685 (1958).
18 Siehe etwa John Bowlby: *Bindung: eine Analyse der Mutter-Kind-Beziehung.* München, Kindler 1969 (Orig. 1969).
19 Von diesen Forschungsergebnissen von Leslie Seltzer vom Madison's Child Emotion Lab an der University of Wisconsin berichtete Katherine Harmon: »A phone call from Mom reduces stress as well as a hug«, in: Scientific American, 11. Mai 2010.
20 Sue Gerhardt: *Die Kraft der Elternliebe: wie Zuwendung das kindliche Gehirn prägt.* Düsseldorf, Walter 2006 (Orig. 2005).
21 Michael Meaney et al.: »Epigenetic programming by maternal behaviour«, in: *Nature Neuroscience* 7, 847–854 (2004). Demnach werden bei der sogenannten Methylierung als Reaktion auf Umweltreize (das Lecken der Mutter) im Gehirn der Rattenjungen Proteine freigesetzt. Dadurch kommt es zu mehr oder weniger bedeutenden Veränderungen im Gehirn, die bei künftigen Generationen erhalten bleiben.
22 Dan Siegels Veröffentlichungen zu »Mindsight« sind eine gewinnbringende Lektüre.

23 Bei den britischen Fernsehshows *Seven Up* und *Child of Our Time* wurde eine Gruppe durchschnittlicher Kinder über mehrere Jahrzehnte hinweg mit der Kamera begleitet.
24 Lawrence J. Schweinhart: *The High/Scope Perry Preschool Study Through Age 40: Summary, Conclusions, and Frequently Asked Questions*. High/Scope Press, 2004.
25 James Heckman, http://bostonreview.net/forum/promoting-social-mobility-james-heckman. Mehr zur Heckman-Gleichung unter https://heckmanequation.org/resource/the-heckman-curve/.
26 Patricia K. Kuhl, Feng-Ming Tsao und Huei-Mei Liu: »Foreign-language experience in infancy: Effects of short-term exposure and social interaction on phonetic learning«, in: PNAS 100, 15 (2003), S. 9096–9101.
27 Maia Szalavitz: »Like Crack for Babies: Kids Love Baby Einstein, But They Don't Learn from It«, in: *Time*, 7. September 2010.
28 Ibid.
29 Mehr dazu bei Erica Christaki: *The Importance of Being Little: What Preschoolers Really Need from Grownups*. New York, Viking Press 2016.
30 Daphna Bassok, Scott Latham und Anna Rorem: »Is Kindergarten the New First Grade?«, in: *AERA Open*, 6. Januar 2016, https://doi.org/10.1177/2332858415616358.
31 David Whiteread: »School Starting: The Evidence«, 24. September 2013, http://www.cam.ac.uk/research/discussion/school-starting-age-the-evidence.
32 Ibid.
33 Thomas S. Dee, Hans Henrik Sievertsen: »Gift of Time? School Starting Age and Mental Health«, in: *NBER Working Paper* 21610, Oktober 2015.
34 *We Live in Public* (2009) ist ein hervorragender Dokumentarfilm von Ondi Timoner über den Internet-Millionär Josh Harris, der beschlossen hatte, sein gesamtes Leben zu filmen.
35 Einen brillanten Bericht davon gibt Jon Ronson: *Die Psychopathen sind unter uns: Eine Reise zu den Schaltstellen der Macht*. Stuttgart, Tropen 2012 (Orig. 2011).
36 Helen Keller: *Die Geschichte meines Lebens* (Orig. 1905), zit. n. Katja Behrens: *Alles Sehen kommt von der Seele*. Weinheim, Gulliver 2014, S. 65.
37 T.S. Eliot, Auszug aus *»Little Gidding«*, zit. n. T.S. Eliot: *Vier Quartette. Four Quartets. Engl./Dt. Übersetzt von Norbert Hummelt*, Berlin, Suhrkamp 2015 (Orig. 1944).

Kapitel 3: Unsere Intelligenz lebt

1 Francis Galton: *Genie und Vererbung*. Leipzig, Dr. Klinkhardt 1910 (Orig. 1869).
2 Einen großartigen, ausführlichen Einblick in die Geschichte der Intelligenz gibt Todd Rose in *The End of Average: How We Succeed in a World That Values Sameness*. London, Penguin 2017.
3 Eric Kandel: *Auf der Suche nach dem Gedächtnis: die Entstehung einer neuen Wissenschaft des Geistes*. München, Siedler 2006 (Orig. 2006). Kandel wird auch behandelt in Nicolas Carr: *Wer bin ich, wenn ich online bin … und was macht mein Gehirn solange? Wie das Internet unser Denken verändert*. München, Blessing 2010 (Orig. 2010), sowie in Andrew Solomon: *Weit vom Stamm: wenn Kinder ganz anders als ihre Eltern sind,* Frankfurtm S. Fischer 2013 (Orig. 2012) – beides auf unterschiedliche Weise hervorragende Darstellungen der menschlichen Intelligenz.
4 Dieses Bild benutzt auch Marcel Proust in seiner *Suche nach der verlorenen Zeit*. Ich hatte mich immer gewundert über die Stelle mit den Papierstückchen, die die Japaner in Wasser legen, und die dann zu Blumen oder anderen Gegenständen werden – bis ich eines Tages das Patenkind meiner Frau mit so etwas spielen sah und mir plötzlich alles klar war!
5 Weiterhin wird dieser Umstand heftig debattiert; auf der einen Seite stehen Forscher wie der Psychologe Robert Plomin, dem zufolge Intelligenz ganz klar erblich ist, und auf der anderen Seite etwa Oliver James, der sie vollständig der Umwelt zuschreibt.
6 Peter Diamandis: »The Way We Learn Today is Just Wrong«, in: *Huffington Post*, 19. Juni 2016, https://www.huffingtonpost.com/entry/the-way-we-learn-today-is-just-wrong_us_5766c8c9e4b0092652d7a173.
7 Der KI-Pionier Herbert Simon schrieb 1971: »In einer informationsreichen Welt bedeutet der Reichtum an Informationen einen Mangel an etwas anderem: Knapp wird alles, was von der Information verbraucht wird. Und was das ist, ist ziemlich offensichtlich: Sie verbraucht die Aufmerksamkeit ihrer Konsumenten. Damit schafft Informationsreichtum eine Aufmerksamkeitsarmut und die Notwendigkeit, diese Aufmerksamkeit effizient unter dem Überangebot von Informationsquellen aufzuteilen.« Herbert Simon: »Designing Organizations for an Information-Rich World«, in: Martin Greenberger: *Computers, Communication, and the Public Interest*. Baltimore, Johns Hopkins Press 1971, S. 40–41.
8 Auf diese Statistiken beruft sich Jacob Weisberg in »We Are Hopelessly Hooked«, in: *New York Review of Books*, 25. Februar 2016. Ich bin dem Artikel sehr verpflichtet, ebenso wie Ian Leslie: »The

Scientists Who Make Addictive Apps«, in: *1843*, October 2016, der mein Inteseresse für die unwiderstehlichen und unergründlichen Gewässer des Persuasive Computing befeuerte.

9 B.J. Fogg und Clifford Nass: »Silicon Sycophants: The Effects of Computers That Flatter«, in: *International Journal of Human-Computer Studies*, Bd. 46 (1997), S. 551–61.

10 Einen sehr guten Einblick in die Arbeit von B.F. Skinner gibt *X, Y, Z*.

11 Das heißt, ihre Familie hat ein Jahreseinkommen von weniger als 16 190 Pfund.

12 Steven Pinker: *Das unbeschriebene Blatt: die moderne Leugnung der menschlichen Natur.* Berlin, Berlin Verlag 2003 (Orig. 2002).

13 Eric Kandel, op. cit.

14 Gerald Eugene Myers: *William James: His Life and Thought.* New York, Yale University Press 1986, S. 204.

15 Daisy Christodoulou: *Seven Myths about Education.* Abingdon, Routledge 2014.

16 Wer genauer ergründen möchte, warum eine wissensbasierte Bildung bis heute bedeutsam ist, dem sei Christodoulous erwähntes Buch empfohlen: ein brillanter Abriss zum Thema Wissen, Memorisierung und kulturelle Bildung, der darlegt, warum wir etwas *wissen* müssen, bevor wir *denken* können.

17 Daniel Willingham: *Why Don't Students Like School?* San Francisco, Jossey-Bass 2009, S. 43.

18 Ibid., S. 48.

19 Christof van Nimwegen: *The Paradox of the Guided User: Assistance Can Be Counter-Effective,* Doktorarbeit an der Universität Utrecht 2008, https://dspace.library.uu.nl/handle/1874/26875.

20 Peter Blatchford: *Reassessing the Impact of Teaching Assistants.* London, Routledge 2012.

21 Daniel Dennett: *Von den Bakterien zu Bach – und zurück: Die Evolution des Geistes.* Berlin, Suhrkamp 2018 (Orig. 2017).

22 Lisanne Bainbridge: »Ironies of Automation«, in: *Automatica*, Bd. 19, Nr. 6 (November 1983), S. 775–779, sowie http://www.bainbrdg.demon.co.uk/Papers/Ironies.html.

23 Eleanor Maguire: »London taxi drivers and bus drivers: a structural MRI and neuropsychological analysis«, in: *Hippocampus* Nr. 16 (12) 2006, S. 1091–1101, sowie https://www.ncbi.nlm.nih.gov/pubmed/17024677.

24 Homepage des Stanford Persuasive Tech Lab, http://captology.stanford.edu/.

25 Jacob Weisberg: »We Are Hopelessly Hooked«, op. cit.

26 Natasha Dow Schüll: *Addiction by Design: Machine Gambling in Las Vegas.* Princeton, Princeton University Press 2012.

27 Ibid., S. 167.
28 Gerald Maurice Edelman und Guilio Tononi: *Gehirn und Geist: wie aus Materie Bewusstsein entsteht.* München, Beck 2002 (Orig. 2000), S. 139.

Teil 2: Es besser machen

Kapitel 4: Einfach loslegen

1 *Time for Change: An Assessment of Government Policies on Social Mobility 1992–2017,* Social Mobility Commission, Juni 2017, unter: https://www.gov.uk/government/uploads/system/uploads/attachment_data/file/622214/Time_for_Change_report_An_assessement_of_government_policies_on_social_mobility_1997–2017.pdf.
2 Pascual Restrepo: »Skill Mismatch and Structural Unemployment«, 2015, unter http://pascual.scripts.mit.edu/research/01/PR_jmp.pdf.
3 Carl Benedikt Frey and Michael A. Osborne: »The Future of Employment: How Susceptible are Jobs to Computerisation?« September 2013, Oxford Martin Report, unter: http://www.oxfordmartin.ox.ac.uk/downloads/academic/The_Future_of_Employment.pdf.
4 Joel Mokyr, Chris Vickers, Nicolas L. Ziebarth: »The History of Technological Anxiety and the Future of Economic Growth: Is This Time Different?« *Journal of Economic Perspectives*, Bd. 29 Nr. 3, Sommer 2015.
5 Konstatiert von Burning Glass Technologies – einem Unternehmen für Arbeitsmarktanalysen, auf deren Grundlage Arbeitgeber, Beschäftigte und Ausbilder datenbasierte Entscheidungen treffen können.
6 Ebenda, John Lanchester.
7 Douglas Adams trägt offenbar durchaus eine gewisse Verantwortung dafür, wohin sich unsere Welt bewegt. Sein Buch *Per Anhalter durch die Galaxis* beflügelt definitiv die Fantasie sämtlicher KI-Experten, die fieberhaft daran arbeiten, die Menschheit obsolet zu machen.
8 Dito J.R.R. Tolkien.
9 Und George Lucas ebenfalls.
10 Scott Sayare: »A Computer Academy in France Defies Conventional Wisdom«, *New York Times*, 15. November 2013, unter: http://www.nytimes.com/2013/11/16/ world/europe/in-france-new-tech-academy-defies-conventional-wisdom.html.
11 Xavier Niel: »La Philosophie 42«, unter: http://www.42.fr/ledito/.

12 Ebenda, Scott Sayare.
13 http://www.kidzania.com/the-company.html.14
14 Rebecca Mead: »A City Run by Children«, *New Yorker*, 19. Januar 2015.
15 Sogenannte *Education Action Zones* waren eine relativ kurzlebige staatliche Maßnahme Ende der 1990er-Jahre mit dem Ziel, die Leistungen benachteiligter Schüler durch Partnerschaften von Schulen mit örtlichen Unternehmen zu steigern, in der Hoffnung auf Innovation. Im Grundschulbereich waren dabei geringe positive Effekte zu verzeichnen.
16 Carol S. Dweck: *Mindset: Changing the Way You Think to Fulfil Your Potential.* London, Robinson, 2017, rev. Ausg.; Dt.: Carol Dweck, Selbstbild: *Wie unser Denken Erfolge oder Niederlagen bewirkt.* Übers. Jürgen Neubauer, München, Campus Verlag, 2017.
17 Während der Recherchen für dieses Buch gewann ich in Eton wertvolle Einsichten. Besonders bemerkenswert war eine Lehrerkonferenz, die in einem Saal stattfand, wo die Büsten ehemaliger Premierminister Großbritanniens ausgestellt waren: Aus dieser Schule gingen siebzehn der dreiundfünfzig britischen Premierministern hervor, zuletzt David Cameron. Außerdem ist in die holzvertäfelten Wände unter anderem der Name des Dichters Percy Shelley geritzt, der ebenfalls diese Schule besucht hat.
Man hat sich nicht nur allerhöchstem Bildungsniveau verpflichtet, sondern vor allem beeindruckte mich das Engagement der Lehrkräfte, um eine Kultur und Chancenvielfalt zu schaffen, die es den Schülern ermöglicht, ihre individuellen Interessen zu entdecken und ihren Platz in der Schulgemeinschaft zu finden. Bei der Aufnahme geht es keineswegs nur darum, die klügsten Schüler auszusuchen, sondern vor allem auch solche, die etwas zum Schulleben beitragen können – z.B. durch Leitungskompetenz, Kreativität, Musik, Theater, Sport oder Sonstiges.
Die Jungen – es sind ausschließlich Jungen – können einen Großteil ihrer Zeit selbst gestalten und nutzen sie überwiegend dazu, um Vereinigungen, sogenannte Societies, zu gründen und zu pflegen. Dazu laden sie einheimische oder internationale Experten aus den jeweils gewählten Bereichen zum Dinner in die Schule ein. Viele von ihnen nehmen solche Einladungen gern an, vom israelischen Botschafter in Großbritannien bis zum Flughafenchef von Heathrow. Tatsächlich ist die Einrichtung beinahe bekannter für den Erfolg ihrer außerschulischen Aktivitäten. Die Schauspieler Damian Lewis, Dominic West und Eddy Redmayne haben allesamt diese Schule besucht.
18 Eric Schmidt: »How Google Manages Talent«, *Harvard Business*

Review, September 2014, unter https://hbr.org/2014/09/how-google-manages-talent.

19 Harriet Agnew: »›Big Four‹ look beyond academics«, *Financial Times*, 28. Januar 2016, unter: https://www.ft.com/content/b8c66e50-beda-11e5–9fdb-87b8d15baec2.

20 Die *School of Life* ist eine weltweit agierende Organisation, die emotionale Intelligenz propagiert und dazu »Psychologie, Philosophie und Kultur im Alltag anwendet«. Damit verfolgt sie hehre Ziele und vermarktet die Kurse zu stattlichen Preisen.

21 Bericht über diese »lifelong learning credits« in der Zeitung *Straits Times* unter: http://www.straitstimes.com/singapore/education/starting-jan-1-singaporeans-aged-25-and-above-will-get-500-credit-to-upgrade.

22 »Graduates earn £ 500,000 more than non-graduates«, *Telegraf*, 16. Juli 2015, unter: http://www.telegraph.co.uk/finance/jobs/11744118/Graduates-earn-500000-more-than-non-graduates.html.

23 Paul Oyer: Everything I Ever Needed to Know about Economics I Learned from Online Dating. Harvard Business Review Press, S. 178.

Kapitel 5: Schöpferisches Tun

1 Davon gibt es unzählige, z.B. »Reife des Mannes: das heißt den Ernst wiedergefunden haben, den man als Kind hatte, beim Spiel.« Friedrich Nietzsche, Jenseits von Gut und Böse; »Wir müssen ständig von Klippen herunterspringen und auf dem Weg nach unten unsere Flügel wachsen lassen.« Kurt Vonnegut.

2 Maria Montessori: *Discovery of the Child,* 1909; dt.: *Die Entdeckung des Kindes,* 1909.

3 Genauer zu betrachten unter: http://iwantyoutowantme.org/sowie http://wefeelfine. org/.

4 Eine gute Beschreibung des Experiments mit dem chinesischen Zimmer von John Searle finden Sie in dessen 1980 veröffentlichter Abhandlung »Minds, Brains and Programs« in *Behavioral and Brain Sciences,* Bd. 3, Nr. 3 (September 1980), S. 417–424.

5 Benjamin Bloom (Hrsg.): *Developing Talent in Young People.* New York, Ballantine Books, 1985.

6 Malcolm Gladwell setzt sich in seinem Buch *Outliers: The Story of Success* intensiv mit dem Thema Lernen auseinander – eine großartige Lektüre. Dt. *Überflieger: Warum manche Menschen erfolgreich sind – und andere nicht.* (Übers. Jürgen Neubauer) München, Piper, 2010.

7 Adam Grant: *Originals: How Non-conformists Change the World.* London, Ebury, 2016, S. 9.

8 In einem Beitrag für die *New York Times* mit dem Titel »How to Raise a Creative Child. Stepp One: Back Off« vom 30. Januar 2016 bezieht sich Adam Grant auf eine Studie von John S. Dacey aus dem Jahr 1989: »Discriminating Characteristics of the Families of Highly Creative Adolescents«, *Journal of Creative Behaviour,* Bd. 23, Ausg. 4. Dezember 1989, S. 263–271.

9 Ein guter Überblick findet sich in Jonah Lehrers Buch *Imagine,* sofern Sie noch ein Exemplar auftreiben können. Dt. *Imagine!: Wie das kreative Gehirn funktioniert.* (Übers. Enrico Heinemann), München, C.H. Beck, 2014.

10 Ebenda, Adam Grant, *New York Times.*

11 Ebenda.

12 Ebenda.

13 Ebenda.

14 Carol Dweck: *Mindset: Changing the Way You Think to Fulfil Your Potential.* Robinson London, 2017. Dt. Ausgabe mit dem Titel *Selbstbild: Wie unser Denken Erfolge oder Niederlagen bewirkt.* (Übers. Jürgen Neubauer), München, Piper 2017.

15 K. Anders Ericsson, Ralf Th. Krampe und Clemens Tesch-Römer, »The Role of Deliberate Practice in the Acquisition of Expert Performance« in: *Psychological Review,* Bd. 100, Nr. 3 (1993), S. 363–406, unter: http://projects.ict.usc.edu/itw/gel/EricssonDeliberatePracticePR93.pdf.

16 Dazu gibt es auch gegenteilige Studien. Ihnen zufolge wird das Konzept *deliberate practice* (bewusstes Üben) überbewertet, ersichtlich durch eine Abweichung von 18 Prozent im Spitzensegment. Als weitere Faktoren wurden Umweltbedingungen oder genetische Veranlagung genannt. Selbst die Fähigkeit zum bewussten Üben wurde in einigen Fällen als erblich nachgewiesen.

17 Rebecca Jones: »Entries to arts subjects taken at Key Stage 4«, *Education Policy Institute* unter: https://epi.org.uk/report/entries-arts-subjects/.

18 »Schools Minister Makes No Apology for Sidelining the Arts« unter: http://www.ahsw.org.uk/news.aspx?id=1540

19 Janet Murray: »Tony Blair's Advisor Starts a Free School«, *Guardian,* 3. Januar 2012 unter: https://www.theguardian.com/education/2012/jan/03/tony-blair-adviser-starts-free-school.

20 Das bedeutet »einzigartig«. Ich habe es gegoogelt.

21 OECD, »The Survey of Adult Skills«, *Readers Companion*, 2nd edn, Paris, 2013, analysiet z.B. von Randeep Ramesh in »England's young people near bottom of global league table for basic skills«, *Guardian,* 8. Oktober 2013. Dt. Ausgabe von B. Rammstedt (Hrsg.): *Grundlegende Kompetenzen Erwachsener im internationalen Vergleich,* Ergebnisse von PIAAC 2012. Münster, Waxmann, 2013.

22 Richard Sennett: *The Craftsman*. London, Allen Lane, 2008, S. 105; dt. *Handwerk* (Übers. Michael Bischoff). Berlin Verlag, 2009.
23 Marshall McLuhan: *Understanding Media: The Extensions of Man*, Mentor New York, 1964; dt. *Medien Verstehen*. Gingko Press Verlag, 2018)
24 Bei zwölf habe ich aufgegeben. Als ich die Website konsultierte, stellte ich fest, dass ich gescheitert war, weil ich nur ein zweidimensionales Modell im Sinn hatte, obwohl man die Steine natürlich auch dreidimensional kombinieren kann.
25 Wilhelm Don Hofer (Hrsg.): *Das war Bernard Shaw*. Paul Neff Verlag, ohne Datum, S. 98.
26 Alain Badiou: *Lob der Liebe* (Hrsg. Peter Engelmann). Übers. Richard Steurer-Boulard, Wien, Passagen Verlag, 2015.

Kapitel 6: Spitzenklasse

1 Diese Szene stammt aus einem Video, das vom *Future Class Network* (siehe Kapitelende) über den umgedrehten Unterricht (flipped classroom) produziert wurde.
2 Auf diese Geschichte stieß ich erstmals in *Better: A Surgeon's Notes on Performance* von Atul Gawande (London, Profile, 2007), ein weiteres großartiges Buch, das jedermann lesen sollte. Dt. *Über Leben und Tod: Für eine bessere Medizin*. (Übers. Gabriele Zeisko), München, btb Verlag, 2010.
3 Ignaz Semmelweis: *Die Ätiologie, der Begriff und die Prophylaxe des Kindbettfiebers* [Reprint des Originals von 1861]. EOD Network, 2015.
4 Howard Gardner: *Frames of Mind: Theory of Multiple Intelligences*. Fontana London, 1983. Dt. *Intelligenzen: Die Vielfalt des menschlichen Geistes*. (Übers. von Ute Spengler), Stuttgart. Klett-Cotta, 2013.
5 Doug Lemov: Teach Like a Champion: 49 Techniques That Put Students on the Path to Knowledge. San Francisco, Jossey-Bass, 2010.
6 Ian Leslie: »The revolution that's changing the way your child is taught«, *Guardian*, 11. März 2015.
7 Ebenda.
8 Doug Lemov unter: teachlikeachampion.com/.
9 Benjamin S. Bloom: »The 2 Sigma Problem: The Search for Methods of Group Instruction as Effective as One-to-One Tutoring«, *Educational Researcher*, Bd. 13, Nr. 6 (Juni-Juli 1984), S. 4–16.
10 John Hattie: *Visible Learning: A Synthesis of over 800 Meta-Analyses Relating to Achievement*. Routledge London, 2009. Dt. Aus-

gabe *Lernen sichtbar machen.* (Übers. Klaus Zierer und Wolfgang Beywl), Hohengehren, Schneider, 2014.

11 Charles Duhigg: »What Google Learned From Its Quest to Build the Perfect Team«, *New York Times,* 25. Februar 2015.

12 Ebenda, John Hattie.

13 *Playing to the Gallery:* Vortrag von Grayson Perry in der Royal Festival Hall, 16. September 2014.

14 Siehe (neben anderen wiss. Arbeiten) Steven G. Rivkin, Eric A. Hanushek und John F. Kain: »Teachers, Schools, and Academic Achievement«, *Econometrica,* Bd. 73, Nr. 2, März 2005, S. 417–458.

15 Dylan Wiliam: »Assessment for Learning: why, what and how«. Institute of Education, bearbeitete Niederschrift eines Vortrags, gehalten bei der *Cambridge Assessment Network Conference* am 15. September 2006 in der Faculty of Education der University of Cambridge.

16 Eric Hanushek: »The economic value of higher teacher quality«, *Economics of Education Review,* 30, 2011, S. 466–479.

17 The New Teacher Project, »The Mirage: Confronting the Hard Truth About Our Quest for Teacher Development«, 2015.

18 Anders Ericsson, »The Making of an Expert«, *Harvard Business Review,* Juli 2007.

19 Ebenda, John Hattie.

Teil 3: Sich engagieren

Kapitel 7: Big Data

1 Amanda Ripley: »The World's Schoolmaster«, in: *Atlantic*, Juli 2017.

2 Die OECD-Website listet viele Beispielaufgaben von PISA auf, an denen Sie sich versuchen können: http://www.oecd.org/pisa/pisa products/pisa-test-questions.htm. Ich gehe davon aus, dass Sie die volle Punktzahl erreichen.

3 Joe Heim: »On the World Stage U.S. Students Fall Behind«, in: *Washington Post*, 6. Dezember 2016.

4 Ibid., Amanda Ripley.

5 Michael Gove: »The benchmark for excellence: Can British schools catch up with other nations?«, in: *Independent*, 6. Januar 2011.

6 Ju-Ho Lee, Hyeok Jeong, Song-Chang Hong: »Is Korea Number One in Human Capital Accumulation?: Education Bubble Formation and Its Labor Market Evidence«, in: *KDI School of Pub Policy & Management* Paper No. 14–03, 9. August 2014.

7 Michel Foucault: *Überwachen und Strafen*. Frankfurt am Main 1999, S. 238.
8 Die Antwort ist (5).
9 Simon Mundy: »South Korea's Millionaire Tutors«, in: *Financial Times*, 16. Juni 2014.
10 Sung-Wan Kim, Jin-Sang Yoon: »Suicide, an Urgent Health Issue in Korea«, in: *Journal of Korean Medical Science*, 2013, März; 28(3), S. 345 ff.
11 Diese Geschichte habe ich zuerst in Amanda Ripleys hervorragendem Buch gelesen: Amanda Ripley: *The Smartest Kids in the World*. New York, Simon & Schuster 2013. Weitere Details zu dem Fall findet man in unzähligen Nachrichtenartikeln online.
12 Michael Horn: »Meister Of Korean School Reform: A Conversation With Lee Ju-Ho«, in: *Forbes*, 14. März 2014.
13 Milena Mikael-Debass: »Land of the Robots: Why South Korea has the highest concentration of robots in the world«, 24. Mai 2017, https://news.vice.com/story/south-korea-has-the-most-robot-workers-per-human-employee-in-the-world.
14 Vergleiche »PISA 2012 Results in Focus«, und »PISA 2009 Results: Executive Summary«, unter https://www.oecd.org/pisa/keyfindings/pisa-2012-results-overview.pdf und https://www.oecd.org/pisa/pisaproducts/46619703.pdf.
15 Das wurde zum ersten Mal von Guan Zhong schriftlich festgehalten, einem Regent der Qi-Dynastie im siebten Jahrhundert, der in der konfuzianischen Tradition regierte.
16 Yong Zhao: *Who's Afraid of the Big Bad Dragon: Why China Has the Best (and Worst) Education System in the World*. San Francisco, Jossey-Bass 2014.
17 Ibidem, Einleitung.
18 Yuval Noah Harari: »Yuval Noah Harari on big data, Google and the end of free will«, in: *Financial Times*, 26.August 2016.
19 »China Invents the digital totalitarian state«, in: *The Economist*, 17. Dezember 2016.
20 Daniel Koretz: *The Testing Charade: Pretending to Make Schools Better*. London, University of Chicago Press 2017.

Kapitel 8: Echter Mumm

1 Dieses Kapitel stützt sich stark auf Jay Mathews: *Work Hard, Be Nice: How Two Inspired Teachers Created the Most Promising Schools in America*. Chapel Hill, NC, Algonquin Books 2009; und Paul Tough: *How Children Succeed: Grit, Curiosity, and the Hidden Power of Character*. London, Random House 2013, sowie auf ein Telefoninterview mit Dave Levin.

2 »Mike & Dave on Oprah«, April 2006 (auf Englisch: https://vimeo.com/91438778)
3 Ibid.
4 »Mike & Dave on 60 Minutes«, August 2000, (auf Englisch: https://vimeo.com/91447154,).
5 Malcolm Gladwell schrieb über sie in seinem Buch *Outliers: The Story of Success*. London, Penguin Books 2008.
6 Sarah Montague: »Character Lessons«, *The Educators*, BBC Radio 4, 30. Mai 2016.
7 Siehe eine Beispielrede von Seligman auf YouTube.
8 Martin Seligman: *Learned Optimism: How to Change Your Mind and Your Life*. New York, Random House 2006, Kapitel 1. iii. Depression.
9 Office for National Statistics, »Young people's well-being: 2017«, abrufbar unter https://www.ons.gov.uk/peoplepopulationandcommunity/wellbeing/articles/youngpeopleswellbeingandpersonalfinance/2017.
10 Siehe zum Beispiel, »Investing in Mental Health«, ein Bericht der Weltgesundheitsorganisation von 2003, abrufbar unter http://www.who.int/mental_health/media/investing_mnh.pdf. In dem 2017 von der WHO veröffentlichten »Depression and Other Common Mental Disorders«, wird geschätzt, dass heute 300 Millionen Menschen weltweit an Depressionen leiden.
11 Avner Offer, zitiert in Jen Lexmond und Richard Reeves: »Parents are the principal architects of a fairer society: Building Character«, London, Demos, S. 23.
12 Angela Duckworth: *Grit: The Power of Passion and Perseverance*. London, Vermilion 2016 (S. 1–14), die Quelle für große Teile dieses Abschnitts.
13 Ibid., S. 15.
14 Ibid., S. 8.
15 Ibid., S. 15–34.
16 Ibid. Sarah Montague.
17 Marty Seligman, Christopher Peterson: *Character Strengths and Virtues: A Handbook and Classification*. New York, American Psychological Association und Oxford University Press 2004.
18 Eine gute Beschreibung des Marshmallow-Tests findet sich bei Jonah Lehrer: »Don't«, in: *New Yorker*, 18. Mai 2009; Maria Konnikova: »The Struggles of a Psychologist Studying Self-Control«, in: *New Yorker*, 9. Oktober 2014; und Michael Bourne: »We Didn't Eat the Marshmallow. The Marshmallow Ate Us«, in: *New York Times*, 10. Januar 2014.
19 Zit. n. ibid, Jonah Lehrer.
20 Zit. n. ibid, Jonah Lehrer.

21 Siehe beispielsweise Steven M. Brunwasser, Jane E. Gillham, und Eric S. Kim: »A Meta-Analytic Review of the Penn Resiliency Program's Effect on Depressive Symptoms«, in: *Journal of Consulting and Clinical Psychology*, Dezember 2009; 77(6): S, 1042–1054
22 Diese computergestützten Tests sollen Lehrern und Eltern helfen, »den Unterricht für alle Schüler zu verbessern und fundierte Entscheidungen zu treffen, um den akademischen Fortschritt eines Kindes zu fördern«. Sie sind für die Schüler auch eine Quelle von Stress, wie Seung-Bins Mühsal in Seoul zeigte.
23 Emma Young: »Iceland knows how to stop teen substance abuse but the rest of the world isn't listening«, in: *Mosaic*, 17. Januar 2017.
24 David Paunesku, Gregory M. Walton, Carissa Romero, Eric N. Smith, David S. Yeager, und Carol S. Dweck: »Mind-Set Interventions Are a Scalable Treatment for Academic Underachievement«, in: *Psychological Science Online First*, veröffentlicht am 10. April, 2015 unter doi:10.1177/0956797615571017.
25 Daniel Pinks brillantes Buch *Drive: Was Sie wirklich motiviert*. Salzburg, Ecowin 2010 (Orig. 2009) betrachtet Motivation in einem neuen Licht. Statt auf typische extrinsische Methoden zu setzen wie Belohnung und Strafen sagt er, dass Motivation am besten funktioniert, wenn sie intrinsisch ist. Am motiviertesten ist man bei Aktivitäten, in denen man Autonomie, Können und Sinn erlebt.

Kapitel 9: Mind Control

1 Diese Zeile stammt aus Katherine Boo, *Behind the Beautiful Forevers*, London, Portobello, 2014, auf Deutsch erhältlich unter dem Titel *Annawadi oder der Traum von einem anderen Leben,* München 2012.
2 Laut seinem Anwalt Michael Vidler. »Er ist so jung, aber so weise, dass man sich einfach Zeit für ihn nehmen muss … Er ist ansonsten ganz unauffällig – höflich, prinzipientreu, fleißig.« Vidler beschrieb Wongs Eltern, Grace und Roger, als »eine sehr ruhige, normale Mittelschichtfamilie« und sicher keine Aktivisten.
3 Joshua Wong: »Scholarism on the March«, in: *New Left Review*, 92, März–April 2015, https://newleftreview.org/II/92/joshua-wong-scholarism-on-the-march.
4 *Joshua: Teenager v. Superpower* ist der Titel einer Netflix-Dokumentation von 2017.
5 Ibid., Joshua Wong.
6 Haruki Murakami, in seiner Rede anlässlich der Überreichung des Jerusalem-Preises, zitiert in der *Jerusalem Post*, 15. Februar 2009.
7 Z. B. laut Eric Schmidt von Google bei der Techonomy Conference im August 2010.

8 Man kann argumentieren, dass das alles mit der Aufklärung begonnen hat. Martin Luther mit seiner Bibelübersetzung und René Descartes mit seinem *cogito ergo sum* waren Vorläufer des Internetzeitalters, weil sie die Menschen von der Wissensverschleierung durch die Kirche befreiten, die das Lernen tausend Jahre lang behinderte. Zusammen mit Francis Bacon strebten sie als erste danach, Wissen im Erleben des Individuums und in sichtbaren Phänomenen zu finden und nicht in einer höheren Autorität. Das bewirkte eine Demokratisierung des Wissens, aber es öffnete auch die Tore für Aussagen wie »Die Menschen in diesem Land haben genug von den Experten« (Gove) und »Ich liebe die schlecht Gebildeten« (Trump).

9 Sam Wineburg: »Evaluating Information: The Cornerstone of Civic Online Reasoning«, November 2016, abrufbar unter https://sheg.stanford.edu/upload/V3LessonPlans/Executive%20Summary%2011.21.16.pdf.

10 Harroon Siddique: »Teach schoolchildren how to spot fake news, says OECD«, in: *Guardian*, 18. März 2017.

11 Hannah Arendt: *Elemente und Ursprünge totaler Herrschaft*. München, Piper 2000 (Orig. 1951), S. 802.

12 Ben Quinn: »Nursery raised fears of radicalisation over boy's cucumber drawing«, in: *Guardian*, 11. März 2016.

13 Siehe Maajid Nawaz: *Radical: My Journey from Islamist Extremism to a Democratic Awakening*. London, W.H. Allen 2012, S. 30–68.

14 Jon Ronson: *Them: Adventures With Extremists*. London, Picador 2001.

15 Führende Neurowissenschaftler wie beispielsweise Professor Sarah-Jayne Blakemore vom UCL in London haben gezeigt, dass das Gehirn in der Pubertät erneut eine »sensible Phase« durchmacht, während der es besonders empfänglich für den sozialen Einfluss von Peers ist. Ein zweischneidiges Schwert, denn unser Gehirn bleibt einerseits in der ganzen Jugend und im frühen Erwachsenenalter offen fürs Lernen, andererseits kann es stark vom Gruppendruck beeinflusst werden, zum Positiven wie zum Negativen.

16 Steven Sloman und Philip Fernbach: *The Knowledge Illusion: Why We Never Think Alone*. London, Macmillan 2017, S. 8.

17 http://www.newyorker.com/magazine/2017/02/27/why-facts-dont-change-our-minds

18 Daniel Kahneman: *Schnelles Denken, Langsames Denken*. München, Siedler 2012 (Orig. 2011).

19 Alexander Pope, in »An Essay on Criticism«, 1709.

20 Mir gefällt auch Francis Bacons Sicht darauf: »Ein wenig Philosophie führt zu Atheismus, aber tiefe Philosophie bringt den Men-

schen wieder zur Religion.« Aus »Of Atheism« in: *Meditationes sacrae*, 1597.

21 Ibid., Steven Sloman und Philip Fernbach, S. 5.

22 Bruno Latour: »Why Has Critique Run out of Steam? From Matters of Fact to Matters of Concern«, unter http://www.bruno-latour.fr/sites/default/fi les/89-CRITICAL-INQUIRY-GB.pdf.

23 Ibid. Haruki Murakami.

24 Edward Bernays: *Propaganda*, 1928.

25 In einem online verfügbaren großartigen Vortrag von Noam Chomsky über Bildung, erzählt der alte Linke eine spannende Anekdote über eine reaktionäre Antwort auf die 1960er-Jahre mit ihrer freien Liebe. Erschüttert von der exzessiven Freiheit und Unabhängigkeit der Beat Generation, insbesondere in Minderheitsgruppen, veröffentlichten zwei zwielichtige Geschäftsmänner Mitte der 1970er-Jahre Dokumente, die dringend dazu aufforderten, mithilfe von staatlichen Institutionen, unter anderem den Schulen, eine fügsamere Bevölkerung heranzuzüchten. Das Powell-Memo, geschrieben von einem Anwalt, der auch das Rechte von Tabakfirmen, weiterhin Werbung machen zu dürfen, verteidigt hatte, sprach sich für eine ständige Überwachung der Inhalte von Schulbüchern aus. *The Crisis of Democracy* war ein Bericht über die »Regierbarkeit von Demokratien«, der empfahl, das Bildungssystem zur Stabilisierung sozialer und politischer Hierarchien zu nutzen.

26 Duff McDonald: *The Golden Passport: Harvard Business School, the Limits of Capitalism, and the Moral Failure of the MBA Elite*. New York, HarperCollins 2017.

27 Tim Wu: *The Attention Merchants: The Epic Struggle to Get inside Our Heads*. London, Atlantic 2017.

28 Das war Graham Brown-Martin bei einer Konferenz der Europäischen Kommission über Bildung im digitalen Zeitalter im Dezember 2013.

29 Wikipedia erklärt, dass »das MacArthur Fellows Program oder MacArthur Fellowship (Spitzname Genie-Preis) […] eine Auszeichnung [ist], welche die MacArthur-Stiftung alljährlich an 20 bis 40 US-Amerikaner verleiht, die – unabhängig von Alter oder Betätigungsfeld – ›außerordentliche Verdienste vorzeigen und andauernde und verstärkte kreative Arbeit versprechen‹«.

30 George Saunders: »The Braindead Megafone«, in: *The Brain-Dead Megafone: Essays*. New York, Riverhead, 2007, S. 203 f., »The United States of Huck«.

31 Hattie, *Visible Learning*.

32 Aus der Neflix-Dokumentation *Joshua: Teenager v. Superpower* (2017).

33 Saunders: »The Braindead Megafone«, S. 55. Das stammt aus »The New Mecca«, wirklich das Beste, das Sie je über Dubai lesen werden.

Teil 4: **Coda**

Kapitel 10: Besser scheitern

1 The New Urban High School: A Practitioner's Guide, Cambridge, Mass., Big Picture Co., 1998.
2 Seeing the future: http://newvistadesign.net/dnlds/NUHS%20Seeing%20the%20Future.pdf.
3 Wie bei vielen plakattauglichen Zitaten ist nicht belegt, dass Isaac Asmiov dies tatsächlich gesagt hat.
4 Auch diese Aussage wird Winston Churchill zugeschrieben, obwohl sie in seinen gesammelten Aufzeichnungen nicht dokumentiert ist.
5 Angela Davis in einem Gespräch mit Jude Kelly im Londoner Southbank Centre, 11. März 2017.
6 Jonah Lehrer: »A Physicist Solves the City«, *New York Times*, 28. Dezember 2010.
7 Geoffrey West: »Scaling: The surprising mathematics of life and civilization«, *Medium*, Oktober 2014, https://medium.com/sfi-30-foundations-frontiers/scaling-the-surprising-mathematics-of-life-and-civilization-49ee18640a8.
8 Luís M.A. Bettencourt, José Lobo, Dirk Helbing, Christian Kühnert und Geoffrey B. West: »Growth, innovation, scaling, and the pace of life in cities«, PNAS, 24. April, 2007, Bd. 104 Nr. 17.
9 Zitiert in Lehrer, *New York Times*.
10 Zitiert in Lehrer, *New York Times*.
11 Der Harvard-Professor und ehemalige Weltbank-Ökonom Lant Pritchett äußert brillante Gedanken in der Einleitung zu seinem Buch *The Rebirth of Education*. Lesen Sie es. Er erläutert darin, dass Bildungssysteme besonders zu einem der interessantesten Phänomene aus der Natur neigen, nämlich zur sogenannten isomorphen Mimikry. Damit bezeichnet man die Tendenz von Organismen, einen anderen zum eigenen Vorteil nachzuahmen. Unsere Lernsysteme weisen diesen Effekt ebenfalls auf, indem sie Leitungs- und Management-Praktiken aus der Wirtschaft übernehmen, was weitreichende Folgen für das Lernen vieler Kinder hat und zugleich keine messbaren Verbesserungen nach sich zieht.
12 »Could do better: Bridge International Academies gets high marks for ambition but its business model is still unproven«, *The Economist*, 28. Januar 2017.

13 https://www.theguardian.com/global-development/2017/may/05/beyond-justification-teachers-decry-uk-backing-private-schools-africa-bridge-international-academies-kenya-lawsuit.
14 Atul Gawande: »Big Med«, *New Yorker*, 13. August 2012.
15 Ernest Cline: *Ready Player One*. London, Arrow, 2012; dt. (Übers. Sara und Hannes Riffel), Frankfurt. Fischer Tor, 2017
16 Todd Rose: The End of Average: How We Succeed in a World That Values Sameness. London, Penguin Books, 2017.
17 J.K. Rowling: *Harry Potter and the Deathly Hallows*. Bloomsbury, 2007; dt. *Harry Potter und die Heiligtümer des Todes*. (Übers. Klaus Fritz), Hamburg, Carlsen, 2011.
18 Alan Turing: »Intelligent Machinery: A Heretical Theory«, 1948.
19 Gideon Lewis Kraus: »The Great A.I. Awakening«, *New York Times*, 14. Dezember 2016.
20 Ebenda.
21 Anne-Marie Slaughter: »Discard Old Ideas of a Leader of the Free World«, *Financial Times*, 17. Juni 2017.

Nachwort

1 Das stammt aus einem Vortrag, den Pharrell Williams 2013 bei Innovation Uncensored in New York hielt. Seine Mutter ist schon ihr ganzes Leben Lehrerin, und er hat viel Interessantes zu dem Thema zu erzählen. In einer Rede zur Verleihung der Universitätsabschlüsse der NYU sagte er den Absolventen, »Ich würde gerne sagen, dass ich auf ewig Student bin.«
2 Diese Rede stammt aus der ersten Staffel, Folge 18 von *The Westwing – Im Zentrum der Macht*.
3 UNESCO Institute for Statistics, *More Than Half of Children and Adolescents Are Not Learning Worldwide*, Fact Sheet No. 46, September 2017 (verfügbar unter http://uis.unesco.org/sites/default/files/documents/fs46-more-than-half-children-not-learning-en-2017.pdf)
4 Kuan Chung, 7. Jh. v. Chr.
5 Weltentwicklungsbericht 2018. World Development Report 2018: Learning to Realize Education's Promise. Washington, DC: World Bank. © World Bank. https://openknowledge.worldbank.org/handle/10986/28340 License: CC BY 3.0 IGO.
6 Saunders: *Braindead Megafone*, S. 55.
7 Praveetha Patalay und Emla Fitzsimons: »Mental ill-health among children of the new century: trends across childhood with a focus on age 14«. September 2017. Centre for Longitudinal Studies: London.
8 Siehe beispielsweise »Investing in Mental Health«, ein Bericht der

WHO von 2003, verfügbar unter http://www.who.int/mental_health/media/investing_mnh.pdf. 2017 veröffentlichte die WHO auch »Depression and Other Common Mental Disorders«, wo geschätzt wird, dass weltweit 300 Millionen Menschen unter Depressionen leiden.

9 Kate Pickett und Richard G.: *The Spirit Level: Why More Equal Societies Almost Always Do Better*. London, Penguin 2009.

10 http://www.unesco.org/new/en/media-services/single-view/news/close_to_69_million_new_teachers_needed_to_reach_2030_educat/.

11 Amel Karboul: »The global learning crisis and what to do about it«, TED talk, Oktober 2017, verfügbar unter http://www.unesco.org/new/en/media-services/single-view/news/close_to_69_million_new_teachers_needed_to_reach_2030_educat/